【北京社科名家文库】

求真·至善·唯美

BEIJING SHEKE MINGJIA WENKU

谢地坤自选集

谢地坤◎著

首都师范大学出版社
CAPITAL NORMAL UNIVERSITY PRESS

图书在版编目(CIP)数据

求真·至善·唯美：谢地坤自选集/谢地坤著．—北京：首都师范大学出版社，2014.4

(北京社科名家文库)

ISBN 978-7-5656-1869-7

Ⅰ.①求…　Ⅱ.①谢…　Ⅲ.①哲学—文集　Ⅳ.①B—53

中国版本图书馆 CIP 数据核字(2014)第 079337 号

北京社科名家文库

QIUZHEN ZHISHAN WEIMEI

求真·至善·唯美

谢地坤自选集

谢地坤　著

项目统筹：杨林玉　　责任编辑：来晓宇

责任设计：王征发　　责任印制：何景贤

责任校对：李佳艺

首都师范大学出版社出版发行

地　址　北京西三环北路 105 号

邮　编　100048

电　话　68418523(总编室)　68982468(发行部)

网　址　www.cnupn.com.cn

印　刷　三河市博文印刷有限公司

全国新华书店发行

版　次　2015 年 2 月第 1 版

印　次　2015 年 2 月第 1 次印刷

开　本　710mm×1 000mm　1/16

印　张　30　　插　页　2

字　数　340 千

定　价　72.00 元

出版说明

1978年，中国改革开放的元年。自那一年开始，中国已经走过了波澜壮阔的30年。这是伟大的30年，是改变中国的30年，是震惊世界的30年，也是哲学社会科学蓬勃发展的30年。

在哲学社会科学这30年的辉煌成就里，浸透着为新中国哲学社会科学奠基的老一辈专家呕心沥血的求索，也镌循着寻着他们足迹的后来者追求真理的步伐。“学之大者，国之重器”。我们有责任将这些“大者”潜心研究的成果，重新编辑出版以飨读者。为此，北京市社会科学界联合会和首都师范大学出版社将这一套《北京社科名家文库》奉献给读者。她以自选集的体例形式，每年推出一批，争取在几年内达到百种以上。《北京社科名家文库》将系统展示当代哲学社会科学名家学者30年来的学思精华，展示他们的学术探索历程和风采。同时，为使这套《北京社科名家文库》更加丰富，编委会决定在首都师范大学出版社已出版的《当代著名学者自选集》中挑选符合体例的图书，编辑成《北京社科名家文库·纪念辑》，这将更完整地反映北京学人在学术风范和学术使命上的历史延续。

我们相信，《北京社科名家文库》将能够成为具有文化传承价值的经典性大型出版工程，成为集中展示首都哲学社会科学重要成果的一个窗口。由于我们水平所限，定有不足之处，希望读者和同仁给予批评指正。

编　委　会

2009年11月

谢地坤先生

目录

北京社科名家文库

北京社科
名家文库

哲学，永远在途中

一、何为哲学与哲学何为

每一个学习哲学或从事哲学工作的人都会遇到“何为哲学”和“哲学何为”这两个问题，而我之所以为这本自选集取名为“求真·至善·唯美”，意图就在表明我学习和研究哲学这门学问三十多年的点滴体会和我对这门学问的基本看法。

在我看来，哲学是一门既古老又年轻的学问，它是在人类文明发展到一定程度上必然发生的一种以理论形态表现出的文化自觉，是关于自然、社会和思维及其发展最一般规律的学问。此外，哲学还包含着信仰信念、知行关系、道德伦理、审美思维和社会实践等诸多内容，所以，哲学也是教人如何在这个世界上安身立命、如何生活的学问。

哲学在其发生、发展的过程中曾经出现各种各样的变化，产生过许许多多的流派和思想，尤其是近代以来哲学已经从原本作为各门学科之总汇的百科之学变为一门专业学科，引起了无数思想家对这门学科性质的发问和探索。但是，无论哲学怎么变化，它的唯一指向和宗旨始终是求真、至善和唯美。“求真”乃是探索万事万物的本相，追求跨越时空限制的真理，把握客观世界的规律，说到底，这既是哲学得以兴起和发展的根本，也是人类认知精神的本质。“至善”被奉为人类道德生活的最高目的，不仅在于明德亲民、正德厚生，更重要的是要像德国哲学家康德所说的那样，使每个个体的意志准则始终能够同时成为普遍立法的原则，这样，人类作为由无数个个体组成的部落、民族、国家和人类共同体，才会真正拥有那种无私无欲、互相关爱的无上崇高的生活世界。“唯美”不是通常意义上的“美”，而是在真和善之上、超越于世俗生活的一种向往，是人类精神期望得以驻足休憩的一种理想境界，它导引着人们永不满足、不断探索，去追寻那种融精神内容和艺术形式于一体的绝对永恒的精神家园。

当然，真、善、美是一种方向，是一种境界，在现实生活中很难达到或实现。由此来看，哲学或许不能称为一门真正的科学，或者更确切地说，哲学只能是朝着一门科学的方向去发展。但正因为哲学追求一种似乎虚无缥缈的精神世界，它也就因此而与各门具体的科学区分开来。所以，哲学不只是总结归纳前人哲思的哲学史，也很难成为一门完整严密的科学；哲学不只是艰深晦涩、让人皓首穷经的玄学，也不只是教人安邦定国、经世致用的谋略。哲学关乎我们的人生，涉及我们日常生活的方方面面。哲学教导世人，要学会怀疑，独立思考，辨别真善美和假恶丑，反抗世俗偏见，听从理性律令；哲学帮助人们诊断痛苦和欲望的脉搏，制定出摆脱精神苦难、谋求快乐人生的方案，人们因此可以减少一些迷茫、错位、惊愕、焦虑，增加一些理性和自信；哲学不是高高在上、夸夸其谈、远离世俗，而是要让世人努力寻求智慧而又远离愚蠢，要学会如何去过健康而快乐、平凡而善良的生活。在现代科学主导的现实世界和市场经济的双重冲击下，人们当然会对哲学的性质和作用不断发问，作为“王者统治之术”的哲学可能会产生危机，但慰藉我们人生、交给我们智慧和真理、让我们学会真善美的哲学却是永恒的。这既是哲学的无边无际的魅力，也是哲学永不消退的生命。有人曾经把哲学说成是在科学与宗教之间的“无主地带”，虽然有些偏颇，但也恰恰说出了哲学得以发生、发展和继续下去的秘密，它值得我们反复思考和细细咀嚼，品出其中的滋味。

二、哲学的求索之路

回首求学和探索历程，我很幸运地遇上了改革开放的好时代和名师的培养及宽松的研究环境。高中毕业，我们“新三届”相比“老三届”，有了顺利进入大学进行深造的机遇。1978 年我考取南京大学，攻读德语专业。当时南大德语专业很强，名流汇聚，拥有张威廉、林尔康、叶逢植等一批著名教授。张威廉先生不顾 80 高龄，仍然给我们“文革”后第一届学生亲自上课，林尔康、叶逢植等教授也给我们讲授德国诗歌、德语修辞学等，现在这些课程在不少专业院校也不一定能开出来。正是这些名师的非凡与平实给我以启迪，感染着我在学习和研究的道路上不断前行。

我在大学时就有这样的想法，语言是人们思想交流的工具，学习要有研究方向，因此选听了西方哲学史、黑格尔美学等哲学类课程，并对逻辑思辨与哲学玄思产生了浓厚兴趣。凭着对人生意义与存在价值的深刻思考，我放弃了从事其他职业的机会，转向了对哲学的思索。带着这种思考，我在 1988～1991 年进入中国社会科学院研究生院，攻读哲学博士学位，师从梁志学先生，专注德国哲学的研究。梁先生是公认的治学严谨的老师，这使我在治学、为人等方面都得到良好的熏陶，并将终身受益。

这里需要提到的是，我在大学毕业后多次去德国学习和进修，如

1984～1985年获德国艾伯特基金会(Firedrich Ebert-Stiftung)资助，前往联邦德国海德堡大学学习，正是从这里开始确立了我的哲学研究方向。1994年和2000年，我又得到德国艾伯特基金会和德意志研究会(Deutsche Forschungsgemeinschaft)的资助，先后两次去德国慕尼黑，在巴伐利亚科学院和慕尼黑大学作访问学者。在德国的学习和访问，使我能够得到国外第一手材料，把握国外的学术动态。同时更重要的是，可以把德国哲学与我国哲学相比较，从中得出一些教益。

从我1982年来到中国社会科学院学习、工作算起，至今从事理论学习和研究已有三十多年了。我感悟到哲学之路是一条充盈着生命的创新之路，也是一条上下求索的艰辛之路。哲学所的研究环境很好，学术氛围浓厚，尤其在西方哲学的研究上更是注重文本的严谨性，这是几代西方哲学研究者的不懈追求。第一代学术前辈，如贺麟先生、杨一之先生、王玖兴先生等为把西方哲学引介到中国作了大量的翻译工作，像黑格尔的《小逻辑》、《精神现象学》等著作的翻译至今仍是我们必须学习的摹本。第二代学术传人梁志学、叶秀山、王树人、薛华等先生等不仅把学术译介深入下去，更是注重对西方哲学的研究与发展。可以说，我们正处于第三代学术发展时期，我们这代研究者的责任，不但要继承前辈的治学经验与传统，实现第一手材料的掌握与自我理解相结合，即把翻译与研究结合起来，还要从更多更深的角度挖掘文本，使之系统化、条理化，实现西学的中国化。时至今日，我已在国内外发表了一些专著、译著、论文，承担了多项国家和社科院科研项目。多年的学术生涯给我最深的感触是，做学问永远不能满足，永远都要有所追求。它不但要求挑战极限的智慧，还要求永远执着的、痛苦的生命意识，需要生命的挚爱与奉献。值得欣慰的是，无论在物质匮乏的艰难岁月，还是在欢歌笑语的消费主义时代，哲学都不乏虔诚的献身者和知音。

就我个人而言，在我原本从事的德国哲学研究中，不仅要注重德国古典哲学和现代德国哲学的研究，而且还要注意德国哲学是如何从近代向现代转化的。这是因为我们在近代哲学是如何过渡到现代哲学方面缺乏探讨和研究。因此，我在这时很自然地想到那个时代的大哲学家狄尔泰，试图通过研究狄尔泰，梳清和理顺德国近现代哲学发展的来龙去脉。这是对德国哲学的纵向研究。同时，如果我们注意对狄尔泰进行横向研究，还可以加深对新康德主义、新黑格尔主义、叔本华、尼采、现象学的认识和理解，并进而研究西方马克思主义。这样，我们的西学研究就不只是纯粹的描述，而且还应对我们建设有中国特色的马克思理论做出贡献。近些年来，由于工作的原因，我的专业视野在不断扩大，不仅要熟读外国哲学专业的重要典籍，而且还要学习马克思主义哲学和中国哲学，了解哲学一些分支学科的基本情况。在这个基础上我发表了一些超出西方哲学研究范围、涉及哲学全学科建设的文章，引起了一些共鸣。

三、深刻的哲学关切

哲学是实践的、生动的，更是深刻的、思索的。作为一位哲学工作者，当然不能满足于对哲学境界的感叹，或是局限于本人所从事的专业，而是要有所进取，有所言说，而且更应当对这门学科加以思索，并且根据中国当下的生活实践，提出自己的看法和主张。这样说，并不是完全否认“哲学就是哲学史”这个看法，而是强调每一个时代的哲学家理应在把握哲学史的基础上，吸收时代的内容，在推动历史前行的同时，也赋予哲学新内容、新观点、新方法，努力推动哲学的进步。这或许就是“哲学是时代精神的精华”的要义。

中国过去虽然有丰富的哲学思想，但却没有完整系统的哲学学科。作为一门现代意义上的独立学科，哲学是在上世纪初才在中国得以确立的，至今也不过百年历史。我们中国人接受西方文化包括西方哲学，完全是因为我们这个古老的文明体系在近代遭遇到前所未有的挑战，迫使我们必须在传统文明与现代世界之间加以痛苦地抉择而不得不做出的选择。虽然在这个学习和接受过程中，我们既有痛苦彷徨，也出现过“全盘西化”和照抄照搬苏联模式的倾向，但总的说来，在这个百年历史中，我们的哲学事业是在不断进步的，取得了一些成就，呈现了我国哲学的独有特点。

特别值得称道的是，在西方哲学传入我国的20世纪之初，马克思主义哲学几乎是同时在我国传播。马克思主义哲学与西方现代哲学既有联系，又有区别。马克思主义哲学不仅反对西方近代哲学形而上学的抽象性，主张哲学的现实性和具体性，并且把自己的使命规定为用革命的实践改造世界。正是马克思主义哲学的这种实践性和社会性，使其最适合中国社会的需要，成为中国无产阶级及其政党的理论基础。马克思主义哲学的这种实践性是使它成为中国思想界主导学科的基本原因。改革开放以来，作为学术研究的马克思主义哲学得到了极大的丰富与发展。在当代中国，马克思主义哲学既是我们理论研究的指导思想，又是哲学研究的主要对象。

中国哲学史固然是以自己老祖宗的哲学思想为研究对象，但对这门学科的条理化、系统化的研究也是肇始于“五四运动”前后。最初，谢无量、胡适所写的《中国哲学史大纲》完全是照搬西方哲学的理路，而金岳霖、冯友兰、熊十力等人则尝试用所把握的西方理性分析去探索、研究中国的哲学问题，力图开创一条具有中国特色的新哲学、新文化的理路。此后，中国学者艰苦探索、筚路蓝缕，在经典解读、哲学通史、断代史、学派和人物研究等方面都获得了一定成就，尤其是改革开放的三十多年来，这方面的成果更加丰硕。但毋庸讳言的是，长期困扰中国哲学史界的两大问题一直没有得到很好的解决，这就是如何理解中国哲学与外来哲学的关系和哲学史的研究如何与哲学理论的建构相统一的问题。这两大问题不单纯是学理问题，与国家、民族的实力和地位，与研究者的学养、心态等都有关系，我们不可能指望一朝一夕就能解决。

我国外国哲学研究主要集中在西方哲学领域。应当说，我们向西方学习是认真和诚恳的，是以开放的心态去对待和分析各种思潮和流派。我们不仅翻译了大量西方哲学著作和出版了相当数量的西方哲学研究论著，而且还吸收了西方哲学中的概念判断、逻辑分析、本质还原等方法，再结合中国文化中原有的形象思维、义理结合等传统，在一定程度上开创了我们中国人特有的新理路、新方法，创造出中国特有的西方哲学研究新形态。但这个学科中目前最突出的问题，是我们的研究与我国社会现实相脱离，与绝大多数人民群众相疏离。造成这种状况，既有客观因素，也有主观原因。客观因素是这门学科本身就属于“阳春白雪”式的精神创造活动，而西方哲学又是异质文化，与我们相距较远。而主观原因则在于一些学者缺乏以中国的眼光去研究西方哲学的文化自觉，盲目地跟随西方时尚，以西方的学术标准去衡量中国的学术，没有自己的创造和建树，在丧失了我们自身的独立性的同时，也丧失了西学在中国的活力。解决这些问题的关键，还是在于我们学者的文化自觉，主动地把西学研究与中国的文化、国情、现实结合起来，把中国人的视野和世界眼光有机地统一起来，从中寻求解决世界性问题和世界化了的中国问题的普遍原则，最终为中国哲学在世界哲学中赢得应有的地位提供思想理论资源。

正是基于对我国哲学这三大二级学科的这些分析，前些年我明确提出，我们的哲学理论不能脱离中国社会现实，而是要从当下复杂的社会现象中提炼出哲学问题，为中国的社会发展及其未来导向给出规律性的阐述和有力的理论支撑。所以，当代中国哲学的生命力和发展机遇就在于正确认识和解答中国社会发展的重大现实问题，通过对现实的审视和批判，为当今中国人提供正确的理性思维、价值理想和人生境界，发挥哲学理应具有的指导、规范和推动社会前进的实践功能。而要实现这一宗旨，哲学必须进行理论创新，不断拓展自己的理论内容和理论形态，在满足时代发展的要求的前提下，不断促进自身的发展。

具体而言，我们的哲学应当实现这样几个转变：第一，从“体系意识”转变为“问题意识”，实现哲学范式的改变。这里的关键，不仅在于我们是否要面向生活世界，而且还更在于我们在何种程度上不依赖于我们的主观意识去客观地认识和把握现实社会的活生生的问题。因此，自觉地对当代中国人的生存状态做出深刻反思，在思维方式、认识方式和表达方式上大胆创新，勇于解答当代的重大思想问题，引导和塑造时代精神的发展，才能实现哲学的当代价值。第二，从“本土视域”转变为“世界视域”，努力扩大我们的哲学视野。哲学是特殊性与普遍性相统一的学问。我们中国的哲学在着力解答中国现实问题的同时，还必须面向世界，要对探索世界性的普遍真理做出我们中国人的贡献。第三，从“马、中、西”三个学科的分立转变为三个学科的“视域融合”，逐步确立“大哲学”的观念。哲学原本是包容自然科学和社会科学的基础性学科，但我国哲学界近几十年来一直受三个学科的人为划分而壁垒分明，导致了眼界狭隘、思想僵化。但另一方面，哲学面临的问题往往又具有全局性、共同性和根本性的特点，以一两个分支学科的知识是根本无法应对和解答的。所以，哲学家必须打破学科分界的限制，努力汇通各门知识。

要实现这“三个转变”，哲学工作者只有以高度的理论勇气和博大的学术胸怀，自觉地摈弃实用主义的现实论证和陷于形式主义的学术诉求，兼容并蓄，融通中西，将古今中外的一切先进哲学思想为我所用，才能实现哲学宗旨，彰显出我们哲学事业的新面貌，创造出中国哲学的新天地！

四、人在途中

这个自选集一共收录了我自80年代末以来发表的21篇哲学论文，分为“哲学总论”、“德国古典哲学”和“现代西方哲学”三个部分。

第一部分的七篇文章主要反映了我的哲学观念和对一些专业问题的跨学科探讨。其中，第一篇《中国的哲学现状、问题和任务》、第三篇《哲学的危机与哲学的慰藉》和第五篇《再论西学东渐和现代中国哲学》集中表达了我的“大哲学”观点和我借一篇小小的书评以及“西学东渐”这个话题所表达的哲学感悟。第二篇《哲学与自由》集中讨论哲学的核心命题“自由”，强调当下区分自由与散漫，为人的自由发展和社会公正奠定哲学基础的紧迫性和重要性。《文化保守主义抑或文化批判主义》和《市场经济条件下的中国商业道德的若干理论问题和实践问题》这两篇论文是分别就我国“国学热”现象和市场经济与道德建设的关系问题展开的哲学思考和分析，进而提出自己的看法。《西方哲学研究30年(1978～2008)的反思》则是专门为纪念在安徽芜湖召开的“全国西方哲学史讨论会”三十年而写的一篇论文，对我国西方哲学研究近三十年的得与失予以总结和分析。

第二部分收集了我在德国古典哲学研究方面的六篇代表性论文，

其中《道德敬畏与价值判断》的英文版收录在由德国歌德学院专门为纪念康德逝世二百周年而在全球征集的文集里，这个文集2007年由英国牛津大学出版社出版，在世界哲学领域影响较大。《绝对与人类自由》一文是对谢林晚期代表作《自由论》的探析，并由此对自由与必然、体系与个体、上帝启示与人类行为等根本性问题予以探讨和解答。

第三部分收集的是我研究现代西方哲学的八篇论文。其中三篇关于狄尔泰的文章正如我在前面所说，意在通过研究狄尔泰来理顺德国近现代哲学发展的来龙去脉；三篇关于阿多诺的文章则是我在伦理学和美学方面的探讨。需要说明的是这个部分的第一篇和第八篇。第一篇《现代西方哲学的流变及启示》着重考察黑格尔以后的西方哲学是如何发展演变的，同时强调中国学者在面对五花八门、林林总总的现代西方哲学时，理应有自己的客观分析和理性判断，不能人云亦云，丧失我们的理论自觉。第八篇《新康德主义》原本是《西方哲学史》(学术版)中的一部分，是国内研究新康德主义较为系统完整的一篇，得到一些专家学者的肯定。这次所以把它收录进来，不仅在于重视它的学术价值，更多的还是想为国内当下的文化研究增加一个学术和理论的参照系，因为一百年前在欧洲大陆盛极一时的新康德主义在文化学、人类学、价值哲学等方面提出了许多很有见地的观点，为哲学发展和文化研究做出了巨大贡献，值得今天的我们重视和借鉴。

这个自选集反映的是我从80年代学习、研究哲学以来的一些哲学思考和心得，也记载着我的学术追求和心路历程。对于一个正当努力前行的哲学工作者来说，我今后的路还长，需要思考的问题还很多。更何况我在前面已经说过，哲学所追寻的“真、善、美”是一种方向和境界，人类在这个领域有无数个谜底需要求解，有不尽的山峰需要攀登，而我只是这支求索、攀登队伍中的一员。所以，“路漫漫其修远兮，吾将上下而求索”，不只是我心灵的真切写照，也是所有哲学家理应具有的胸怀和执着。对此，我们不应有任何怀疑和彷徨。哲学一直与人类同行，人类在前进，哲学不可能固守不变的问题和不变的定位，而是内在于人的生存和人类历史中的一种生生不息的理性反思和文化批判，这正是人类追求“真、善、美”的本性和哲学的本质。所以，我们作为哲学工作者理应永远怀有这种豁达的胸襟和执着的追求。

哲学人永远在途中！

值本书出版之际，对于一直关心和帮助我的亲朋好友、资助本书出版的北京市社科基金办和首都师范大学出版社表示衷心的感谢！本书的选编与成书均得到我的学生李俊文的帮助，特此致谢！

谢地坤

2013年8月25日

城南世华水岸

第一辑　哲学总论

中国哲学的现状、问题和任务*

改革开放三十年来，我国的哲学事业发展很快，变化很大。一方面是这个学科取得了一定成果，不论是从这个学科的从业人数、专业杂志和业已出版的论著和译著来说，还是从哲学观念的确立和更新、研究主题的变化和转化来说，哲学作为一种关涉现实世界和人生存在的特殊理论形态，对现当代中国人已经发挥并正在发挥日益重要的作用。但另一方面，我国哲学的发展也确实存在不少问题，比如，迄今为止我们尚未产生具有世界影响的哲学家和哲学著作，我们的哲学创作缺乏原创性，我们的专业成果与我们的现实生活产生疏离和隔阂，我们的哲学教育及课程设置不适

---

* 本文原是2007年参加“中西马哲学专家论坛”的一个发言，修改后发表在《中国社会科学》2008年第5期，英文版刊登在《*Social Sciences in China*》2009年第3期。本文从哲学的八个二级学科中选出马克思主义哲学、中国哲学和外国哲学三个主干学科，对它们的现状问题、性质问题和历史使命进行了考察和分析，然后据此提出关于哲学研究思路转变的主张：一是从“体系意识”转变为“问题意识”，二是从“本土视域”转变为“世界视域”，三是从“学科分离”转变为“视界融合”。作者呼吁哲学家要改变观念，勇于综合创新，为中国哲学开辟出新的篇章。本文获第八届中国社会科学院科研成果一等奖。

应时代的需要，等等。尤其是在当前市场经济大潮的冲击下，哲学这门学科如何能够回应理论和现实的挑战，充分反映建设中国特色社会主义的生动实践和基本经验，从而既能克服自身遇到的生存和发展之“危机”，又能教人“安身立命”，实现哲学原本担负的伟大使命，确实是我们中国哲学面临的巨大挑战。

下面，本文对哲学这个学科的三大二级学科，即马克思主义哲学、中国哲学和外国哲学的发展状况、面临的问题予以逐一分析，并据此有针对性地提出中国哲学界所面临的历史重任。

一、马克思主义哲学研究

在现代中国，哲学界的最重大事件是马克思主义哲学的传入。马克思主义哲学产生于西方文明的土壤中，但它又不同于西方哲学。马克思主义哲学不仅反对西方哲学形而上学的抽象性，主张哲学的现实性和具体性，并且把自己的使命规定为用革命的实践改造世界。马克思主义哲学的这种实践性是它成为中国理论界主导学科的基本原因。

但是，1978 年以前，由于指导思想的失误，我们的哲学照搬苏联模式，简单并且独断地把哲学限制在《联共(布)党史简明教程》第四章规定的四条原理上，极大地妨碍了马克思主义哲学在我国的发展。正是 1978 年马哲界开展的关于真理标准的大讨论，才引发了全社会的思想解放和深刻的社会变革，与此同时马哲界对哲学自身也展开了多方面的讨论，这才导致这个学科发生了巨大变化。

总的来说，改革开放三十年来，作为学术文化的马克思主义哲学得到了极大的丰富和发展。马克思主义哲学研究出现了多维视野，学者们从经典文本、思想史、本体论、认识论、价值论、历史观、解释学等多种角度进行研究，多种研究相互补充、相互促进，共同推进了马克思主义哲学的发展。如果说20世纪80年代讨论的热点问题主要是关于世界观、本体论、认识论、历史观和价值论等，它们基本上是集中在对哲学这个学科本身的反思上，那么，90年代关注的问题则分为两个方面：第一个方面是深化了80年代的讨论，并进而把这些问题上升为对哲学的理论性质、研究对象、研究形态、思维方式、派别冲突的发问和思考；第二个方面则是对源于现实生活中的一些问题的哲学思考，如发展与代价、公平与效率、真理与价值、传统与现代、科学精神与人文关怀等，这些问题涉及当代中国人在深刻的社会转型中的生存方式、思维方式和观念的变革。①

进入21世纪以来，马哲界主要有三大任务：

1. 马克思主义哲学的中国化研究。马克思主义在其中国化的过程中，形成了毛泽东思想、邓小平理论、“三个代表”和最近提出的“科学发展观”及“和谐社会建设”这样几个重要思想，它们是“中国化形态”的马克思主义。深入阐明这些思想在不同的历史阶段对马克思主义哲学的丰富和发展，围绕现代化建设，不断提出新思想、新观点，将为中国探索新的发展道路提供理论支撑。尤其是在当前从计划经济转向市场经济以及由此引发的一场中国社会的全面改革过程中，我们所要建立的中国化的马克思主义哲学将是代表一种未来发展方向的政治文明和意识形态，它将影响我们中国人的世界观、人生观和价值观，改变中国的社会面貌。

2. 马克思恩格斯全集历史考证版研究。此项研究以原文版

① 有关马克思主义哲学理论在中国的传播和近几十年的发展和演变，参阅杨谦：《中国哲学的现代追寻——马克思主义哲学中国化的过程与机制》，北京，中国社会科学出版社，2007。

MEGA2(马恩全集原文第2版)为依托，从马克思主义哲学原理和马克思主义哲学发展史相结合的角度，通过对马克思和恩格斯在不同时期、不同手稿的比较和分析，并通过对马克思和恩格斯在创作过程中哲学思想的发展和转变过程的追踪研究，深入阐述马克思主义哲学理论的立场、观点和方法特征，为中国特色社会主义事业提供哲学基础。

3. 由中央有关部门和学术界共同组织全国力量编写"马克思主义哲学教材"，该教材不仅要准确表述马克思主义哲学理论的基本观点，充分体现国内马克思主义哲学研究的学术成果，而且还要着眼于把握时代问题，充分反映马克思主义中国化的成果，从而比较完整地体现马克思主义的世界观、认识论、方法论和价值观。

这三大任务在本质上是结合在一起的，因为我们首先必须坚持马克思主义的基本原理，必须在掌握马克思主义哲学理论的基本观点和方法的基础上去发展马克思主义；同时，我们的着眼点是为中国特色社会主义建设服务，要用从我国社会主义实践中提炼出的新思想、新观点为未来的发展提供理论支撑；而我们的"马克思主义哲学教材"则要体现上述两方面的内容，我们的目标就是力图建设有"中国特色、中国风格、中国气派的马克思主义哲学"，从哲学的理论高度回答当今中国现实问题，通过对马克思主义哲学的基本原理富有创造性的灵活运用，使之在内容和形式两个方面都以有中国特色的方式得到丰富和发展。

然而，我们要想达到这个目标，还有很多问题亟待解决。

首先是如何看待马克思主义哲学的问题，是把它仅仅看作是一种实践需要，还是把它视为一种理论诉求与实践需要兼而有之的学说。马克思主义哲学的实践性特点是显而易见的。于是，这里就产生一个二律背反的问题，一门学说如果完全服务于现实，那么，其理论的超越性又如何体现呢？它又如何避免具体问题的纠缠，以达到分析社会主义实践提出的重大问题，提炼出哲学概念和思想，以达到既符合哲学规范、又具"中国特色"的表达方式呢？这个问题不解决，我们就难以解决由此带来的次一级问题：一是事实与问题的脱离，只见眼前具体事实而不见具有普遍性特点的理论问题，缺乏从具体事实中提炼出哲学问题的能力；二是与此相反，学术与政治的分离，脱离社会事实，把马克思主义哲学只是当作一种纯粹书斋式的学问，从而使马克思主义哲学丧失了其应有的活力。由这样的问题就引申出马哲界关于"哲学中的问题和问题中的哲学"的讨论，并最终归纳到我们如何实现马克思主义哲学的理论创新的大问题。"对这一问题的认识与理解表征着当代中国社会发展的历史进程、心灵历程与思想解放进程。"①因此，认识和解决这个重大问题，在本质上是当代中国理论界和思想界面临的一个极大挑战。

其次是思想不够解放，我们的马克思主义研究中还有一些禁区有待突破。比如，把马克思主义哲学解释为辩证唯物主义、历史唯物主义，或者是实践唯物主义，这本是在学术文化层面上的争论，它从一个方面扩大了我们认识和理解马克思主义的多维视阈，甚至是深化了我们对马克思主义哲学的认识。但是，有些人却对这种正常的学术讨论横加干涉，不仅坚持早已批判过的日丹诺夫的独断论模式，而且还把它与政治联系起来。这种现象不能不说是一个倒退。再比如，马克

---

① 孙正聿：《提出和探索马克思主义哲学研究中的重大理论问题——2006年〈中国社会科学〉若干哲学论文评论》，56～67页，载《中国社会科学》，2007(2)。

思和恩格斯的哲学思想的差异问题，这理应是可以讨论的，因为我们由此可以了解马恩的哲学思想的发展历程，加深马克思主义哲学史的研究。但是，如果我们把“差异”理解为“对立”，并以此禁止这方面的讨论，就会妨碍我们对马克思主义哲学史的研究。

三是不重视对当代国外马克思主义的研究，甚至还以各种借口拒绝、否定国外马克思主义的成果。殊不知，当今发达的西方社会遇到的问题是全球性的，我们明天也可能遇到相同或相类似的问题。比如，当今的西方马克思主义者因为对生态环境的不满而提出的“生态马克思主义”，因为吸收现代西方哲学成果而产生的“分析的马克思主义”，因为对原来的西方马克思主义不满而提出的“后马克思主义”,①因为不满意以美国为首的垄断资本对全球经济的控制而提出的“另一种全球化和另一种马克思主义”,② 等等，对我们不仅有理论借鉴的意义，而且还有很强的现实意义。如果我们自视正统、固步自封，不愿意了解和借鉴国外马克思主义研究的新思想、新成果，那么，我们必定会为此付出代价。以前我们在这方面已经交过“学费”，但愿历史不要重演。

这些问题由来已久，之所以拖到现在尚未解决，最主要的还是我们的哲学观存在问题。一味地强调哲学的实践性和时代性，就只会把哲学当作一种工具；相反，过于看重哲学的理论性和超越性，就会使哲学变为一种无的放矢的空谈。不解决这些问题，不在哲学的实践性

---

① 相关报道和研究，参见复旦大学国外马克思主义与国外思潮国家创新基地、复旦大学当代国外马克思主义研究中心、复旦大学哲学学院编：《国外马克思主义研究报告 2007》，北京，人民出版社，2007。

② Jacques Bidet et Gérard Duménil, *Altermarxisme*, *Un autre marxisme pour un autre monde*, Quadrige, Puf, 2007.

和理论性、时代性与超越性之间把握一个适当的纬度，我们就很难真正建立有中国特色的马克思主义哲学。

二、中国哲学史研究

“哲学”这个概念本来就是舶来品，我们中国过去虽然有哲学思想，但却没有完整系统的哲学学科。只是到了近代，因为我们这个古老的文明体系遭遇到前所未有的挑战，我们传统的文明陷入了一种“失语状态”，迫使我们必须在传统文明与现代世界之间加以痛苦的抉择，我们不得不接受西方哲学，我们不得不用西方式的概念系统来表达我们的思想。

我们在接受西方哲学这个异质文化的时候，不是表现的矛盾彷徨、犹豫不决，就是走向非此即彼、或西或中的两极。这个特点在西学东渐之初就已经表现得很明显，从 19 世纪末的“夏夷之辨”、“中体西用”，到“五四时期”的民族虚无主义、全盘西化等，莫不是这个特点的显现。对此，我们的前辈们是有深刻认识的。王国维在 20 世纪初就提出“学无中西”的观念，他说：“学术之所争，只有是非真伪之别耳。于是非真伪外，而以国家、人种、宗教之见杂之，则以学术为唯一手段，而非以为目的也。”①李大钊则明确地说，东西文化各有所长，缺一不可，世界文明的今后发展将是两者互相融通，合为一体。冯友兰、熊十力、金岳霖、贺麟等一代大师，都是克服了这种非此即彼的两极模式，尝试用所把握的西方理性思维去探索、研究中国哲学问题，力图开创一条新哲学、新文化的理路，从而使得中国哲学呈现

① 王国维：《王国维学术经典集》(上)，99 页，南昌，江西人民出版社，1997。

出前所未有的希望。

改革开放三十年来，我们在批判和克服了把哲学史理解为唯物主义与唯心主义“两军对战”式的独断论之后，中国哲学史研究便呈现出一幅波澜壮阔的图像。我们不仅在哲学史观、哲学通史方面获得长足进步，而且在断代史研究、学派和人物研究等方面都获得了丰硕成就。概括中国哲学史近几十年的研究，可以用一句话来表述其基本特色：经典文献研究与思想研究相结合，历史研究与现实问题研究相结合。

从断代史、学派、人物研究以及问题研究等方面来说，这些年中国哲学史界可以说是空前活跃，成果喜人。仅仅从儒、道、释三家哲学思想研究而言，就有不少蜚声海外的成就。

在儒学方面，先秦哲学、两汉哲学、宋明理学和近现代新儒家哲学等，都出现了专门研究的论著，这些研究集中在中国哲学发展的某一个方面，深化了对中国哲学发展过程的认识。前几年设立了“《儒藏》编纂与研究”的国家重大攻关课题，第一期项目计划于今年完成，整理儒家典籍 500 部，各为“儒藏精华本”。此外，20 世纪 90 年代以来出土的简帛文献，特别是 1993 年湖北荆门郭店楚墓出土了一批竹简，其中有不少儒家和道家的典籍残篇。这些出土文献提供的资料，有助于我们了解先秦哲学的演变，有助于我们发现中国早期哲学思想发展的某些环节(如孔孟之间、子思学派、儒道之间等)，另一方面也促使人们对于宋儒围绕先秦中国思想的某些阐释提出质疑。

在道学研究方面，其最重要成果是《中华道藏》的整理编纂工作的完成和《中华道教大辞典》的编纂出版，这两大工程是近二十年来我国道学研究成果的总汇。此外，内丹学是道教文化的内核，也是道教中的绝学。内丹学与禅宗、密宗等修炼方法具有内在的一致性，国内外学术界对禅宗、密宗的研究比较清晰透彻，唯独对内丹学了解极为有限。中国有关学者对此进行了长达二十六年的调查研究，获取了大量散落在民间的珍稀资料，现在笼罩内丹学的神秘面纱正被揭开，内丹学也由过去的江湖文化变为学术文化。

在佛教研究方面，我们首先是在20世纪80年代恢复了在"文革"期间几近解散的一些研究机构，重新刊行一批近现代佛教研究名著。90年代不仅影印出版了《中华大藏经》和多种佛教藏经，更重要的成果是对敦煌藏外佛教文献的整理和研究(方广锠主编《藏外佛教文献》)。此外，从这个时候起，我们加强了对近代佛教研究，尤其是对佛教成为晚清思想界转换为儒家原理的资源探讨。当代佛教研究的重点在于：其一，在佛教史研究上，宗派史的研究渐成气候，宗派史的研究理念和方法，严格说来是脱离哲学史和思想史研究范式而把佛教史作为宗教史来研究的尝试，这方面更关注佛教教理与实践和组织的关系；其二，哲学界仍然坚持中国哲学史范式的佛教史研究，特别是将佛教作为哲学来把握，先后出版了《佛教哲学》和《中国佛教哲学要义》等书，将佛教中的许多观念提升到哲学观念的高度来加以检讨，使其具有普遍的理论意义。看来，这方面的争论将持续相当一段时间。

目前，中国哲学史界在哲学史观和哲学基础理论方面最有争议的，是这样两个问题：一是如何理解中国哲学与外来哲学的关系，在当前就是中西哲学的关系；二是哲学史的研究如何与哲学理论的建构相统一。

关于哲学史观，我们首先是把中国哲学史理解为人类认识发展史的一个部分，"哲学史是发展的、具体的。文化与哲学传统本来就是流动、变化的”。① 同时我们也承认，中国哲学史与其他国家和民族的认识发展史既有区别也有联系。中国哲学史界的一个基本共识是：在人类认识的漫长过程中，不同历史时期和发展阶段肯定会产生不同的哲学流派、人物，他们对人自身、外在世界及人与外在世界的关系，必定会有不同的、甚至完全对立的立场和观点，但只要他们以其创造性的思想把握了部分真理，那他们就构成了人类认识发展史的一个环节。基于这样的认识，我们对中国哲学史上各个流派及其代表性人物，如先秦的孔子、老子、墨子、庄子、孟子及后来的朱熹、王阳明等都予以比较全面的认识和评价。其次，注意中国哲学通史的整体性考察，关注的重点不仅有源流的疏通、流派的传承，史料的考证，而且还有对整个中国哲学发展史的内在规律的把握，对中国哲学的概念、范畴的细致分析等。再次，中国的哲学思想不是固步自封的，它是在与其他民族和国家的哲学思想的交往和联系中不断发展起来的。因此，我们的哲学思想既有中华文化的特殊性，也有人类共有的普遍性。这方面的典型例子就是汉代印度佛教的传入，对此，陈寅恪先生分析说，中国古人“其言道德，惟重实用，不究虚理，其长短处均在此，长处即修齐治平之旨，短处即实事之利害得失，观察过明而缺乏精深远大之思”。这就是说，佛家思想之所以传入中国，就在于它弥补了中国缺乏超越性思想的不足。对魏晋以后的哲学家们来说，佛教是我们重新认识自己的文化传统，尤其是先秦经典的参照系，它必然会导致中国哲学思想发生变化，甚至会发生很大差异，如魏晋时期的玄学等。当然，我们在这里并不否定佛教本身也有一个中国化的

① 郭齐勇：《中国哲学研究方法论三题》，载景海峰编《拾薪集——“中国哲学”建构的当代反思与未来前瞻》，6页，北京，北京大学出版社，2007。

过程。

前些年围绕“中国哲学之合法性”问题的争论，也是对中国哲学史观的一个辨析，它是对百年来“中国哲学”学科的建构与发展进行反思，而其中主要关涉的问题，即是如何处理“哲学”作为某种自西方引进的诠释方式和学科建制与中国本土固有的思想文化和典籍文献脉络之间的关系。相关的讨论参与者众多，在海内外学术界产生了广泛的影响。但是，这几年伴随着“国学热”的兴起，好像这个问题已经解决了，似乎我们中国人可以完全不理会外部世界的变化、坚守甚至回到我们的传统文明就可以独立自存。不过，一旦我们观察我们生存的现实世界，思考全球化对我们传统文明的挑战，我们就不难发现，“中国文明的价值世界与历史世界在传统中的自在关联，在现代出现了断裂，迫使文明必须从自在走向自为”。① 假如我们一定要自我封闭，其结果必然是自我放逐，从而使自己处在世界文明的边缘。

其实，这个问题的提出并不是这几年才有的事情，当我们的传统文明在现代必须经过一番自我辩护的论证，方能立足于现代的时候，所谓“中国哲学”不仅引发中西之争，而且还集中地凸现了哲学的普遍性与特殊性的问题。前文提到的王国维先生的“学无中西”的主张，金岳霖先生认为“中国哲学”名称不贴切，故而提出要以“在中国的哲学”替换之，都是对这个问题的一种深刻认识。而对冯友兰先生而言，“中国哲学”之所以是哲学，是因为中国思想史上具有哲学之一般的实质内容，加以“中国的”是指一个普遍抽象概念之下的具体特殊而已。这些前辈的看法和阐述并非穷尽了这方面的真理，但其中给出的启示

① 张志强：《哲学·文明·现代性——“古今中西”之争中的中国哲学》，载《中国哲学年鉴2007》，64页，北京，哲学研究杂志社，2007。

是值得我们思考的。

在当下“国学热”的亢奋之中，重温这些哲学的基本问题，可以促使我们把眼界放开一些，而不是一味地抱残守缺，自以为是。不然，我们不仅不能发扬我们民族的优良传统，甚至会因为我们的狭隘而使我们裹足不前，更遑论为我们的学术、为国家、为民族做贡献。这里需要强调的是，在遇到学术选择与主观感情和价值冲突时，不能以主观价值去代替学术本身，更不能以感情偏执去代替科学的态度，而是恰恰相反，要以科学的态度去对待学术问题，要在前进中发现问题，才能使我们的哲学事业更好地发展下去。

关于哲学史的研究与哲学理论的建构的关系的问题，我们不能把这两方面的研究割裂开来，而是要以发展和联系的观点来考察它们。不论是西方哲学史，还是中国哲学史，都包含着各种各样的哲学思想，以及代表这些思想的各个流派、体系和人物。虽然这些流派、体系和哲学家现在被当作历史上的存在，然而，它们在其产生的年代却是哲学原创，反映了那个时代的哲学思考，是那个时代的理论精华。我们现在研究哲学史，不只是对哲学史进行梳理和辨析，更重要的是去认识和把握哲学史中所包含的哲学思想，并且在此基础上去继承、发展和创新，进而提出自己的新思想、新学说。历史上的各个时代的哲学家，都是在学习、研究先前的哲学思想以后，再继承发展、推陈出新，才使哲学史演绎得如此生动和精彩。由此来看，哲学史的研究不只是一个以史论史的考证和释义工作，它还必须由此上升到史论结合、综合创新的阶段。再进一步说，哲学史的研究是我们进行哲学理论创新和建构的基础，而哲学理论的建构则是哲学史研究的方向和目的，两者不可分离。这也是在中国哲学史漫长的发展过程中“我注六经”和“六经注我”的两种方法长期并存的原因之一，因为“我注六经”

是通过对哲学史注释辨析来为理论建构进行奠基，而“六经注我”则是在厚实的积淀中创造理论。

从上述观点来看，今天的中国哲学史研究决不能满足单纯的史料考证和梳理，更重要的任务是要在此基础上进行哲学理论的创新和建构，两者是联系在一起的“一为二、二为一”的事情。这里的难点不仅有前述的中国哲学与西方哲学如何相互交融的问题，还有传统文明与现实社会如何相结合的问题。固步自封、妄自尊大，完全埋头于故纸堆里，失去的不只是中国哲学的现代意义，更可怕的是断送中国哲学的延续性和生命力。所以，以海纳百川的胸怀吸收世界各民族的先进文化，以“厚古不薄今”的态度面对现实世界，用创造性的研究推动中国哲学史(更确切的说法是“在中国的哲学”)的不断前进，这才是历史赋予我们这一代中国哲学家的使命。

三、西方哲学研究

我国外国哲学研究主要集中在西方哲学领域。这种情况与哲学这个学科的起源和发展有关，因为哲学本身就始源于西方，我们从一开始接受的也是西方哲学。现在虽然在少数研究机构和高校也有东方哲学研究，但其规模、研究水平和影响都不大，而且这个学科本身的定位和所涉及的范围也有待做出进一步讨论和规定。

与中国哲学史研究一样，自从我国哲学界在 20 世纪 70 年代末破除了哲学史是唯物主义与唯心主义的“两军对战”的模式后，我们不再拒绝非马克思主义哲学的流派、人物和著作，更不会把马克思以后出现的各种西方哲学思潮统统当作非理性主义的、腐朽反动的东西而加以全盘否定，而是以严肃认真的态度去重新思考和研究我们曾经否定和批判过的西方哲学史上的各种流派和人物，以开放的心态去对待和分析各种各样的新思想、新流派，我们的哲学视域大大拓展，我们的研究范围大大扩大。我们的方法不再是单纯地介绍和评析外国哲学，而是博采众长，既吸收西方哲学中的概念判断、逻辑分析、本质还原等方法，也继承中国文化中原有的形象思维、义理结合等传统，力图开创我们中国人特有的新理路、新方法，创造出中国特有的西方哲学研究新形态。

这样，我们对西方哲学的研究得到了恢复，不仅接续了此前一百来年的积累，而且以从未有过的广度和深度对西方哲学展开了全方位研究。这表现在两个方面：一是我们在这段时间翻译了大量西方哲学著作，二是出版了相当数量的西方哲学研究的论著。

在翻译方面，“文革”前的二十九年我们一共翻译了160多本西方哲学著作。改革开放三十年来，西方哲学著作的翻译是“文革”前的数十倍，商务印书馆、人民出版社、三联书店和全国各地的地方出版社出版了大量西方哲学译著。这些年，除了翻译一些单本的经典著作外，还出版了一些重要哲学家的全集本或选集本，其中有《亚里士多德全集》、《柏拉图全集》、《费希特选集》、《维特根斯坦全集》、《尼采文集》、《康德全集》(已出6卷)等。还有一些重要哲学家著作的全集或选集正在翻译中，或者已经列入翻译出版计划，如两种版本的《黑格尔全集》、《伽达默尔全集》、《西塞罗全集》等。这样大规模翻译西方哲学著作是前所未有的，它对我们借鉴西方学者的研究成果，准确认识和把握西方哲学的本质及其内在发展脉络，更好地开展西方哲学的研究，具有重要的基础意义。

在翻译工作大规模开展的同时，我们对西方哲学的各个历史时期的主要流派、人物及其代表性著作都有一定程度的涉猎，尤其是对德国古典哲学、希腊哲学、近代经验论和唯理论哲学，现象学和存在主义、分析哲学和语言哲学，西方马克思主义哲学等，进行了比较深入的研究，出现了一大批具有较高学术价值的专著。在此基础上，我国西方哲学界不约而同地开始计划撰写西方哲学通史，因为通史不同于专题研究，它既要求高屋建瓴、通观全部西方哲学的发展历程，又要求能够涵盖西方哲学各个流派和人物、把握西方哲学的发展规律和内在逻辑。2005 年，由叶秀山、王树人主持的中国社会科学院重点课题《西方哲学史》(学术版)全部完稿并率先出版。尽管这部书还有这样或那样的不足，但总的来看，这部书有这样几个鲜明特征：其一，应用了从古至今的哲学史阐释范式，紧扣西方哲学发展的脉络，对以往国内较少涉及或没有涉及的人物、思想、流派都进行了比较深入和全面的介绍和研究，注意分析各个哲学家及其思想之间的联系，保证了这部书的系统性和完整性，为今后的进一步研究奠定了体系和结构的基础。其二，这部书的作者们重视对哲学原著的阅读、理解和研究，不是无根据地妄论空谈，而是把研究建立在对原著思想的把握基础上，结合对国外学术界最新研究成果的理解，继而独立思考，推演勾连，剖疑解难，因而做到了言之有据，言之成理，保证了这部书的学术品位。其三，这部书着力突出了“中国特色”，不仅在第一卷专门设专题讨论中西哲学交流问题，而且大多数作者力图通过自己的努力，试图对于西方哲学的问题可以做出我们自己的创造性的阐释。

总的说来，中国学者近几十年来对西方哲学的研究呈现出以下特点：

首先，中国学者的西方哲学研究工作担当着沟通马克思主义哲学与西方哲学的任务。在以马克思主义为指导对西方哲学进行研究的同时，拓展马克思主义哲学视野，既把马克思主义哲学放在整个西方古典哲学背景中来理解，也放在与现代西方哲学特别是西方马克思主义哲学的对话中进行考察，使马克思主义哲学与西方哲学保持碰撞与沟通。

其次，从研究的广度看，不再像以前那样多集中于德国古典哲学，而是关涉西方哲学的各个方面，近代的经验论和唯理论哲学，古希腊哲学、中世纪的宗教哲学得到了系统研究，而现代西方哲学，不管是欧洲大陆哲学还是英美分析哲学，以及当下的后现代主义、政治哲学、应用伦理学、文化哲学等，更是得到了前所未有的关注和追踪研究，几乎与现代西方哲学的变化、发展保持同步。

再次，从研究的效应看，中国学者对西方哲学的研究，特别是对启蒙哲学、德国古典哲学、现象学、分析哲学和后现代哲学的研究，深刻影响了对中国哲学的阐释与理解。今天，我们可以说，中国学者对西方哲学的研究，实际上为中国学者研究中国传统哲学打开了一个背景性视野，从而为中西哲学的融通与中国哲学的新生提供了广阔资源。

但是，我们在看到这些成果的同时，却不能对我国的西方哲学研究现状盲目乐观，必须保持清醒头脑。目前这个领域最突出的问题是我们的研究与我国社会现实相脱离，与绝大多数人相疏离。造成这种状况的原因很多，其中的客观因素是这门学科本身就属于“阳春白雪”式的精神创造活动，而西方哲学又是异质文化，与我们相距较远。但一些主观因素也是明显存在的，主要表现为以下几点：

1. 缺少以中国学者的眼光去研究西方哲学的文化自觉，盲目地跟随西方时尚，完全不顾中国社会现实，以西方的学术标准去衡量中国的学术。人家说保守主义，我们就说保守主义，人家说新自由主义，我们就说新自由主义，亦步亦趋地跟在外国学者后面“照着讲”，没有自己的创造和建树，在丧失了我们自身的独立性的同时，也丧失了西学在中国的活力。

2. 不把西学研究看作是一项创造性的劳动，而是当作简单的介绍和评述，不少学者在自身还没有完全理解的情况下，就用那种谁也看不懂的汉语去翻译和解说西方哲学，不仅一般读者看不懂，就是专业学者也感到费解。这种情况被戏称为“汉话胡说”或“胡话汉说”。

3. 学风浮躁，一些学者乐于标新立异，刻意炒作一些学派和人物，煞费苦心地去构造概念新词，但经常是将个人的一得之见予以泛化，以偏概全。比如，“transzendental”这个概念现在有各种新译法，如“超验的”、“超拔的”、“超绝的”、“超越的”、“超越论的”，表面看来都有道理。但是，我们的“诠释者们”却忽视这个概念的基本意义，即它是专指“先于经验现象的存在”，与之相联系的还有“transzendent”，“a priori”，“a posteriori”等概念。① 我们的前辈贺麟等先生把它们分别译为“先验的”、“超验的”、“先天的”和“后天的”，既注意了其哲学意义，也考虑了这些概念在同一个哲学家那里的细微区别，而且在汉语表达上都用偏正结构，可说是翻译得准确精致。我们现在的所谓“创新”颇有画蛇添足之嫌，甚至误人子弟。

4. 缺少正常的学术批评氛围，不少学者明知问题的存在，有些甚至是明显错误，但碍于面子或其他原因，很少有人愿意或敢于公开提出意见。当然，出现这种情况还有管理体制的问题，管理者只是看学者发表文章和著作的数量，而学者们疲于应付，学术质量下滑，学风不正，已是公开的事实，因此，正常的学术批评反倒成为多余的。

---

① 有关这个概念的详细解释，请参阅 J. J. Kockelmans，“On the Meaning of the Transcendental Dimension of Philosophy”，*Perspektiven trandzendentaler Reflexio*，pp. 27～50，Bonn，Bouvier Verlag，1989.

解决西方哲学研究中的这些问题，关键还在于我们学者的文化自觉，确实把西学看作是一项艰苦的劳动和“创造性的理论转变”，① 主动地把西学研究与中国的文化、国情、现实结合起来，把中国人的视野和世界眼光有机地统一起来，要从“照着讲”进入“接着讲”，继而进入“自己讲”的自主创新的境界，从中寻求解决世界性问题和世界化了的中国问题的普遍原则，最终为中国积极参与国际秩序的构建提供思想理论资源。

四、历史的重任

三十年前我国哲学界关于真理标准的大讨论，在给我国带来深刻的思想变革和社会变革的同时，哲学理论本身也因此经历了某些重要变化，接受了全社会的“洗礼”。今天，在反思我国哲学界的现状和问题时，我们从中获得的一个重要启示就是，三十年前的大讨论是与当时的中国社会现实紧密联系在一起的，并且还是以“实践”为讨论的切入点，引起了理论界、思想界及各方面的密切关注，从而使哲学成为中国理论界的“晴雨表”。

今天，要使我们的哲学恢复“昨日的辉煌”，而且还要更上一层楼，恐怕我们的切入点还应当是“实践”，这即是说，我们的哲学理论不能脱离中国社会现实，而是要从当下复杂的社会现象中提炼出哲学问题，为中国的社会发展及其未来导向给出规律性的阐述和有力的理论支撑。尤其是在当前经济全球化和信息网络化的大背景下，处在前所未有的社会主义市场经济初期的中国人，面临着各种思想文化和意

① 赵敦华：《关于“西学”的几个理论问题》，载《哲学研究》，36～41页，2007(2)。

识形态的冲击，在一定程度上表现出方向的迷失、精神的萎靡和道德的滑落。已故哲学家高清海先生对当代中国人的这种精神状况甚表担忧，他提出哲学是“一个民族之魂”，说：“创建当代中国哲学理论，乃是中国人反思自己的生命历程、理解自己的生存境遇、寻找自己未来发展道路的内在要求和迫切需要。”①很显然，当代中国哲学的生命力和发展机遇仍然在于正确认识和解答中国社会发展的重大现实问题，在对现实的审视与批判中提出未来发展的合理构想，为当今中国人提供正确的理性思维、价值理想和人生境界，发挥其指导、规范和推动社会前进的实践功能。而要达到这一目的，哲学必须进行理论创新，不断拓展自己的理论内容和理论形态，在满足时代发展要求的前提下，不断促进自身的发展，真正实现“哲学是时代精神的精华”这一伟大宗旨。

在确立了上述这个前提下，我们的哲学应当实现这样几个转变：

第一，从“体系意识”转变为“问题意识”，实现哲学范式的改变。虽然三十年来我们已经突破了日丹诺夫的哲学教科书的模式，但其影响还存在，我们的哲学思维仍然有意或无意地停留在哲学体系的范式上，总是把哲学问题归结为“本体论”、“认识论”、“辩证法”这几个方面。解决这个问题的关键，不仅在于我们是否要面向生活世界，还在于我们在何种程度上不依赖于我们的主观意识去客观地认识和把握现实社会的活生生的问题。“哲学的进步不在于任何古老问题的消失，也不在于那些有冲突的派别中一方或另一方的优势增长，而是在于提出各种问题的方式的变化，以及对解决问题的特点不断增长的一致性

① 高清海：《中华民族的未来发展需要有自己的哲学理论》，载《吉林大学社会科学学报》，5～7页，2004(2)。

程度。”①所以，要想使我们的哲学理论真正发生变化，适应时代发展的内在要求，我们就必须以“问题意识”为中心，自觉地对当代中国人的生存状态做出我们自己的深刻反思，在思维方式、认识方式和表达方式上做出改革，勇于解答当代的重大思想问题，引导和塑造时代精神的发展，从而实现哲学的当代价值。

第二，从“本土视域”转变为“世界视域”，努力扩大我们的哲学视野。哲学是特殊性与普遍性相统一的学问。我们中国的哲学当然要着力解答中国现实问题，但这只是中国哲学的特殊性和民族性的体现，它还必须面向世界，要对探索世界性的普遍真理做出我们中国人的贡献。更进一步说，当代社会的一个基本特征就是全球化，一个国家或民族的问题往往是与整个世界联系在一起的，它要求我们“改变只注重从一个国家、民族的视野来观察和谈论问题的方法，转向用全球化的观点来思考和研究社会发展问题，用全球性思维来补充和完善民族性思维”。② 在这方面我们要处理好中国哲学传统和中国化的马克思主义哲学与其他文化传统及哲学的关系，主动迎接各种思想文化的挑战，以海纳百川、有容乃大的精神敞开我们的哲学境界，随着世界历史的变化而不断更新自身的研究方式，从而在世界哲学的发展图景中占有一席之地。

第三，从“马、中、西”三个学科的分立转变为三个学科的“视域融合”，逐步确立“大哲学”的观念。哲学原本就是包容自然科学和社会科学的基础性学科，直到近现代才脱离于自然科学，但仍然保留其

---

① ［英］艾耶尔：《二十世纪哲学》，李步楼、俞宣梦、苑利均等译，19 页，上海，上海译文出版社，1987。

② 丰子义：《全球化与唯物史观研究范式》，载《北京大学学报》，2005(4)，219～228 页。

博大精深的本质特征。但我国哲学界近几十年来一直受三个学科的人为划分而壁垒分明，导致了眼界狭隘、思想僵化，甚至在某些共同性问题上缺少共同语言。进入新世纪后，哲学界自觉地召开数次全学科会议，开展了各个不同学科之间的对话，对中国哲学的发展起到一定作用。现在的问题是从事这些学科的学者如何避免只是各自表述自己学科的立场和观点，而应以共同关心的哲学话题来带动思想的沟通和学科的交流，确实做到综合创新，使我们建构的中国特色社会主义哲学真正做到“穷通古今之变，会通天下普遍之学，达乎天下普遍之理”。

实现这三个“转变”，理应是我们中国哲学界的学科自觉和理论勇气，也是我们共同面对的历史重任！不过，在具体实现这些转变的时候，对各个学科而言，则重点和难点都有所不同。比如，实现第一个转变应当把重点放在如何恰当提出问题和合理解决问题上，我们不能因为重视现实问题而沦为一时一地的现实论证，同样，也不能囿于学术诉求而陷于形式主义，而是要使现实问题的研究与哲学的超越性相互关联、相互规定，以达到现实性与超越性的有机统一。实现第二个转变的重点，则是要拒斥一些学者抱残守缺、固步自封、妄自尊大的心态，提倡学者们以博大的胸怀兼容并蓄，融通中西，将古今中外的一切先进哲学思想为我所用。实现第三个转变的关键，则在于我们学者的理论自觉，如果我们没有融通中西哲学的勇气，就无法为中国哲学的新生提供广阔而深厚的文化资源和学术资源。

环顾世界，西方哲学在经历几百年的辉煌后，虽然还在“没落”中迎接挑战，但近二十年却没有让人看到“落日余晖”的希望。反观中国哲学，虽几经摧折，仍然能够自我修复，不断更新自生，兼容并蓄，发扬光大，显示出顽强的生命力。我们深信，“中国哲学随同中国文明一起，已经给了世界的哲学以‘曙光’”。① 随着国家的强大，通过几代人的努力奋斗，我们的哲学事业必定会展现一番新面貌，创造出中国哲学的新天地！

只是要实现这一宏愿，无愧于先贤圣哲，我们必须时刻牢记我们这一代哲学工作者的使命，这就是：努力认识中国社会发展中遇到的重大现实问题，用我们的创造性理论推动中国特色社会主义的发展；努力改善我们的表达方式，用真正的汉话说哲学道理，让它与中国人的思维方式相契合；努力使我们的哲学为广大人民群众所接受，对中国人的精神世界和社会生活发挥广泛而深刻的影响。如此，我们才能发挥中国人的智慧，在世界哲学史上写出我们的新篇章。

① 叶秀山：《欧洲哲学发展趋势与中国哲学的机遇》，载《浙江学刊》，2007(6)，5～14 页。

哲学与自由*

——兼论现代性与后现代主义

在人类思想不断发展的进程中，自由始终是一个重要的主题。无论人类从自然、蒙昧的状态进入文明社会形态中，还是人类摆脱物质依赖性、进入现代化的过程中，自由作为推动人类历史前进的思想动力一直都在发挥着巨大作用。哲学是人类对存在及存在环境的自觉意识和反思，所以，在西方哲学发展进程中，自由问题始终是哲学家们关注的一个命题。如果说近代以前的思想家对自由的关注是不自觉的或无意识的，那么，自笛卡尔以来的西方哲学则是自觉地和有意识地把自由概念当作人类认识的一个核心命题。对此，阿多诺曾经意味深长地说："人们几乎可以

---

* 本文梳理了西方哲学家对自由概念的阐述，指出经启蒙运动而确立的自由乃是建立在理性主义基础上的积极创造、奋发向上的自由，它是推动人类社会不断前进的思想动力，也是现代性的一个主要特征。反之，后现代主义所说的边缘化、零散化、平面化不过是消极无为、随心所欲的散漫，并不具有积极建构的意义。我们理应区分自由与散漫，为人的自由发展和社会公正奠定哲学基础。原文刊登在《浙江学刊》2005 年第 2 期。

说，自由概念的这种双重转向——作为转向外部的自由概念和转向内在的自由概念——是支配、统治全部哲学史的事情，一切思想家、包括那些相互间有着最激烈矛盾的思想家们在这点上都是一致的。”①

今天，在讨论现代化、现代性及后现代主义的时候，我们在承认建立于理性主义基础上的自由概念是启蒙运动所确立的现代性的一个主要特征的前提下②，有意识地回顾西方哲学家对自由问题的考察和认识，或许对我们认识现代化进程，审视和解答现代化所带来的问题有所裨益。

一

“自由”在古希腊哲学中并不是一个重要概念。巴门尼德开创的是用逻辑推理的方式去认识真理之路，他孜孜以求的是所谓去除一切现象的存在之本质，因此，在他那里，存在是并不创造杂多的“唯一”，是没有生生死死的“永恒”。按照巴门尼德这种理解，“一是一，二是二”，只有“一”才是存在和本质，除此以外的东西不过都是非存在和现象。这样，巴门尼德制定的就是一条不能“无中生有”的定律。人们不能进行自由的创造，不能发挥自身能动性，当然就是巴门尼德哲学的应有之理。

对于巴门尼德的哲学，柏拉图、亚里士多德等人都是抱有敬畏之心，不敢妄加评论。尽管如此，亚里士多德还是从自身体会中去理解自由，他在其《尼科马可伦理学》中对“内在自由和外在自由”予以区

---

① T. W. Adorno：*Probleme der Moralphilosophie*，S. 178，Frankfurt am Main，Suhrkamp，1997.

② 关于现代性的特征及其相关问题，请参见江怡主编：《理性与启蒙——后现代经典文选》，北京，东方出版社，2004。

分，他认为，“内在自由”是指摆脱内心的各种情绪、欲望的困扰，“外在自由”则是指对外在权势的压迫进行反抗。这很可能与亚里士多德曾经依赖自己的学生亚历山大僭主获得讲学和著书立说的自由有关，从而使他不自觉地意识到自由所具有的伦理学的意义。古希腊哲学中的犬儒学派与古典时代的早期斯多噶学派也在一定程度上意识到自由的重要性，他们都认为，人们应当享有自由，应当从君主的庇护中解脱出来。但是，无论是亚里士多德，还是犬儒学派和斯多噶学派，都没有真正认识到自由的哲学意义。

真正开启自由这个概念的哲学意义，当属基督教教父哲学，这里首先应当提到奥古斯丁。奥古斯丁在应用希腊哲学的柏拉图主义为基督教教义进行辩护的时候所遇到的第一个难题，就是如何去解释《圣经》所说的上帝创造世界的故事。对他来说，他既不能说上帝借助他物进行创造，也不能说上帝创造世界使用某种材料，而只能说上帝是从自身中创造了世界。奥古斯丁由此就突破了巴门尼德的不能“无中生有”的定律，而是暗示了自由乃是从无到有、由一生多的创造路径。奥古斯丁遇到的另一个难题，则是如何解释灵魂不朽。奥古斯丁在把记忆、理智和意志这三种基本力量赋予灵魂的同时，凸显了意志自由的重要性。这种重要性就在于，自由可以使灵魂不受任何外在的强制，自由还可以使灵魂具有自我规定的能力。前者是自由的被动和消极的意义，后者则是自由的主动和积极的意义。对奥古斯丁而言，从意志自由出发就可以解释世界上存在恶的原因，还可以由此去说明所谓的“原罪”，这就是人滥用自由意志而背离上帝，背离至善，人因此失去了自由。只有上帝才能拯救人类，才能重新使人获得向善的自由。虽然奥古斯丁的主旨是用希腊哲学去解释基督教教义，其意义主要在于宗教伦理方面，但他毕竟开启了自由在道德哲学方面的意义，并反过来用基督教教义突破了希腊哲学的定律。可惜的是，中世纪的教父哲学由于其特定原因，并没有把奥古斯丁开创的这条路径进行下去，这个任务一直留到了文艺复兴以后。

二

打破独断论对人的思想的禁锢，把自由引入哲学，并对“外在自由”转换为“内在自由”予以系统地阐述，这是康德所从事的一项十分艰巨的事业，也是他的一个非常了不起的贡献。正是从康德开始，自由才真正成为近现代哲学的一个主旨。

对康德来说，把一切人都当作自由的，是最高的具体概念，同时也是由人确立的、绝对的最高原则。人固然有自然人和理性人之分，排除自然人这个因素不论，仅仅就人是理性的人而言，人惟独只受自己的理性的规定，而理性在本质上又是通过自由来表现其特征的，所以，是否享有自由就关涉人的核心问题。康德一开始就把自由这个概念当作从主体中创造表象的概念来应用，对他来说，自由又常常表现为最初的表象创造能力，有时这种能力被称为“主体的自发性”，或被称为“真正的意识创造力”和“精神的创造力”。这样，在康德这里，自由既是一种建立在极其强烈的自我意识基础之上的积极理念——康德哲学是先进的市民阶层的思想，它是以哲学的方式对 18 世纪末期开展的资产阶级摆脱束缚的斗争进行反思，追求的是主体能够自由地为自己立法的启蒙运动的原则，而这个原则是与所有的传统观念，与所有等级制的、封建的和专制的制度针锋相对的；同时，自由也是一种先验建构的理论——尽管人们都承认，实现我们自由意志的条件在事实上是经验的，但是对康德来讲，自由意志与奠基在自由意志之上的道德领域的表象核心则在于，自由和道德是完全独立于经验条件的东西，一俟我们把它们与经验条件联系在一起，作为纯粹观念的自由意志和道德意愿就会受到损害。这里恰恰就是康德与后来的黑格尔在哲学上的重大分歧点。

但是，康德在其批判理论的建构中不可避免地会遇到自由与必然、自由与因果性的问题。康德解决这个二律背反的难题也是先验的、形式主义的方式。在谈到自由与因果性方面，康德首先从否定意义上对自由概念加以规定，也就是说，在一系列相互紧随的状态中，自由被规定为一种不依赖于这个系列的规则的独立性。他对此这样说："由此来看，人们必须假定这样一种因果性，某事物因它而发生，而这个原因并不依据必然的法则而受到其他的先前原因的进一步的规定，这是一种原因的绝对自发性，因此，一系列按照自然法则运行、并从自身开始的现象，就是先验的自由，没有这种自由，甚至在自然过程中，诸现象的顺序排列在原因方面也绝不是完成的。"①现在，自由在"否定"原有的因果系列的规则的同时成为另一个因果系列的原因，康德就是以这种先验建构的方式，把因果性概念扩展到自由，自由因此成为一种因果性，一种"独一无二的"(sui generis)因果性。在谈到自由与必然性方面，康德并不强求用自由原则去代替自然的必然性，他只是强调从强制的束缚中解放出来，他如是说道："我们只能在自然中寻求世界现状的关联和秩序。脱离自然法则的自由(独立性)虽然是对强制的一种摆脱，但也是对一切规则的主旨的一种摆脱。"②这就是说，当我们"肯定地"引入自由原则、当我们摆脱必然性的强制束缚的时候，是我们对这个强制体系的不满和自由的挣脱，但这并不

① *Kants Werke：Akademie Textausgabe*，Bd. 4，S. 428，Frankfurt，1968.

② ebd.

意味着，自由可以代替自然法则而进入世界进程的因果性之中，因为如果自由也依据法则而受规定，那么，自由就不成为自由，而是与自然并无二致的东西。

康德是睿智的，他清楚地知道，如果自然规律是普遍适用的，那么，超越自然的可能性就不存在。这就意味着，从作为自然人来说，人是自然的一部分，必须服从自然规律的必然性，而不能超越它。但从作为理性人来说，理性既要求自由，同时也要求一种普遍的合规律性，因为在面对那种飘忽无定的自然界，自由是唯一可能的对立物，只有理性才能作为一般的合规律性与那种盲目的必然性相对抗。“这种双重的困难——既不能给出人的活动范围处在绝对的合规律性中，也不能给出人的活动范围处在绝对的自由中——恰恰就是康德被迫以悖论的方式解答自由与因果性和自由与必然性的最深层的原因。”①康德也是伟大的，他本人对自己这种建构方式中存在的缺陷也不满意，而且对此毫不隐瞒。他坦然地承认，“在自由与必然性之间，在自然王国和实践理性的范围之间，仍然存在着问题”。② 康德没有解决的问题，当然就留待他之后的哲学家去解决。

费希特是康德哲学的直接继承人，他解决康德留下的自由与必然的问题，就是把作为否定的自由概念直接转向肯定的自由概念。在费希特这里，自由从一开始就有那种“原始的绝对创造”的意义，而不像在康德那里，自由既有否定、也有肯定的二元意义。费希特自己公开

---

① *Theodor W. Adorno*：*Gesammelte Schriften*，Bd. 6，S. 247，Frankfurt，1973.

② *Kant Werke*：*Sonderausgabe*，Bd. 4，S. 675，hrsg. Von W. Weischdedel，Darmstadt，1983.

宣称，“我的体系是第一个自由体系”。[①] 考察费希特的全部学说，我们就会发现，他的知识学不仅像康德那样，以那个奠基在思想自由之上的纯粹的自我意识作为出发点，而且还把自我当作整个体系的最高原理，并以此进行逻辑推演。这样，费希特的知识学就由本原行动(Tathandlung)展开两种关系：一种是自我与自身的关系，即知识学的第一条原理“自我设定自己”，这是绝对无条件和不证自明的，表明自我的绝对同一性和能动性；另一种是自我与其设定的非我的关系，即知识学的第二条原理是“自我设定非我”，这也同样是自我的一个无条件的行动，既不能证明也不能推演，它表明自我的相对的同一性和普遍性。自我在这里因为其本原行动而成为统摄一切知识的原则。费希特正是以这种“原始的绝对创造”的意义上的自由彻底发挥了认识的能动性，真正确立了主体性原则。

如果说费希特的知识学的晦涩难懂掩盖了其自由的本质，那么，他的社会政治学说追求公正、呼唤自由的精神则得到充分显现。青年费希特在《向欧洲各国君主索回他们迄今压制的思想自由》和《纠正公众对于法国革命的评论》两篇著名论著中大力宣传法国革命的原则——自由和公正。他大声疾呼，自由与我们的人格、甚至与人性都是同样至关重要的，是我们决不能放弃的、不可出让的权利。根据社会契约，自由是民众本身都不可以出让的权利，君主当然也无权限制和占有人们的思想自由。人民理应索回原本就属于自己的思想自由和言论自由。成熟时期的费希特所写的《自然法权基础》对自由问题的探讨更进一层，集中讨论了个人的自由在共同体中如何与公共的利益相一致的问题。在他看来，自我是诸多个体中的一员，人际间性(Inter-

① *J. G. Fichte-Gesamtausgabe*, Werke 1, Bd6, S. 78, Stuttgart, 1981.

personalität)的问题必然会涉及自我与他我、自我与社会的关系。解决这个问题的办法，就是要使共同体的成员都意识到，“你要这样限制你的自由，那就是除了你以外，他人也会是自由的”。① 只有共同体的每个成员自由地、持续地服从得到共同体大多数成员认可的法则，个人的自由和公共利益才能相互协调，法权概念的适用性才能得到保证。显然，费希特继承了卢梭的社会契约论的精神，既突出了人与人之间的互相尊重的伦理原则，又想通过法律手段保证每一个人的自由权利。对费希特的这种社会政治主张，马克思、恩格斯多次指出，费希特法权哲学的核心就是要建立以人人平等为基础的、真正的法律王国，从而使德国工人在理论方面比法国人先进了五十年。② 这是对费希特政治学说的一个极高评价。

对于康德和其继承者的贡献，我们应当从西方思想发展史的全部历程来加以认识：在近现代西方思想史上，如果说人的第一次解放——把人从神的统治下解放出来，最先发生在文艺复兴反对中世纪的基督教神学的斗争中，那么，人的第二次解放——把人从单纯的因果必然性的束缚下解放出来，则发生在康德所开创的德国古典哲学与独断论、决定论的斗争中。康德和费希特正是通过为自由辩护确立了每一个个人理应享有的权利和尊严，并为一切公正法则奠定了哲学基础。

---

① [德]费希特：《费希特著作选集》，第2卷，梁志学主编，350页，北京，商务印书馆，1994。

② 参见：《马克思恩格斯全集》，第18卷，259页，北京，人民出版社，1964。以及参见：《马克思恩格斯全集》，第44卷，595页，北京，人民出版社，1982。

三

既然思想自由是这个时代的主要特征，那思想家们对自由问题的探索就不会停止下来。谢林经过自己的求索，对康德的先验建构的自由概念和费希特的“原始的绝对创造”意义上的自由概念提出了他自己的不同看法。在他看来，康德把自由与必然作为一种二律背反而“悬搁”起来的二元论方式，费希特以理性要求统一性的借口，用“自我是一切和一切是自我”的形式自由去拒斥以个人意志和情感为基础的自由，都是不可以接受的，因而也不可能真正解决自由及与之相关的问题。

谢林首先认为，自由之所以为自由，它不只是单纯意义上的自身意愿(sich-wollen)，因为自身意愿只意味着形式上的自由，自由还应当是实在的和现实的，必定是与世界生活的各个方面相联系的，其中就包含恶的根源。人是上帝创造出来的产物，在人身上既有与造物主相同的东西，也有相异的东西；人因为有自由，既可以向善也可以作恶。所以，我们不仅要把人世间的恶视为与上帝相对立的东西，更重要的是从中发掘自由的本质。谢林在这里强调，人不同于自然中其它种类，只有在人的意志中存在着上帝的种子，只有在人这里还有上帝的爱。上帝的启示和人这里涌现出的精神，使人自身不再从根据上停止在晦暗的原则那里。人的这种本质已经规定，人是与上帝相分离、并且是不完全依赖于全能意志的存在者，因而人还是可以进行自我决断的自由和自为的存在者。所以，人可以区分私意与全能意志，可以揭开黑暗与光明的分别，使晦暗变得澄明。正是在这里存在着自由，并且显示出自由的必要性。谢林在这里利用教父哲学的流溢说，不仅解释了上帝启示与人类自由的关系，而且还从伦理学意义上说明自由存在的重要性。其次，在谢林看来，自由是与理智联系在一起的，“自由的行动直接产生于人的理智性东西”，① 同时因为一切存在者的理智本质都不会被任何先行的东西所规定，它本身作为概念的绝对统一性已经先于任何其它东西，以便个别行动可以存在它之内，所以，自由行动又必然是一种确定的行动。这样，自由与必然的统一性就是一种内在的、来源于行动本身的必然性。进一步讲，由于理智本质是个人的自由行动，所以，一切个人行动都是自由的；又由于一切行动都是理智的，所以，一切行动又是必然的。谢林把自由的本质与人的理智结合在一起的思想，是对西方哲学传统中关于自由理论的一个重要发展，他使人们看到：没有绝对的自由，而只有加以规定的自由；自由与必然相互存在于对方之中，没有自由就没有必然，没有必然也无所谓自由，真正的自由就是遵守必然。这样，谢林在一定程度上既解决了自由与必然性相统一的问题，同时还使理论上的自由与现实的实践自由结合起来。后来的海德格尔对谢林的自由学说非常推崇，说谢林的《自由论》这本书“是谢林最大的成绩，它同时是德国哲学最深刻的著作之一，因而也是西方哲学最深刻的著作之一”。②

在全部德国古典哲学中，黑格尔的自由学说引起的争议最大。黑格尔充分肯定文艺复兴和启蒙运动所确立的维护人的尊严、高扬理性和自由的原则，并且自觉地把这种原则贯彻到自己的哲学体系之中。黑格尔曾经激昂地说，“通过把自由理解为所谓的灵魂的本质和实体，

---

① ［德］海德格尔：《谢林论人类自由的本质》，薛华译，302 页，沈阳，辽宁教育出版社，1998。

② 同上书，3 页。

对于哲学认识的绝对根据就得到奠定了”。① 他所勾画的宏大的哲学体系就是绝对精神得到自由发展和实现的体系，尤其是他的精神哲学更是以自由意识和自由意志为当然的主题。我们不能想象，没有“原始的绝对创造”意义上的自由意识作为奠基，黑格尔能够构造出无所不包、无所不及的百科全书式的哲学体系！

不过，我们应当注意的是，黑格尔是不同于他的前辈的。其一，在黑格尔这里，自由绝不是绝对的、超越时空的形式，而是与历史的和具体的内容结合在一起的。黑格尔对历史性的重视是人所共知的，他把时间与哲学结合在一起，并以此展开他的宏大的哲学体系；他把自由分为低级自由与高级自由，并认为真正的自由只能在他的体系中得到实现。黑格尔“把哲学不仅仅作为一些抽象的概念的演绎，而是一个时间的、历史的发展过程，强调‘真理’是一个‘全’‘过程’，进一步将‘时间’、‘历史’、‘发展’的观念引进哲学，形成了一个庞大的体系”。② 这样，在黑格尔这里，绝对精神的自由演绎和发展只有在时间和历史之中显现或开显才具有意义。这显然比康德的空洞的形式自由的观点有了质的飞跃。其二，黑格尔对“无限”和“有限”的划分，对人们理解不同意义上的时间绵延性具有划时代的意义。空泛地谈时间的无限绵延性虽然具有普遍性，但与每一个具体的存在却隔之甚远。于是，黑格尔在这方面强调的一个重要思想就是，无限存在于有限之中，连绵的有限彰显着无限的意义。这种具有深刻辩证法的思想改变了人们的思维方式，人们因此不再追问无限的绝对意义，而是在相对

---

① ［德］黑格尔：《哲学科学全书纲要》，薛华译，28页，上海，上海世纪出版集团，2002。

② 叶秀山：《中西智慧的贯通》，8页，南京，江苏人民出版社，2002。

的有限中探寻无限的意义。黑格尔对“无限”与“有限”的划分，更加突出了精神在有限的时间中对世界、对自身的理解和把握，自由意识和自由意志在这个层面上当然就有了“有限”与“无限”之分。其三，由于黑格尔重视历史性和“有限”与“无限”的区分，所以，自由在他这里就不是“先验的”、“绝对的”，而是现实的，具有内容的。而且他还从法国大革命的现实中看到“绝对的自由”的负面效应，深深恐惧“绝对的自由”所带来的“绝对的恐怖”。于是，黑格尔力图达到的，就是为自由的实现寻找客观的基础和现实的条件，使现实的、有限的自由去显现绝对的、无限的自由，从而让主观自由与客观自由达到真正的统一。黑格尔的这种理想就体现在他关于“客观精神”的表述中，简单地讲，在他这里，家庭、市民社会，尤其是国家才能使个人的自由、利益和权利得到实现，国家最终成为君临尘世的“地上精神”。从这个意义上说，黑格尔的自由学说更接近于晚年的费希特。

这里既是黑格尔的伟大，也是黑格尔的渺小。他看到无限的、绝对的自由观的空洞和先验哲学的缺陷，试图用历史的、现实的自由来实现真正的自由，体现了其辩证法的“伟大”。但是，他关于现实合理性的思想导致他的自由学说趋向于现实性和相对性，使他把实现自由的理想最终落到现存国家身上，因此，他最后成为普鲁士国家辩护人的“渺小”，当然就是无法否认的事实。

现在，我们已经清楚地看到，在启蒙运动精神鼓舞下，近代哲学家们在总体上都赞同建立在理性主义基础之上的自由，但他们对自由概念的理解和认识是不同的，阐述的重点也不一样。从康德的“先验建构的自由”到费希特的“原始的绝对创造”的自由；再从谢林的“理智的、有规定的自由”到黑格尔在寻找实现自由出路方面所遇到的“困境”，这段历史已经表明，自由概念作为现代性的一个主要特征，在理论认识方面确实经历了一个曲折、复杂的过程；它同时还表明，自由概念本身就具有多种内涵和意义，哲学家对自由及与之相关问题的讨论绝不会因为某种定论或外在权威而停止下来。但是，无论如何，我们首先必须肯定的是，这种理性主义的自由是积极创造、奋发向上的自由，它是推动人类社会不断前进的动力，而绝不是那种随心所欲、消极无为的散漫。

四

自19世纪下半叶，西方思想家们已经开始对以理性主义为核心的现代性进行批判，这也是哲学自觉地对人类的两次解放运动进行反思。出现这种情况的历史背景就是：当时的科学技术不断进步，生产力得到迅速提高，但社会中原已存在的贫富差距并没有因此而消失，相反却是越来越大，资本和人的本性中追逐物质利益的趋向使人再一次丧失经过文艺复兴和启蒙运动而获得的自由；传统的形而上学受到科学主义和实证主义的挑战，以黑格尔为代表的理性主义哲学不能回答新出现的各种社会问题，旧的形而上学已经被颠覆，各种思想潮流不断涌动，层出不穷。在这种趋势下，如何认识和诠释自由问题确实使人感到很困惑，这正像当代哲学家勒维纳斯所说，自由在这时成为“困难的”事情。

处在19世纪的马克思，一方面积极吸收自然科学和社会科学的最新成果，另一方面继承和发展了德国哲学的批判精神。在自由问题的认识方面，马克思不仅注重个体的自由，强调个人的自由发展是全人类发展的条件，同时也看到由个体组成的社会共同体及其生产能力在自由的实现和保证方面的重要性和必要性。正是在这个意义上，马克思在谈到社会发展的三大形态时明确地说：“人的依赖关系(起初完全是自然发生的)，是最初的社会形态，在这种形态下，人的生产能力只是在狭窄的范围内和孤立的地点上发展着。以物的依赖性为基础的人的独立性，是第二大形态，在这种形态下，才形成普遍的社会物质交换、全面的关系、多方面的需求以及全面的能力的体系。建立在个人全面发展和他们共同的社会生产能力成为他们的社会财富这一基础上的自由个性，是第三个阶段。"①很显然，马克思仍然坚持理性主义的立场，坚信现代社会的基本特征就是建立在"个人全面发展"和"共同的社会生产能力"基础之上的"个性自由"，前者是实现"自由个性"的不可或缺的条件，后者则是现代社会的最本质的东西，两者都不可偏废。马克思在这里的一大贡献，就是他把西方哲学传统的观念自由与社会现实结合在一起，从而使哲学更具有社会现实意义。

同样处在19世纪的尼采，在非理性主义的思维导引下，不仅要颠覆整个西方文化传统，而且也否定前人在这方面的努力，提出了"只要羊群，不要牧羊人"的口号。尼采的这种思想对于彰显个体自由当然有重大的理论意义，尤其是在当时社会矛盾非常激烈的情况下，尼采的主张对于反对现代工业社会对人的全面宰制、恢复资产阶级早期追求的个性自由确有重要的现实作用。但是，尼采完全忽视了自由的另一面——人所具有的社会性，以个性来代替社会性，从而就有明显的顾此失彼的片面性，对整个人类社会就不具有积极建构的意义。

对启蒙运动的理论和实践的反思在20世纪不仅得以持续，而且一直是一个重要的主题，而不是像有些人所说，直到60年代以后，后现代主义才对现代性开始清算。这方面的典型例子就是阿多诺与霍

① 《马克思恩格斯全集》，第46卷(上)，104页，北京，人民出版社，1979。

克海姆合著的《启蒙的辩证法》。他们在这部著作里不是人云亦云地高唱启蒙胜利的赞歌，而是对启蒙精神带来的工业文明及其“文化工业”予以辩证的反思。他们承认，启蒙所追求的一种支配自然的知识形式对人们反对愚昧、摆脱自然和宗教的统治、建立理性信仰、驱除神话、推动科学进步确实起到很大作用，但他们更加明确地指出，启蒙的负面效应在今天远甚于正面意义。这是因为启蒙在使人树立自主、摆脱恐惧的同时，不只是使人把自己当作自然的主人，而且还引起人对人的统治，启蒙由于自身内在的逻辑而必然走向其反面，让“自由”变为“不自由”，为野蛮提供了基础，而且还将成为人类走向崩溃的根源。

海德格尔不像阿多诺和霍克海姆那样悲观，他承认作为积极、创造意义上的自由对人类发展不可或缺的重要性，他不仅认可经典哲学家对自由的解释，而且还进一步地把自由与人类的本质存在结合在一起，把自由与真理直接结合在一起。在海德格尔看来，首先，自由的本质就是“让—存在”(Sein-lassen)，即让存在者作为存在者自身而存在。① “让—存在”不是一种消极的放弃，恰恰相反，这是一种积极意义的参与，“让—存在”就是使存在者从遮蔽状态(Verborgenheit)的整体中呈现出来，是对存在者的祛蔽，使它从被遮蔽的晦暗中进入“光明”(Lichtung)之中，让它被照亮，并因此而凸现出来。② 其次，自由

① Heidegger：*Vom Wesen der Wahrheit*，S. 14，Frankfurt，1961.

② 海德格尔在这里与谢林有异曲同工之妙，他们所处的时代不同，要想解决的问题也不同，但他们却一致地把从非自由转变为自由比喻为从黑暗状态进入光明之中，是从被遮蔽到去除遮蔽。由此来看，海德格尔受谢林的影响是显而易见的。有关这方面的详细考察，请参见谢地坤：《绝对与自由》，载《现代哲学》，2004(1)，67～74 页。

的显现不是在所谓主体或客体那里，而是在Dasein(此在)那里。人作为动物而存在，无所谓自由或不自由。只是作为此在，人才与自由发生联系。也就是说，人的存在总是关联到“此时此地”(da)，即使这个“da”不单纯是经验中的什么东西，但也正是这个“da”才使人的自由在具体的时空中的呈现成为可能。由此来看，自由是自身性的存在，是自身从自身中开显出来，自由与存在物自身的显现是同一件事(Ereignis)。再次，由于“真理”是一种现成的东西，即是作为结果而出现的认识，又由于自由使存在物自身的呈现成为可能，即这种同一性存在使我们的主观认识与客观实际的符合成为可能，那么，如果我们谈论的是陈述的真理，那真理的本质就是自由。没有自由，真理就无法呈现出来。于是，真理与自由就是统一、相通的，不再是两个分立的问题。离开自由，我们无法认识真理；没有自由，我们就不可能有充分的、完整的真理。这样，哲学家常说的“爱真理”，在海德格尔这里就变为鼓励人们追求与维护人的自由。海德格尔是从存在哲学的角度来表达自己对自由的认识的，虽然有些晦涩难懂，但他在本质上已经把人们对自由的认识带入了一个新境界。

经过这样的分析，我们完全可以说，由启蒙运动所确立的现代性的本质特征——理性主义和自由，仍然是我们在今天值得推崇的东西。人们不可能设想，政治上的民主体制和科学技术的进步不是建立在理性主义的自由基础之上的，近现代历史发展事实已经雄辩地证明这点。马克思的伟大，就是在于他看到全人类的解放乃是建立在个人自由的全面发展和共同的社会产生能力的基础之上，解放(liberate，befreien)的本真之意就是让人获得自由(liberal，frei)。相反，如果说后现代主义的主要思想特征就是反对以逻格斯和规范为核心的理论化、体系化思维模式，注重“不确定性、模糊、偶然的感性活动，从而走向零散化、边缘化、平面化、无深度的道路”,① 那么，我们除了同意后现代主义是当代的一种社会批判思潮以外，只能把后现代主义看作是一种随心所欲、消极无为的散漫，是尼采的“只要羊群，不要牧羊人”口号的翻版，而不是积极创造、奋发向上的自由。正是在这个意义上，我们认为当代西方哲学的这种“新现象”很难有广阔的发展前景；也正是在这个意义上，我们赞同哈贝马斯对后现代主义的否定，认同他对现代性的辩护，认同他把所谓后现代主义看作是“老保守主义”、“新保守主义”和“青年保守主义”的批判。②

① 冯俊等:《后现代主义哲学讲演录》，5～7页，北京，商务印书馆，2003。

② 同上书，4～7页。

哲学的危机与哲学的慰藉*

哲学何为？这是一个很不好回答的问题。历史上曾经有一些大思想家视哲学为“屠龙之术”，好像哲学家都可以去当治国安邦的“哲学王”。然而，几大世界宗教的确立和科学的进步都大大动摇了哲学原本似乎至高无上的地位，哲学家不但没有成为“王”，就连哲学本身也降为神学的“婢女”。尤其是到了当代，市场经济势不可挡的全球化趋势，已然使世人开始放弃既求真爱智、却又显得有些虚无缥缈的哲学，追逐现实利益成为现代人合情合理的当然之举。于是，哲学的地位越发岌岌可危，对“哲学何为”的发问越来越多。

新近由上海译文出版社推出的英伦才子阿兰·德波顿的名著《哲学的慰藉》是从一个侧面回答这个问题的一本好书。从哲学史上来看，把哲学看作是对人类心灵的安慰并

---

* 本文原是应上海译文出版社之约，专为英籍才子德波顿《哲学的慰藉》中文版所写的一篇书评。在我所写的文章中，这篇文风比较独特，有点小品文的味道，同时又表达了我对哲学的一些感悟。原文载《博览群书》，2005 年第 4 期，99～101 页。

不是德波顿的独创。后期罗马帝国的哲学家鲍埃蒂曾用散文形式撰写了同一书名的著作，该书第一次讨论了理性宗教的问题，而且文字优美流畅，在西方哲学史和文学史上都有相当重要的地位。19 世纪德国浪漫派诗人诺瓦利斯也曾写到，哲学是对人类忧伤心灵的抚慰，是人类对已经失落的精神家园的追求。诺瓦利斯的诗写得热情奔放，极大地鼓舞了当时尚处在落后境遇中的德国人追求真理、奋发向上的勇气。然而，时过境迁，有些人很可能会以为，不论是两千年前的鲍埃蒂，还是两百年前的诺瓦利斯，他们的著作和诗歌很可能不符合现代人的时尚，满足不了现代人的要求。

德波顿则不然，他 1969 年生于瑞士，现在不过三十多岁，可谓是风华正茂。德波顿自幼掌握英德法西等语言，8 岁时即被送到英国求学，后定居英国，接受的是严格的英国教育，毕业于著名学府剑桥大学。然而，德波顿本人一直崇尚法国式的自由浪漫，读书既不是为拿学位，也不是为日后谋职位，而是要上下求索，要在古今思想家中寻觅知音，然后再去自由地表达自己的所学所思。德波顿以现代人的视角来观察古今世界，又以现代人的笔触来描述现代人的心态，23 岁就出版了第一部作品，颇受现代人的欢迎。他写的《哲学的慰藉》不仅不老气横秋，而且是相当时尚，荣获《纽约时报》畅销书排行榜第一名。再进一步说，德波顿不是专攻哲学的，他的这本书也不是哲学专著，而是看似散乱无章的哲学随笔，但却因此写得生动活泼，深入浅出，通俗易懂。不过，作者的态度却相当严肃认真，他遴选六位哲学家的事迹和思想自有他的喜好，他的叙述、分析、议论是经过反复思量和斟酌的，而不是随心所欲的发挥。因此，读者很容易看出，德波顿对哲学和哲学家的赞誉是发自肺腑的，让人感到可信可敬。

于是乎，通过德波顿的笔触我们看到六个不同的哲学家形象，他们中的有些人是我们熟悉的，有些是似曾相识的，有些却很陌生。他们的思想，他们的言行或许不一定让我们大彻大悟，但一定会让我们有一些感受，受到某些启发和激励。

先哲苏格拉底毕生以哲学为职业，安贫乐道。他告诉世人，现存的不一定是合理的；他教导世人，要学会怀疑，独立思考，辨别善恶，反抗世俗偏见，听从理性律令。他面对强权而保持合乎理性的自信，面对众人指责而不收回自己的思想，“他宁愿失欢于众，获罪于邦，而决不折腰”。①

古希腊晚期的思想家伊壁鸠鲁不仅承认感官享受是幸福生活的目标，而且更试图解答“怎样才能快乐”的问题。在他看来，哲学的任务就是帮助人们诊断痛苦和欲望的脉搏，制定出摆脱精神苦难、谋求快乐人生的方案。伊壁鸠鲁开出的药方有三大元素：友谊、自由和思想。我们由此知道，富甲天下不会增加快乐，快乐的真谛在于思想的自由和心灵的沟通；因此我们可以减少一些迷茫、错位、惊愕、焦虑，增加一些理性和自信。

斯多亚派哲学家塞内加出身豪门，却命运多舛。年纪轻轻就患重病，与疾病抗争六年；身体康复后从政，又仕途不顺，无辜遭到贬黜，身受八年囹圄之苦；后来违心去当王储的老师，十五年后又被国王——当年的学生——赐死。塞内加一生坎坷，屡遭挫折，却能处变不惊，泰然应对。他的哲学告诉他世事无常，不仅自然灾害、生老病死不可预知，就是人世间的勾心斗角、相互残杀也是防不胜防。怨天尤人于事无补，“哲学交给我们顺应全方位的现实，从而使我们纵使

① ［英］阿兰·德波顿：《哲学的慰藉》，资中筠译，7页，上海，上海译文出版社，2004。

不能免遭挫折，也至少能免于因情绪激动而遭受挫折带来的全部毒害”。[①] 哲学给了塞内加“生命和智慧”，他以从容应对多舛的命运来“回报”哲学。

16 世纪的法国哲学家蒙田与其前辈不同，他常常关注那些不为哲人所注意的琐碎小事。他以为，人是由肉体和精神组成的，人亦生活在某种具体的文化中，对我们身体、智力的缺陷避而不谈，不承认我们文化、习俗的差异，是体面社会缺乏坦诚带来的结果。他的哲学大谈“君子不为”的人间琐事，因为他已经看到，晦涩不等于深刻，“神秘莫测的人能够在简单的头脑中引起崇敬，却不能打动坚实可靠、清晰的头脑”。[②] 哲学家不能眼望苍穹冥思苦想，却忘记脚底下的事情。哲学要让世人努力寻求智慧而又远离愚蠢，要学会如何去过健康而快乐、平凡而善良的生活，哲学有此成就足矣！

我们由此看到，哲学不只是艰深晦涩、让人皓首穷经的玄学，不只是教人安邦定国、经世致用的谋略，哲学也关乎我们的人生，涉及我们日常生活的方方面面。然而，德波顿觉得这还不够，他遴选的最后两位哲学家叔本华和尼采，又向我们表达了更深层次的东西。

叔本华生活在 19 世纪的德国，虽早年丧父，但一生并无衣食之忧。他生性多愁善感，却又不善于与人交往，常常痛感人生苦难。30 岁时写出杰作《作为意志和表象的世界》，却得不到学术界的认可，直到 40 多岁仍然一事无成。在愤世嫉俗之余，难免自我安慰，自我仰慕。他在感叹“人的存在是一种错误”的同时，并未自暴自弃，而是天

① ［英］阿兰·德波顿：《哲学的慰藉》，资中筠译，87 页，上海，上海译文出版社，2004。

② 同上书，172 页。

才地说出了这个真理：人与其它动物一样服从“生命意志”，但人又是万物之灵，人通过哲学和艺术表达自己的感受和体验，勾画生存的条件，因此，只有人才能自我解惑，只有人才能认识自身。人或许永远不可能摆脱“生命意志”，但正是艺术和哲学以其特有的方式把人生痛苦转化为“知识”，人才可能获得洞察世事的省悟和少许的安宁。

尼采早年深受叔本华的影响，也是一个悲观主义者。这大约与尼采的生存环境和自身经历有关。其父英年早逝，家境很快衰落，而尼采本人内心感情丰富、极其敏感，外表则木讷腼腆、举止刻板，虽有才华，然疾病缠身，孤独忧郁，人生远非一帆风顺。于是悲天悯人，自叹自艾。后来经过学而思，思而学，人生态度发生骤变，他不再赞同逃避痛苦的观点，而是创造了“超人”哲学。“超人”就意味着要有超乎常人的信念、勇气、意志、智慧、情感等，就要像真正的勇士那样面对惨淡人生而决不放弃。于是，尼采不是让人努力减轻痛苦、追求幸福，而是反其道而行之。他推崇苦难，因为他坚信，苦难是实现完美人生的条件，苦难是实现成功人生的必经之路，关键是我们要有应对苦难的勇气和明智。

我们从德波顿的描述中明白了，哲学不只是关乎我们生活的方方面面。哲学还教会我们如何逃避和减轻痛苦，如何应对和战胜常人不可克服的苦难。我们由此还可以进一步说，人生虽然充满苦难，但哲学给我们慰藉，哲学让我们超越升华。作为“王者统治之术”的哲学可能会有危机，但慰藉我们人生、交给我们智慧和真理的哲学却是永恒的。这就是哲学的无边无际的魅力，这就是哲学永不消退的生命！

文化保守主义抑或文化批判主义*

——对当前“国学热”的哲学思考

自20世纪80年代以来，伴随着港台及海外华人地区出现的新儒家现象，“国学”这个本来已经被人遗忘了几十年的概念又从港台返回到了大陆，而且近十年来被炒得越来越热，形成了所谓“国学热”。但是，何谓国学，国学的具体内涵是什么，国学与外来文化是什么关系，我们为什么要在今天提倡国学，其价值和意义究竟又是什么，甚至国学这个概念能否成立等等问题，在海内外学者中间引起极大争议。虽然参加争辩的大部分学者表示，对待中国传统文化要坚持“二分法”的立场，即承认传统文化中有精华

---

* 本文发表在《哲学动态》2010年第10期，由于文章观点鲜明、文笔犀利，引起了有关方面的注意，各大报刊和文摘都予以了转载。文章对当下的“国学热”进行了认真的剖析，指出“国学热”中文化保守主义那种脱离现实、把古代思想嫁接到现代社会实际生活的危害，主张对待传统文化应当进行理性的分析和深刻的批判，通过批判继承达到综合创新，同时还要勇于面对现实世界的挑战，正确处理好传统与现实、中国文明的独特性与世界文明的普遍性的结合问题，以开放的心态来推动我国文化事业的不断前进和发展。

也有糟粕，但由于“对其中精华和糟粕所占比例、包含内容的判断不同，因而形成‘基本肯定/基本否定’或‘肯定较多/否定较多’两种态度”，而且更应当关注的是，“当前学术界肯定国学、赞赏国学的人越来越多，其中涌现出一种不容忽视的狭隘儒学复兴思潮”。①

本文无意参加这场争论，因为诠释、评价传统文化是与诠释者的立场有直接联系的，所谓仁者见仁智者见智，在没有理论预设的前提下，尤其是在简单地夹杂着民族感情或其他因素时，只能是越说越糊涂。本文思考的问题有两方面，其一是近十年来中国出现“国学热”，且越来越热的原因究竟是什么；其二是我们应当对传统文化持何种态度，换种说法是，现在国学热中显现的文化保守主义或文化复古主义是一种灵丹妙药吗，它真能解决我们当下遇到的各种问题，而且确实能发展和光大中华文明吗？

一

国学这个名词在我国自古有之，即所谓“凡有一国，必有一国之学也”。然而，我们今天所说的国学则是专指上世纪初产生、原本是要与非中国的学问加以区分的中国传统文化。但这个“国学”概念到底是指什么，实际上一百多年来学界对此一直未能达成一个共识。

最早提出这个概念的国粹派邓实在1906年撰文说：“国学者何？一国所有之学也。有地而人生其上，因以成国焉，有其国者有其学。学也者，学其一国之学以为国用，而自治其一国也。”②邓先生的这个

① 刘东超：《警惕儒学成为“不容碰撞”的意识形态》，载《中国社会科学报》，2010年3月9日。

② 《国学讲习记》，《国粹学报》第19期。

“国学”概念广泛而模糊，用现在语言来说，它的意思就是，凡是在中华大地上有用于国家的学问，就是“国学”。但邓先生的这个概念有一个好处，它不同于原来所说的“中学”，不排除外来文化，从逻辑上接受了外来文化对中国文化的影响。虽然当时提出“国学”的本意是要防止伴随着强势文明而进入中国的西学将传统的中华文明消解掉，以期保存“国故”，即保存以“诸子百家”、“六艺”、“五术”为代表的中国传统文化，但由于中华传统文化本身也包含了许多外来文明的东西，绝不只是纯之又纯的完全产生于中华大地上的文化，于是“国学”这个特定概念所蕴含的东西就要远远大于“中学”。这样，在提出这个概念的用意与这个概念本身的内涵之间就已经潜藏了不相自洽的因素，这或许是百十年来我们为什么说不清什么是国学的一个重要原因。

尽管学界一直对国学有各种争议，但概括起来，无非有以下几种理解：

其一是把国学与中华传统文化等量齐观的理解，但这里的理解又各有不同。一种是认为儒、释、道三家都属于国学，佛家虽然不来源于中国，但佛家经过一千七百多年本土化或本色化的过程，早已融入中国文明之中。我们不可能设想，隋唐以后的中华文明没有佛学是什么样的；我们更不可能设想，没有佛学思想的影响，是否还能发展出以“心性”之维度为特征的宋明理学。另一种看法则认为，只有产生于中国本土的文化才属于国学，由此来看，只有儒道两家才是国学。这样就产生了“儒道两家谁为中华文化之主干”的争鸣。其中主张道家思想是中国文化主干的主要代表学者是台湾学者陈鼓应、大陆学者孙以楷等，他们说：“道统意识是中华文化的思想内核”，“中国哲学史实际上是一系列以道家思想为主干，道、儒、墨、法诸家互补发展的历史。”①但持这种主张的学者是少数，现在提倡国学的大多数人是把中国传统文化等同于儒家传统的，其中不少人甚至还坚持中国文化传统中的所谓“道统论”，即孔子继承了舜、禹、汤、文、武、周公之道统，再经曾子—子思—孟子的传道谱系，将正宗的儒家传续下来。这种主张不是新东西，唐代的韩愈和宋代的朱熹等都是这种主张的鼓吹和继承者，而在历史上也早有学者对此予以深刻的批判和坚决的拒斥，当今不少学者对此也有不以为然的，② 这里不予转述。

其二是以南开大学历史系教授刘泽华先生等人对中国传统文化予以彻底否定的观点。刘先生依据其“阴阳组合结构”的分析方法，把中国传统文化视为是政治上的王权主义在文化领域的衍射，因此，中国传统文化的核心是王权主义，它当然是不能适应今天需要的。刘先生对中国传统文化的批判是相当激烈的，但其分析过多强调文化理解与政治批判的结合，忽略文化既有与政治、经济密切相关的因素，也有其自身独特的部分，二者是不能一概而言的，因此他的观点受到一些学者的反对。此外，也有些学者从其他角度对复兴国学的主张提出了批评，他们依据“五四”时期的研究成果，认为以儒家思想为代表的中国传统文化的最大问题就是“保守性”和“虚伪性”，所谓“内圣外王”和“外儒内法”已经把儒家文化的落后性说得很清楚了。但是，国学主张者认为这种批评以偏概全，忽视儒家经典本身的意义，却把历史上某些儒家人物的“保守”、“虚伪”问题放大了，他们相信儒家文化的价值

① 陈鼓应：《老庄新论》，320页，上海，上海古籍出版社，1992。

② 有关道统论的讨论，参见王世光：《程朱理学道统论的终结》，载《天津社会科学》，2001(2)，107～111页。以及参见郑家栋：《当代新儒家的道统论》，载《原道》，第1辑，159～191页，北京，中国社会科学出版社，1994。

在新世纪一定会得到重新发现和承认。

其三是有一部分学者继承“五四”新文化运动所确立的观点，他们承认，虽然凡有国家就必定有一国之学，但“学不分中外”，如果硬要说有所谓国学，那就是指在中国土地上用我们的语言、文字及其他方式表现出的精神文化现象，而不必拘泥于何为外来、何为本土的东西，有些学者明确说：“中学西学的对立是不存在的；每个民族都有自己的特色，但这是第二位的，第一位的是普世的。”①这种看法实质上已经使国学失去了“一国之学”的意义，其否定性是显而易见的。持这种主张的学者甚至还认为，现在已经进入全球化时代，在这样的大背景下，不同文明之间的碰撞和对话，都是不可避免的，任何一种文明都不可能不受影响地独立自存下去。从世界范围来看，文化的交融是一种趋势，强势国家对其他国家的影响是一种客观存在；从某一国来看，文化则越来越显现出一种多元化的趋势。因此，作为世界文明的一支，“中国文化的自我理解，已经无法在中国学术界的境遇中自给自足地循环下去”。② 由此观之，现在提出国学没有任何意义。

其四是有些学者认为我们不应对国学予以简单的否定，而是要看到，所谓一国之学是在当代全球化背景下的一种民族文化的理论自觉，这里的关键是要处理好中国传统文化的独特性如何与世界文明的普遍性相融合的问题，处理好中国学术界如何参与国际学术界的文化与文明对话的问题，特别是要处理好中国文明如何以自己既传统又现代的独特形态去回应今天全球所面对的普遍伦理、人权、正义、生

① 何兆武：《中学、西学与近代化》，载《社会科学战线》，2009(4)，14～18页。

② 杨煦生：《国学与汉学》，载《光明日报》，2009年6月29日。

态、性别等问题。因此，中外文明的“会通融合”、“综合创新”就成为这种看法的主题词。①

应当承认，尽管后两种主张从学理上看更具现实性、开放性和合理性，但是，在当前的中国学术界，持第一种主张的人似乎更多一些，而其中认为儒家文化就等于传统中华文化的人就更多一些，他们的能量也更大。在围绕国学争论不休，许多问题尚是模糊不清时，不仅不少知名高校成立了“国学院”，而且国家有关部门也在考虑是否把国学设立为“一级学科”，甚至还有人提出更改国际学术界通行的“汉学”名称等。

我们现在要思考的是，为什么会出现这种学理与事实相背离的情况？为什么在改革开放之初，中国大陆绝大多数知识分子都是以开放的心态去迎接外来文化，而在已经享受到改革开放带来成果的今天，反而会有相当一部分人热衷于宣传和复兴传统文化，甚至于还把儒家思想当作传统文化的唯一内容，当作治国救民的唯一良方，尽管其中一些人在纯粹理论方面对文化保守主义是有一定认识的。

这里笔者注意到，要想解答当下中国为什么会出现这种文化保守主义现象，仅仅从学理上去分析显然是不够的，因为参与这场讨论的不只是学术界和知识界的人士，很多其他领域的人士也以或明或暗的方式参与进来。我们在这里只举出一个颇具代表性的例子，这就是2004年末发表的《甲申文化宣言》。在这个宣言上签名的是中国大陆最有名的50名学者、文人、艺术家、企业家等，其中一些人还担任过政府要职，还有人是诺贝尔奖的获得者，这个宣言因此有相当大的

① 谢地坤：《中国的哲学现状、问题和任务》，载《中国社会科学》，2008(5)，34～42页。

社会影响力。与五十多年前由新儒家代表人物牟宗三、徐复观、张君劢、唐君毅等人合撰的《为中国文化敬告世界人士宣言》相比，《甲申文化宣言》的文化观念是开放的，因为在前者那里，虽然一方面声称"人类同应一通古今之变，相信人性之心同理同的精神，来共同担负人类的艰难、苦病、缺点，同过失，然后才能开出人类的新路"，但另一方面，却又坚信中国文化在本原上是一个完整的、一以贯之的文化体系，自夏商周至秦汉，再到唐、宋、元、明、清，尽管中国在政治上有分有合，但从未影响到文化学术思想的大归趋，"此即所谓道统之相传"。而后者则与之不同，明确主张"捍卫世界文明的多样性，理解和尊重异质文明"；"反思自己的传统文化，学习和吸收世界各国文化的优长，以发展中国的文化"。但是，令人费解的是，这个宣言却转而又提出，"主张每个国家、民族都有权利和义务保存和发展自己的传统文化；都有权利自主选择接受、不完全接受或在某些具体领域完全不接受外来文化因素；同时也有权对人类共同面临的文化问题发表自己的意见"。①问题是在21世纪全球化的今天，难道还有一个国家或民族可以完全不理乎外部世界的变化而独立自存吗？难道文化作为人类的精神现象可以与社会现实毫无关联吗？答案显然是否定的。这个宣言显然有一个二律背反的难题，即一方面说要学习一切先进文化，另一方面却又像新儒家那样坚持文化保守主义，从而使这个宣言的主张不仅不符合历史事实，而且在逻辑上自相矛盾。

从《为中国文化敬告世界人士宣言》到《甲申文化宣言》，再到当前的"国学热"，我们看到几代中国知识分子对已经丧失的精神家园的惋惜和怀念，看到他们对重新建立中国人安身立命的精神支柱的期盼和

① 《甲申文化宣言》，载《大地》，2004(18)。

执着。但是，希冀回到历史原点、坚守所谓道统相传，就以为可以促进中国文化的发展，就可以使国人的文化生命有所安顿，恐怕事情没有这样简单。如果我们走进社会现实，真正了解当下中国普通民众的所想所为，就知道这不过是我们主观上的善良愿望而已。

所以，想要说清这个问题，不仅要结合中国近代历史的发展，分析以儒家思想为代表的中国传统文化的特点、历史作用及其衰落的原因，还要走出书斋，扩大视野，尤其是要结合当下国情、民族情感以及现实社会需要等各方面情况，做出实事求是的分析，我们或许才会得出合理的解释。

二

正如国学提倡者所言，“从历史上看，国学的提倡总是与一个时代的需要联系在一起的”。① 此言已经在暗示，现在提出复兴国学不过是中国近现代历史中的一个通常的做法，提倡国学，乃是因为“国学”曾经承载了整饬人心、治国安邦的重任，而今天这项非常崇高、却又是极其艰巨的使命——“创造出与我们正在努力建设的民主、和谐社会主义社会相适应的，满足广大人民精神生活需要的新文化”②同样落在亟待复兴的国学身上。很显然，倡导国学已经不是学术讨论那么简单的事情，而是把国学与当今的中国社会建设和中华民族的未来命运结合在一起了。

既然这是近现代历史中的一个通常做法，对很多中国学者来说，

① 梁涛：《论国学研究的态度、立场与方法——评刘泽华先生王权主义的“国学观”》，载《光明日报》2009年12月7日“国学版”。

② 同上。

“国学”就不是新话题。自20世纪初“五四运动”以来，中国传统文化与中国社会建设的关系一直是学术界和思想界讨论较多的话题，只是这个话题在当下由于“国学热”又一次凸显起来。

中国有着几千年文明史，中国传统文化是丰富悠久、多元多样的。春秋战国时期中国思想界特别活跃，曾经是“百家争鸣”。诞生于春秋末期的孔子继承上古三代文化传统，创立儒学，经过战国、秦和西汉初年，在与诸子百家的较量中，逐步确立自身地位。儒家思想的核心是“仁、义、礼、智、信”，敬天法祖，注重家庭和社会伦理纲常，这种思想文化对于维持政治统治和社会等级秩序十分有利，因而受到统治阶层的欢迎。特别是西汉汉武帝接受董仲舒提出“罢黜百家，独尊儒术”的建议后，历朝的统治者都对儒学予以特别的重视，儒学实际上成为官学的主体，以儒学为讲研对象的经学研究占有一家独大的特殊地位。古代的太学、国子监这样的国家学府讲授的基本上都是儒家经典，官员的遴选、拔擢在一定程度上也与经学水平有关，甚至还把皇太子、皇帝学习儒家经典的活动设计为“侍讲侍读”和“经筵进讲”的制度。与此同时，儒家通过办私学，把教育扩展到民间，注重对人的道德、情感、行为方式、价值取向的教化，因而对一般民众的影响也是深刻和广泛的。自宋代在中国就广为流传的“半部《论语》治天下”的说法不仅印证了儒学在中国历史上的显赫地位，表明了儒学曾经对中国的政治制度、社会风气、人生修养发生十分重要的作用，而且还充分说明儒学是中国传统文化的精神核心和价值基础，是中国人赖以安身立命的精神家园。所谓“朝闻道夕死可矣”，① 已经成为许多中国仁人志士的自勉自励的一种信念。

① 《论语·里仁》。

但是，我们应该注意的是，儒家的教化在于“文，行，忠，信”，[①] 其影响完全在于儒学思想的博大精深和各个历史时期儒学大师的人格魅力，而并不借助任何宗教的奇迹、天启、神谕，所谓“子不语怪，力，乱，神”，[②] “未知生，焉知死”[③]等都明确无误地表明，儒家关注的是现实世界和世俗生活，而并不注意生与死和彼岸世界的问题。对此，学界始终有不同、甚至完全相反的评价。然而，人类在面对人生苦难、社会不平不公的复杂问题时，在面对自然灾害、生老病死等无法解释的自然现象时，就一定会对本体论问题和超验性问题发生兴趣，这是不可回避的事实。我们由此就可以解释，佛家之所以能够进入中原，之所以对中国人有那么大的影响，其根本原因就在于佛家弥补了儒家思想缺少超越性这个维度，它使众生可以祈盼摆脱世俗的苦难，超越现实世界的束缚，求得彼岸世界的极乐。所以，儒家思想虽然在中国有那么大的作用和影响，也曾以宗教形式出现，但它只能是“在理性界限内的宗教”。而佛教强调“来世”，主张弃家离园、破除君臣、人伦关系的藩篱，也不会得到上层统治者的真正欢迎，只是后来经过本土化过程，演变成了“扶助王化”的一种宗教手段，才得以在中国存在下来，并且逐步扩大影响。[④] 可以说，在中国几千年历史上，从未有任何一家宗教成为国教。隋唐以后的中国上层统治者一方面需要佛、道的宇宙观和人生观，另一方面也需要儒家的维持政治

---

① 《论语·述而》。

② 同上。

③ 《论语·先进》。

④ 佛教进入中国曾经经历儒佛之争，也遭到中国统治者的排斥，从西晋到隋唐、五代的550年间，发生多次灭佛排佛事件，其中最有名的是“三武一宗”的灭佛事件，它们说明了当时统治者对佛教的态度。参见牟钟鉴、张践：《中国宗教通史》，上卷，300～330页，北京，社会科学文献出版社，2000。

制度和社会秩序的“三纲五常”以及其“内圣外王”的宗教内涵，在儒、释、道三家“均善均圣”的名下，保持儒家的正统地位则一直是不可改变的“正道”。而对士大夫阶层来说，有了这三家各有侧重的思想作为依据，对自身行为、生活方式、价值取向等等，均可作非常圆通的解释，达则可说“入世为官，治国平天下”，不达则可说“修身养性，淡泊以明志”。在一般民众中，“杀身成仁”只是一种理想境界，倒是那种“放下屠刀、立地成佛”似的完全取决于个人觉悟的诠释更受欢迎。所以说，以儒、释、道三家为代表的中国传统文化的这种多面性和圆通性，缺少的是超验宗教的那种让人赴汤蹈火、万死不辞的坚定执着的特性，从而也使中国传统社会具有了世俗化的特征。一旦传统社会的政治结构、经济秩序被打碎，文化观念的这种多面性和圆通性就会使人们的信仰、信念、价值观发生动摇，思想的混乱和精神的迷惘就会成为整个社会的通病。正是在这个意义上，我并不赞同把儒家或儒学与西方的基督教、天主教，俄罗斯的东正教，印度的印度教，阿拉伯世界的伊斯兰教相提并论，尽管它们所起的作用在某些方面有些类似。①

很不幸的是，近现代中国的历史在很大程度上印证了中国传统文化的这个问题。

17世纪以来，中国虽然还有所谓“康乾盛世”，但那时在政治体制、思想理念、经济发展、科学技术和文化观念等诸方面都已经显示了其落后性。与此构成明显对照的是，经过文艺复兴和启蒙运动洗礼的西方诸国，科学技术得到长足发展，生产力迅速提高，随着东方和

---

① 郭齐勇：《儒学与马克思主义中国化及中国现代化》，载《马克思主义与现实》，2009(6)，56～62页。

美洲大陆的发现，西方的商贸、军事、政治及文化活动面向全世界而展开。明朝末年，伴随着传教士在世界范围的传教活动和西方诸国对华的渗透、扩张甚至侵略，西方的政治、经济、文化等对中国开始发生影响。及至19世纪中叶到20世纪初，中国积弱积贫，在抵抗西方列强的侵略时每每归于失败，我们的有识人士不得不从明末的“夏夷之辨”和“礼仪之争”开始反思自己的文化传统，并转向学习西方，西学东渐成为时代潮流。从开始时的被迫学习西方技术，以达到“师夷长技以制夷”之目的，发展到中西分野的“中学为体，西学为用”，再从完全接受西方文明的“全盘西化”转变为重视中西交流、以促进中国文化发展的“中西融通”。这段历史呈现的不只是我们这个东方大国日渐式微的国力和与之相应的中西文化的分野及会通，更反映了中国几代知识分子对本国传统文化认识的逐步深化。

从文化发展观来看，我们中国人近代接受西方文化，完全是因为我们这个古老的文明体系在近代遭遇到前所未有的挑战，迫使我们必须在传统文明与现代工业文明之间加以痛苦的抉择而不得不做出的决断。实事求是地说，在与强大的西方文明相遇之际，我们曾经试图保持自己“中央大国”的尊严，但思想观念的落后及由此带来的整个国家的全方位衰落是显而易见的事实，它使我们的传统文明陷入了一种“失语状态”，我们不得不用西方式的概念系统来表达我们的思想，甚至某些时候因为矫枉过正还出现了否定传统、全盘西化、民族虚无主义的倾向。当然，也有少数人会坚持自己的传统文明，拒绝接受外来的现代文明。当我们的文明体系被迫发生改变，身处这种变化中的我们在如何改变、发展自己的文化方面，肯定会陷入这样一种由理性和情感构织的矛盾、彷徨之中：承认和接受西学，就意味着我们的思想被西学所“同化”，与西学的“同化”同时就意味着我们与自己的文化传统相“异化”，我们在很大程度上不得不与自己的传统文明相断裂。对我们来说，这种改变当然是非常痛苦的事情，但又不得不为之。

恰恰在这个历史变化的节点上，中国爆发了“五四运动”。对我们来说，这时不仅有如何对待传统文化的问题，而且还遇到一次大战刚刚结束、结束了封建专制的中国以何种面貌出现在世界上这个千古未有的国际大背景。因此，在这个极其复杂的历史时期出现各种思想潮流和倾向都是很正常的事情。这个时候既有提倡国学、整理国故，以重振自身传统文化的主张，也有震天动地的“打倒孔家店”的口号，甚至还有废弃汉语、取消中医中药的彻底背弃传统的建议。我们现在不能因为历史条件发生了变化就轻易给当时的各种思想潮流贴上“文化保守主义”或“民族虚无主义”的标签，更不能武断地否定“五四运动”的积极意义，因为这场运动是中国在遇到强大的外来文明的背景下发生的一场文化大激荡，它对于我们重新认识自己的传统文化，消除其中的落后、消极因素，以及那种以为我们今天的经济实力有所发展，我们的文化可以独立于世界文明而自我封闭的想法，是有极其重大意义的。

当时相当一部分优秀知识分子认真观察我们生存的现实世界，思考现代工业文明对我们传统文明的挑战。他们很清楚地认识到，伴随着工业革命的步伐，各种文化相互冲撞、相互融通已经是不可回避的潮流，中华文明与西方文明的会通有其必然性。既然我们传统文化与西方文化的“同化”是一个我们无法做出选择的事件，那我们就没有必要在这种“异化”与“同化”的两极中做出非此即彼的选择，与其在“食古不化”和“全盘西化”的两极中摇摆，还不如主动地把中华文明与世界文明结合在一起。对此，换一个角度来看，我们在接受西方哲学和思想方面也是有条件的，是从我们自己的立场和需要去理解和解释西方文化的，这又让西方文化和思想在中国发生与自身的“异化”，这就是西学在中国的“本土化”或“同化”。承认和分析近现代中西文化的这种“同化”和“异化”，我们就不难发现，“中国文明的价值世界与历史世界在传统中的自在关联，在现代出现了断裂，迫使文明必须从自在走向自为”。① 中国人的这种文化自觉是我们民族觉醒的表现，反映了中国先进知识分子看到自身文化的不足和流弊，自觉地对之加以批判和改造，使之能够赶上时代的步伐，适应时代的需要。这种文化的自觉自为确实取得了一些进步，无论是新文化运动的倡导者胡适、鲁迅、陈独秀、李大钊等人，还是后来被称作“国学大师”的王国维、梁启超、赵元任、陈寅恪等②，都是批判地继承中西文明的成果，走出了不同文化相互交流、相互融通的道路，使得这个时期的中西文化达到前所未有的会通融合。

但是，正如前面提到的，中西文化的会通并没有解决几亿中国人“心归何处”的大问题。伴随着传统的政治制度、经济秩序和社会体制被打碎，原先作为全民族共同认可的文化根基和精神支柱的中华传统文化也被彻底颠覆了，全世界各种各样的思想观念、政治主张、宗教信仰统统涌入中国。虽然这时也有人改信其他宗教、信仰或主义，但

① 张志强：《哲学·文明·现代性——“古今中西”之争中的中国哲学》，载《中国哲学年鉴》，64页，北京，哲学研究杂志社，2007。

② “王、梁、赵、陈”这几位现在公认的“国学大师”都是近代中国最早运用西方思想和方法剖析和研究中国古典文献、语言、韵律的开风气者，从而在中国哲学、史学、语言学的创新方面取得了丰硕成果。也正因如此，王国维在20世纪初就提出“学无中西”的观念，他说：“学术之所争，只有是非真伪之别耳。于是非真伪外，而以国家、人种、宗教之见杂之，则以学术为唯一手段，而非以为目的也。”[王国维：《王国维学术经典集》(上)，99页，南昌，江西人民出版社，1997。]

多数人则陷入精神的困顿之中，外无苍天上帝之所信，内无道德伦理之所依，世俗化、功利化成为这个时代的典型特征。不少人为此忧心忡忡，他们表面哀叹“人心不古”，实则为几千年的中华传统被迫断裂而苦恼，更为精神家园的失落而彷徨。所以说，从20世纪初的“五四”时期起，对中国人来说，既是中西文化开始真正会通并获得成果的时期，也是中国传统文化断裂的时代，中国人由此开始了“寻根”的艰苦路程。

然而，20世纪上半叶的中国又是一个灾难深重的时代。政权的几度更迭，连绵不止的战争，外敌的入侵，经济的惨淡，民生的凋谢，都使得救亡图存成为压倒一切的主题，精神文化的求索不得不暂时被“悬搁”起来。新中国成立以后，连续数十年的政治运动和与之密切相关的政治教育以及其他因素，又一次让精神文化的求索被“悬搁”起来。

直到70年代末，中国大陆实行改革开放的政策，人们在积极开展经济建设的同时也开始思索精神文化方面的问题。恰恰是在同一个时期，大陆周围的亚洲国家经济发展迅速，尤其是所谓“亚洲四小龙”的经济成就更为世人所瞩目。人们这时注意到中国传统文化，尤其是儒家文化对这些国家和地区的经济发展所发挥的积极作用，有人甚至认为是“儒家文化成就亚洲四小龙经济腾飞”。[①] 至此，东亚传统文化的价值重新得到人们的重视，“新儒家”之风由港台开始刮向了大陆。当然，这时讨论的核心还是在学理上的，主要是讨论中国文化的特征、中西文化的同异、传统文化对现代化的积极作用或消极作用等。

---

① 李倩雯：《儒家文化成就亚洲四小龙经济腾飞》，载《现代商业》，2009(9)，143～144页。

及至20世纪末，单纯的学理讨论已经得不到满足。相当一部分人在面对汹涌而来的全球化浪潮，在面对强大的西方文化时，担心不同文明之间的冲突、交融会将中国文化席卷和淹没，更担心一旦彻底丧失中国各民族共同认同的传统文化就会导致整个民族失去精神支柱，以致中华民族也会随着全球化而“化掉”。另一方面，人们通过新儒家的讨论，在一定程度上感到已经失落的精神家园的可贵，相信蕴含着中华民族的生存智慧、道德品质、价值信念、生命准则、审美情趣的传统文化，尤其是儒家文化，可以在新时代得到重新发现、开掘和发展，它不仅会为中华民族的崛起做出贡献，而且还能给世界以启示。特别是中国经济在最近几年的迅速发展和综合国力的提高，更使少数人从一个极端跳到另一个极端，以为我们中国人似乎可以完全不理会外部世界的变化、坚守甚至回到我们的传统文明就可以独立自存。这种对传统文化失落的担心和对其价值的重新认识叠加在一起，再次激起了人们对传统文化的注重，于是有人就提出要回到纯粹的中国文化形态上去，回到儒学的道统那里，国学由此再一次被推到历史前台。

三

上面所说的对传统文化的重视，甚至试图回归到传统的耕读文化那里，还仅仅限于学术讨论的层面，如果没有其他因素，国学并不一定会“热”起来。这里所说的其他因素，主要是指当今中国的具体国情和社会现实的需要，不是它们，一种单纯的学术讨论是不会引起社会各个层面关注的。

我们这里首先注意的是当下中国人的生存境遇、信仰信念、价值取向、文化观念和与之密切相关的道德状况。总的来说，经过三十多年的改革开放，中国社会发生了巨大变化，由计划经济到市场经济，由封闭到融入全球化，由单纯的社会主义和集体主义到个人主义的崛起和各种思想潮流的兴起，这样一种社会转型带来的不仅是经济的发展、利益格局的调整和社会矛盾的加剧，更深层次的还是对人们心灵的冲击和震撼。

最近几年，不少科研机构和高校对国人的政治思想、宗教信仰、价值观、道德观、文化观等方面予以调查，结论虽不尽相同，但有一个却是共同的，这就是当今很多人尤其是中青年缺少精神支柱，功利化、世俗化是这个社会的基本特征。这里仅以江苏省社会科学院哲学与文化研究所2006年9月至2007年9月所做的《关于当前我国文化多元、多变、多样特点及规律的调查报告》①为例，对这方面情况做一简单说明。这个调查发放问卷2500份，收回2261份，调查对象涉及社会各个层面，其中大多数是40岁以下的年轻人，占调查对象的80%。这个调查反映出这样几个问题具有相当的普遍性：

首先，市场经济打破了平均分配的格局，调动了广大人民的积极性，促进了中国经济的发展。但与此同时而至的就是市场经济的另一面：物质崇拜和拜金主义，最常见的现象就是“一切向钱看”。特别要指出的是，市场经济并不一定会导致全社会的拜金主义，关键是看政府和新闻媒体的引导。但是，现在不少地方政府单纯追求GDP，并以此为衡量政绩的主要标准，而我们的新闻媒体导向则是低俗化和市场化，由此造成了全社会出现功利化、低俗化的倾向。最近几年广大人民群众对涉及民生的文化、教育、卫生等部门的批评还是表层的东

① 该报告刊登在《学海》“2008年哲学专号”，16～31页，撰稿人为江苏省社科院副院长陈刚研究员，以下所引数据均来自这个报告。

西，更主要的是全社会的物欲横流和拜金主义泛滥对整个民族的伤害却是巨大和持久的。从这次调查来看，最看重“财富”和“权力”的人数分别占被调查人数的59％和49％，拜物教倾向在全社会占据的比重显然是太大了。

其次，中国文化传统并不重视个人地位和个人意识，新中国成立后的几十年间也是继承了这个传统，并赋予了集体主义崇高伟大的光环，因此个人利益和个体意识在相当一段时间内受到压制。改革开放以后，尤其是在市场经济条件下，个人利益得到尊重，个人需要受到重视，个人地位得以崛起，因而个体意识得以迅速觉醒和提高。从调查情况看，大学生最爱做的事情是上网，最爱看的书籍是武侠言情类和杰出人物传记，其次是实用的工具书类，政治思想读物则排在最后。很显然，政治已经淡化，集体主义也被遗忘。我们新闻媒体近十年来不断推出的各种“作秀”(take show)节目也片面助长了青年人表现自我的欲望。个体意识的觉醒，社会理解和尊重个人利益及其选择，无疑是我们这个社会的进步，但是，自我的过度膨胀，极端的个人主义，却是有百害而无一益的。现在频频出现的自私自利、毫不顾及别人，甚至无视法律伤害别人的例子已经表明极端个人主义的危害。通过这次调查发现，主张“只要挣钱手段无所谓”的人数占了16.58％，这个结果已经在向我们警示一种潜在的、而且是一种相当严重的社会危机，我们必须重视和正确处理好个人与集体、个人与社会的关系。

再次，改革开放让我们的文化生活丰富多彩，但一时间各种信仰、价值、思想观念叠加在一起，国内与国外的，传统与现代的，甚至还有后现代的，鱼龙混杂，很容易让人们迷失方向。历史上的道德教化已经被废弃，新中国成立后的共产主义、英雄主义理想由于市场经济而淡化，能够反映和说明社会现实的理论还有待时日，因此，过去通行的政治教育在今天则显得比较空洞乏力。这次调查发现，当下中国真正有理想、有信念的人并不多，有宗教信仰的人更少，比如信仰佛教和基督教的人不到1%。理想的丧失，信仰的缺位，价值观的混乱，是我们社会的一大隐患。不少学者都指出，犯罪率上升，社会道德水平下降，企业制假造假，生态环境的破坏，官员贪污腐败现象增加，在很大程度上都与此有关。

不过，这次调查也发现，传统文化对国人的影响仍然不可小觑。首先，这次在调查民族意识时，发现对中华民族表示文化认同的人达到1650名，占72.98%，部分认同的人408人，占18.05%。其次，在回答“对自己人生观影响最大的人”的问题时，如果排除父母和老师这个中性答案外，回答最多的是孔子和老子，分别占前三项的17.95%、13.53%和10.34%，三项加在一起是41.82%。这个调查说明，即使传统文化在过去的一百年已经出现断裂，但文化有其延续性，不会因为政治、经济等其他因素而完全消失，其影响会在相当长的时间内存在，这就是文化的价值之所在。但是，我们不要夸大传统文化的影响，把传统文化的影响列在第一位的人数还不到18%。这说明其他方面的影响，尤其是各种物质利益的诱惑还是很强大的。

一方面是当下的社会问题的严重性，另一方面则是传统文化的影响尚在，由此人们看到了传统文化的价值之所在。一些人相信：在市场经济方面，儒家文化中有关家族、宗族的经营和管理，传统社会的乡约、行规等，都可以延伸和渗透到现代的企业组织和市场管理之中，一定程度上能够促进现代经济的发展；在社会财产分配方面，儒家的惠民、教民、帮扶孤老鳏寡等重视民生的主张，有益于社会正义的实现；在人与自然的关系方面，中国古人的“天人合一”的思想对克服当今掠夺自然、破坏环境的行为极有帮助，只有人类确立了“人与天地万物为一体”的主张，人与自然才能是和谐的关系；在遏制现代人的极端个人主义、防止道德滑坡方面，儒家的“仁爱”、“忠恕”等道德教化思想具有十分重大的启示意义，它是我们的“待人之道”和“处事之方”，“己所不欲，勿施于人”理应成为全球的黄金定律，如此等等，不一而足。于是，一些人断言，虽然传统农业社会及其体制架构已经消失，但与之相适应的传统文明，包括过去的思想观念、道德伦理、价值取向、行为方式等并不一定过时，今天仍然有其存在的合理性，它们可以转化为促进现代社会发展的精神资源。

面对当前社会存在的这些问题，中国政府也意识到文化建设的重要性和迫切性，许嘉璐先生不久前十分明确地说：“中国政府十分重视传统文化与时代精神的结合，国家的文化建设这个巨大而艰巨的历史性任务正在破题。”[①]对于上述那些主张，政府高度关注，不仅承认儒学的历史意义，认为“儒学是中国历史上传统思想学说的主流，是中国历史文化的重要支柱和基础，对于中华民族的凝聚、团结和进步，对于中国的统一、稳定和发展，发挥了重大作用”。[②] 而且对以儒学为代表的传统文化寄予厚望，希望它能与时代精神相结合，适合时代的要求，从而对当代人的精神建设发挥应有的作用。

另外，当下中国人遇到的这些问题不只是中国独有的，在世界上也有一定的普遍性。受功利主义的驱使，对财富和物质利益的片面追求已经是世界性的问题，而全球化首先是资本的全球化，资本在全球

① 许嘉璐：《国学·汉学·交流·兴盛》，载《中国社会科学报》，2010年6月1日。

② 贾庆林：《在纪念孔子诞辰2560周年国际学术研讨会上的讲话》，载《人民日报》，2009年9月25日。

范围对利益的追逐更加重了这些问题。它给我们这个星球带来了绝不只是金融危机、贫富差距等社会问题，还有环境污染、资源匮乏、生态失衡等诸多难题，已经危及到人类的生存。20世纪在西方国家兴起的后现代思潮的核心就是对现代工业文明的反思和批判。在这些知识分子中，有一些人注意从东方文化中汲取有益成分，比如，法国哲学家德里达在批判西方的逻各斯中心主义的时候，大谈中国传统文化中的“宽恕”命题。德国学者孔汉斯(Hans Kueng)非常注意中国传统文化的道德伦理的价值和处事原则，他最近说：“面对失去控制的西方化、毫无约束的个人主义、道德沦丧的物质主义，现在许多人都开始高度关注中国的传统文化和中华民族的未来。”“我认为，真正有未来并确实能为全球伦理做出贡献的是中华民族的传统精神，这种精神尤其体现在孔子的《论语》中。”①

很显然，当前中国的“国学热”不是偶然的，它是由各种因素促成的，其中既有学术讨论的，也有现实需要的；既有民族感情的，也有国际环境的。我们或许可以说，它是中国社会发展到这个特定历史阶段的必然产物。

四

在弄清当前“国学热”的背景和原因后，我们仍然有这样两个疑问：一是如何看待文化继承与发展的问题，二是“国学”是否确实能够承载整饬人心、治国安邦的重任。

为了更好地回答第一个问题，我们先来看看儒家两千多年的演变

① 孔汉斯：《中国传统伦理为全球伦理提供经验》，载《中国社会科学报》，2010年6月1日。

轨迹，它先后经历了“原典儒学、汉魏经学、宋明经学、清代经学四个阶段，各时代的经典诠释与其时代思潮感应互动而呈现出神学化、玄学化、理学化、朴学化、西学化的时代特征，由此我们看到那似乎千年如一日的经学思想运动悄然转化的演变轨迹”。① 对于儒家的变化和发展，学界的划分不尽一致，但承认其变化和发展则是共同的。所以说，儒家思想并不是沿着某一道统一成不变的，汉魏经学是为了调和儒道之争，宋明理学是应对佛学的挑战，新儒学则是西学东渐潮流之下的“中西会通”的产物。没有这些转变，儒家思想就不可能延续下来。尽管宋人明确提出“道统论”的主张，但提出这个主张的背景却是宋以前佛教盛行、儒门冷清，宋明儒生迫不得已吸收佛家精髓，转向“心性之学”，才使儒学起死回生的。所以，“道统论”不过是一厢情愿，转变及尔后的发展则是必然而然的事情。同样，“中西会通”虽是形势逼人，迫不得已，但它毕竟引入了科学、民主思想，促进了中国科学、文化事业的发展，催生了中国政治、经济、法律制度建设的现代化，使得中国成为世界民族之林的一员，而这种变化和发展也符合儒家的“天下大同”的理想。在“中西会通”一百年后的今天，再提出回到纯粹的中国文化形态上的主张，其结果绝不会有异于宋人的“道统论”。

儒学本身的变化已经说明：

一、文化始终是在变易发展的。各个文化系统，乃至各个文明系统有其自身发展规律，它在一定时间内具有常住性和延续性，但任何

① 姜广辉：《传统的诠释与诠释学的传统——儒家经学思潮的演变轨迹与诠释学导向》，载《中国哲学》第22辑(《经学今诠初编》)，1～21页，沈阳，辽宁教育出版社，2000。

一种文明系统都必定会在历史长河中发生或明或暗、或大或小的变化，不存在定于一规的恒定性。这是因为任何一个社会不只是由文化要素组成的，它还包括经济、政治、军事等其他要素，文化与其他要素是相互影响、相互作用的关系，其他要素变化了，文化肯定也会发生变化。比如，古老的丝绸之路在帮助中国人与西域各民族进行商贸、经济活动的同时，也促进了中原文明与“西方”文明的交流，印度文明、伊斯兰文明、埃及文明，甚至欧洲文明都是经过这条道路进入中原的，我们汉语中的“胡椒”、“胡服”等就是由此而来的；反之，中华文明也由此传到了西方，“瓷器”(china)甚至成了我们国家的名称。看看汉唐文化的差异，就知道政治、经济等要素对文化的影响有多么巨大！在人类发展的历史长河中，每一个时代都不是对以前时代的简单复制，每一个时代都会遇到新问题，文化系统也会因为应对这些新问题而不断变化，也因此才有了延续和发展。所以，处理好文化的常住性和时代性问题是我们无法回避的。

二、人类社会存在着不同的文化和文明系统，它们各自有其自身的独特性，但不同文明系统间必定会发生交往和融通，因而也存在着世界文明体系的普遍性。这种世界文明的普遍性是对各个民族文化的概括和抽象，包含着世界上各个民族文化或文明的合理内涵，是维系人类生存的最高准则。比如，《全球伦理宣言》所弘扬的“非暴力与尊重生命，团结的文化和公正的经济秩序，宽容的文化和诚信的生活，平等的权利和男女之间伙伴关系的文化”，① 确实是从世界各个民族传统文化中概括出来的，同时也是各个民族都必须遵守的“金律”。我

① [德]参见孔汉思、库舍尔合编：《全球伦理——世界宗教议会宣言》，何光沪译，四川人民出版社，1997。

们不可能想象，一个常态下的社会可以允许这个“金律”所禁止的行为发生！当然，这种共识只是最基本的规则，它不应抵消不同民族文化的特殊性，也不应抵消不同民族因为处在不同的历史发展阶段，其文化也有“先”与“后”之分。这样，某一民族的文化自身同一性与世界诸民族的文化多样性就是一种既矛盾冲突又互为学习补充的对立统一关系，我们不能因为强调某一民族文化的独特性而否定世界文明的普遍性，也不能因为强调世界文明的普遍性而否定各个民族文化的独特性，更不能因为“祖宗之法不可变”而拒绝向先进文化的学习。因此，处理好各民族文化的多样性和世界文明的普遍性问题同样是我们无法回避的。

现在我们已经明白，作为观念形态的文化是人类社会的一种独特的历史现象，其所具有的常住性与时代性、某一民族文化的同一性与世界文化的多样性、民族文化的特殊性与世界文明的普遍性等关系，是我们必须仔细分析和慎重处理的。我们不能因为肯定前者而否定后者，同样也不能因为肯定后者而否定前者。历史上我们已经有了很多这样的教训，比如，“文革”期间的“批儒评法”及对传统文化的彻底否定，并不能阻断传统文化的影响和延续；反过来，袁世凯、张宗昌之流的尊孔读经也不能避免他们因倒行逆施而遭到彻底覆灭的命运，反而会以“暗箭”的方式伤害儒家文化。

当我们以这种历史的和辩证的观点来审视和分析当下中国发生的“国学热”时，就可以清楚地知道，尽管传统文化的影响还在，尽管很多人呼吁重视传统文化，尽管有些地方政府搞了很多读经祭孔等活动，但是，为什么现在大多数人对此并不认可，为什么我们的文化生活还是西风压倒东风（比如，年轻人还是只承认西方的情人节，而不理会中国传统的“七夕节”；来自于西方的流行音乐受到欢迎，而中国的昆曲、京剧却少有人问津等)，为什么俗文化大行其道，而精英文化却在步步后退。其原因就在于文化作为观念形态，其形成和影响都是长期和复杂的，它既渗透于人们的心灵之中，也体现在当下的政治、经济、法律、道德伦理等领域之中，我们不可能一朝一夕就使其发生改变，更不能盲目地夸大传统文化的作用。今天中国人的文化生活和文化观念既是历史长期积淀的结果，也是当今的各种因素使其所然。所以，当我们已经生活在21世纪，面临着全球化时代，那种以为我们今天的经济实力有所发展，我们的文化可以独立于世界文明而自我封闭的想法，以为所谓“国学”能够承载整饬人心、治国安邦之重任的想法，不仅让人看到其中不合时宜的民族主义、保守主义的因素，更重要的是暴露了其脱离现实、把古代思想嫁接到现代社会实际生活的主观臆想。

历史唯物主义还告诉我们，即使现实需要新的文化，但我们如果简单地照搬照抄“古人”和“洋人”的路数，也同样是没有出路的。文化不是复制或克隆，而是历史积淀和现实需要的结合，而继承和创造在这其中是不可或缺的。因为，“作为观念形态的文化发展的历史也清楚地表明，文化发展的真正动力就是建立在理性基础之上的怀疑和批判，任何现实的需要也必定要通过怀疑和批判才能间接地转变为文化发展的动力，而真正直接地推动文化发展的动力还是理性的怀疑和批判”。① 这就是说，对传统文化的简单否定和继承都是行不通的。

由此来看，我们要创造新文化，使其适应当代中国现代化事业的需要，让国人的心灵有所安顿，正确的态度理应是文化批判主义。这里说的文化批判主义包含如下内涵：

---

① 胡军：《发扬五四的文化批判精神》，载《光明日报》，1999年5月7日。

首先，文化批判主义不是简单的否定，不是打倒一切。它是对历史上和现实中的一切文化现象不盲从、不轻信，而是抱有怀疑态度，然后在历史唯物主义和辩证唯物主义指导下，进行理性的分析和深刻的批判，继而在此基础上做出合理的判断，通过批判地继承达到综合创新，最终推动文化事业的不断前进和发展。怀疑在这里是关键，没有怀疑就只能陷入盲从和跟风，理性分析就无从谈起，只有通过怀疑才能趋向于分析，进而达到合理的判断。我们过去对传统文化的批判或许有些偏激，但正是这种批判却催生了儒家思想在现代中国的新发展。正如杜维明先生所说："儒家传统在现代中国的发展过程中，真正的第一流的自由主义者甚至革命者，包括像鲁迅、陈独秀、李大钊、胡适他们对儒家进行严厉的批评，事实上有利于儒家创造新的生命力，开拓新的空间。"①

其次，文化批判主义是扬弃，是对传统文化批判地继承，是"去其糟粕，取其精华"，而且这种批判地继承是在现代科学精神、社会秩序、法律制度的平台上对传统遗产的吸收、改革和整合。这方面我们的前辈已经做了大量工作，足以值得我们借鉴。毛泽东同志早在《新民主主义论》中就明确写道："中国的长期封建社会中，创造了灿烂的古代文化。清理古代文化的发展过程，剔除其封建性的糟粕，吸收其民主性的精华，是发展民族新文化提高民族自信心的必要条件；但是决不能无批判地兼收并蓄。必须将古代封建统治阶级的一切腐朽的东西和古代优秀的人民文化即多少带有民主性和革命性的东西区别开来。"很显然，不是简单地颂古复古，而是批判性地吸收历史遗产，才是推动和发展我们民族文化事业的前提条件。

---

① 《杜维明谈国学》，载《博览群书》，2004(12)。

再次，文化批判主义是创新，创新不是对传统文化的舍弃，而是在继承传统文化的基础上，以开放的心态主动接受各个民族的先进思想和先进文化，有所发展，有所前进，使其适应时代的需要，适应人民大众不断增长的要求，从而为人类文明的不断进步做出贡献。如果说儒学能够延续到今天，那么，宋明理学和新儒家的顺势而变、继承创新则是居功至伟的，儒学本身的发展已经清楚地说明创新的必要性。

对我们来说，实现文化批判的最大障碍或许就是缺少自信。就像前面所说，现在有些人之所以提倡"国学"，乃是因为担心全球化浪潮会把中国传统文明"化掉"。然而，事实已经告诉我们，全球化及由此带来的各种文化的冲突和交融是我们无法回避的大趋势，在这样的背景下，简单的"复古"既不现实，也不能解决中国现实问题，更不能挽救中国传统文明的独立存在，而只能是毫无意义的自我安慰和自我陶醉，甚至是徒增我们的迷惑，让我们在传统文明与现代化之间彷徨下去。反之，只有经过文化批判，我们才能创造出适应时代、推动社会进步的新文化。这就像人要不断反思自新，才能保持自觉力，才能有人格的挺立一样，一个民族只有勇敢地自我批判，才能发现和修正自身的问题，才能屹立于世界之上。所以，从文化自在到文化自觉自为，文化自信是不可缺少的一环。文化自信不是走不出历史，不是把历史像包袱一样背在身上，而是勇于面对现实世界的挑战，敢于处理好传统与现实、中国文明的独特性与世界文明的普遍性的结合问题，相信当代中国人一定会在人类文明史上写出新的篇章！

在这方面，近现代西方的文化批判值得我们参照和学习。近代，文艺复兴和启蒙运动对中世纪神学的批判，使欧洲摆脱了基督教的蒙昧和统治；休谟的怀疑论和康德的理性批判，让人们远离独断论的束缚，开创了西方哲学的辉煌年代；尼采高呼“重估一切价值”，斯宾格勒宣称“西方的没落”，并没有使西方就此衰落下去，反倒是促进了欧洲文化的自觉自新。20世纪，存在主义对人类生存状况的担忧，法兰克福学派对启蒙运动的反思和对现代工业文化的批判，后现代主义对以逻各斯为中心的西方文明的彻底否定，都在一定程度上从否定层面推动了西方文化的建设。所以说，“文化批判构成了20世纪人类精神和人类思想演进的最亮丽的风景线”。① 正是在这个意义上，坚持马克思“对现存的一切进行无情的批判”的基本立场对我们的文化建设才更有指导性的意义，这就是“不破不立”的辩证道理。

“乘风尊国粹，扬帆化西洋。”②我们今天讨论“国学”问题，理应乘“21世纪时代”之风，高扬“辩证唯物主义和历史唯物主义”之帆，本着学者自应有的独立精神和远大眼光，不功利，不炒作，更不是食古不化或食洋不化，而是在全球化的大背景下，立足于中国，又勇于面对国内外的现实问题，志存高远，继往开来，以海纳百川、兼收并蓄的坚强自信和宽广胸怀，为吸收人类优秀文化成果，繁荣发展我国学术文化，用我们的创造性理论为中华民族的伟大复兴奠定坚实的基础，为全人类的美好未来做出我们的贡献。

---

① 衣俊卿等：《20世纪的文化批判：西方马克思主义的深层解读》，3页，北京，中央编译出版社，2003。

② 语出红学家周汝昌先生为季羡林先生祝寿诗，原意是说作者与季老一样尊重国粹，要用“东风”化解西学，见《光明日报》2009年7月19日。

再论西学东渐与现代中国哲学*

1912年北京大学建立“哲学门”，1913年民国政府正式确定中国大学哲学系的课程设置，如果我们把这件事看作是哲学作为一个现代学科得以建立的标志，那么，中国哲学的建立和发展至今恰恰是一百周年。这个历史事实本身说明：一是中国虽然有自己的哲学传统，但“哲学”这个名称及其所指称的含义并不是中国本土的“道学”、“理学”之类的传统哲思，而是日本哲学家西周用汉字翻译西语“Philosophia”，专指以希腊哲学为代表的西方哲学，以后被中国哲学界所接受，并建立起自己的现代哲学学科；二是近现代中国的哲学犹如中国的科学技术一样，不管我们愿意

* 本文是作者在“中国哲学论坛·2011年”的发言稿。作者曾经在《江西社会科学》上发表过“西学东渐与现代中国哲学”，并收入日本学文社在2007年出版的《哲学——现代性的挑战》一书中。而本篇则是对同一个问题的新阐述，故名《再论西学东渐与现代中国哲学》，原文发表在《哲学动态》2012年第2期。文章讨论了西方文化对我国的影响，提出要实事求是地评价中国哲学的现状，针对中国哲学界突出的理论脱离实际的问题，强调中国哲学必须勇于面对现实重大问题，不断提出创造性的新思想、新观点、新理论，为探索中国发展道路提供理论支撑。

不愿意，都不可避免地处于西方的巨大影响中，正如有些学者所言，“20世纪的中国哲学史是一部中国哲学与西方哲学东渐密不可分的历史，是一部沿着‘五四运动’所开辟的道路前进的历史”。①

本来这是20世纪的中国文化史中一个没有疑问的事实。但现在在国家整体实力有所上升的情况下，在要求恢复国学的浪潮中，如何看待西学东渐对中国文化的影响，如何评价现代中国哲学状况，如何面对各种思潮的挑战，却又是我们目前需要讨论的问题。

一

中华民族本是一个有海量、肯包容、善学习的民族，中华文化本身就包含了许多从其他民族学习而来的东西，比如我们在两汉时向西域诸国的学习，从汉唐直至宋元期间对佛经的翻译和借鉴等。但是，从明末清初到20世纪中叶，面对着西方列强的咄咄逼人的态势，我们却是从被迫无奈的接受到犹豫彷徨的迟疑，再从不自觉学习到主动有选择地学习和融会贯通。这个过程既与当时整个国际局势的西强东弱有关，同时也说明不同文明之间的相会冲撞、融通互补是近现代的一个必然趋势。

文艺复兴以来，西方思想文化发生巨大变化，统治欧洲一千多年的上帝光圈渐渐淡化，封建束缚已遭废弃，人终于成为自己的主宰。观念的先进和制度的优越带动了科学技术和生产力的长足发展，西方诸国先后强盛起来。随着东方和美洲大陆的发现，西方的经济、军事、政治及文化面向全世界。与之相比，中国虽然还有所谓的“康乾

---

① 张世英：《西方哲学东渐百年之反思》，载《江苏行政学院学报》，2003(3)，12～15页。

盛世”，在经济总量上远远大于当时任何一个西方国家，但由于思想观念和政治制度的落后，面对着西方列强的侵略，清王朝最终败下阵来。从19世纪中叶以来，西方的政治、经济、军事、文化等对中国社会的各个方面都发生了深刻和广泛的影响。因此，当下的中国文化不仅有自己传统的积淀，也包含了接受各种外来文化，其中很大部分是来自西方文化的东西。

西方文化对中国的影响，即西学东渐，主要分为三个历史时期：一是明末清初的中西文化的碰撞，二是清末民初的中西对话，三是“五四运动”至20世纪40年代的中西文化的融合。

明末清初之际，首先来到中国的是西方的传教士们，他们为了传播基督教文明，不畏艰险，越过千山万水，来到完全陌生的中国。其中最有代表性的人物是利玛窦(Matte Ricci，1552～1610)、傅汎际(Francois Furtano，1587～1653)、南怀仁(Ferdinand Verbiest，1623～1688)、利类思(Ludovico Buglio，1606～1682)等。传教士为了能够在中国传播基督教，首先就必须让中国人承认他们的长处所在。利玛窦等传教士颇具洞察力，他们发现了中西文化的差异在于西方重科学思维，而中国重伦理说教，他们要用西方的善于理性分析之长来补中国文化偏重心性之短。传教士们几乎是全方位地翻译、介绍西方科学技术和文化，尤其是重点传授那些有实用价值的科学技术，如历法、数学、地理学、测量技术，然后才是音乐、绘画、哲学、宗教神学等。他们善于与中国学者合作，力求以“附儒”、“合儒”的策略来博得人心。从他们最初翻译的著作就可以看到这个特点，如明末利玛窦与徐光启合译的《几何原本》，李之藻与傅汎际合译的《明理探》(即亚里士多德的《工具论》)，还有传教士与中国学者合作编译的《崇祯历书》等。而清初一些学者撰写的关于西方科技知识的书籍，如方以智的《物理小识》、《通雅》，王锡阐的《晓庵新法》、《五星行度解》等，不仅显示了西方文化传统的理性、逻辑和科学的典型特征，更重要的是，这些特征恰恰与中国宋明以来的心学和禅学的空疏玄虚形成强烈对比，因而受到当时比较开明的士大夫阶层的欢迎。所谓“有明末叶，正中国之诡辩空想时代也，及明之亡，顾、黄、王、颜、刘诸子，倡实践实用之学”。① 这种影响在后来相当长的一段时间内对开启中国知识分子的眼界和思维都发挥了相当大的作用。②

但是，传教士到中国来的根本目的是要传播和发展基督教，以理性思维为核心的西方文化是他们在传播基督教中夹带进来的。当他们以为已经在中国站稳脚跟，就不再坚持刚刚进入中国时所采取的“附儒”、“合儒”策略，而是着重宣扬基督教教义，并试图用基督教神学来取代中国本土的儒学，这就与中国本土的重人生、重人伦关系的传统发生了直接冲突。尤其是在罗马教皇颁布训令，不准中国的基督徒祭孔祭祖时，基督教文明的这种排他性和侵略性就必然招致中国的儒生和当权者的反对。当时发生的“夏夷之辨”和“礼仪之争”不仅不可避免，而且从清初的“南京教案”到“康熙历狱”，再到乾隆及晚清大部分传教士被逐出中国，不仅说明不同文明相会的必然性，同时也表明不同文化间相互矛盾的深刻性，即使强势文化与弱势文化相遇，处理不当，其冲撞也是相当激烈的。③ 这个时期西学在中国的传播还属于初始阶段，西方哲学只是其中的一部分，但对中国学界的震撼确实是巨

① 梁启超：《论中国学术思想变迁之大势》，载《饮冰室文集》第1集，273页，昆明，云南教育出版社，2001。

② 张西平：《中国与欧洲早期宗教和哲学交流史》，8～20页，北京，东方出版社，2001。

③ 徐海松：《清初士人与西学》，北京，东方出版社，2000。

大的。虽然这个时期中西融合的成果还十分有限，但中国人正是在这个时候开始接触了西方以逻辑为核心的理性思维。

19世纪中叶以后，中国在西方列强的坚船利炮前不堪一击。当时的有识之士面对中国落后被打的孱弱之势，无论是洋务派、维新派，还是革命派，基本上都把向西方学习看作是中国救亡图存之路。从洋务派主张的“中学为体、西学为用”的富国强兵，到维新派的“变法维新”，即寄希望于学习西方的科学技术和政治制度以解决中国问题，再到甲午海战和百日维新的失败，先进的中国人已经意识到，要解决物质和制度的落后问题，首先必须解决观念和思维方式问题，即哲学问题。① 正是在这样的历史背景下，近代中国的第二次西学东渐浪潮才再次开启。

这个时期的显著特点在于重视西方社会政治思想和学术理论的传播，宣传启蒙以反对封建专制主义，宣传西方文化思想以弥补中国文化的先天缺陷。推动这个浪潮的杰出代表主要是梁启超和严复等人。梁启超以其在中国的特殊影响，竭力介绍和诠释西方启蒙思想家的政治社会观点，如卢梭的“天赋人权论”、“社会契约论”；他提出了先有“新学术”、而后才有“新政治”、“新器物”的主张；在哲学方面，他先是介绍近代经验论和唯理论的两大代表人物培根和笛卡尔，尔后花很大气力宣传德国哲学。梁启超的介绍和宣传在当时受到千千万万学子的欢迎，使他成为最有影响力的青年导师。严复的功劳在于他的翻译成就，他翻译的赫胥黎的《天演论》(*Evolution and Ethics*)、亚当·斯密的《原富》(*An Inquiry into Nature and Causes of the Wealth of*

① 梁漱溟：《东西文化及其哲学》，载《梁漱溟全集》，第1卷，济南，山东人民出版社，1989。

Nations)、耶芳斯的《名学浅说》(*Logic the Primer*)、斯宾塞的《群学肆言》(*The Study of Sociology*)、穆勒的《群己权界论》(*On Liberty*)、甄克思的《社会通诠》(*A History of Politics*)、孟德斯鸠的《法意》(*De L'esprit des Lois*)等，莫不在当时和以后相当一段时间产生了巨大社会影响。从严复所选择的这些著作上看，他在哲学上笃信经验论，在社会理论上推崇社会进化论和经济自由竞争原则，其目的就是要借鉴西方理论中的民主法制、自由竞争的思想去批判封建主义，唤起国人奋发自强的意识。

当然，这一时期不少学者面对当时中国落后挨打的现实，思想认识难免过于偏激，只见西学之长，不见西学之短，只见中学之短，不见中学之长，片面强调学习西方，而不考虑中国文化的特殊性和中国的具体国情。对此，少数学者颇有微词，他们与这种思想潮流有些不同，表现为特立独行的特征。其中最为出名的当属章太炎和王国维。章太炎一生政治思想演变极其复杂，他一方面接受西方的进化论和唯心主义影响，反对封建王权和天命论，张扬个性自由；但另一方面肯定道德教化的作用，宣传国粹，贯穿其毕生的是那种“以国粹激励种姓”的民族主义观。王国维年轻时受德国哲学，尤其是康德、叔本华和尼采的思想影响，后来转向国学研究，尤其精于甲骨文研究、经学和文字学，是近代中国把西方哲学、美学、史学理论和方法运用于中国国学研究的开创者之一。抛开他们的政治观点不论，他们在学术研究上确有不同凡响之处，最为值得借鉴的是，他们不盲从洋人，在借鉴西学的同时，着力从中国的传统中开启新的有生命力的东西，从而在中西哲学结合和文化创新方面取得了一定成果。他们的弟子，如黄侃、钱玄同、鲁迅、吴承仕等都在一定程度上继承甚至发展了其学术观点，对后世影响较为长远。

西学东渐的第三次高潮，是“五四运动”至20世纪40年代的中西哲学之融合和马克思主义在中国由传播走向胜利的年代。辛亥革命推翻了清朝帝制，但并没有解决中国的出路问题。相反，东西方列强仍然对中国虎视眈眈，甚至不断入侵、占领中国领土，国内则是军阀混战，民不聊生。这个时期爆发的“五四运动”表现了新一代知识分子的爱国热情和对西方列强的认识，而俄国十月革命的胜利则让他们看到中国希望之所在。他们从救亡图存中激发出热情和才智，把学习先进文化与爱国主义内在地结合起来，大大地推动了西方哲学和马克思主义在中国的传播，使得这个时期的中西哲学和文化的会通融合达到前所未有的高度。北京大学率先建立“哲学门”，南京民国政府把西方哲学史和中国哲学史明确地规定为大学哲学系的课程，从此哲学作为一门学科置入现代中国的大学体系之中，并由此产生了职业哲学家，一批既有国学功底、又在西方留学的名家开始担任大学的哲学教授，如胡适、张君劢、张颐、金岳霖、冯友兰、贺麟、牟宗三等。李大钊、陈独秀、瞿秋白等人则努力从事马克思主义的宣传，辩证唯物主义和历史唯物主义受到青年知识分子的欢迎。

这个时期取得的成果不仅比以前深刻，而且富有创造性。如果说谢无量、胡适所写的《中国哲学史大纲》还是照搬西方理路，那么，冯友兰、金岳霖、熊十力等人则尝试用所把握的西方理性分析去探索、研究中国的哲学问题，力图开创一条新哲学、新文化的理路，使得中国哲学呈现出前所未有的希望。冯友兰的《中国哲学史》和《贞元六书》(《新理学》、《新事论》、《新世训》、《新原人》、《新原道》、《新知言》)，金岳霖的《论道》、《逻辑》，熊十力的《新唯识论》和《体用论》等，都是在西方的理性思维与中国的传统文化研究之间架起了一座桥梁，创造了20世纪中国哲学的辉煌。这些哲学先辈的成果表明，在中国进行哲学创造，全盘西化或食古不化都是行不通的，只有继承中西文明的成果，走不同哲学和文化会通融合的道路，我们才能发展出新哲学、新文化。

二

这里特别需要指出的是，“五四运动”以后，传入我国的不只是西方古典哲学和以实用主义为代表的现代哲学，更重要的是马克思主义哲学在中国的传播。马克思主义哲学与其他诸多西方近现代哲学都产生于19世纪中叶，它们的共同特征是都反对抽象性，注重现实性，提倡哲学从抽象的概念王国回归到具体的现实人间，要求哲学研究把抽象理论与具体的社会现实结合起来。但马克思主义哲学与同时代的哲学最本质的区别在于，其他西方哲学仍然停留在以各种方式去解释世界，而马克思主义哲学则把自己的任务规定为改造世界。正是马克思主义哲学的这种实践性和社会性，使其最适合中国社会的需要，成为中国无产阶级及其政党的理论基础。

上个世纪之交，中国人已经开始接触马克思主义，不仅有外国传教士在文章中提到马克思主义，更重要的是，一些先进的中国知识分子，包括资产阶级民主主义者和改良主义者，如孙中山、梁启超、马君武、朱执信、刘师培等，都介绍过马克思主义。“但在1917年俄国十月革命之前，中国由于其经济的落后，还没有形成接受和传播马克思主义的物质基础，那时还不可能有人站在无产阶级的立场上去接受、领会马克思主义。”①

俄国十月革命以后，国内外形势发生变化，为马克思主义在中国

① 许全兴等：《中国现代哲学史》，98页，北京，北京大学出版社，1992。

的传播创造了条件。从国内看，辛亥革命并没有解决中国人民深受三座大山压迫的问题，倒是产生了几百万一无所有的无产阶级，他们是接受马克思主义的阶级基础。从国际上看，第一次世界大战给欧洲人民带来深重灾难，加剧了资本主义社会的各种矛盾，导致工人运动高涨。更为突出的是，1919 年召开的巴黎和会拒绝了中国人民捍卫国家主权的正当要求，使相当一部分中国人看清了世界列强的真正面目，抛弃了对资本主义的幻想。另一方面，列宁领导的俄国十月革命的胜利让在黑暗中的中国人民看到了希望和光明。正是这种历史背景让中国的先进分子转向了马克思主义。

总的来说，为马克思主义在中国早期传播做出重大贡献的是李大钊、陈独秀、瞿秋白、李达等人。李大钊在 1918 年发表的《法俄革命比较观》、《庶民的胜利》、《Bolshevism 的胜利》是马克思主义在中国传播的重要标志。此后，李大钊利用《新青年》和《晨报》副刊广泛宣传马克思主义。1920 年，陈独秀在上海成立马克思主义研究会，不仅将《新青年》从第 8 卷起改为自己的机关刊物，而且同年还出版秘密刊物《共产党》，他在 1920 年 9 月出版的《新青年》上发表的《谈政治》表明他已经由民主主义者转变为马克思主义者。在此前后，一批重要的马克思主义著作译成汉语出版，如《共产党宣言》、《唯物史观解说》、《阶级斗争》等。瞿秋白于 1922 年在莫斯科加入中国共产党，1923 年后任《新青年》(季刊)和《前锋》的主编，他先后发表的论著及译著，如《社会哲学概论》、《唯物论的宇宙观概说》、《马克思主义之概念》、《无产阶级之哲学——唯物论》等，在宣传马克思主义基本原理的同时还涉及中国传统哲学，并结合中国思想界的斗争现实，为马克思主义在中国的传播减少了隔膜。李达在十月革命后专攻马克思主义，他翻译和撰写了大量马克思主义哲学著作，其代表作《现代社会学》主要内容是关于生产力与生产关系、经济基础与上层建筑的理论和关于阶级、国家、社会意识及社会革命的理论，“在一定程度上反映了年青的中国马克思主义理论工作者对唯物史观的理解和运用所达到的水平”。①

1927年第一次大革命失败后，随着中国革命进入新时期，马克思主义哲学也获得了进一步拓展，许多进步的哲学工作者，特别是以毛泽东同志为代表的中国共产党人，为此做出了巨大贡献。首先要提到的，是马克思主义哲学最主要的经典著作，如马克思的《黑格尔哲学批判》、《哲学的贫困》、《资本论》，恩格斯的《家庭、私有制和国家的起源》、《费尔巴哈论》、《反杜林论》、《自然辩证法》，列宁的《唯物论与经验批判论》、《左派幼稚病》、《帝国主义论》，斯大林的《列宁主义概论》、《列宁主义几个问题》等，都出版了汉语全译本，为中国人民准确理解马克思主义奠定了基础。其次，我国学者还翻译了外国学者撰写的马克思主义哲学著作，如普列汉诺夫的《论一元论历史观之发展》、《马克思主义的哲学问题》、《近代唯物论史》等，米丁主编的《新哲学大纲》、《辩证唯物论与历史唯物论》，希洛可夫和艾森堡合著的《唯物辩证法教程》，狄慈根的《辩证法的逻辑》、《新唯物论的认识论》，梅林的《历史唯物主义》，拉法格的《社会与哲学的研究》等。这些著作的翻译和出版一方面反映了马克思主义哲学在这个时期传播的广泛性，另一方面也加深和拓展了中国学者对马克思主义哲学理解的深度和广度。再次，30年代开展了马克思主义哲学通俗化、大众化运动，艾思奇的《大众哲学》在这方面做了开拓性工作，获得了成功经

① 许全兴等：《中国现代哲学史》，156页，北京，北京大学出版社，1992。

验。其后，一批哲学家也为此做了大量工作，如沈志远的《现代哲学的基本问题》、陈唯实的《通俗辩证法讲话》、胡绳的《新哲学的人生观》、冯定的《青年应当怎样修养》等，都在人民大众间普及了马克思主义哲学的基本原理。一些青年大学生正是在这个运动中，为马克思主义哲学所吸引，如张岱年、李石岑等加入到宣传马克思主义哲学的行列。最后必须要说的是毛泽东在 1937 年撰写的《实践论》和《矛盾论》，它们用生动的语言表述了马克思主义哲学基本原理，同时还结合中国革命的具体实践和中国传统文化的精华，在哲学理论上有创造、有发展，丰富了马克思主义哲学的认识论和辩证法。可以说，它们是马克思主义哲学中国化的标志性著作，为后人指明了方向。

此后，以毛泽东同志为代表的中国共产党人将这种有中国特色的马克思主义哲学基本原理应用于军事、政治、经济、社会、文化等各个领域，领导中国人民取得了新民主主义革命的胜利。新中国成立初期，这些有中国特色的马克思主义哲学原理又应用于社会主义建设，取得了一定成就，为新中国后来的发展奠定了基础。中国新民主主义革命的胜利和社会主义建设初期取得的成就，充分说明了马克思主义基本原理的普适性，充分说明了把马克思主义基本原理与中国具体国情相结合的正确性，中国共产党人终于找到了一条适合中国发展的道路。

三

20 世纪 50 年代后半期至 70 年代末，由于受到苏联教条主义的影响，哲学研究被定于一尊的僵化思想和学术政治化所束缚，不仅与中国本土的传统哲学和文化的断裂情况加重，而且与国外学术交流也基本停止。我们的学术只是“照着说”，却没有我们自己的东西，几乎不可能增加任何新内容，因而没有像冯友兰等前辈那样去“接着说”。更为严重的是，所谓学术活动只是限于知识的讲授，却与时代和社会严重脱节，与人民群众相脱离，与哲学探索真理、祛恶扬善、追求美好的本质相去甚远。

“文革”结束以后开展的关于真理标准的大讨论，不仅促进了全社会的思想解放，为改革开放的政策奠定了思想理论基础，推动了全中国经济和社会的大发展，同时也给哲学学科本身带来了巨大而深刻的变化。可以说，中国哲学界和理论界由此获得了新的生命力，进入了一个新的大发展时期。现在，不论是就哲学学科的从业人数、专业杂志和业已出版的著作、译著和论文及其影响来说，还是从哲学观念的更新、哲学研究对象的转换、哲学研究方式的进步来看，这是半个世纪以来发展最富有成果的时期。哲学作为一门统摄社会科学和自然科学的基础性学科，既有推动理论界建设的任务，而另一方面又兼具关涉人生观、世界观、历史观、价值观之特点，担当着提高全民族的思想理论水平、道德修养的重任，其对现当代中国人已经并正在发挥日益重要的影响。

在目前的学科体制中，哲学作为一级学科下设八个二级学科。在多数高校和各级党校中，主要是教授马克思主义哲学、中国哲学和西方哲学这三个二级学科，所以号称“马中西三足鼎立”。其他几个二级学科，如逻辑学、伦理学、美学、科技哲学等，一般被统称为“分支学科”。最近几年一些带有应用性特点的二级学科，如应用伦理学、科技哲学，因为迫切需要回答当代科学技术进步带来的一些道德伦理、生态环境等问题，得到普遍的关注，发展迅速。但总的来说，它们在哲学学科内部尚无法与“马中西”相提并论。

就马克思主义哲学、中国传统哲学和外国哲学这三个主要二级学科而言，由于学科性质、目标、任务不同，其侧重点也有所不同。

(一)马克思主义哲学研究

在当代中国，马克思主义哲学既是我们思想研究的基础理论，又是学术研究的对象。改革开放以来，作为学术研究的马克思主义哲学得到了极大的丰富和发展。马克思主义哲学研究出现了多维视野，学者们从经典文本、思想史、认识论、价值论、历史观、解释学等多种角度进行研究，各种研究相互补充、相互促进，共同推进了马克思主义哲学的发展。

这方面表现最为明显的是对马克思恩格斯原著的解读。由于我们不再像以前那样只是借重俄文本的马恩全集，而是直接翻译和研究马克思恩格斯全集历史考证版，以原文版 MEGA2(原著第 2 版)为依托，把马克思主义哲学原理和马克思主义哲学发展史结合在一起，对马克思和恩格斯的不同时期、不同手稿进行比较和分析，并通过对马克思和恩格斯在创作过程中哲学思想的发展和转变过程的追踪研究，为深入理解和阐述马克思主义哲学理论的立场、观点和方法特征，为中国特色社会主义事业提供哲学基础。

另一方面，从实践层面上讲，对中国哲学界更为重要的是马克思主义哲学的中国化、时代化和大众化的研究，这是马克思主义哲学所独具的实践性和社会性的本质特征在当代中国的体现。这里包含着这么几层意思：

其一，马克思主义哲学的普适性是以批判西方现代工业文明和资本主义制度为基础的，其目的并不是要从世界性返回到民族性，而是反对西方资产阶级独占全世界的先进生产方式及其成果，主张各民族共同享有现代文明，强调全人类的解放。“所以，当恩格斯强调要把马克思主义理论与本国无产阶级革命运动相结合的时候，不是要东方民族退回到前资本主义状态，而是要求用马克思主义的理论改造各民族的经济、政治和文化，使其达到当代世界文明的水平。”①这就是说，我们从事马克思主义哲学中国化研究并不是搞狭隘的民族主义，而是反对超越民族性、时代性的抽象普适性，重视与马克思主义哲学理论相适应的实践基础，要使马克思主义的普遍真理与中国的具体国情相结合，把中国的现代化提高到世界文明水平，这是马克思主义哲学理论的普适性在中国的特殊体现。

其二，关注当代世界各国马克思主义运动，不仅要重视研究发达国家的各种马克思主义思潮及其理论，也要分析马克思主义在欠发达和不发达国家的影响和现实状况。在当代经济全球化的背景下，这种研究和比较更具有现实意义和理论意义，比如，我们关注当下的金融危机、欧债危机对世界各国影响的同时，就不能只是注意各国政府的解决之道，还要花气力去分析它们对各个国家的不同阶层的影响，更要注意各国马克思主义者在理论和实践上的反映及变化。这样，我们的国外马克思主义哲学研究就不应只是对诸如后马克思主义、分析的马克思主义等纯学理上的东西进行诠释，还应当把现实世界发生的问题，如经济危机、生态文明、女权运动、文明的冲突、地区文化的差异等都纳入自己研究的范围，使我们的研究更具有世界视野，更具有实践意义。

其三，“任何真正的哲学都是自己时代精神的精华”，这不仅是指马克思主义哲学的开放性，更重要的是表明，哲学必须回答当前中国遇到的重大问题。比如，中国特色社会主义的特色究竟表现在何处，

① 何萍：《新世纪马克思主义哲学中国化研究的两个基本问题》，载《江苏社会科学》，2011(5)，1～6页。

它与国际共产主义运动的普遍性质有什么不同？社会主义市场经济与一般市场经济有何不同，它与社会主义所追求的共同富裕、人人平等的理想是什么关系？类似这些问题都是我国目前遇到的带有根本性质的大问题，它们不只涉及政治、经济、社会等领域，更需要哲学家从理论上予以分析和回答。我们的哲学只有贴近现实生活、贴近人民大众，从根本上澄清这些问题，不断提出创造性的新思想、新观点、新理论，为探索中国发展道路提供理论支撑，我们才能解决当前普遍存在的信仰缺失、信任危机、道德滑坡、人与人关系冷漠等社会问题，才能丰富和发展以"中国化形态"出现、并与人民大众休戚相关的马克思主义理论，才能对世界共产主义运动做出贡献。

因此，马克思主义哲学的中国化、时代化和大众化的研究，不仅要准确表述马克思主义哲学理论的基本观点，反映中国特色社会主义的生动实践和基本经验；更重要的是，要站在中国的立场，着眼于时代问题，着眼于人民群众关心的问题，着眼于中国的长远发展道路，直面理论和现实的挑战，不唯上，不唯书，不畏艰险，勇于探索和创新。这样，我们才能坚持马克思主义哲学的基本原理，坚持正确的世界观、人生观和价值观的基本导向，同时又能根据中国的具体实践去丰富和发展马克思主义，从而引导人们确立社会主义核心价值理念，为中国的社会主义实践引领方向。

(二)中国传统哲学研究

改革开放三十年来，在批判和克服了把哲学史简单地理解为唯物主义与唯心主义"两军对战"式的独断论之后，中国哲学史研究便呈现出一幅波澜壮阔的图像。我们不仅在哲学史观、哲学通史方面获得长足进步，而且在断代史研究、学派和人物研究等方面都获得了丰硕成就。最近十几年来，通过对哲学史研究与哲学思想研究的关系梳理、中国哲学合法性的讨论和中国传统哲学现代化路径即中国哲学自我创造的探讨，我们在如何发展当代中国哲学问题上也获得一些共识。概括中国哲学史近几十年的研究，可以用一句话来表述其基本特点：经典文献研究与思想研究相结合，历史研究与现实问题研究相结合。

在这个领域，困扰学者比较长久的一个问题，就是哲学史研究与哲学思想研究的关系。从表面上看，这只是讨论研究范式的问题，但追根寻源，它在深层次上涉及如何从中国传统文化中开导出我们自己的新哲学、新理论的问题，涉及当代哲学理论创新和建构的问题。应当说，黑格尔关于“哲学史本身就应当是哲学”的论断，对我们的辨析是有重要启发意义的。不少学者由此认识到，哲学史的研究与哲学理论的思考并非彼此悬隔，研究哲学史并非罗列过去时态发生的哲思或资料，也不能仅仅停留在历史的考释之上，更为重要的是，要根据新的思想认识重建历史经典的意义系统，并为我们建立当代中国哲学理论提供哲学资源，甚至是提供理论架构。

前些年围绕“中国哲学的合法性”的问题展开的讨论，对这一学科的发展很有意义。它既涉及如何处理“哲学”作为自西方引进的诠释方式和学科建制与中国本土固有的思想文化和典籍文献脉络之间的关系，同时还要辨析中国传统哲学的独特性与现代哲学学科所具有的世界普遍性的问题。近代以来，西学东渐已成为中国哲学研究无法回避的历史背景，这种背景同时也构成了反观中国哲学历史演化的前提。很显然，如何避免用中国哲学去附会西方哲学，如何避免将中国哲学西方化，是一个值得高度重视的问题。从最一般层面来看，无论中西哲学，都涉及对存在、世界观、价值观、社会发展等问题的沉思，只不过在文化传统、思维方式、语言、表述方式等方面存在某些差异而已。我们不能因为中国传统文化中没有“哲学”一词就断言中国没有哲学。但另一方面，我们也不能因此否认现代中国哲学是在西学东渐的背景下，按照西方模式建立起来的历史事实。百年来已经形成的中文学术体系吸收了大量来自西方学术的概念词语，不仅丰富了中文学术语言，成为当代中国人思考、论述的基本工具，同时也促进了中国哲学学科的发展和民族理论思维的提高。那种拒绝西方哲学概念，准备完全回到固有传统哲学话语的主张，很难有文化的普遍现实性。①

最近几年，中国哲学界讨论的一个热门话题，就是如何改变当代中国思想和文化缺乏创造力的问题，呼吁创造和建构“属于自己”的哲学理论，这与第一个问题有直接联系。哲学原本就是一种思想创造活动，其自身建构就包含着不断生成的内在动力。但是，在如何建构中国哲学理论问题上，尤其是在如何对待传统经典方面，学者们却分歧比较大。多数学者很清楚，定于一尊，食古不化或食洋不化，都与哲学的本质相抵牾。所以，“一个缺乏自身独立思想，只能把其思想传统当作过去时之知识的时代，它的哲学史的知识，亦失去了它作为思想的真实性，成为虚假的、坏的‘知识’”。② 不过，是在继承和接续的基础上对中国哲学予以新的诠释、表述和重构，还是通过新领域的开拓和新方法的使用实现中国现代化，却是争议的焦点。对此，我们应当承认，中国哲学早已跨过了“格义”“逆格义”阶段，③ 仅仅是厘清、融通、转化是不够的，中国哲学的创新必须以中国乃至全世界面临的问题为出发点，结合对中国传统经典的挖掘，对诸如全球化、普

① 陈来：《中国哲学话语的近代转变》，载《文史哲》，2011(1)，5～7页。

② 李景林、冯前林：《中国哲学的研究方式应有所改变》，载《人文杂志》，2011(4)，30～38页。

③ 林安梧：《关于经典诠释及中国哲学研究方法的一些省察》，载《求是学刊》，2009(6)，5～11页。

遍伦理、人权、生态、性别等问题提出我们自己的新思想、新方法，确实表现出中国哲学对人类文化的特殊贡献，方能开出中国哲学的新天地。

(三)西方哲学研究

从20世纪80年代初开始，中国对西方哲学的研究得到了恢复，不仅接续了此前一百来年的积累，而且改变了以往比较关注与马克思主义哲学有直接联系的古典哲学，而对马克思主义以后的近现代西方哲学缺少关注的状况，我们以从未有过的广度、深度对西方哲学展开了全方位研究。

最近几年来，我们不仅对西方哲学中的著名思想家及其成果进行了卓有成效的研究，还出版了数套西方哲学通史、断代史和专业史的研究成果。① 这里特别需要提出的，是我国学者历经二十七年完成的四卷本《希腊哲学史》，全书400余万字，是迄今为止全世界第二部多卷本希腊哲学史著作，《人民日报》对此评价说："这套著作构成了中国学者以中国学术视野对绵延一千多年的古希腊哲学进行断代史研究的鸿篇巨制，对于加强希腊哲学史的教学与研究、加强西方哲学史学科建设具有重要意义，同时也是我国学术研究走向世界、可与国际一流水平进行对话的优秀成果。"②与此同时，我们对现代西方哲学，不管是欧洲大陆哲学，还是英美分析哲学，以及新近出现的后现代哲学，都以前所未有的重视程度加强了研究，几乎与现代西方哲学的变化、发展保持同步。

---

① 这方面比较有代表性的文献，参见叶秀山、王树人编：《西方哲学史》，南京，江苏人民出版社，2005年。以及参见复旦大学哲学院编：《西方哲学通史》，北京，人民出版社，2010年。

② 《人民日报》，2010年9月5日。

中国学者研究西方哲学，当然有为学而学的因素，因为哲学本来就是“舶来品”，更何况迄今为止西方哲学在国际学术舞台仍然占有主导地位。但是，中国学者研究西方哲学有着自己的特点。一是从研究的立足点看，中国学者以中国人的视野去看世界，也开始自觉地立足于世界的现实，以世界的眼光去研究西方哲学。这样的一为二、二合一的研究视野，虽然是从西方哲学研究入手，但同时也为中国哲学的阐释与理解打开了世界的背景，从而为中西哲学的融通与中国哲学的新生提供了广阔资源和新的途径。另一方面，我们也可以从中寻求解决世界性问题和世界化了的中国问题的普遍原则，最终为中国积极参与国际秩序的构建提供思想资源。二是中国学者的西方哲学研究工作担当着沟通马克思主义哲学与西方哲学的任务。我们在以马克思主义为指导对西方哲学进行研究的同时，也要努力拓展马克思主义哲学视野，既把马克思主义哲学放在整个西方古典哲学背景中来理解，也放在与现代西方哲学特别是西方马克思主义哲学的对话中进行考察，使马克思主义哲学与西方哲学保持碰撞与沟通，为发展马克思主义哲学做贡献。三是我们研究西方哲学与原著汉译相联系，翻译西方哲学原著为我们西方哲学研究提供第一手资料，翻译是西方哲学研究的前提条件和基础；反过来，在此基础上展开的研究对翻译的质量和数量会提出新要求，尤其是在概念的把握和提炼、语句的表述和文风等方面，哲学著作的翻译都必须坚持自己的严谨、精确、规范等特点，而这样的翻译对中国哲学的借鉴意义也是明显的。

现在，中国学者的西方哲学研究有相当大的自由选择空间，这与我们的视野和知识结构相关，与西方哲学观点的一些新观点或与中国思想文化有明显差异的问题相关，与西方哲学界正在发生和关注的问题、并容易引起中国学者的理论兴趣相关，同时这也与学者个人旨趣相关。最近几年，中国的西方哲学研究在注重基础理论的同时，似乎更加关注西方社会政治哲学、基督教哲学、后现代哲学等，都说明了中国学者的兴趣之所在。但是，如果只是考虑个人兴趣，而不注意研究的客观效果，甚至完全无视中西两种不同文化的差异，恐怕这样的研究不仅是事倍功半，而且也不会得到学界的认可。

当然，我们在西方哲学研究方面还要防止学风浮躁，注意哲学素养的提高和语言的训练，关键是要潜下心来，花大力气去读书，提高我们学术研究的自觉，我们才能从“照着讲”进入“接着讲”的自主创新的境地。

四

回顾西学东渐的百年历史，俯瞰式地了解中国哲学现状，我们必须承认，西方哲学进入中国确实使国人在思想方式上发生了重要变化。尽管我们最初是被迫无奈地接受西方文化，但随着我们从自己的立场和需要去理解和解释西方文化，以自己的创造性的劳动推动了中国哲学的进步，我们的文化开始自觉与不自觉地融入世界文化之林。相信再经过若干年的奋斗，中国哲学一定会在世界哲学史上写出浓墨重彩的一章。

然而，我们也必须清醒地看到，中国哲学还有些问题，尤其是思想观念的问题还没有得到解决，这些问题不解决，中国哲学将很难发展。

首先，现代中国哲学是在西方模式下建立起来的，西方思想文化和西方学术话语、概念、方法等都已融入我们的学术和文化中。我们在讨论中西哲学的差异的同时，不能把这两种哲学和文化加以简单化地比附和对立。过分强调中国哲学的独特性，就会导致中国哲学丧失哲学本应具有的普遍性和超越性，使我们的哲学成为“自说自话”；过分强调西方哲学，不仅会忽视中国哲学最有价值的贡献和特色，而且还会犯“拿来主义”的错误。只有认真学习和熟练把握中西哲学的精髓，再加以会通融合，我们才能真正推进哲学事业的进步。

其次，马克思主义哲学是产生于西方文化基础中的，但由于其鲜明的实践性、社会性，使它成为全世界无产阶级政党的理论基础。中国的先进分子接受马克思主义哲学，并用它来指导具体的实践，开辟了马克思主义哲学中国化的道路。由此，“马克思主义哲学变成了中国文化本身的一部分，而中国社会的实际发展也变成了马克思主义哲学的实现过程”。①因此，马克思主义哲学的中国化绝不是使用汉语去表达马克思主义哲学那样简单，而是说马克思主义哲学与中国社会是一种内在关系，是进入到出神入化的“化境”。这方面有为现实服务的要求，即对党和国家相关政策做理论论证，但这并不意味着把哲学降低为一门实用学科，而是强调中国化的马克思主义哲学应当深刻地反思社会现实，以思想的深邃和理论的凝练来回答我们时代的根本性问题，最终要为人民群众提供精神支撑，为我国经济、社会的持续发展指明方向。

再次，在思考如何促进中国哲学的问题上，那种以为我们今天的经济实力有所发展，我们的文化可以独立于世界文明而自我封闭的想法，是必须摈弃的。相反，正确认识自己的传统文化，发扬光大其中的优秀、积极因素，消除其中的落后、消极因素，努力使国人从文化

① 何中华：《马克思主义哲学中国化四问》，载《东岳论丛》，2010(10)，112～119页。

自在转变为文化自觉，则是我们应有的立场。① 因此，我们在面对外来文化时，不能予以简单拒斥，而是要做具体分析，要敢于吸收全世界一切先进文化，并使之适应中国的要求，时代的要求，化为己有，使中国文化与世界文化大道接轨。这就像一千多年前我们接受佛学一样，经过隋唐，尤其是宋明心性之学的吸收融化，让佛学成为中国文化的一部分。

两百多年前，黑格尔提出让哲学说德语，五十多年前，我国著名哲学史家陈康先生说，中国人要把哲学做好，以致让外国人因为不懂汉语而汗颜。今天，我们中国哲学工作者是否有这样的雄心壮志，让哲学说汉语，建立起有中国特色、中国气派的哲学话语体系，并能在世界哲学舞台上有一席之地，对我们来说，这个任务任重而道远！

① 谢地坤：《文化保守主义抑或文化批判主义》，载《哲学动态》，2010(10)，5～16页。

市场经济条件下的中国商业道德的若干理论问题和实践问题*

回顾中国历史，应当说，在中国真正实行市场经济的时间并不长。虽然中国有着悠久的文明史，而且从公元9世纪至13世纪，中国的生产力是世界最高水平。但那个时期是农业社会，实行的自给自足的小农经济，而真正的市场经济则是在资本主义条件下发生的。15世纪以后，伴随着西方国家资本主义的发生、发展和强大，中国的科技水平和经济发展开始落后于西方，特别是在19世纪后，这种差距越拉越大，旧中国积弱积贫，沦落为一个半封建、半殖民地国家。

---

* 本文是作者参加在越南举办的“中越哲学论坛”的一个主旨发言，作者会后对发言稿做了较大的修改和补充，原文刊登在《哲学动态》2013年第4期，越南文版发表在越南社会科学院的相关刊物上。本文比较详细地分析了中西方市场经济产生、发展的不同历程及不同特征，根据马克思主义的“正确理解的利益是整个道德的基础”这一观点，强调道德伦理与人类经济、社会发展阶段的一致性，并据此提出经济发展不是目的而只是手段的主张，强调要从政府指导思想、行政政策和法规制定、社会舆论导向等多方面予以正确引导，处理好个人利益与集体利益、眼前利益与长远利益、局部利益与整体利益的关系，创造一个促进市场经济与商业道德良好互动的环境。

中华人民共和国成立后，从20世纪50年代中期直到70年代末，我们的经济政策基本上是学习和照搬苏联模式，实行的是社会主义计划经济。由于我们将所有社会管理和经济管理职能集中在中央政府手里，彻底排斥市场经济的资源配置功能，致使产业结构失调，积累率过高，严重伤害了作为生产、销售主体的工商业和个人的主动性和积极性，再加上一系列政治运动，中国不仅全面落后于西方发达国家，而且与亚洲邻国，甚至与我国的香港、台湾地区的发展差距也明显拉大，失去了二战后世界经济大发展的三十年。

1978年，中国共产党十一届三中全会制定和推广改革开放的政策，其根本目的就是解放思想，打破“一大二公”的体制束缚，调动广大人民群众的积极性，提高生产力，促进全体人民的福祉。1992年中共十四大又提出向社会主义市场经济体制过渡，从1996年直至现在，中国正式实行社会主义市场经济。由此来看，我国实现市场经济体制只有二十年，时间虽短，但中国经济发展很快，年经济增长率平均保持在10%左右，人均收入从1978年到2011年三度翻番，人民群众的生活水平有了显著提高，创造了世界瞩目的“中国奇迹”。但与此同时，中国市场经济也出现了很多理论问题和实践问题，商业道德作为市场经济的重要因素，这些年来不仅出现很多问题，受到政府、社会和理论界的广泛重视。探讨这个问题，不仅有重大的实践意义，而且对于我们如何发展社会主义市场经济，走中国特色社会主义道路具有深刻的理论意义。

一

商业道德既是一个老话题，也是我们实施社会主义市场经济以来不断讨论的一个新问题。西方发达国家有着几百年市场经济的历程，其经验和教训是我们应当注意学习和借鉴的。

15世纪之前的西方经济发展程度远远低于东方。此后，西方发达国家经过文艺复兴、宗教改革、启蒙运动、工业革命等，科学技术进步加快，生产力提高迅速，经济实力显著提高。从17世纪起，欧洲资本向全球扩展，从自由资本主义发展为垄断资本主义。在这几百年间，为了实现资本扩张，有效利用资源配置，提高生产效率，西方主要资本主义国家基本上实行的是市场经济模式，虽然形式各有不同，但其本质都是通过市场这只无形的手来调节全社会的生产、运输、销售、消费等各个环节，以达到资本的最大利润化。对此，马克思主义经典作家明确说，资本主义在西欧占统治地位一百多年来，创造了比历史上任何时期都大得多的生产力，其经济发达程度是过去任何时代都无法比拟的。西方发达国家之所以在短短时间内能够迅速崛起，其原因有很多，但主要原因无非体现在物质和精神两个层面。具体地讲，就是西方社会摆脱封建奴役和教会束缚后，在确立自由主义原则的基础上，不仅在经济交往方面实行最大的市场化，而且鼓励人的个性解放和主体性发展，允许多种价值观的存在，从而使经济活动以前所未有的积极方式与消费者的需求相结合，创造了前无古人的一个个奇迹。

然而，正如韦伯所说，“获利的欲望，对营利、金钱(并且是最大可能数额的金钱)的追求，这本身与资本主义并不相干”。① 这明白无误地告诉我们，追逐利益是人类自古以来就有的历史现象，它并不是资本主义独有的专利。如果说资本主义之前的经济活动受到政治权力

① [德]马克斯·韦伯：《新教伦理与资本主义精神》，于晓、陈维刚等译，7页，北京，三联书店，1987。

和宗教势力的束缚和干预，一切经济活动都不是独立的，那么，西方发达国家的资本主义市场经济的发生和发展就有其历史发展的特殊性。这首先表现在尊重自由、张扬理性的主体性原则是其产生和发展的精神根源，而经济活动的独立化则是这种精神在社会经济生活中的实现。对此，有些学者说："追求利润最大值是人类理性的一种基本规定，然而，商业的动机结构从宗教和文化的联系中解放出来却是现代的特征，这一特征在文艺复兴和重商主义时期开始形成，它不仅仅是一种资本主义的特征，而且预示着经济时代的到来。"①这就是说，经过文艺复兴、启蒙运动，西方资本主义确定了其发展的原则——自由、公平竞争，使得一个个被奴役的个人从最初的"无身份"到契约论的"有身份"，从完全"归功上帝的小我"到"追求成就的大我"，个人的主观能动性得到极大发挥，个体价值的实现以及其所代表的个人主义终于成为西方社会经济不断发展的精神动力。

这里我们应当承认，资本主义作为经济制度虽然获得成功，但它的名声并不好听。资本的逻辑明白无误地告诉人们，"在一个完全的资本主义式的社会秩序中，任何一个个别的资本主义企业若不利用各种机会去获取利润，那就注定要完蛋"。② 这样，以资本为核心的经济组织必须不断地创造财富，促进生产、消费和全社会的经济发展；但另一方面，资本的拥有者同时也拥有控制权和剩余价值的索取权，形成了资本特权与一般人民大众的对立。这种现象几百年来实际上并未发生根本的变化，如果说过去在实体经济活动中经常出现生产过

① [德]彼得·科斯洛夫斯基《资本主义伦理——社会市场经济》，载《经济秩序伦理和伦理学》，4页，北京，中国社会科学出版社，1997。

② [德]马克斯·韦伯：《新教伦理与资本主义精神》，于晓、陈维刚等译，8页，北京，三联书店，1987。

剩，造成大量产业工人失业的现象，那么，现在资本全球化的过程不仅对发展中国家的经济形成巨大冲击，而且在虚拟的金融、信贷和其他经济活动中也出现了海量泡沫，全球性的金融危机和经济危机现象更加严重。对此，马克思通过对剩余价值的揭露，早已让资本的残酷剥削的一面完全暴露在光天化日之下。

这样说并不意味着其他阶层、包括资产阶级知识分子对资本逻辑的残酷一面毫无认识。实际上，自古以来人们对商人的唯利是图的举动都无好感，作为西方社会精神支柱的基督教教义就说商人的活动“很难使上帝满意”，阿奎那把追求财富的欲望斥之为卑鄙无耻(turpido)；[①] 生活在英国文艺复兴时期的莎士比亚在《威尼斯商人》、《雅典的泰门》等剧目中，对金钱伤害道德伦理的现象予以了无情的揭露和斥责。但是，这里的关键问题在于，资产阶级从一开始就承认人们追逐利益的合理性，而且认为经济利益与道德伦理之间并非是非此即彼的关系，而是承认利益驱动是推动社会发展的动力，甚至在一定条件下经济利益与道德伦理是一致的。马基雅维利、黑格尔等人都曾把“物质利益”、“人性中的恶”看作是人类社会发展的动力，是推动历史进步的主要因素，18 世纪法国唯物主义哲学家爱尔维修则更加强调利益在人类社会生活中所发挥的核心作用，他认为“利益是我们的唯一动力”，“无论在任何时候，任何地方，无论在道德问题上，还是在认识问题上，都是个人利益支配着个人的判断，公共利益支配着各个国家的判断”。[②] 马克思在分析爱尔维修的这一论断时也明确指出：

① ［德］马克斯·韦伯：《新教伦理与资本主义精神》，于晓、陈维刚等译，53 页，北京，三联书店，1987。

② 北京大学哲学系编译：《十八世纪法国哲学》，537、458 页，北京，商务印书馆，1979。

“既然正确理解的利益是整个道德的基础，那就必须使个别人的私人利益符合于全人类的利益。”[①]很显然，在马克思主义经典作家这里，在承认利益的重要作用的同时，更加强调个人利益与社会整体利益的一致性，强调道德伦理与人类社会发展阶段的一致性，突出了要结合社会经济实际情况、全社会各个阶层的经济利益去讨论道德伦理的历史唯物主义的主张，而其中的关键正如恩格斯所指出的那样，“每一既定社会的经济关系首先表现为利益”。[②]

在对资本主义市场经济做出这种大致的理论分析后，我们很容易看到，伴随着资本主义的发生、发展，市场经济与道德伦理之间的矛盾从来没有真正消除过，只是在不同的历史时期，这种矛盾和紧张的程度不同，表现形式有所差异而已。我们不能因为某一个社会富裕水平的提高，就简单地认为这个社会的道德水准就会因此而提高，即所谓道德会伴随经济发展而“爬坡”；同理，我们也不能因为某一个社会富裕水平的提高，就简单地认为这个社会的道德水准会因此而降低，即所谓道德会伴随经济发展而“滑坡”。现在，对我们发展中国家来说，那种以为伴随着整个社会生产力的发展和物质生活水平的提高，全社会道德水平也因此会有所提高的想法，只是人们的一厢情愿的臆想。实际上，在经济发展与道德伦理之间并不能轻易地划等号，这是因为，承认利益驱动是人们在市场条件下发挥能动性、艰苦劳动、敢想敢为、发家致富的主要因素，但这并不意味着利益驱动本身具有道德涵义，而是要把经济活动中的道德倾向予以不具褒贬的中立化处理。这里一个不证自明的前提是，要使一个社会的精神文明和道德水

① 《马克思恩格斯全集》第 2 卷，167 页，北京，人民出版社，1957。

② 《马克思恩格斯选集》第 3 卷，209 页，北京，人民出版社，1995。

平不至于因为人们追求最大经济效益而滑坡，就必须制定完备的法律规定、社会管理、道德教育、公平分配、舆论宣传等一系列措施，使其与经济活动形成互动，而不至于这个社会顾此失彼，过分偏重于某一方。

在西方市场经济的几百年实践中，即使在理论上无法澄清市场经济与道德伦理的关系，但在实践上西方发达国家针对市场经济中出现的各种各样问题，其中包括商业道德的问题，不断采取各种措施，其中主要有行政管理、司法规定、经济手段、舆论导向、文化教育等，从而在一定程度上弥补了市场经济对道德伦理的伤害。特别是二战后，西方发达国家在这方面的一些措施尤其值得我们注意，比如：提高劳动者的薪酬，以缓和劳资双方的紧张关系；不断改变税率，尤其是加大对富人的征税，以缩小贫富差距；加大全社会的福利事业，以避免整个社会的震动和不安；禁止国家行政权力对经济活动的干预，以保证自由竞争的实现；出台反垄断法，以防止市场垄断和经济独裁，保证市场经济本来就应当具有的公平交往的性质等等。在商业道德方面，西方社会尤其注意职业道德的培养，在他们看来，人们在经济活动中不仅要敢想敢干、积极进取、艰苦劳动、精明强干，更重要的是，“个人道德活动所能采取的最高形式，应是对其履行世俗事务的义务进行评价”。① 这就是说，评价一个人成功与否，道德上是否完善，关键是看他能否完成在现实世界中所承担的责任和义务，因为这是上帝赋予他在尘世间的使命。这样，职业概念在西方信仰新教的国家中就具有了宗教意义，这就是韦伯始终强调的“资产阶级文化的

① ［德］马克斯·韦伯：《新教伦理与资本主义精神》，于晓、陈维刚等译，59页，北京，三联书店，1987。

根本基础”。[①] 这种论断显然是就西方国家的资本主义市场经济而言的，它是否适用于其他国家和地区，尤其是我们东方诸国的新兴市场经济，有待我们下文的分疏。

二

中国是一个具有悠久文明传统的古国，虽然商贸活动由来已久，但对经济、商贸的认识却与西方迥然有别。

从思想文化观念来说，中国人“重义轻商”，特别是儒家的义利观在长达两千多年的封建社会里根深蒂固，影响甚远。中国最早的经书《易经》曾写道：“理财正辞，禁民为非，曰义。”[②]这是强调财富的获取必须名正言顺，而花费也应当保有节制。春秋时期的孔子则明确说：“君子喻于义，小人喻于利。”[③]“君子谋道不谋食。”[④]后来的儒生大多继承了孔子这种轻利重义的思想，比如，孟子曾劝告梁惠王：“王何必曰利？亦有仁义而已矣。”[⑤]汉代大儒董仲舒也告诫统治者说：“夫仁人者，正其谊不谋其利，明其道不谋其功。”[⑥]及至宋明时期的朱熹继承了董仲舒的这个思想，把道义与功利的分辨视为“处事之要”，并提出“存天理，灭人欲”的主张，将人的物质追求压制到最低的底线。虽然这些大儒也承认人的基本生存要求，认为人的欲望有善恶之分，但由于他们把“义与利”、“理与欲”截然二分，实际上就压

---

① ［德］马克斯·韦伯：《新教伦理与资本主义精神》，于晓、陈维刚等译，38页，北京，三联书店，1987。

② 《易经·系辞下》。

③ 《论语·里仁》。

④ 《论语·卫灵公》。

⑤ 《孟子·梁惠王上》。

⑥ 《汉书·董仲舒传》。

制、抹杀了人们追求物质利益的主动性和积极性。当然，中国历史上也有少数思想家并不赞同儒家的这种重义轻利的主张，比如墨子就主张义利是统一于一体的。然而，由于儒家思想长期居于主导地位，重义轻利、重农抑商是中国传统价值观念的主要倾向。从注重个人道德修养、稳定家庭、保障社会秩序而言，儒家的这种义利观当然是有一定价值的，但就发展商贸、促进经济而言，儒家这种思想的消极意义则是非常明显的。

19世纪中叶以来，伴随着西方列强对中国的入侵，西方各种思想文化潮流开始影响中国。尤其是“五四运动”以降，中国人为改变积弱积贫、被动挨打的状况，主动学习西方科学技术和思想文化。因此，此后的中国传统文化虽然还存在于中国人的日常生活中，但已经不是唯一的存在，中国人的思想文化、价值判断、生活态度等已经发生很大变化。但这个时期中国人面临的最大问题是帝国主义的侵略和压迫，思考的主题是救亡图存，对于如何发展经济，特别是商业道德与经济发展的关系，并没有深刻的见解。这或许是中华民族精神遗产中的一个空白，需要我们今天从理论和实践上予以认真对待和严肃思考。

从中国本土的商贸经济发展来说，几千年来虽有变化和发展，但“重农轻商”或“重农抑商”，特别看重土地占有并把它视为社会秩序稳定之基础的自然经济倾向从未发生本质的变化。据史料记载，在上古时代中国已经出现“市”的概念，《易经·系辞下》里曾记载：“日中为市，致天下之货，交易而退，各得其所，盖取诸噬嗑。”这就是说，中国最早的市场只是居民为各自的生活需要，进行单纯的货物交换而已，并不存在后来才有的货币、营利等现象。到了春秋战国时代，生产力有所发展，可以在市场上交换的货物也比以前增多，为方便交换，诸侯各国先后出现了市场交换的中介物——金属货币。这个时代也是群雄并起、诸侯争霸的年代，诸侯们为了保证本土的安全、实现军事扩张的需要，就要发展农业，重视修理水利，以维持庞大的军队；另一方面，统治者还可以从农业生产中收取不同名目的赋税，以得到稳定的财政收入。所以，这个时期的各个诸侯国的统治者都高度重视农业生产，把它视为安邦立国之本。所谓“仕农工商”，就是当时统治者对社会主要阶层的等级排序，充分说明了在自然经济中农业是国家的命脉，而商业不过是起拾遗补缺的作用，这种传统对后来的中国经济发展打下了深刻烙印。

秦汉时期，中国建立了强大的中央集权帝国，以皇权为核心的政治机制通过完备的官僚体制对全国实施全方位的统治。这方面的最典型特征有二：一是统治阶级依然高度重视农业生产，“中国国家视农民的物质福利为最重大的问题，在汉代，国家通过授田，创造了一个自给自足的农民经济。这意味着有人可纳税赋以支持国家”。[①] 二是中央集权专制制度不仅对全国实行政治统治，而且还在很大程度上行使社会管理职能和社会经济职能。“普天之下，莫非王土”，专制皇权把全国当作一个可以随意支配、剥削的统一体，通过无偿的调拨、征用就可以满足社会的大部分需要，特别是统治阶级本身的需要。这样一来，产品转化为商品、商业从“可能”转化为“现实”的途径大都被堵塞了。[②] 当然，在国土如此辽阔、情况极其复杂的国家，仅靠国家行政手段是无法完全满足整个社会需要的，所以，古代中国的一些经济

① 王国斌：《转变的中国——历史变迁与欧洲经验的局限》，96页，南京，江苏人民出版社，1998。

② 许涤新、吴承明主编：《中国资本主义发展史》，第2卷，75～80页，北京，人民出版社，2005。

交往还得依靠商业来实现，工商业的存在也是一种必需。只是中国的民间商业活动一直都受到专制制度的严格限制，其主体不过是小农业和家庭小手工业者，表现为个体农业经济；与此同时，工商业的主要部门为官府所控制，它们是为满足官僚贵族阶层的消费、以维护专制统治需要为目的的非商业性经营。很显然，无论是个体农业经济，还是官营工商业，都不可能产生资本主义因素，当然也不可能产生市场经济因素。

有些学者认为，宋代以后，即公元9世纪后，中国农业生产、商业贸易繁荣，中国在那时就已经出现了“市场经济”。对此，我们应当予以具体分析。首先我们承认宋以后确实出现过一段经济发展的繁荣时期，中国人口从8世纪的5300万到12世纪就增长到近一个亿，这说明那时的农业生产已经能够养育如此众多的人口。出现这种情况的原因很多，比如，这时的中国经济活动中心已经由黄河流域南迁至长江流域，而南方适宜于种植水稻，水稻是大农作物中单位产量最高的，此后中国又引进玉米、马铃薯等；与此同时，政府鼓励开垦土地，扩大种植面积，保证了人口与资源维持平衡。这些措施使得农业产品在养育人口之余还可以在市场上交换，出现了农产品的商业化现象。其次，元代定都北京后，修理、疏浚了沟通南北的运河，中国“在历史上首次充分利用了其在世界上独一无二的庞大航运网”，① 极大地方便了南北方货物的流通和交换，扩大了商业经济的地域和范围，城市的作用显著提高。再次，宋朝统治者简化了经济管理，放弃了直接控制土地分配和市场管理的体制，而是“对店铺产品和商品运输实行了比较灵活的商业税制，以取代国家政权在整个中世纪时代都

① 谢和耐：《中国社会史》，262页，南京，江苏人民出版社，1995。

行使的对价格和市场的控制以及征调工匠的政策”。① 这些政策在一定程度上促进了商业贸易的发展。但是，中国的封建统治者们，无论是宋代，还是以后的元明清，他们都很清楚地看到，要维持自身的统治和社会秩序，就必须依赖政治控制和社会控制，他们决不允许不受控制的、独立的经济活动的存在。即使在相对比较开放的宋代，国家不仅收取了绝大部分的手工业税和商业税，而且还建立了由官吏管理的作坊和商业，系统地实现了国家垄断。到了明清，虽然长江中下游和华南沿海地区经济发达，出现了所谓“资本主义萌芽”，但由于皇权至高无上的地位和无处不在的剥削压迫，当时的中国不可能产生真正的资本主义市场经济。

19 世纪中叶后，中国国势衰微，西方列强不断侵入中国，中国开始由一个强大的封建帝国沦为西方列强共同支配下的半殖民地、半封建的国家。近代中国经济结构由此发生了变化，封建经济结构逐渐瓦解。一些封建官僚利用手中的权力，倡办新式机器工业，拉开了洋务运动以及中国资本主义产生的序幕。同时一部分商人、买办、官僚开始投资近代工业和商业，被称为私营资本企业。当时的中国经济，外国资本比重较大，本国资本比重较小；而在本国资本中，官僚资本比重很大，民族资本占比重很小，实力薄弱。这样的经济结构与市场经济相去甚远。辛亥革命推翻了封建王朝，南京的民国政府通过以整顿税制、金融秩序和改革货币体制为主的“国民经济建设运动”以及围绕废除领事裁判权而开展的“改订新约运动”，使中国民族资本主义获得发展，但这种发展被 1937 年日本发动全面侵华战争所打断，中国的资本主义市场经济终于被扼杀在曾经倡导自由竞争的帝国主义铁蹄

① 谢和耐：《中国社会史》，263 页，南京，江苏人民出版社，1995。

之下。

三

新中国成立后，共产党人面临的是千疮百孔、百废待举的局面。国内是各种经济成分并存，既有通过剥夺官僚资本和外国垄断资本而来的国有企业，也有大量的小农经济、手工业作坊及民族资本企业。生产力低下，经济秩序混乱，工业生产所占比例不到10%，农业生产满足不了人们的基本需要，通货恶性膨胀。在国际上，既遭受资本主义国家的经济封锁，又面对帝国主义和台湾国民党政权赤裸裸的挑衅，尤其是1950年爆发的朝鲜战争，更使新中国面临极大的挑战。为了解决吃饭、就业、稳定物价等问题，迅速恢复国民经济，同时也为了反对帝国主义的侵略，保家卫国，出兵朝鲜，中国政府不得不根据当时的国情和战争的需要采取了统一财经、平抑物价、调整税收等断然措施，巩固了新生的社会主义政权，为后来在这个基础上进行的大规模经济建设、恢复国力，尤其是为从新民主主义革命过渡到社会主义革命和建设做好了准备。这种情况是由20世纪50年代中国的具体国情所决定的，就当时情况而言，所采取的政策和措施适应了时代需要。这正如马克思、恩格斯所指出的那样："历史不外是各个世代的依次交替。每一代都利用以前各代遗留下来的材料、资金和生产力；由于这个缘故，每一代一方面在完全改变了的环境下继续从事所继承的活动，另一方面又通过完全改变了的活动来变更旧的环境。"①

但是，不可否认的是，共产党人执政时间短，缺乏社会管理和经济管理的经验，在完成新民主主义革命不久，就急于对农业、手工业

① 《马克思恩格斯选集》，第1卷，88页，北京，人民出版社，1995。

和资本主义工商业进行社会主义改造，在短时间内形成了以国营和集体为绝对主体的单一公有制，并且受苏联的影响，把计划经济看作是社会主义的基本特征，把市场经济与资本主义等同起来，限制和否定市场的作用。这样一来，所有的生产、运输、销售都是由政府按照国家统一的计划来决定和实施的，地方、企业和商业没有任何自主权，而个人只是企业和商业的一员，没有任何主动性和积极性。在这样的计划经济体制下，市场的作用被彻底排除，所有资源配置都依靠行政命令，平均主义的弊端显现出来，国民经济停滞不前，人民的基本生活必需品只能凭票证供应。这种情况显然与人民大众所期待的社会主义制度不相符，改革就是必然而然的事情。

由此来看，如果说在建国初期我们采取行政命令方式管理社会和经济，有利于集中全社会的资源解决国计民生的大事，有利于提高执政党的威望和新生政权的巩固，有利于推动生产力的发展、促进社会主义工业化的进程，那么，后来长期实行的计划经济模式则是统得过死，严重束缚了地方、企业和个人的积极性，阻碍了生产力的发展。因此，肇始于1978年的改革开放，其核心就是解放思想，从根本上打破束缚生产力发展的体制，建立起充满生机和活力的经济体制来解放和发展生产力，我们现在实行的社会主义市场经济，其目的也在于此。

自1978年起，我国开始经济改革；自1992年起，我国开始实行社会主义市场经济。在这三十多年中，一方面出现了本文一开始提及的我们获得的巨大经济成就，即我国不仅彻底改变了贫穷落后的面貌，国计民生得到有效改善，而且由于我们一举成为世界第二大经济体，也为拉动世界经济的发展做出了我们的贡献。从经济体制而言，我国以农产品自由市场为起点，改变就业体制，逐步放开生活必需品、生产资料的价格，计划对经济活动的影响不断缩小，市场要素重新生成并逐渐发挥作用，重建资本市场，多种经济成分并存，从整体而言，我国的经济充满勃勃生机。但另一方面，我们的经济发展及由经济发展、特别是市场经济带来的诸多问题都是前所未有的，亟待我们从理论上澄清，从实践上解决。在这些问题中，下面一些问题比较突出，应当引起人们的重视。首先，我们的改革目标不明确，“摸着石头过河”固然有在实践中进行探索的意义，但其经验主义和实用主义色彩比较重，使得全社会的经济发展缺少一个有效的社会价值观予以宏观指导。在这种思想指导下，我们的经济生活出现各种各样的问题，都是不足为怪的。其次，我们确立以经济建设为中心的战略是从国家长期和全面发展而言的，但并非意味着一切皆以 GDP 为标准，片面追求高产值必定会带来一系列问题，比如资源破坏、环境污染、生态危机等，长此以往，我们的经济发展必定会受到资源和环境的制约，不可能持续发展。再次，发展经济必须兼顾全社会的公平正义，我们实行的是社会主义市场经济，只是重视市场机制的资源配置的作用，而不关注收入分配机制的改善，不注意社会主义共同富裕的本质特征，那就不是真正的社会主义。当前人民群众不满意的一个重要原因，就是国民收入分配差距与以前相比不是缩小，而是拉大了。① 因此，切实注意平衡不同群体的利益关系，认真调整社会分配结构，下大力气缓解收入分配差距，社会中层出不穷的矛盾和危机才能得到真正解决。

就本文论述的重点“市场经济与商业道德的关系”而言，当前中国

---

① 关于2012年中国家庭的基尼系数有不同数据，就是很多学者并不认可的国家统计局发布的0.474也明显高于世界平均水平的0.44。

经济发展中疯狂追求物质财富的增长与社会精神道德伦理的衰落形成巨大反差，已经是人所皆知的事情。事实上，商业道德的衰落绝不是孤立的现象，它与上述问题是联系在一起的。我们固然可以针对商业道德问题出台更多、更严厉的法规、经济惩罚措施、行政手段，也可以加大这方面的道德教育、舆论宣传等，但如果我们在理论上不厘清经济发展的观念问题，不转变经济发展方式，不解决社会分配公平公正问题，而是把经济当作一个孤立现象来处理，那我们仍然不可能从根本上解决当前我国市场经济与商业道德的矛盾。

从实际情况而言，我们现在不应当、也不可能像传统观念那样，把道义与利益绝对割裂开来，伴随着市场经济体制的建立，利益原则和效率观念必然会促使人们摆脱儒家思想中的绝对伦理主义的束缚，承认经济利益的重要性，承认经济发展对社会、对人们道德伦理观念的一定促进作用。从纯粹理论上说，我们在承认“经济进步当然也属于道德伦理”①的同时，首先就面对着一个与此相关的严峻问题，即一个社会在毫无节制地进行更多、更廉价的生产的时候，必定要为此付出生态资源破坏、环境污染、道德伦理滑坡的巨大代价！而这样的代价往往是不可挽回的，因此，如何避免，或者更恰当地说，减少这样的代价是否可能？其次，既然承认利益驱动在经济和社会生活中的作用，那马克思所说的“正确理解的利益是整个道德的基础”的确切意义尤其值得我们今天予以深刻的反思，这就是说，一方面我们不可能不顾物质利益去空谈精神文明、道德伦理，毕竟现代社会中的每一个人都生活在一定的经济关系中；但另一方面，正确认识和处理眼前利

① ［瑞士］A. F. 乌茨：《第三条道路的哲学》，载《经济秩序理论和伦理学》，陈筠泉主编，203页，北京：中国社会科学出版社，1997。

益与长远利益、个人利益与集体利益、局部利益与整体利益的关系，则是我们必须认真对待的问题。假如说我们在改革开放之初，为当时的国计民生计，不得不把政策中心偏重于经济发展，甚至在某些时候不顾及其他领域，那在生产力大幅提升，经济总量已经得到显著好转的今天，我们就必须要克服这种只顾个人利益、眼前利益、局部利益而片面发展的狭隘观念，为未来谋划一条更好的道路！不然，我们不仅无法在市场经济条件下建立一个良好的商业道德体制，而且也不能保持经济本身健康和持久的发展。无论如何，我们都必须认识到，经济活动，包括市场经济运作和商业道德的确立，都不是人类社会发展的最终目标，而只是推动社会发展、尽量保证人存在于真善美世界里的手段而已，这也正是当代后现代经济学更加重视文化学、美学和伦理学的意义之所在。

2012 年召开的中共十八大明确提出："全面落实经济建设、政治建设、文化建设、社会建设、生态文明建设五位一体总体布局，促进现代化建设各方面相协调，促进生产关系与生产力、上层建筑与经济基础相协调，不断开拓生产发展、生活富裕、生态良好的文明发展道路。"①应当说，这既是对我们过去几十年社会发展的总结，也是我们今后发展的基本指针。这种五位一体的总体布局在很大意义上是对以前偏重于经济增长的一种修正，是对全社会均衡协调发展提出的新要求。在这个总体布局指导下，我们一是可以加快完善社会主义市场经济体制的建设，既遵守市场经济的基本规律，又严格约束行政权力对市场的过度干预；二是保持经济发展的一个合理速度，其上限就是资

① 《中国共产党第十八次全国代表大会文件汇编》，8 页，北京，人民出版社，2012。

源供给和环境质量的约束；三是下决心改革分配制度，缩小社会各阶层的收入差距，真正体现社会主义共同富裕的优越性；四是加强法制建设和精神文明建设，尤其是要注重法规制定的合理合情及其在实践中的执行，注重舆论引导、道德教育的作用，使得社会各个领域得到全面协调发展。在这样的大前提下，市场经济与商业道德或许可以形成一种相互制约、相互协调、相互促进的良好互动的关系。

西方哲学研究30年（1978～2008）的反思*

20世纪70年代末发生在哲学领域的关于真理标准的大讨论，使得哲学的变革与政治的变革交织在一起。哲学的讨论不仅使哲学再次成为理论界的“晴雨表”，引发了深刻的思想变革和社会变革，而哲学本身包括西方哲学的研究也由此经历了某些重要变化，其中的一些经验和教训都值得我们今天认真思考。

一

中国本无“哲学”。作为一门严格意义上的独立学科，哲学是从1914年北京大学设立“哲学门”才在中国得以确立的。我们中国人接受西方文化包括西方哲学，完全是因为

---

* 本文是作者在纪念“全国西方哲学史讨论会”三十周年讨论会上的发言，发表在《安徽师范大学学报》2008年第4期。本文回顾了改革开放前我国西方哲学研究的经验和教训，着重讨论近三十年来我国西方哲学的研究和教学发生的深刻变化，指出当下西学研究中存在的学风浮躁、盲目跟随西方、缺少中国学者的文化自觉等问题，强调必须把西方哲学研究看作是一项艰苦的创造性的理论转变，才能使我国西方哲学研究进入自主创新的新境界。

我们这个古老的文明体系在近代遭遇到前所未有的挑战，迫使我们必须在传统文明与现代世界之间加以痛苦的抉择而不得不做出的决断。应当说，在最初与强大的西方文明相遇之际，我们传统的文明陷入了一种“失语状态”，我们不得不用西方式的概念系统来表达我们的思想，甚至某些时候因为矫枉过正还出现了全盘西化的倾向。

但是，我们的前辈们向西方学习的态度是诚恳的。他们思想开放，主旨明确，目的清楚，那就是救亡图存，针砭时弊。比如，梁启超以其在中国的特殊影响，竭力介绍和诠释西方启蒙思想家的政治社会观点，如卢梭的“天赋人权论”、“社会契约论”；在哲学方面先是介绍近代经验论和理性论的两大代表人物培根和笛卡尔，而后介绍康德哲学。严复的西学翻译领域广、影响大，他在哲学上笃信经验论，在社会理论上推崇社会进化论和经济自由竞争原则。他们的目的就是利用和借鉴西方理论去批判封建主义，唤起国人奋发自强的意识。与梁启超和严复相比，王国维和章太炎则更重视学理的借鉴和研究，尤其是看重从柏拉图的理念论到康德的先验哲学，看重当时很有号召力的叔本华和尼采的意志论。王国维提出“学不分中西”，反对在学术中夹以政治和道德说教，主张学术的纯粹性和独立性，在今天看来也是有积极意义的。

从“五四运动”至 20 世纪 40 年代，一方面是西方哲学在中国的传播深度和广度大大加强，翻译出版了大量西方哲学著作，开始仿照西方的大学模式在中国的现代大学体系中建立哲学系；另一方面，则是中西哲学之融合，力图开创一条新哲学、新文化的理路，使得中国哲学呈现出前所未有的希望。从这个时期起，中国开始产生了职业哲学家，一批既有国学功底、又在西方留学的名家开始担任大学的哲学教授，如胡适、张君劢、张颐、金岳霖、冯友兰、熊十力、贺麟、牟宗三等。

如果说这个时期的中国哲学还属于初创和早期阶段，有些观点和认识比较偏激，但我们这个时期的思想是开放的，即是说，我们首先是以学生的态度去认真学习西方文明，然后加以考量辨别，仔细选择，再结合中国的文化特点和社会现实予以推进和发展。所以，这个时期我们对西方哲学的学习和研究是全方位的，对西方哲学的最主要领域都有所涉及，如希腊罗马哲学、16～18世纪经验论和唯理论哲学、法国启蒙哲学、德国古典哲学、意志哲学、生命哲学、美国实用主义哲学等等。马克思主义哲学也是在这个时期传入中国的，正是马克思主义与中国的具体实践相结合，才使得社会主义革命在中国获得全面胜利。

客观地说，这个时期我们所选择的发展哲学的道路是正确的。

二

新中国成立后，尤其是在1957年之后，在"左倾"思想指导下，我们放弃了自己的原本正常发展的哲学道路，盲目模仿苏联，我们的哲学教育和研究基本上是照搬日丹诺夫模式。从西方哲学研究而言，其基本判断是将西方哲学划分为唯物论与唯心论、辩证法与形而上学两大阵营的对立和斗争，与之相联系的是唯物主义代表进步，唯心主义代表反动，辩证法意味着合理，形而上学意味着荒谬。在这种简单化、公式化的定性和划界下，西方哲学的研究就必然是独断论式的：凡是被我们视为唯物论和辩证法的哲学家、哲学流派及其著作，我们就予以肯定；凡是被我们认为唯心论和形而上学的哲学家、哲学流派及其著作，我们就予以批判。再进一步，即使是被视为唯物论和辩证法的哲学，如果它们被标上"机械的"唯物论和"唯心主义的"辩证法，我们也只能加以批判地学习和研究。于是，我们的西方哲学研究在“文革”前几乎是处在停滞状态，我们注意的对象主要就是德国古典哲学，尤其是黑格尔哲学，原因就在于它是马克思主义的来源之一。现在，我们可以回顾一下“文革”前我们西方哲学研究的两大基地的研究状况，一是中国科学院的哲学研究所(即现在的中国社会科学院哲学研究所)，二是北京大学外国哲学研究所。前者的西方哲学研究成果主要体现在西方哲学著作的翻译方面，其中最多的当属黑格尔著作，而1964年成立的北京大学外国哲学研究所留下的唯有洪谦先生主编的《现代西方资产阶级哲学资料选辑》而已。

对于这种情况，外国哲学界的一些学者们是不满意的，早在1956年召开的“贯彻双百方针”会议上，贺麟、陈修斋等先生已经对此提出批评意见。只是在当时的历史条件下，他们的正确主张都被压制下来，他们个人则成为政治批判的对象。从建国初期到1976年“文革”结束的二十七年间，我们的西方哲学主要工作就是有选择地翻译一些西方哲学著作，而且往往还要贴上“批判资料”、“资产阶级哲学论著选集”等标签。所以，“文革”结束后，西哲界拨乱反正的呼声相当高，在检验真理标准的大讨论中，我国西哲界于1978年10月在安徽芜湖召开了“全国西方哲学史讨论会”，来自全国的200余位专家学者参加了那次讨论会，尽管其中有些学者是从事马克思主义哲学、美学专业的。会议的重点是对西方哲学研究的性质、对象、方法等基本问题进行讨论。虽然在这些问题上还有些分歧，但不把唯物主义和唯心主义、辩证法和形而上学的对立当作僵死的教条，而是把唯物主义和唯心主义、辩证法和形而上学的对立和发展看作是人类认识史的一个过程，承认它们之间也有互相影响、互相联系，客观地评价唯心主义哲学的地位和作用，是那次会议的一个主要收获。很显然，三十年前的芜湖会议在当代中国西方哲学研究史上具有里程碑的意义，它是我国西哲界解放思想，打破教条主义束缚，摆脱日丹诺夫的哲学模式，走上健康发展道路的一个重要标志。

从 20 世纪 80 年代起，随着我国西哲界对西方哲学的基本理论和哲学史观的认识逐步深入，我们的西方哲学的研究和教学发生了深刻变化。哲学恢复了其本来的“求真爱智”面貌，西哲界与哲学领域的其他学科一样，提倡的是实事求是、勇于发问的科学精神，需要的是艰苦探求、锲而不舍的学风。因此，我们不再把哲学简单地看作是现实世界，尤其是政治状况的直接反映，而是认为哲学作为一门独特的理论形态有其特殊的性质、范畴、概念和体系，有其特定的研究对象、任务和规律，有其特殊的研究方法和表述方式。我们不再把哲学史简单地看作是唯物主义和唯心主义、辩证法和形而上学的“两军对立的历史”，而是承认哲学是人类追求真理、认识真理的一个发展过程，其中不同的学派、人物对世界的统一性原理在认识和把握上会有唯物观与唯心观的差异，但他们都以自己的创造性认识把握了世界的某一方面，构成了人类认识过程的一个环节。我们不再拒绝非马克思主义哲学的流派、人物和著作，更不会把马克思以后出现的各种西方哲学思潮统统当作非理性主义的、腐朽反动的东西而加以全盘否定，而是以严肃认真的态度去重新思考和研究我们曾经否定和批判过的西方哲学史上的各种流派和人物，以开放的心态去对待和分析各种各样的新思想、新流派，我们的哲学视域大大拓展。我们的方法不再是单纯地介绍和评析，而是博采众长，既吸收西方哲学中的概念判断、逻辑分析、本质还原等方法，也继承中国文化中原有的形象思维、义理结合等传统，力图开创我们中国人特有的新理路、新方法。

由此来看，我们对西方哲学的研究得到了全面恢复，不仅接续了此前一百来年的积累，而且以从未有过的广度、深度和速度对西方哲学展开了全方位研究。从研究的领域来看，德国古典哲学(其中包括我们原本不重视的费希特和谢林哲学)、古希腊罗马哲学、近代经验论和唯理论哲学，现象学和存在主义(包括法国的萨特和梅洛－庞蒂哲学)、分析哲学和相应的语言哲学、西方马克思主义哲学、逻辑实证主义、科学哲学中的实在论与反实在论、叔本华和尼采的意志哲学、生命哲学、解释学、过程哲学、实用主义哲学、以弗洛伊德为代表的心理主义哲学等等都是我们研究的对象。近些年来，我们对后现代主义，分析的马克思主义，应用伦理学(尤其是其中的环境伦理学和生态伦理学)，心灵哲学，当代的政治哲学、文化哲学等也都予以了足够的关注和追踪研究。① 当然，中西比较，尤其是分析中西哲学思维这两个范式的不同特点和差异，注意中西文化的相互补充和相互融通，常常也是题中之义。

从研究的重点转移和每一个时段的不同热点来看，改革开放之初，德国古典哲学、古希腊哲学、近代经验论和唯理论哲学是我们的主要研究领域，这与我们原先具有这方面的研究基础有关。“随后，逻辑实证主义及其‘反形而上学’倾向和‘经验证实’原则、科学哲学中波普尔的‘反归纳主义’、‘证伪主义’，成为热烈讨论的话题。”②与此同时，分析哲学和与之联系在一起的语言哲学研究，尤其是维特根斯坦哲学和蒯因哲学，也是研究热点之一。从 20 世纪 80 年代中后期开始，对现象学和存在主义的研究受到重视，形成了当时所谓西学研究

① 对相关方面的详细描述，参见周晓亮：《我国西方哲学研究的回顾、现状和展望》，载《哲学研究》，2007(7)，47～54 页。

② 同上。

中的"显学"。从90年代中期开始，随着后现代主义思潮在西方的崛起，我们开始了追踪研究，现在它已经是我们经常讨论的热门话题。

这里我们应该提到的，是在这个领域发挥重要作用的中国社会科学院哲学研究所和北京大学外国哲学研究所。在20世纪80年代，由汝信、王树人、余丽嫦主编的10卷本《西方著名哲学家评传》和《西方著名哲学家传略》(山东人民出版社)率先出版，此后由涂纪亮主编的10卷本《当代西方著名哲学家评传》也于90年代初出版。参与这两套大型著作写作的有全国各单位的一百多位学者，是当时我国学习和研究西方哲学所完成的最重大工程，它的更重要的意义在于，为中国的西方哲学研究搭建了一个平台，为以后开展更深入、更系统的研究提供了一个参照系。直至今天，不少学者和研究生仍然把这两套书当作学习西方哲学的入门读物和参考书。北京大学的外哲所是与该校哲学系连在一起的，洪谦和熊伟两位先生不仅自己在分析哲学和现象学两个领域各有建树，而且他们还为这两个领域培养了一大批人才，这些人至今是我国西哲界相当活跃、颇有影响的两支队伍。当然，中国人民大学、复旦大学、武汉大学等高校为我国的西方哲学发展也都做出了贡献，这里就不再一一列举。

这个时期我们西方哲学研究的工作成效主要表现在两个"结合"上：一是翻译与研究相结合，二是通史研究与专题研究相结合。

第一个"结合"是由我们西方哲学研究的特点所决定的。翻译西方哲学原著是为我们西方哲学研究提供第一手资料，因而翻译是西方哲学研究的前提条件和基础；反过来，在此基础上展开的研究对翻译的质量和数量会提出新要求，尤其是在概念的把握和提炼、语句的表述和文风等方面，哲学著作都必须坚持自己的严谨性、精确性、规范性等特点。三十年来，西方哲学著作的翻译是"文革"前的数十倍，商务印书馆、人民出版社、三联书店和全国各地的地方出版社出版了大量的西方哲学著作。这些年，除了翻译一些单本的经典著作外，还出版了一些重要哲学家的全集本或选集本，其中有《亚里士多德全集》、《柏拉图全集》、《费希特选集》、《维特根斯坦全集》、《尼采文集》、《康德全集》(已出 6 卷)等。还有一些重要哲学家著作的全集或选集正在翻译中，或者已经列入翻译出版计划，如两种版本的《黑格尔全集》、《西塞罗全集》等。此外，对西方哲学界比较有名的哲学通史、国别哲学史和断代史著作的翻译也受到重视，其中，有些已经出版，如文德尔班的两卷本《哲学史教程》、罗素的《西方哲学史》、奥康诺的《批评的西方哲学史》等，有些正在翻译或出版中，如策勒的《古希腊哲学史纲》、索利的《英国哲学史》、《劳特里奇哲学史》、《剑桥哲学史》等。这种大规模地翻译西方哲学著作是前所未有的，它对我们借鉴西方学者的研究成果，认识和把握西方哲学的本质及其内在发展脉络，更好地开展西方哲学的研究，具有重要的基础意义。

正是我们在哲学翻译方面取得的这些成果，我们的一些专用概念和术语也成为我国理论界，甚至新闻媒体经常使用的话语，如“反思”、“存在”、“本体”、“超验”、“超越性”、“二律背反”、“扬弃”等。这表明，哲学在对我们所处的时代进行反思的同时，也对我们生活的时代发生影响。它当然是哲学包括一些哲学思考历经几千年的起起落落，仍然是我们须臾不能离开的证明之一。

第二个“结合”是与我们这些年来在西方哲学专题研究方面所取得的进步相关联的。20 世纪 80 年代和 90 年代，在宽松的学术环境下，我们对西方哲学的各个历史时期的主要流派、人物及其代表性著作都有一定程度的涉猎，尤其是对德国古典哲学、希腊哲学、经验论和唯理论哲学、现象学和存在主义、分析哲学和语言哲学、西方马克思主义哲学等，进行了比较深入的研究，出现了一大批具有较高学术价值的专著。在这样的学术背景下，撰写一部高屋建瓴、通观全部西方哲学发展历程，且又能够涵盖西方哲学各个流派和人物、而不失之空洞的西方哲学通史，就提上了议事日程。从 90 年代后期开始，不少单位都确定了撰写西方哲学通史的计划，比如复旦大学、北京大学。这并不是说，我们以前就没有撰写过“西方哲学史”之类的书籍，而是说在“文革”前后一段时间内，由于指导思想有偏差，再加上专业学者和有关资料的缺乏，我们以前所写的只是些大纲似的教材，常常是停留在俯瞰式的粗线条刻画上，缺乏对哲学史上各个重要的哲学流派的认识和对每个重要哲学家思想的细致分析，在学术观点方面有时也是借用西方学者的思路、甚至是某些观点，很少有中国学者的研究视角，难以形成我们自己对西方哲学的总体认识，这与全国哲学事业的发展需要相差甚远。

2005 年，由叶秀山、王树人主持的中国社会科学院重点课题《西方哲学史》(共分 8 卷 11 册，近 600 万字)全部完稿并出版，实现了学界的夙愿。全书各分卷主编及大部分作者都是中国社会科学院哲学所的研究人员，国内一些单位的专家学者也参加了写作。尽管这部书还有这样或那样的不足，但总的来看，这部书应用了从古至今的哲学史阐释范式，紧扣西方哲学发展的脉络，对以往国内较少涉及或没有涉及的人物、思想、流派都进行了比较深入和全面的介绍和研究，而且特别注意分析各个哲学家及其思想之间的联系。这样，这部书不仅有系统性和完整性，而且呈现在人们面前的不再是名人罗列、史料堆积的“哲学辞典”，而是一部具有精神内涵的“哲学史”，从而为今后的进一步研究奠定了体系和结构的基础。这是其特点之一。其二，这部书着力突出了“中国特色”，关于这一点，叶秀山和王树人先生在全书的前言中表达得非常清楚："我们有自己的几千年的历史文明传承，在哲学问题上，我们有自己的独特的思考方式。我们这些学者，不管自觉与否，都是在这种文明的熏陶中成长起来的，我们珍惜自身的文化传承和哲学传统。我们学者的任务在于以同样的创造性的精神来对待我们自身的哲学传统，相信只要我们努力工作，对于西方哲学的问题可以做出我们自己的创造性的阐释，可以在同等的哲学层次上与西方的哲学有真正的对话，而不仅是各说各的话。这样，我们在受命(接受这个项目)之初，就把具有中国学术特色作为我们共同努力的目标。"①其三，这部书的作者们重视对哲学原著的阅读、理解和研究，不是无根据的妄论空谈，而是把研究建立在对原著思想的把握基础上，结合对国外学术界最新研究成果的理解，继而独立思考，推演勾连，剖疑解难，因而做到了言之有据，言之成理，保证了这部书的学术品位。由此来看，这部书是我国学者通过自己的努力，对西方哲学做出了自己富有创造性的阐释，开始在西方哲学研究领域形成自己的理论观点，发出自己的声音，从一个方面印证了"哲学不仅要穷通古今之变，而且要会通天下普遍之学，以达乎天下普遍之理"的学术宗旨。

三

我国的西方哲学研究自有我们的特点，这就是我们在面对西方哲学这个异质文化的时候，不是表现的矛盾彷徨、犹豫不决，就是走向非此即彼、或西或中的两极。这个特点在西学东渐之初就已经表现得

① 叶秀山、王树人：《西方哲学史》，第1卷，2页，南京，江苏人民出版社，2004。

很明显，从19世纪末的“夏夷之辨”、“中体西用”，到“五四时期”的民族虚无主义、全盘西化等，莫不是这个特点的显现。对此，我们的前辈们是有深刻认识的。王国维在20世纪初就提出“学无中西”的观念，他说：“学术之所争，只有是非真伪之别耳。于是非真伪外，而以国家、人种、宗教之见杂之，则以学术为唯一手段，而非以为目的也。”①李大钊则明确地说，东西文化各有所长，缺一不可，世界文明的今后发展将是两者互相融通，合为一体。冯友兰、熊十力、金岳霖、贺麟等一代大师，都是克服了这种非此即彼的两极模式，尝试用所把握的西方理性思维去探索、研究中国哲学问题，力图开创一条新哲学、新文化的理路，从而使得中国哲学呈现出前所未有的希望。

然而，“历史总是以惊人地相似在不断地重复着”，只不过在不同的历史时期表现为不同的特点。如果说在改革开放之初，特别是在文化热的讨论中，我们一些学者盲目崇拜西方文化，出现了全盘西化的倾向，那么，当今天我们的经济和社会得到一定发展高度的时候，我们中的一些人以为改变这种历史逻辑的契机与可能已经出现，不仅重新拣起“五四”时期的“中学西学之争”，甚至还提出回到经史子集的传统中去。我们的时代仿佛又回到一百年以前！

与这种在两极中不断摆动的情况相联系的是，我国西方哲学研究中大致出现了以下这些问题：

1. 缺少以中国学者的眼光去研究西方哲学的文化自觉，盲目地跟随西方时尚，以西方的学术标准去衡量中国的学术，以至于不少学者还是跟在外国学者后面“照着讲”，从而造成我们的西学研究缺少自

---

① 王国维：《王国维学术经典集》(上)，99页，南昌，江西人民出版社，1997。

己的建树，完全脱离中国社会现实，丧失了西学在中国的活力。

2. 不把西学研究看作是一项创造性的劳动，而是当作简单地介绍和评述，不少学者在自身还没有完全理解原著的情况下，就用那种谁也看不懂的汉语去翻译和解说西方哲学。这种情况被戏称为“汉话胡说”或“胡话汉说”，这种以其昏昏使人昭昭的做法，如果在西学东渐之初是可以理解的，那么，现在则是必须“叫停”的。

3. 与上述两种情况完全相反，无视中西两种不同文化的差异，以一种所谓“纯粹的”中国文化形态去比附西方哲学的一些概念和范畴，甚至完全用中国的传统概念去解释西方哲学的概念、范畴、方法等，形成了一种“非西非中”的特殊东西。

4. 学风浮躁。一些学者乐于炒作一些学派和人物，乐于创造概念新词，但却不肯下功夫去读书，常常是借用西方的二手资料去哗众取宠，不仅得不到真经，甚至是以讹传讹，误人子弟。

5. 学术翻译质量滑坡。这里面又分为几个层面：其一是现行的出版和版权制度，要求译者在很短时间就把书翻译出来，过去提倡的“十年磨一剑”在现行制度面前行不通，再加上出版社和编辑都以市场效益为核心，致使很多学术译著粗制滥造；其二是少数译者缺少学术良心，外语不好、汉语不好、不懂学术，已经很糟糕了，再加上争名争利，以致昧着良心在说话。明明是从英语转译过来的，却偏偏说是从希腊文、拉丁文、法文、德文等原版翻译的。其三是我们缺少正常的批评氛围，明知哪些译著存在问题，碍于面子，很少敢于公开提出意见。

当然，我国的西方哲学研究中现在还有一些其他问题，这里并没有提出来。但总的来看，最近几年由于上述问题造成了西方哲学在中国与大多数人的疏离，与中国社会生活现实的隔阂。现在，大多数人，包括不少本专业的学者都感到现在的西方哲学的书籍很难懂，更遑论一般的读者。这种情况自然与这门学科有关，也与我们学者的立场、态度和治学方法有关，不改变上面提到的那些问题，我们就很难使西方哲学研究在我国有较大的发展空间。在哲学领域的“中、西、马”三大学科中，为什么现在西学研究显得比较沉寂，得不到学界的关注，恐怕与上述问题不无关系。

因此，我们必须正视和改变那些问题，确实把西学看作是一项艰苦的劳动和“创造性的理论转变”，① 不能满足于单纯地翻译介绍西方哲学，而是要主动地把西学研究与中国的文化、国情、现实结合起来，要从“接着讲”和“对着讲”，进入“自己讲”的自主创新的境界。我们必须努力提高自己的哲学素养，提高自己的汉语和外语水平，要真正地做到学贯中西、融通中西，不辜负时代的期望，开创出既有中国特色、又有普世性真理的西方哲学研究的新篇章。

① 赵敦华：《关于“西学”的几个理论问题》，载《哲学研究》，2007(2)，36～41 页。

第二辑　德国古典哲学

扬善抑恶的理性宗教学说*

——评康德的《纯粹理性界限内的宗教》

1793年出版的《纯粹理性界限内的宗教》是康德晚年最重要的一部宗教哲学著作。经过启蒙运动洗礼的康德，始终把反对宗教迷信、建立以道德规律为根据的纯粹理性信仰当作自己最重要的一个课题。早在《纯粹理性批判》中，康德就以极其深刻的理性思辨揭露了传统神学关于上帝存在的本体论证明、自然神学证明和宇宙论证明在逻辑上的荒谬性，然后，他在《实践理性批判》和《判断力批判》中提出了上帝存在和灵魂不朽的理性公设，并指出这些公设纯粹是为了增进人们的道德，只具有实践理性的意义。《纯粹理性界限内的宗教》这部著作则是康德对自己的道德宗教思

---

* 本文刊登在《中国社会科学院研究生院学报》1992年第5期。文章在概括康德晚期重要著作《纯粹理性界限内的宗教》的主要内容的基础上，指出康德提出的“道德必然导致宗教”和“上帝就是道德立法者”的主张进一步发展了他的早期道德宗教思想，对近代德意志宗教哲学的理性化起到了重要作用，充分表现了康德反对宗教迷信和宗教狂热的理性精神。但作为德国市民阶层的哲学家，康德的这种宗教哲学思想也有其历史局限性，具有不可克服的内在矛盾。

想的总结和进一步的深化。在这里，康德为了把人从封建的宗教愚昧下解放出来，要求把宗教严格地限制在纯粹理性的范围之内，建立一个以扬善抑恶为宗旨的理性宗教。

一

康德是从思考人的天性开始的。在这部论著的一开始，康德就说："人的天性是恶。""如果在人的天性中有一种作恶的倾向，那么，人的一种天生嗜好就是作恶；由于这种嗜好最终必定存在于人的放任随意行为之中，并因此可以归咎于人的自由随意性，所以，这种嗜好在道德上就是恶。"①

然而，康德在断言人的天性为恶的同时，并不否认在人身上也具有善的素质，并且认为，在人的身上，恶的天性与善的素质始终处在相互对立、此消彼长的斗争过程中。这样，康德区分了两种意义上的恶：一种是人生而固有的恶，另一种是有意识地作恶。当人还处在自然状态时，人尚未获得精神和行动的自由，这时候的人不会意识到他自身和他人身上的那种善的素质，他只能把自私自利当作一种绝对的行动。但是，人如果有意停留在自然状态，不从不自由的自然状态中超脱出来，那么，这就是另一种恶。人身上的善的素质也被康德分为三个部分：第一部分是就人的动物性而言的，这是生命的善；第二部分是就人因为有理性才成其为人而言的，这是理性的善；第三部分是就人具有人格而言的，这是道德责任的善。

在康德看来，善是人的道德本质，而恶则是人的天生嗜好，这是

① *Immanuel Kants Werke*，hrsg. von E. Cassirer，Bd. VI，S. 171 ，176，Berlin，1914.

两个具有同等权利的绝对原则。这两个原则的斗争形象地表现为上帝子孙与魔鬼的斗争。通过对善和恶的人格化描述，康德不仅赋予了实践理性的善的概念一种客观实在性，使人们能够直观地看到作为世界最终目的的人类道德完善的图像，而且还使这种单纯的伦理研究具有了宗教所独有的感染力。不仅如此，康德还认为，恶固然可憎，但恶作为一种绝对原则也有其作用，它从反面促使人的善不能停留在动物性上，而应该不断发展，进入高层次的理性的善和道德的善。康德在这里强调道德教育的作用，指出道德教育的目的就在于使人身上的善的素质得到复苏，使善的原则在与恶的原则斗争中取得胜利。康德认为，这种胜利表现为一种思想方式和感情方式的革命，也就是说，人只有意识到自身的"恶"的本性，始终不对自己感到满足，才能逐步趋向于道德完善。人只有感到自己是上帝的子孙，负有履行绝对命令的义务，才会翻然醒悟，把道德理想变为自觉的意识和行动。这时，人在道德方面仿佛脱胎换骨，获得了新生。显而易见，康德在坚持实践理性居于首要地位的时候，既想以曲折的方式否定基督教的基本教义"原罪说"，同时又试图在他所信仰的基督教的宗教象征背后找到他所主张的道德或伦理的意义。于是，人类的堕落和通过信仰获得新生的教义就在这种意图中得到了新的解释。

康德在这里进一步发挥说，个人自为地实现道德理想是毋庸置疑的，但这只是善战胜恶的第一步，善取得胜利还必须有一个重要条件，这就是"伦理团体"。康德说："最高的道德的善，仅仅通过个人为达到他自己的道德完善而进行的努力是不可能实现的，为达到这个目的，必须把个人联合为一个整体，即一个道德善良的人们的体系，在这个体系中，而且只有通过这个体系的统一，最高的道德的善才能实现。"①康德的抽象伦理学由此获得了社会特点，他所说的善成为一种社会需要和社会产物。这就意味着，人在道德方面必须摆脱离群索居的"自然状态"，应当和其他人共同组成一个致力于行善的团体，而这种团体就是教会。康德反对天主教会为束缚人的意志所进行的各种宗教宣传和宗教仪式，反对教会的等级森严的教阶制和僧侣阶层的狂妄自大。他主张，真正的教会应是一个专门为纯洁人的内心世界、提高人的道德修养、保证更顺利地实现道德目的的团体。在这个团体里，其成员并不被要求信仰上帝，而只是需要追求纯粹的道德理想；成员之间的结合是松散的，每个成员都享有充分的自由；没有任何宗教仪式，完全依赖于每个成员自己获得的道德感。

康德的这些主张表明，"至善"概念在这里就同在《实践理性批判》中一样，依然是一个核心，与《实践理性批判》不同的是，康德在这部著作中是从宗教哲学的角度来解决伦理学问题的。在康德看来，人类的能力不足以使人们追求幸福的权利和他们应尽的义务一致起来，道德高尚的人决不会满足于现状。在义不容辞的绝对命令和现实的经验行为之间，他总会发现一段令人担忧的距离，这使他不断地扪心自问，冥思苦思。这时，宗教就出现了。因为人们在对至善的无限追求中，很容易把绝对命令的内容归结为来自一个最高存在者的理念，这个存在者就是道德的立法者，即上帝。康德认为，"宗教把我们所有的义务都看作是上帝的诫命"，② 这对人来说是不可避免的，因为人只能在图象和图式化中理解善的最高理念，宗教力量使人在精神上有

① *Immanuel Kants Werke*：hrsg. von E. Cassirer，Bd. VI，S. 242，Berlin，1914.

② ebd，S. 302.

一种依托，人不再为客观上不可能完成的道德完善而苦恼，道德的空白不再是一个障碍，人在无限努力的过程中终于确定了自己趋向的目的——作为一个绝对道德理想象征的上帝。

这样，康德通过对人性的研究直接引申出宗教问题，把宗教和道德合二为一，道德即宗教，宗教即道德，上帝只是道德理念的化身。但在更深刻的理论层次上，康德看到宗教超出了道德的范围，有一种并非道德所能具有的特殊的情感和力量。因此，康德在这里提出了一个著名论断："道德不可避免地导致宗教，道德由此扩展为在人以外的一个权威的道德立法者的理念，在这个立法者的意志中就包含这个最终目的——它同时能够和应当是人的最终目的。"①

为了防止人们的误解，康德特别提醒人们注意，这里的道德化的上帝只能是一个绝对道德理想的象征，我们可以由此直观到我们应当成为道德高尚的人的图像，从而使我们对这个超验的道德立法者的理解变得简单易行。康德警告说："这是我们不可缺少的（旨在说明的）类比图式。但是，把这种图式变为一种（旨在扩展我们的认识的）客观规定的图式，就是神人同形说，这在道德方面（也在宗教方面）有着最有害的后果。"这番话清楚地表明，康德所说的上帝是与传统神学中关于上帝作为实体而存在的教义有着本质区别的，他的上帝纯粹是为了抑制人们的作恶倾向、增进人们的善的素质的理性公设。这正如康德自己所解释的那样，"我们的实践理性的一个任务，就是建立一个道德的世界统治者。我们感兴趣的，不仅是想知道上帝自身（上帝的本

① *Immanuel Kants Werke*, hrsg. von E. Cassirer, Bd. VI, S. 174, Berlin, 1914.

质)是什么，而且还想知道，上帝对作为道德存在物的我们又是什么”。① 在这里，康德假设上帝的目的是不言而喻的。

不难看出，康德希望建立的在纯粹理性界限内的宗教，实质上是人对善、对自己的道德潜能的纯真信仰，它不带有任何利害得失的杂质，不允许人们期望通过宗教信仰获得超自然力量的帮助，它的目的就在于促进人们的道德修养，最终建立一个以道德规律为中心的道德世界秩序。对于康德的这种理性宗教观，著名哲学家罗森克兰茨说，“这是理性主义的象征性变化”，“道德在这里获得了应有的地位，因为它把一种真正的内涵还给了宗教”。② 卡西尔也说，康德的理性宗教“是对他的伦理学内容的一种证明和补充”。③

二

由于康德试图建立一个不同于现存宗教的理性宗教，所以，他必须对现存宗教，尤其是基督教做出自己的评判。这部著作的一个很重要的内容就是康德对宗教发展过程所做的解释和对基督教进行的分析和批判。

康德认为，人类的原始状态实际上是无宗教状态，后来才有早期的宗教形态，即“神灵供奉”。供奉神灵的宗教是为了获取上天赐福，用敬献祭品、遵守教规、馨香祷祝等方式表示对超自然的最高存在物的景仰，以求得它们开恩启慈，眷顾无极。实际上这是以供奉牺牲与

① *Immanuel Kants Werke*, hrsg. von E. Cassirer, Bd. VI, S. 206, 287, Berlin, 1914.

② Karl Rosenkranz: *Die Geschichte der kantischen Philosophie*, S. 210, Berlin, 1987.

③ E. Cassirer: *Kants Leben Und Lehre*, S. 407, Berlin, 1921.

上帝做交易，只是以曲折的方式表白内心的愿望，并以此来安慰自己。在康德看来，这种与神做交易的行为是荒诞的，当宗教发展到一定阶段时，这种行为就不应继续下去。

对于基督教，这位深受基督教文化熏陶的哲学家并没有采取完全排斥的态度，而是企图从基督教中发现与理性宗教相一致的地方。他一方面注意观察理性中表现的基督教精神和基督教中显现的理性；另一方面，他对基督教史中的文献、教规、仪式等表示大胆的怀疑，并按理性宗教观加以批判的改造。

关于天启，康德认为，天启现象或许在历史上的某个时刻、某个地点以某种方式出现过，或许包括某些自然原则，但天启本身是一种主观体验，因而是无法验证的东西。天启之所以能够传开，被众人所知，导致天启信仰，其主要原因在于：一，被启示者通过自己的理性去认识天启，把它理解为对人类有用的教益，并且加以宣传和推广；二，相信天启的每个人通过各自的理性去体验和认识天启中所包含的真理性——尽管每个人对此的认识和体验是不同的。这样，在康德这里，天启就与理性联系在一起，“天启只有通过理性才能被设想为一种宗教的概念，因为这个概念本身是在道德立法者的意志下从一种义务中推演出来的，是一个纯粹理性的概念”。① 既然天启只是个人主观上的东西，所以，康德主张把天启信仰纳入自然宗教和神秘宗教的范围，要求人们不要对此盲目信仰，而应当用它来为道德伦理的完善服务。

关于宗教经典，康德认为，理性宗教不应局限于某一种宗教形

---

① *Immanuel Kants Werke*, hrsg. von E. Cassirer, Bd. VI, S. 305, Berlin, 1914.

式，《圣经》与《吠陀》和《古兰经》一样，都是历史上留传下来的圣典，应当受到理性的认识和检验。康德认为，由于历史的原因，《圣经》本身有不少地方是模糊不清的，应当剥去《圣经》的神话外衣，从道德观点来解释和发掘《圣经》的普遍有效的理性意义。康德的这一观点是他1786年发表的《论人类历史起源的猜想》思想的继续。在那篇论文中，康德否认《圣经》中的传说是真实的事情，认为《圣经》把人们不断重复的历史故事作了神秘化的描写。在《纯粹理性界限内的宗教》这部著作中，康德进一步认为，《圣经》中除了历史上的传说和神话外，很大部分不过是一些道德诫律的汇编而已，如《先知》、《诗篇》就是如此。但是，就各个宗教形式而言，伦理的准则作为普遍有效的客观标准是不同的，而且在运用这种准则时主观的感受和体验也无疑会起作用，因此，在《圣经》历代相传中，人们对《圣经》的注释常常是不同的，甚至是相互矛盾和对立的，由此就产生了不同的教派。由于康德从小受到新教敬虔教派的熏陶和影响，并且确信这种影响的意义，所以，在分析《圣经》时，他恪守敬虔教派对《圣经》进行道德解释的原则，只是强调了理性应当发挥作用的观点。我们在这里既看到了康德否定宗教迷信、利用宗教经典为其道德学说服务的意图，也看到了他只是把基督教的语言译成思辨的语言，用道德规律代替“十诫”，向封建势力妥协的另一面。

关于耶稣升天和救赎人类的教义，康德也阐述了类似的观点。他认为，由于道德是这个世界的最终目的，自然是为了实现这个目的而设定的，所以，人们决不能相信，像基督复活之类的随意否定自然规律的“奇迹”会证明这个人的神圣性，与其如此，还不如说，此人已经死了，但他所宣扬的道德精神是不朽的。康德由此进一步认为，对道德伦理来说，历史上的耶稣并不是绝对必要的，没有他人类也会意识到道德规律。就像上帝存在是一种或然的假设一样，历史上的耶稣也只是一种偶然，只有道德高尚的人信仰上帝——作为道德化身的理念——才是必然的。这就是判断耶稣的历史真实性的标准。康德的这种评判还包含另一个方面的问题，即自律和他律的矛盾。康德认为，人是自由的，应当根据“良心”对自己的行为负责，通过自身的行动促进自由的存在。如果人只能依赖上帝来救赎，那么，人类只能依靠外部力量来约束自己，决不会自觉地意识到道德规律，决不能成为自在自为的理性存在物。对此，卡西尔写道：“在康德的宗教学说中，救赎的主题无非是自由问题的一种特殊的改写而已。康德不会允许这种超自然意义上的上帝介入的救赎行动，因为上帝介入的救赎取代了道德主体自身的行动；康德在这里所得到的纯粹是理智行动的印象、纯粹意志和实践理性的自身立法，以及根据理智行动取得对经验和感性欲求的统治。”①康德的这种既否定宗教神话，又强调人的能动性的思想，反映了他的历史乐观主义精神和他的宗教观中所隐含的合理因素。

康德尤其反对那种以为通过简单的自然手段就可以得到上帝恩典的“天宠信仰”，他对此做了四个方面的剖析：

(1) 康德认为，祈祷的真正精神应该是表达这样一种内心愿望：要让自己的所作所为都使上帝满意和愉悦。但是，“把祈祷设想为一种内心的、形式的礼拜，并进而设想为神赐方式，就是一种迷信的狂诞(偶像崇拜)”②。也就是说，这种行为无异于向一个不需要向其表

---

① E. Cassirer：*Kants Leben Und Lehre*，S. 416，Berlin，1921.

② *Immanuel Kants Werke*，hrsg. von E. Cassirer，Bd. VI，S. 345，Berlin，1914.

达内心期盼的存在物表达欲求，它既没有履行上帝赋予我们的诫命，也没有向上帝表示尊重，而是企图通过这种手段获得上帝的赐福，其实质无异于与上帝进行祈祷与赐福的交易。

(2) 在康德看来，到教堂做礼拜是教会所有成员应尽的义务，同时每个人也可以借此机会提高自己的道德修养。但是，在现实宗教生活中，往往是把这种礼拜变成一种偶像崇拜的仪式，并使之与从上帝那里得到特殊的恩典联系起来，这样，不仅使在教堂的礼拜变成无所作为的迷信活动，而且还改变了这种仪式本身的性质，掩盖了这种仪式的单纯的道德内涵。

(3) 康德并不否认加入宗教团体时举行某种仪式(如基督教的洗礼)的必要性，因为它能使那种承认自己的信仰并因此而入教的人感受自己的重大责任，同时也使参与这项仪式的其他成员加深为神圣使命而献身的意识。但这并不意味着，这种仪式就是获得神赐的手段。夸大这种仪式，以为由此就可以赎尽所有罪孽，获得神圣性，只会“暴露这种迷妄类似于一种比异教更甚的宗教迷信”。①

(4) 对弥撒、圣餐等宗教活动，康德基本上持否定态度。他认为，这类活动只有被理解为增进教徒之间的道德、情感的交流，才是善事。但实际上，这类活动往往被看作是教会的特定仪式，并且也被视为获取上帝赐福的手段，因此，这不仅是宗教迷信，而且还使僧侣阶层有可能利用这类活动而凌驾于世人之上。

康德在对基督教的神学及其各种仪式、活动进行了分析和重新解释以后，提出了反对宗教迷信和宗教狂热的主张。他说：“以为宗教

---

① *Immanuel Kants Werke*, hrsg. von E. Cassirer, Bd. VI, S. 351, Berlin, 1914.

的本质是供奉上帝，并把这种供奉看作人取悦于上帝的最高条件，那是一种宗教狂诞，其结果就是对上帝的虚伪效劳，也就是误以为这是对上帝的尊重，其实则与服务于上帝的真正要求相对抗。”[①]这样，康德在提出建立扬善抑恶的理性宗教的同时，对现存宗教也进行了一番批判和改造。在他的视野中，纯道德信仰高于对教会的清规戒律的信仰，人的道德行为高于宗教仪式。

三

康德在这部著作中以道德立法者的理念来代替正统神学的人格上帝，以人的道德规律来代替神的“启示”，以理性宗教来批判和改造神学，显然是与当时占统治地位的宗教教义、教会和神学迥然有异的，这就必然会遭到教会和官方的指责与压制。1792 年，这部著作的第一部分在《柏林月刊》第四期发表以后，柏林书刊检查部门即借口该书违反基督教的精神，禁止出版。康德只得把这部书交给耶拿大学神学院审查，利用魏玛大公国与普鲁士王国的矛盾和耶拿大学康德崇拜者人数众多的优势，终于使这部著作在 1793 年得以发表。但是，著作问世不久，教会的卫道士们就纷纷指责康德，说他是“没有宗教信仰的哲学家”，是“斯多葛式的异教徒”等等，以致腓特烈二世下谕申斥康德，命令他永不讲授、撰述有关宗教的问题。在这种压力下，康德只得隐忍曲从，被迫停止演讲宗教问题。但是，康德并没有改变自己的宗教观，他在腓特烈二世去世后，就借口原来的诺言只是向当时国王本人的保证而自动解除不谈宗教问题的诺言。

---

① *Immanuel Kants Werke*，hrsg. von E. Cassirer，Bd. VI，S. 317～318，Berlin，1914.

实际上，这部著作的主旨并不是否定基督教正统，如康德自己说的那样，他的目的在于弄清，以什么方式才能把宗教最清晰、最有效地注入人们的心灵。[①] 在这部著作中，康德未对现存宗教的任何一个启示做过贬损的评价，而是把《圣经》解释为寻求和建立道德宗教的现有手段中最好的手段；他不反对人们的宗教信仰，而是突出了宗教为道德注以热情、鼓以勇气，使人超脱现实的力量；他不是想破坏和摧毁基督教，而是企图让现存的国教继续保持下去，然后再加以逐渐的改造和建设。一句话，批判哲学在这里首先采取的是肯定的而不是否定的态度。正是在这个意义上，不少哲学家称“康德是信仰的重新创造者”，[②] 是“道德神学的真正确立者”。[③]

一直非常尊重康德的大文豪歌德读到这本书以后，对康德理性宗教观中所隐含的妥协态度很失望。他说，在这部著作中看到的只是对教会的正统性和教义的承认，康德“用根本恶的污点玷污了他自己的哲学大衣，以至于基督徒们也被吸引去吻这件大衣的下摆”。[④] 席勒最初在情感上对康德的这种态度也很反感，后来发现了在康德理性宗教学说的特殊外表下所掩盖的反叛精神和自由思想，才被康德的概念规定及其论证所折服。

坚持理性主义立场的哲学家们则从康德的宗教学说中看到了意志自由和思想自由的火花，他们沿着康德开辟的道路继续探索下去。康

① [苏]A. 古留加：《康德传》，贾泽林、侯鸿勋、王炳文译，241页，北京，商务印书馆，1981。

② Karl Rosenkranz：*Die Geschichte der kantischen Philosophie*，S. 212，Berlin，1987.

③ W. Walker：*A History of the Christian Church*，p. 535，Edinburgh，1920.

④ *Goethes Briefe*，Bd. 2，S. 166，Hamburger，nach Cotta 1913 Ausgabe.

德哲学的直接继承者费希特，最初发表的第一部论著《试评一切天启》就是在康德批判哲学影响下专门论述宗教问题的专著。在这部著作中，他以康德确立的道德规律为出发点，对天启信仰做出合乎理性信仰、增进道德的解释。在耶拿时期，费希特进一步发展了康德在《纯粹理性界限内的宗教》中提出的“道德必然导致宗教”和“上帝等于绝对的道德理念”的主张，他说，从本质上说，道德等于宗教，道德的世界秩序等于上帝，宗教信仰无非是对道德秩序的坚定的信念和执着的追求。费希特的这一更加理性化的宗教观当然也遭到了封建统治者的指责。与费希特一样，黑格尔也继承和发展了康德的宗教思想。在《耶稣传》中，黑格尔给自己提出的任务，就是根据康德提出的“理性界限内的宗教”的原则重新解释《圣经》。在黑格尔的笔下，耶稣的生活、教导和四福音书贯彻了康德的道德信仰，而耶稣的榜样则赋予这种理性宗教以热情和力量，以纯洁和无损伤的心灵去遵循永恒的道德规律是所有善男信女的最高准则。1807 年以后，黑格尔的哲学思想成熟。这时，黑格尔在宗教哲学方面已经超过了康德，提出了宗教的本质“就是自我意识”的论断，表现了黑格尔以人为核心、而不是以神为中心来考察宗教问题的基本立场。黑格尔正是在康德的理性宗教观的影响下才完成了近代德意志思想史上最为精致的理性宗教学说，从而为形成马克思主义的无神论宗教观奠定了理论基础。从这个意义上说，康德的历史功绩应当得到应有的肯定。

然而，正像他的其他著作一样，康德在《纯粹理性界限内的宗教》这部著作中也表现了他的宗教思想的两面性：一方面，他反对传统的宗教有神论、神人同形论，反对上帝作为实体而存在，另一方面，他又反对无神论和自然神论，提出作为道德立法者的上帝的公设；一方面，他反对宗教让人屈从于绝对权威，要求把外在的权威变为内心的道德信仰，另一方面，他又确立立法形式的道德规律，把道德归结为宗教；一方面，他对教会进行了无情的嘲讽和批判，反对宗教迷信和宗教狂热，另一方面，他又害怕斗争，只要求对传统基督教进行改良和修正。这种尖锐的二元矛盾，在理论上，是康德把理论与实践彻底对立起来的必然结果；在政治上，它反映了德国市民阶层的本性：他们既反对封建专制和教会，但又具有妥协性和动摇性，因而反封建斗争也具有不彻底性。马克思、恩格斯曾精辟地说："康德只谈'善良意志'，哪怕这个善良意志毫无效果他也心安理得，他把这个善良意志的实现以及它与个人的需要和欲望之间的协调都推到彼岸世界。康德的这个善良意志完全符合于德国市民的软弱、受压迫和贫乏的情况。"①这一论断今天仍然是我们评判康德宗教哲学的重要武器。

① 《马克思恩格斯全集》第3卷，211～212页，北京，人民出版社，1960。

道德敬畏与价值判断*

——从康德到新康德主义

"有两样东西，我们愈经常愈持久地加以思索，它们就愈使心灵充满日新月异、有加无已的景仰和敬畏：在我之上的星空和居我心中的道德法则。"①

这是康德《实践理性批判》中的一句话，也是康德的墓志铭。今天，在纪念康德逝世二百周年的日子，我们在追溯康德道德哲学对近现代人类的启迪的同时，对这句话加

---

* 本文发表在《哲学研究》2004 年第 6 期，是专为纪念康德逝世二百周年而写的。这篇文章的英文版收录在由德国歌德学院主编、英国牛津大学出版社出版的文集里。本文在分析康德的道德哲学基本内涵的基础上，指出康德的道德哲学隐含了实践主体对道德的敬畏之心，它是使道德法则成为普遍立法的动力。康德的继承者们对康德的道德哲学既有批判也有发展，而新康德主义重视价值效用的道德意义，突出强调价值的道德规范作用，其贡献就在于消弱了道德相对主义。从康德的绝对道德诫命到新康德主义的道德价值论，不仅说明道德价值观是与我们的存在秩序联系在一起的，而且道德价值完全不同于物化的经济价值。

① [德]康德：《实践理性批判》，韩水法译，177 页，北京，商务印书馆，2000。

以重新诠释，并以此来怀念这位“睥睨古人、下开百世”的思想家，更具有特殊的意义。

一

哲学是什么？这是一个很难说清的话题，但绝大多数哲学家都同意，哲学是一门以探索宇宙奥秘和人生意义为目的的学问。探索宇宙固然不易，古代哲学曾经对浩瀚的天空做出许多猜测和假设。随着科学的进步和学科的分类，这个任务逐步划归给自然科学家。如果说年轻的康德在探索宇宙方面曾经以其天才的猜想对自然科学做出重大贡献，那么，到了批判时期康德显然把自己探索的重点转移到人自身这里。概括地说，这就是康德“三大批判”所想解决的三个问题：一是我能知道什么，二是我应该做什么，三是我可以希望什么。这三个问题又可以归结为“人是什么”这一个大问题。于是，自康德以后，哲学的用处和意义已经很清楚，这就是教人把握自己，有一颗湛然清明的心，做自己的主宰，所以，“哲学的用处，即在使人明白自家的尊严”。①

“使人明白自家的尊严”，说起来容易做起来难。这里首先就关涉人与人的相互关系，这就是道德哲学的内容。在康德这里，道德哲学属于实践理性的范畴，而且实践理性优先于理论理性，因为对他来说，理论理性解决不了的问题可以通过实践理性来解决，这方面所依赖的就是实践理性的三个公设，即“意志自由”、“上帝存在”和“灵魂不朽”。理性存在者由此可以为自己立法，并把自己善良的意志准则当作普遍法则。

---

① 郑昕：《康德学述》，8页，北京，商务印书馆，2001。

康德的道德哲学就建立在“意志自由”的基础之上。按照康德的解释，他的道德哲学是以“至善”为目的的，所谓“至善”，就是人在自由意志的基础上，出自义务或职责，自愿地执行道德法则。这样的行为之所以“至善”，就在于它是绝对的、无条件的，不同于动物性的求生本能或任何感性愉悦，与任何爱好、愿望、需求、利益或结果无关，而只是为了服从道德法则。康德把这样的道德法则概括为这句话：“你这样行动，使你意志的准则始终能够同时成为普遍立法的原则。”①这就是康德的“无上命令”或“绝对命令”，但是，如果没有意志自由，这个命令就不可能是“绝对的”和“无上的”，因为只有主体能够给自己立法，听从自己的无声命令，真正做到自律，而不是屈从于外在的权势和利益，“至善”才能得以实现。在康德的眼中，这样的道德自律是无上崇高的，生活在感性中的人正是因为具有这种纯粹的道德法则，才可能唤起自己对道德天职的敬重，才可能觉察我们自己的超越感性存在的崇高和尊严。

“灵魂不朽”和“上帝存在”是道德法则能够得以实现的不可或缺的条件，更确切地说，是道德理念的实践应用的条件。虽然康德一再声称，道德法则“本身无需任何正当性证明根据”，②“道德为了自身起见(无论是在客观上就意愿而言，还是在主观上就能够而言)，绝对不需要宗教。相反，借助于纯粹的实践理性，道德是自给自足的”。③但是，康德自己很清楚地认识到，首先，意志与道德法则的完全符合

① [德]康德：《实践理性批判》，韩水法译，31页，北京，商务印书馆，2000。

② 同上书，50页。

③ [德]康德：《单纯理性限度内的宗教》，李秋零译，1页，北京，中国人民大学出版社，2003。

是一种神圣性，一个有限的理性存在者在此生此世不可能达到这种神圣性，他只有进入无限延续的存在，才有可能去实现这个永恒的、无穷的任务，因此，公设“灵魂不朽”就是必需的；其次，生活在尘世中的人总是有追求幸福的动机，而要达到追求幸福与无私德性的完全一致，就必须寻找一个使这两者有必然联系的根据，“于是，只有在一个无上的自然原因被认定，并且这个原因具备合乎道德意向的因果性的范围内，这个至善在世界上才是可能的”。① 很显然，这样的根据只能是那个无所不能、至高至善的上帝。这就是康德哲学的悖论之处。一方面，他强调道德法则的纯粹性，为道德而道德；但另一方面，为了使道德法则在实践中得到实现，他就必须公设“灵魂不朽”和“上帝存在”。一方面，在这里不是道德法则为了“不朽”和“上帝”，而是“不朽”和“上帝”为了道德法则的实现；另一方面，也恰恰是这里，道德与宗教达到了一种新形式的结合，这就是康德所说的“道德必然导致宗教”。

我们在这里应当注意的是，在康德那里，所谓实践理性的概念，乃是一种通过自由而可能发生的客体之表象。这句话的意思无非是说，实践就是一切通过自由可能发生的事情。然而，一切可能发生的事情并不只是善，当然也包括恶。既然如此，道德法则的意识又是从何而来的呢？康德对此的回答是，“乃是因为我们注意到理性借以给我们颁行纯粹实践法则的必然性，注意到如理性所指示我们的那样将所有经验条件都排除出去”。② 康德在这里不仅明确无误地告诉我们，

① [德]康德：《实践理性批判》，韩水法译，137页，北京，商务印书馆，2000。

② 同上书，30页。

他的善的概念是理性先于实践法则给予我们的，而且还告诉我们，他的道德法则是不含任何经验因素的道德形式。

康德的这种先天的道德形式实际上隐含了实践主体对道德的敬畏之心，这是自由在实践领域能够产生积极作用，甚至是道德法则能够得以实现的主要原因。康德是反对道德狂热的，也反对宗教礼仪的繁文缛节，但他在实践理性里却明确肯定道德敬畏的必要性。在他这里，道德敬畏不是通常所说的一般道德情感，而是由理性引入实践领域的道德动机，甚至是在主观上被视为作为动力的道德自身。这样的道德敬畏虽然不是道德法则的基础，也不能用它来进行道德判断，但它却是使这个道德法则成为普遍准则的动力。所以，“对于道德法则的敬重是唯一而同时无可置疑的道德动机，并且这种情感除了仅仅出于这个根据的客体之外就不指向任何客体”。① 正是因为这种道德敬畏，道德法则对于理性存在者的意志才是一个义不容辞的职责，一种崇高神圣的使命，一条决定理性存在者的行为的法则；正是因为这种道德敬畏，自由意志在实践领域才发生了积极效用，而不是其相反；正是因为这种道德敬畏，道德哲学与宗教结合在一起，最后演变为道德宗教。

二

康德的这种形式主义道德哲学在对近现代西方哲学产生重大影响的同时，也引起后来哲学家们的激烈争议。总结和分析他们的争议，不仅对正确理解和评判康德的道德哲学是必要的，而且对我们理解西

① [德]康德：《实践理性批判》，韩水法译，85页，北京，商务印书馆，2000。

方道德哲学的演变也有启发意义。

在德国古典哲学内部，康德的直接继承者费希特发展了康德的道德哲学思想，他在耶拿时期发表的《关于我们信仰上帝统治世界的根据》(1798)中明确说到，在意志的道德规定与宗教信仰之间存在一种直接而内在的关系，信仰产生于道德规定，一个人一旦意识到自己所承担的道德义务的时候，就必定会在内心确立一种对道德秩序的信念。所以，“那种生动的和发挥作用的道德秩序本身就是上帝”。① 这样，在费希特那里，道德与宗教就是一回事，前者表现为行动，后者表现为信仰。应当说，费希特的这种道德宗教观不仅是对康德道德哲学最彻底的发挥，而且比康德本人还要激进，正因为如此，他在1799年被封建卫道士逐出耶拿校园。

德国古典哲学另一个代表人物谢林则不同意康德的道德哲学思想，他试图通过讨论自由问题去解决道德伦理问题。谢林在《对人类的自由本质及与之相联系的对象的哲学研究》中提出，康德的道德理论割裂了理论哲学和实践哲学的联系，康德虽然提出了建立在形式自由基础之上的道德“至善”概念，但自由是生动的、现实的东西，而康德这里只有形式自由，却没有实在自由，因此康德的“至善”说到底是形式的，而不是现实的。谢林认为，人是可以进行自我决断的自由和自为的存在者，行善和作恶在人自身这里都有其行动源泉，而这恰恰是善与恶在现实中得以实现的可能性和必然性。只承认善，而完全排除恶，不仅不是现实的，而且也不能解决问题。在谢林的眼中，恶并不只是感性情欲、动物性的东西，他明确指出，恶是否定的条件，也

① ［德］费希特：《费希特著作选集》，第3卷，391页，梁志学主编，北京，商务印书馆，1997。

是上帝进行启示的条件，上帝通过克服恶而昭示自身的全能和至善，而人作为上帝的创造物最终会弃恶扬善。谢林的这个思想虽然蒙上了一层宗教色彩，但他的本意则是想告诉人们：恶虽然来自于人自身，但人通过自己的理智决断也一定会克服恶，所以，区分善与恶，揭露恶的本质，自觉地提高道德意识，让每个人都对自己的行为负责，才是我们的道德定向。黑格尔从谢林这个思想得到启发，充分肯定了恶在人类发展历程中的积极意义。①

在德国古典哲学中，对康德道德哲学批评最激烈、最尖锐的是黑格尔。与谢林一样，黑格尔也认为，康德的道德哲学的最大缺憾就是过于形式主义，缺少具体的实在内容。实践理性应当是具体的，而不能只提供抽象的规则。康德的道德法则除了在形式上具有自我意志的同一性以外，不能获得任何具体内容和规定。黑格尔对此讽刺说："这就是康德、费希特道德原则的缺点，它纯全是形式的。冰冷冷的义务是天启给予理性的肠胃中最后的没有消化的硬块。"②黑格尔解决的方法与谢林不同，他主张对道德和伦理加以严格的区分。在他看来，道德是意志返回自身的、纯粹精神上的东西，所以，道德是纯粹主观的，不对家庭、社会和国家承担任何有约束的义务。伦理则不同，它是社会性的，社会伦理是主观和客观在客观精神领域里的统一，是道德概念的客观实现。在黑格尔那里，道德直到超出它本身、并且成为社会伦理时，它才是真正的存在。这样，善就不只是良心，善还应当是意志的对象，是主体依靠自己的行动创造和建立客观世界

① 关于谢林的有关论述及其评论，参见谢地坤：《绝对与人类自由》，载《现代哲学》，2004(1)，67～74 页。

② ［德］黑格尔：《哲学史讲演录》，第 4 卷，贺麟、王太庆译，291 页，北京，商务印书馆，1978。

的东西。黑格尔以此就从主观的道德过渡到客观的伦理学，并把自己的伦理学体系落实在家庭、市民社会和国家这三个部分。值得注意的是，从表面上看，黑格尔的伦理学好像超过了康德，但实际上他的批评却混淆了一般的道德法则与具体的现实要求之间的区别。正是由于黑格尔过于考虑经验的和现实的因素，所以，他最后就把普鲁士王国当作全世界的道德伦理的范式。这恰恰说明，黑格尔的思想不仅不具有康德的纯洁性和批判性，而且更容易屈服于现存的权威。

到了19世纪下半叶，康德的道德哲学受到更大的挑战，而发起这个挑战的主角就是叔本华和尼采。

叔本华对康德道德哲学的分析和批判是精致和犀利的。首先，叔本华与黑格尔一样，认为康德的道德哲学缺少具体的内容，但他的批评更加尖锐。在叔本华看来，道德是人们的实践活动，要想让人们实现道德法则，就必须有前在的激励因素，必须使人在任何情况下自动地感受和认识这种因素，从而产生积极的作用。而康德的道德法则完全建立在毫无内容、纯粹抽象的概念上，没有任何实在性，既无物可赖以支撑，也无人会被打动。“结果是，他把他的法则的内容或实质剥落得一干二净，仅仅剩下了它的形式。”①其次，叔本华敏锐地看到，康德的道德哲学证明的一个主要错误，就是把应当发生的道德法则当作实在发生的事情，并继而认为这个假设具有全然的和绝对的必然性，以假设当根据，还把这种假设当作他的整个体系的基础，康德的道德哲学从一开始就是错误的。叔本华讽刺康德的实践理性的法则，说它们就像特尔斐神庙，由它幽暗神殿所发出的神谕都是应当发

① ［德］叔本华：《伦理学的两个基本问题》，任立、孟庆时译，163页，北京，商务印书馆，1996。

生、却又是不可能证明的东西！再次，叔本华通过观察道德哲学的历史，认为在实践理性领域道德的判断、律令、规定的产生都有其历史根源，尤其是与宗教密不可分。康德把他的道德法则视为纯粹理性的设定，让义务、职责这些概念脱离其历史渊源和神学内容，既不符合历史事实，也没有现实意义。

叔本华的学术继承人尼采则是要颠覆整个西方文化传统，当他提出“对一切价值进行重新评估”的时候，就已经否定了康德的道德哲学。尼采的批判是冷嘲热讽式的，他说，康德为了实现自己的道德法则，就公设了“上帝存在”和“灵魂不朽”。这种做法无异于一个神甫对在地里拾土豆的农妇说，你们不要拾别人地里的土豆，不然，上帝就会惩罚你们，让你们永远进不了天国。由此来看，康德的“无上命令”并不是无上的，康德的意志自由也不是完全自由的，康德的道德法则与神学道德的伪善并没有本质的区别。尼采的批判是辛辣的，对我们正确认识康德的道德哲学是有一定意义的。但是，尼采的颠覆多于建构，他宣布“上帝已死”，但他却只能幻想出现拿破仑式的“超人”，并不能用理性的语言去表达正确的道德理念；他突出个体的生命意志，却忽视人之存在的社会意义，不理解理性的善良。因此，尼采的理论对整个社会就是残酷的。①

三

在 19 世纪就要结束的时候，人们听到的不再是批判康德的声音，而是“回到康德那里去”的口号。这个口号是由 19 世纪末、20 世纪初

① T. W. Adorno：*Probleme der Moralphilosophie*，S. 178，Frankfurt，1997.

在西方哲学界最有影响的新康德主义学派提出的，它也反映了这个时期人们对康德哲学的重新认识。新康德主义是在“回到康德那里去”的口号下对康德哲学思想作了批判的继承和发展，而不是像尼采那样对西方的传统文化予以一概的拒斥。以文德尔班(W. Windelband，1848～1915)为代表的西南学派(亦称“弗赖堡学派”或“巴登”学派)不仅承认康德道德哲学的普遍和永恒的意义，而且还把康德的道德理想与人类真理观结合起来，从中引申出道德的绝对价值观，力图对人们的道德判断做出指导。

西南学派的首领文德尔班接受了康德三大批判的理论架构，认为康德从思维、意愿和感觉三方面来表达对人类自身的认识和规定，恰恰构成哲学的主要内容——真、善、美，体现了人类的价值倾向。但是，普遍有效的价值尺度来自人类历史，19世纪的人们恰恰在这里发生了疑问。当尼采提出要“对一切价值进行重新评判”的时候，就把价值问题置于哲学的核心。文德尔班承认，“哲学从来就不是从价值观念中派生出来的；它只是在意识上经常受到它们的强烈影响”。①但是，既然价值观经常影响人们的意识，那么，价值观就必定会与人们的生活息息相关。哲学绝不是把自己的认识限定在某一领域的具体科学，它的基本要素关涉人类生活的方方面面，哲学有必要、也有权利去考察和认识与人类生活相关的一切范畴和领域。文德尔班正是在这个意义上说，“哲学始终主张，它有权利通过这种方式超越所有那些还无法令人满意的现象，来认识这个世界，进入它最深的层面上，

① [德]文德尔班：《哲学导论》，载《二十世纪哲学经典文本》(序卷)，649页，上海，复旦大学出版社，1999。

与此同时，价值评价本身也是人类心智的活生生的实在”。① 这样，在文德尔班这里，重视价值就不只是承认物质价值，相反，重视价值是要把价值评价视为是对人类心智最深层面的认识，要赋予精神价值以特殊重要的意义和人人遵守的、全人类性质，其中包括道德原则、审美原则和形式逻辑。正如文德尔班自己所说：“哲学有自己的领域，有自己关于永恒的、本身有效的那些价值问题，那些价值是一切文化职能和一切特殊生活价值的组织原则。但是，哲学描述和阐述这些价值只是为了说明它们的有效性。哲学并不把这些价值当作事实而是当作规范来看待。因此，哲学必须把自己的使命当作‘立法’来发扬——但这立法之法不是哲学可随意指令之法，而是哲学所发现和理解的理性之法。”②

文德尔班显然是接受了他的老师洛采(L. H. Lotze，1817～1881)提出的“价值的效用性高于一切”的思想，这就是说，价值是与人们密切相关的，因此，价值理应与效用结合起来。文德尔班对这个思想予以了发挥，强调“价值的意义在于效用”，尤其是把价值的效用集中在道德哲学的层面上，重视价值效用的道德意义。文德尔班的价值学说的核心就是强调价值的道德规范作用，他在分析19世纪各种各样的价值观时就说：“尽管对个别价值和意志目的的认识和划分等级各有不同，但是在总体上承认占统治地位的道德习俗，特别是承认其中的主要组成部分利他主义，在这一点上它们的意见是一致的。”③对文德

① [德]文德尔班：《哲学导论》，载《二十世纪哲学经典文本》(序卷)，650页，上海，复旦大学出版社，1999。

② [德]文德尔班：《哲学史教程》，罗达仁译，927页，北京，商务印书馆，1993。

③ 同上书，919页。

尔班来说，无论我们是从形式上还是从内容上，从主观上还是从客观上，从理性主义立场还是从情感的立场，对价值有多么不同的理解和看法，但无论如何，价值首先是具有道德意义的，它在伦理学上最终是指向人性，指向人类积极的道德建构。人们在阐述价值观的时候要比以往更自觉、更鲜明地突出个人与个人，个人与社会的关系，这是人们进行一切评价的基础和准则。

至于价值的规范作用，文德尔班强调的是它在心理和观念上的性质，这就是说，只有把价值理解为理性立法，价值作为规范才能发挥自己的效用。文德尔班在这里断言，规范执行双重的职能。第一，它们是对意识状态进行评价(首先是从意识状态的真实性的角度)所依据的标准；第二，它们是为达到这个或那个目的所必须遵守的规则。就规范意识作为人们的经验思维的尺度，以及它们作为普通的思维能力不可能达到的目的而言，规范意识超越于人们的经验思维的偶然过程之上。为避免陷入极端心理主义和主观主义的泥坑，文德尔班强调，在人的意识中，观念是不断出现和消失的，哲学在研究心理时就应当做出“普遍适用性”的评价。对某些观念表示赞成或不赞成，把它们看作是真的或假的，不应当以个人满意或不满意的感觉为依据，而应当以具有绝对普遍适用性的“规范”为依据。文德尔班最终坚持的仍然是统一的、普遍有效的价值观，在这点上，他与康德提出的普遍有效的道德法则是完全一致的。

文德尔班的思想对整个西南学派产生了深刻的影响。他的学生鲍赫(B. Bauch，1877～1942)认为，既然人的存在与效用有如此密切的联系，那么，文德尔班的“价值的意义在于效用”的思想就应当发展为“效用是存在的条件”。鲍赫还进一步分析说，价值关涉的范畴是真理，所以，这个定理还可以扩展为“真理就是存在的条件”。① 鲍赫接受了柯亨关于逻辑与价值是紧密结合在一起的思想，他在此基础上把价值这个概念当作与真理和现实相提并论的三大要素之一。鲍赫的根据就在于：所有在事实上做出的有效判断都是建立在与逻辑判断相关的效用关系基础之上的，这就是说，逻辑判断是价值有效性的基础。以此类推，就可以说，认识的价值相关性（Werthaftigkeit）是以效用关联作为自己的先验基础的，它在这个层面上表现为纯粹的价值，一切具有价值相关性的思维都与这种先验基础相关，因而就具有一种真理的价值。但是，由于这种纯粹的价值并不是现实的，而是存在于效用之中，所以，这些价值作为客观效用就分解在真理的效用关联的体系之中。这样，我们就应当通过伦理、宗教、艺术等领域来认识价值的客观效用，尽管这些领域表面看起来是主观的。鲍赫以此赋予文化现象一种特殊的真理价值，而不是像当时的实证主义那样，仅仅看到科学技术的作用。鲍赫的这种思想后来被人解释为“精神的客体化”，它与黑格尔的客观精神有着某种共同的地方。

鲍赫在讨论价值的一般效用以后，就集中关注价值的道德意义。在他看来，如果人们真正重视价值的效用本质，就应当承认这样一个事实，即“价值在关涉现实的时候会给自己提出这样一个任务：价值必须有一种超越主观性的内涵——这是一个本真意义上的任务，由于价值一般是客观生效的，所以，伦理价值只是在具有这种内涵的时候才可能包括价值整体（das Wertganze）”。② 前面已经提到，鲍赫业已把价值观与真理密切联系在一起，现在他又认为伦理价值包括价值的

① B. Bauch：*Wahrheit*，*Wert und Wirklichkeit*，S. 372，Leipzig，1923.

② ebd，S. 472.

所有内容，这样看来，鲍赫实际上就把价值的道德伦理意义与价值的真理意义等量齐观起来，从而把价值的道德意义推上了一个新高峰。鲍赫对此解释说，他所说的价值整体只有一个，他是从不同的层面突出价值的道德意义和真理意义的，在强调伦理价值时，主要是突出人们必须履行的道德职责；而在强调真理观时，则主要考虑认识的可能性和现实性。

显而易见，文德尔班和鲍赫都是在继承康德道德哲学思想基础上，突出道德的绝对价值，力图消除道德相对主义和价值相对主义。但他们的理论显得有些空泛，在新康德主义内部就有人对他们的理论提出不同的看法。首先是李凯尔特(H. Richert，1863～1936)提出，道德伦理对一个民族具有不可小视的重要性，一个民族本质的好坏就取决于这个民族的道德水准，考察一个民族的道德伦理状况是我们做出价值判断的首要任务。这样，李凯尔特的价值观就不能不把国家置于核心地位，不能不具有浓厚的政治色彩，他的道德思想最终降低为狭隘的民族主义理论。内尔松(L. Nelson，1882～1927)的批评不同于李凯尔特，他主张，价值评判理应关注康德所说的实践领域，关注在实际生活中的人与人的关系，尤其是要关注人们的现实利益。因此，我们进行道德判断的基础就是注意人们行为的动机是否具有道德动机，而道德法则在被他视为是一种“限制我们实定目的的规则”。这样，在内尔松那里，道德伦理就诉诸具体的、经验的要求，它们涉及国民经济学、法学、历史、教育学、政治等。内尔松对道德哲学的理解表面上是回到康德那里，但确切地说，倒是更接近黑格尔的伦理学思想。

新康德主义的另一个代表人物特勒尔奇(E. Troeltsch，1865～1923)则是从历史主义的角度对价值判断进行分析和批评的。他认为，如果人们注意历史问题，就可以发现价值的无序状态（Wertanarchie）。这里存在的一个基本问题是：每一个人的价值观都是不同的，而一个绝对有效的价值体系则必须是统一的，在不同的个人价值观与绝对的价值要求之间存在着一种张力，同时在绝对价值与其具体的历史现象之间也存在着一种张力。特勒尔奇在这里不同意柯亨把历史视为是一个接近理性理想的无限过程，他认为，在柯亨那里最终依然是一种绝对的理性道德论，而特勒尔奇则认为，绝对的理性道德论在历史实践中是不可能产生结果的。在他看来，存在与价值，行为与意义，事实与理想是严格分开的两类东西，它们都在历史进程中表现出来。历史不可能如我们所期望的那样，朝着普遍有效的价值方向去发展，而是一个实实在在的过程，它有其内在的运动。但是，历史也是一种现实，每一个人都会直觉地加入既是现实、又是历史的运动之中。因此，历史的基本元素就是个人和由个人组成的整体，如部落、阶级、民族、国家等。这些基本元素通过每一次有意义的活动，既表现自己的本质特性，也显示自身的价值。① 特勒尔奇由此就把价值实现的意义赋予历史，对他来说，对在历史过程中展开的因果系列和在其中产生的历史产物进行评价，依据的都是建立在理性规范基础之上的价值体系，借助于这样的价值体系，人们认识的就不只是历史的发展，还有深刻的道德规范。特勒尔奇正是在这个意义上说："伦理学正如在施莱尔马赫那里一样，它是历史的规定和戒律的典籍。"②特勒尔奇显然是想"超越思维实体或创立规范意识的僵死概念"，"在保持个体有

① E. Troeltsch：*Der Historismus und seine Probleme*，S. 665，Tübingen，1922.

② ebd，S. 156.

限性的同时实现有限精神与无限精神的同一”,[①] 从而把历史的现实与道德理想结合在一起。尽管在特勒尔奇历史哲学那里还有一些存疑，比如，如何把历史的无限与个人的有限结合起来，如何解释没有理性规定的道德理想等，但他毕竟提出了价值理念与历史实在如何统一起来的这个重大问题。

新康德主义提出价值、效用、真理等问题是有其深刻历史背景的。19 世纪末和 20 世纪初的西方社会恰恰处在大变革的时代，传统文化、规范和信仰都遭到怀疑，社会发展失去了方向，个人不能对自己进行规定。恰逢其时的新康德主义在这种历史条件下重新讨论这些问题，尽管他们的观点不尽一致，但他们的讨论在一定意义上澄清了道德、价值、真理等概念的内涵，突出了道德理念的绝对价值，满足了当时社会对某种需要的渴望。新康德主义给人一个重要启发就是，必须努力消除“作为原初物化概念的经济价值与作为道德法则的价值概念的联系，努力使价值概念神圣化”,[②] 确立道德价值的绝对崇高的地位。

从康德提出道德的“绝对命令”，到黑格尔、叔本华等人批判康德的道德“形式主义”，再到新康德主义自觉维护和发展康德道德哲学、突出道德绝对价值的阐述，历史好像走了一段弯路。但我们如果仔细考察这段历史，从中吸取经验和教训，不仅能够认识康德道德哲学的纯洁性和崇高性，而且还应当能得出这个结论：在道德伦理方面绝对不允许有相对主义，而是必须使人们对道德抱有敬畏之心。只有这样

---

① E. Troeltsch：*Der Historismus und seine Probleme*，S. 675，Tübingen，1922.

② T. W. Adorno：*Aufsaetze zur Gesellschaftstheorie und Soziologie*，S. 239，Frankfurt，1970.

的道德价值观成为大多数人的自觉意识，并把它与我们的存在秩序结合在一起的时候，我们这个民族在走向经济富裕的同时，我们的精神文明和道德建设才会得到同步发展。

费希特的道德宗教观与人性尊严*

在欧洲，经过文艺复兴和启蒙运动的洗礼，走出中世纪的思想家们已经不再满足于传统神学对上帝存在的证明，那种以为上帝就是创造者和救世主，人的一切情感、愿望、理智、行动都需要上帝支持的“启示神学”，遭到史无前例的极大冲击。但另一方面，有着悠久深厚之基督教传统的人们在面对纷繁复杂、变化多端的大千世界时既渴望建立人性尊严，同时又须臾离不开宗教信仰。于是，在这个张扬理性、高扬人道主义的时代，“理性神学”和“道德神学”便应运而生了，其核心观点就是：在神的光照之下，人通过自身的理性活动可以认识世界及其必然性，人通过自身

---

* 本文发表在《云南大学学报》2002 年第 1 期。文章考察和分析了费希特早期、耶拿时期和晚期的宗教哲学思想，指出费希特的先验哲学从不反对信仰上帝，而是不同意传统神学对上帝的解释。费希特在耶拿时期形成的以道德为核心的泛神论是近代德意志宗教哲学理性主义化的一个重要步骤，而他晚年试图把知识与信仰、道德与宗教结合起来的主张，既有辩证法道理，也有宗教热情。费希特所阐述的道德宗教之理念，维护了人在信仰宗教时理应具有的尊严，对西方后来的宗教哲学产生了一定影响。

的道德修养可以提高德性而达到永恒的幸福。

费希特既是德国古典哲学的重要代表，也是近代宣传道德宗教的主要代表人物之一。他发表的第一部论著、并且因此而蜚声学术界的，就是从先验哲学的立场来阐述理性主义宗教观的《试评一切天启》。在耶拿时期，费希特先后发表了《论我们信仰上帝统治世界的根据》、《向公众呼吁》、《法律辩护书》，集中阐述了他的"道德等于宗教，道德世界秩序等于上帝"的人本主义和理性主义宗教观。虽然他的这个思想受到教会和有关部门的误解，被认为是无神论，不得不离开耶拿校园，但他的这个思想却产生了深刻和广泛的影响。歌德、席勒、荷尔德林、谢林、黑格尔等人都对他予以极高的评价，说他是"耶拿的灵魂"，"这个世纪最伟大的思辨家"。① 以后，费希特又在其所发表的《人的使命》和《极乐生活指南》中继续探索。在理论上，他把知识学和基督教的某些神学教义结合起来，试图以此来解决他的绝对自我与上帝的关系问题，完成他学说中精神世界的综合；在实践上，他追求的是道德与宗教相统一的理想，把纯粹道德理想的追求与对上帝的信仰结合起来，主张人们在现实生活中要冲破感性世界的束缚，努力履行道德使命，最终进入无限永恒的"上帝天国"。这充分说明，费希特阐述的是在理性主义指引下的道德宗教之理念，所维护的是人在上帝的光照下所应当具有的尊严。

一、先验哲学与宗教

我们知道，在西方近代史上较早批判基督教神学的是霍布斯和斯

① [德]格·雅柯布斯：《费希特》，李秋零、田薇译，203～204页，北京，中国社会科学出版社，1989。

宾诺莎，而在德国，由于其历史发展的独特性，思想家们对神学的讨论是曲折和复杂的。莱辛曾经用历史的观点来考察天启和其他一些神学概念的来源，反对用教义和圣典来禁锢人们对真理的追求和探索。然而，莱辛的思想却在当时掀起轩然大波，以后又引起了蒙德尔松、雅可比等人在这方面的争辩。因此，有关宗教的讨论在当时成为引人注目的焦点。

康德是当时德国最有影响的思想家，他在《纯粹理性批判》中批判了经院神学对上帝存在的传统证明，在《实践理性批判》和《判断力批判》中先后阐述了道德完善必然导致宗教和上帝存在的道德目的论证明以后，人们期待着他的宗教哲学专著的发表，但他在这个领域却迟迟没有完成这件事。

费希特是康德哲学的直接继承者。年轻的费希特就是在读完三大“批判”以后，摆脱了独断论和决定论的影响，以批判哲学的精神撰写《试评一切天启》而一举成名的。在这部著作里，费希特根据自己初步确立的先验哲学原理，以康德的道德法则为出发点，试图对天启信仰做出合乎理性、增进道德目的的解释。在这里，他着重研究了天启概念的起源、天启概念的必要性和可能性及评判天启概念的标准等三个问题。

在他看来，天启概念的起源是与宗教相关的，更确切地说，应当从比天启概念更高的概念——上帝那里推演出天启。于是，费希特通过发挥康德关于上帝存在的道德证明和理性公设，不仅把上帝的法则直接确定为理性的法则，把上帝看作道德法则的执行官，而且还揭示出上帝之观念乃是我们的主观东西转化为我们之外的存在物的秘密。这样，费希特对天启概念下的定义就必然是：“天启概念就是关于上帝的超自然原因在感性世界里引起结果的概念，通过这类结果上帝将其自身宣示为道德立法者。”[1]换言之，作为立法者的上帝要把自己的意志宣示给我们这些有限的理性存在物，则需通过一种作为感性渠道的天启现象，“上帝必须在感性世界里将他自身和他的意志向一切道德存在物宣示为对他们具有法律效力的”，因为“上帝为道德法则所决定，用一切合乎道德的手段去促进一切理性存在物有尽可能高的道德”。[2] 显而易见的是，费希特实际上是在阐述康德的实践理性的基本原理，从要求一切理性存在物无条件地服从道德法则的关联中，假设一个作为统一自然规律和道德法则的力量是上帝，然后又从上帝概念及其规定中推演出天启概念。

对于天启概念的必要性和可能性，费希特是从天启宗教的道德感召力来予以说明的。他认为，从普遍意义上说，人们通常都是有道德感的，但由于人同时也是受自然规律所支配的感性存在物，故人的理性本质常常会被感性本质所压倒，出现道德败坏的情况。在这种情况下，建立以道德为核心的天启宗教就可以与一切非道德的欲望、爱好相抗衡。之所以这样，是因为天启宗教是直接建立在上帝的无所不能和无限伟大以及人们对上帝之神圣性的尊敬之上的。对于天启概念的必要性，费希特准确而简洁地概括如下：“人类这样深入地陷于道德败坏境地，以致它除了通过宗教，就无法复归于伦理；除了通过感性，就无法复归于宗教；一种对这样一些人有影响的宗教，只能直接建立在神圣的权威之上，而不能建立在任何其他东西之上；上帝不能期望某一道德存在物臆造这样一种权威，因此，赋予这样一种宗教以

---

① ［德］费希特：《费希特著作选集》，第1卷，梁志学主编，23～24页，北京，商务印书馆，1990。

② 同上书，42～43页。

这样一种权威的，必定正是上帝本身。”①关于天启概念的可能性，即如何设想在自然界之外的天启具有自然界之内的一种原因，费希特认为这是一个实践理性的问题，换句话说，这是一个要使合乎自然规律的必然性与合乎道德法则的自由相适应的问题。他在这里发挥了康德在《判断力批判》中所做的自然目的论和道德目的论的证明，把自然规律的因果性和道德法则的因果性看作是两种完全独立的因果性，并认为要使这两种因果性在感性世界里会合且不发生矛盾，我们作为有限的理性存在物是无能为力的，只能假设这两种因果性来自一个最高的、我们无法从理论方面探究的立法者——上帝，它们只有依赖于上帝对感性世界的超自然影响才能达到一致，用费希特的话说，“确实可以设想，上帝从一开始就把某种符合于他的道德目的的现象的最初自然原因编织到整体的计划中去了”。② 费希特的这种发挥与康德一样，都是借助无所不能的上帝使自然规律和道德法则的因果性的结合成为可能，其目的是通过确立对作为道德立法者的上帝的信仰，证明道德神学的感人力量。

对于评判天启概念的标准，费希特一方面围绕上帝是道德立法者这个基本命题，强调上帝绝不可能向我们提供不同于理性规律的其他原则，并由此确立了评判天启内容是否具有神圣性的标准——这就是看这种天启是否建立起一条符合实践理性原理的道德原则，是否建立起由这条道德原则加以推演的道德准则；另一方面，他又主张自由是天启宗教的前提，认为天启宗教的最终目的是增进纯粹道德，而纯粹

---

① ［德］费希特：《费希特著作选集》，第1卷，梁志学主编，61页，北京，商务印书馆，1990。

② 同上书，73页。

道德只有通过自由才可能获得，强制反而与纯粹道德相矛盾，上帝不会利用任何违反道德目的的手段，也不允许人们把这样的手段用于他自己的目的。所以，费希特得出的结论是："天启必须呈现出理性理念，即自由、上帝和不朽。每个人的自我意识都直接教导他，人是自由的。对于这个事实，他越不用诡辩的方法歪曲自己的自然而然的感受，他就越不表示怀疑。一切宗教、一切天启的可能性都以自由为前提。"①

显而易见的是，费希特在此时所说的天启宗教不同于传统宗教，他想用先验哲学改造宗教，或者说用康德哲学去研究天启问题。尽管费希特在这时还没有形成自己的宗教哲学，但书中所洋溢的构建道德宗教、捍卫思想自由的激情却为他以后形成自己的道德宗教哲学奠定了坚实的基础。

二、道德理想与上帝概念

到了耶拿时期，费希特的哲学思想已经成熟，他所面临的任务就是根据自己的知识学原理来研究和表述自己的宗教观，也就是说，他担负着发展康德开创的、建立在理性主义基础之上的道德宗教哲学的任务。

恰在此时，曾经是他的一名学生的弗尔贝格发表了论文《宗教概念的发展》，这篇论文虽然是以康德对上帝存在的传统证明的批判为出发点的，但却给人造成一种印象，好像先验哲学在宗教观方面一定包含着无神论的观点。针对此文，费希特撰写了《论我们信仰上帝统

① ［德］费希特：《费希特著作选集》，第1卷，梁志学主编，92～93页，商务印书馆，1990。

治世界的根据》，力图从两个方面纠正弗尔贝格的观点：一是强调上帝的存在是最确实的，不能对此有任何怀疑；二是认为弗尔贝格没有完全弄懂康德的实践哲学，忽视了宗教信仰的必要性。用费希特的话来说，“我们决不想把我们的推理看作对无信仰者的罪过的一种证明，而是看作对信仰者的信念的一种推演”。① 这句话明确无误地表明，费希特主张的是，先验哲学是从在意识事实中得以证明的事实出发，是从必定会产生的一种直观出发，通过反思去承认上帝这个超感性的存在者，而不是不信仰上帝，或者去随便假设或证明上帝的存在。这正如费希特所说：“有人说上帝是否存在是可以怀疑的，这是一种误解。”“这一切是完全没有疑问的，而是本来就有的最确实的情况，甚至是所有其他确实性的根据，是唯一的、绝对有效的和客观的根据。”②同时，费希特与康德一样，看到了宗教信仰比空洞的道德说教更有说服力，它有一种使人不计较利益得失、超凡脱俗的力量，所以，必须坚持上帝存在的实践理性的公设。

但是，费希特在这里所说的“上帝”是不同于人们通常所认为的那个上帝概念。费希特曾经对宗教哲学与一般宗教学说做了明确的区分。他认为，宗教哲学不会代替宗教意识，而只是关于宗教意识的理论。“这种理论必须指明，宗教意识是如何在人的心灵中产生、形成和发展的，人类在此以后怎样受到这方面的教化。”③费希特在这里主要是从知识的关联中解答信仰上帝的起源和探讨宗教信仰的一般知识，它不同于一般的宗教学说，而这点恰恰被人们所忽视。

---

① ［德］费希特：《费希特著作选集》，第3卷，梁志学主编，384页，北京，商务印书馆，1990。

② 同上书，393页。

③ *J. G. Fichte-Gesamtausgabe*, Werke 1, Bd. 5, S. 345, Stuttgart, 1977.

费希特的论述与康德一样，也开始于道德法则，他把对意志的道德规定看作是回答这个问题的不证自明的出发点。在他看来，无论单纯的理性认识，还是在感性直观中给出的外在事实，都不能说明宗教信仰的真正起因，只有道德规定所要求的直接确定性才能满足这种要求；换句话说，根据道德法则对意志所做的规定是最重要的，通过对道德法则和道德意志的反思，就可以解释宗教信仰。这样，在费希特的视野中，在意志的道德规定与宗教信仰之间就存在一种直接而内在的关系，对他而言，信仰产生于道德规定，一个人一旦意识到自己所承担的道德义务的时候，就必定会在内心确立一种对道德秩序的信念。很显然，建立和实现一种道德秩序是费希特孜孜追求的道德理想。

对费希特来说，这种道德秩序有两方面的意义：一方面，它是保证道德存在物的存在和道德法则之实现的主管机构，道德法则及其对意志的道德规定只有在它的监视和仲裁下才能发挥效力，道德行为只有在它的范围以内才是实在的和有意义的；另一方面，它不属于感性世界，而是属于超感性世界。由于我们的知识范畴从整体上说是关于我们经验世界的学问，故知识不可能理解这个超感性世界，惟有信仰才可能到达这个世界，在信仰指引下的行动，则是到达这个世界的具体条件。这样，“道德与宗教绝对是一回事；两者都是对超感性东西的把握，前者是通过行动，后者是通过信仰”。①

对于这个与道德意志相适应的道德秩序，费希特解释说，其结构既不应被视为静态的，也不应被视为封闭的。不然，作为具有自我本质特征的意志就会受到外在事物的约束，人的行动就会因此而不自

① *J. G. Fichte-Gesamtausgabe*, Werke 1, Bd. 3, S. 415, Stuttgart, 1966.

由。因此，这个道德秩序必定是自由的和能动的行动。费希特在《法律辩护书》中说："从纯粹哲学方面来说，大家应该这样谈上帝：他不是(逻辑系词)什么存在，而是一种纯粹的行动。"①费希特还认为，这种道德秩序构成的超感性世界绝不是现实世界的翻版，相反，我们的感性世界是现象，是超感性世界在现实中的映现，而这个超感性世界才是现象世界的绝对基础，是我们的诞生地，是我们唯一可靠、坚实的立足点。由于费希特认为现实世界的万事万物都产生于这种能动的秩序(ordo ordinans)，而知识却不能理解这种秩序，只有信仰才能到达它，所以，信仰就比知识更确切。我们看到，费希特在这里对康德的信仰高于知识的观点做了进一步的发挥，但他所说的信仰并不是传统的宗教信仰，而是对道德秩序的一种执着追求。

正因为费希特把道德理想提高到与宗教相统一的高度，他才说"那种生动的和发挥作用的道德秩序本身就是上帝"，② 他在做出这种断言的同时，既反对给上帝附加人格和意识的谓词，也反对把上帝当作一种实体。关于前一种看法，费希特认为，人格和意识来自人的范畴，即来自有限知识的范畴，如果人们附加这类谓词，就会把上帝降低为可认识的，因而也是可以受到限制的有限存在物。关于后一种观点，费希特认为，如果人们把这种哲学意义上的秩序当作一种实体，上帝就会被有限知性所把握，并且会被当作在空间和时间中受到规定的一种物质东西。这样的设想还会带来另一个后果，就是人们因此可以通过对实体概念的转义引申、穿凿附会而把任意的假想用在上帝那里，这不但不会增加对上帝的尊敬，而只能带来相反的结果。

① *J. G. Fichte-Gesamtausgabe*, Werke 1, Bd. 3, S. 459, Stuttgart, 1966.

② ebd, S. 391.

费希特确信，先验哲学所信仰的道德世界秩序乃是宗教的本质所在，他说："这是真正的信仰；这种道德秩序是我们所假定的神圣者"，"那种生动的和发挥作用的道德秩序本身就是上帝；我们不需要任何其他的上帝，也不可能理解任何其他的上帝。"①如果人们企图用一个有限存在物或实体概念来概括世界秩序，其结果必然导致幸福论和自然神论。与此相反，先验哲学所主张的信仰是一种纯粹的道德信念，它要求人们履行自己的道德义务，不要计较个人的利害得失；它主张人们追求一个完善的道德秩序，不要考虑来世的幸福。由此来看，先验哲学所强调的宗教本质就在于它是人们在此世的道德行动，先验哲学所承认的信仰就在于它是一种道德的召唤，是一种来自我们内在的义务和职责感，现实世界只是人们履行道德义务的感性质料，人们的道德行为属于道德世界秩序，而这个道德秩序则是神圣的。正是由于费希特坚信实践理性高于理论理性，把立足点放在道德法则的实现性和对人们意志的规定上，所以，他在断言"道德秩序本身就是上帝"的时候，突出了他所构造的上帝概念的以下几个特征：

1. 当费希特认为道德规定具有直接的确实性，把上帝与道德秩序等量齐观的时候，他的这个上帝就与道德法则密切而不可分。费希特认为，"上帝与我们这种道德存在物的关系是直接给定的关系"，②"我的全部存在、一切道德存在物的存在和作为我们的公共活动场所的感性世界，现在都与道德性有关，并且出现了一种崭新的秩序，感性世界及其一切内在规律都由此具有了宁静的基础"。③ 这就是说，

---

① *J. G. Fichte-Gesamtausgabe*，Werke 1，Bd. 3，S. 391～392，Stuttgart，1966.

② ebd，S. 420.

③ ebd，S. 389.

一方面道德法则是一个关键原则，只有通过这个原则，上帝的存在对有限的、然而又是理性的和道德的存在物才是确实的；另一方面，在道德法则的意识中，包含着可以实现这个原则的意识，从“你应当”的道德命令中必定会直接产生“你能够”和“道德法则能够实现”的实在性，道德法则本身就是对自己的证明。因此，根据不证自明的道德规定的原则推演上帝才是最确实的，承认道德法则的最终目的——道德世界秩序才是最实在的。任何根据其他原理推演出的上帝概念都是不确实的，信仰任何不同于道德秩序的上帝都是不实在的。正是在这个意义上，费希特说：“这种道德秩序是我们所假定的神圣者。”①他因此坚决反对那种以为上帝可以与道德秩序相分开的观点，在他看来，如果那样，不仅道德与宗教的关系是外在的，而且上帝的原初性和独立性都会受到损害，因为这样一来，从逻辑推理来看，对上帝的信仰似乎是在从道德秩序中推演出秩序的创始人之后才形成的。

2. 上帝是永恒、无限的存在者，不能用“人格”、“意识”等概念附加给上帝，因为“人格”、“意识”等来自人的范畴，而人是暂时、有限的存在物，用修饰有限存在物的概念来修饰无限存在者，实际上是把无限存在者降低为有限存在物。根据同样的理由，费希特认为“实体”概念同样不适用于上帝。在他看来，任何实体在空间上和时间上都有有限性，而上帝是一种道德秩序，在时空方面不受任何限制。费希特反对那种把实体视为“物自体”、“偶性事物的本体”的观点，他认为，实体概念已经逐渐感性化，失去了反思的内涵，那种把上帝当作一种实体的观念，是根据客观存在的事物的图式来设想这个绝对者的观念，是用感性世界的事物来推演超感性世界的统治者。这样的观念

---

① *J. G. Fichte-Gesamtausgabe*，Werke 1，Bd. 3，S. 391，Stuttgart，1966.

不仅不可能成立和自相矛盾，而且是用感性的东西来否定理性和自由。对此，费希特强调说："我认为，从感性世界的存在去证明上帝的存在是不可能成立的和自相矛盾的。因此，无论怎样，我都否定一个作为实体存在的、可以从感性世界推演出来的上帝。"①费希特在这里坚持哲学上可以无限思辨的可能性和伦理学上的道德论，反对在实体概念掩盖下的伦理方面的幸福论和思辨方面的独断论。

3. 上帝是一种行动，不能用简单的"存在"概念来表示。费希特在谈到上帝或道德秩序时是避免使用"存在"概念的，正如我们在前面所提到的那样，他甚至说："从纯粹哲学方面来说，大家应该这样谈上帝：他不是(逻辑系词)什么存在，而是一种纯粹的行动。"②费希特说这番话的意图，就是要突出作为道德世界秩序的上帝所特有的无限性和能动性。当他断言道德秩序是永恒常在的规律、是现象世界的超感性的基础时，他实际上已经承认了道德秩序的存在之特征。这就是说，如果道德秩序本身是不存在的，那么，他在这方面的论证都是毫无意义的。对此，费希特是有清醒认识的，所以，他又认为，"存在"概念来自我们的感性知识，它不适宜于表达这个超感性的秩序，用感性的字眼表达超感性的事物，就会把感性世界与超感性世界混淆起来。他因此说道："我认为，上帝是一个完全摆脱一切感性和感性附加物的存在者，因此，我从来都不会把那种惟独对我能适用的感性存在的概念赋予上帝。"③从表面上看，费希特是在利用中世纪经院神学的一个著名论点，"不能在完全同等的意义上说造物主与创造物是同等存在的"，以此强调上帝的绝对无上的尊严。但是，如果我们结合

① *J. G. Fichte-Gesamtausgabe*, Werke 1, Bd. 3, S. 423, Stuttgart, 1966.

② ebd, S. 459.

③ ebd, S. 426.

费希特的上帝概念的道德秩序的内涵来领会他的这些表述，那么，显而易见，他一方面是在突出上帝至高无上的地位，另一方面，他又用这个观点来切除上帝的一切感性内容，使之只剩下纯粹而抽象的道德，从而否定了对任何一种有限神灵的信仰。

通过上述特征，我们不难看出，费希特既不是讨论一般的宗教学说，也不是用传统哲学中的存在、人格、意识、实体等概念来考察这个绝对者，相反地，他是在理性的先验建构原理的指导下，通过对道德法则及其内涵的反思，在有限存在物的伦理的自明性中揭示了上帝、伦理的善和人们的行为准则之间的统一性。所以，费希特的上帝概念是对道德法则及其内涵进行反思的结果，是他所追求的一种纯粹的道德理想。

此外，从纯粹哲学层面而言，费希特的上帝概念比康德的上帝概念前进了一步。在康德哲学中，上帝是实践理性的公设，亦即为了创造一种道德秩序，不得不假设和承认最高存在者的存在。但是，对有限理性存在物而言，上帝与道德秩序是相互异质的，这个秩序并不是最高存在者的秩序。而在费希特的思想中，道德世界秩序是绝对第一的，上帝就是这个秩序，上帝与道德秩序是完全统一的。费希特在这里超过了康德，他不仅在先验建构原理的指导下假设上帝，而且把这种反思进行到底，使上帝不再单纯处在理性彼岸，而是成为一个完全道德化的上帝，对有限理性存在物的实践理性发挥着更大的影响。这样，费希特就把康德的“道德必然导致宗教”直接发展为“道德就等于宗教”，宗教哲学与伦理学在他那里已经合二为一。费希特的这种宗教观就被称为“道德神学”(Ethik-Theologie)①。

---

① H. Baumgartner：“Das transzendentale Denken und Athesmus”，in *Hochland*，1963(10)，S. 47.

三、超凡世界与极乐生活

尽管费希特在论文中一再强调他反对无神论，然而，他的“道德神学”仍然被人误解为散布“无神论”，最后他因此而被有关当局逐出耶拿校园。对费希特来说，耶拿的这场所谓“无神论事件”既是学术研究与封建权威的抗争，同时也迫使他考虑如何准确地表达自己的道德宗教观，以易于为广大读者所接受。

费希特来到柏林以后，对自己的宗教哲学予以重新的审视，在《人的使命》，尤其是在《极乐生活指南》中再次系统地表达了自己的宗教观。总的来说，他在这两部著作中更加注重宗教信仰，开始从主观唯心主义向信仰世界的过渡。这正如他在写《人的使命》时给他的妻子写信所说：“我在写手头这部著作时，比以往任何时候都更加注重宗教。”①但费希特此时的宗教观是与其知识学的变化联系在一起的，非常繁杂，这里着重探讨以下几点：

首先，感性世界与超凡世界相联系的观点。与以往一样，费希特仍然坚持划分感性世界与超感性世界的观点，但他这时不再说超感性世界，而是说超凡世界。他虽然承认感性世界的存在，但他认为感性世界是变化无常的，只有一个更高的超凡世界才是永恒无限的，具有真正的实在性。他以前曾经把在地球上建立理性王国和道德世界秩序当作人的最高使命，现在却把这项使命当作尘世目的，主张通过道德行为和信仰走向超凡世界，从而实现人的最高使命。

但是，费希特是一位哲学家，尽管他把超凡世界说成是“上帝的天国”，但他并不像基督教教义所说的那样，每个活着的人都无法进

① *J. G. Fichte-Gesamtausgabe*, Werke 1, Bd. 4, S. 142, Stuttgart, 1970.

入那个远离尘世的天国，而是认为人们通过现世的道德行为就可以属于那个永恒的超凡世界，对自由的、道德的存在物来说，超凡世界不是远在天边，而是近在咫尺。费希特在这里强调了感性世界与超凡世界的联系性。他认为，产生于道德职责的任何行动都有双重结果：一种结果是在尘世的，通过自然秩序的作用而获得；另一种结果是在超凡世界的，由于道德秩序的影响而发生。第一种结果无论怎么样，都是无关紧要的，只有第二种结果才是最重要的。这就是说，人们的道德行为并非必须与尘世目的发生联系，因为在感性世界中，“重要的问题决不在于用什么方式、抱什么目的和信念从事一种行动，而仅仅在于这种行动是什么”。① 人们行善的最大价值，在于自由地服从道德法则，而不是为了在尘世中获得结果。在超凡世界中，道德行为虽不与事实相联系，却与无限的意志直接发生联系。尽管我们眼前不会感到这种结果，但无限的意志使我们就在感性世界中与超凡世界联系起来。正是在这个意义上，费希特说：“我并不是在从凡俗世界的联系中得救以后，才得到进入超凡世界的门径；我现在就在超凡世界里存在和生活，比在那凡俗世界中更为真实；超凡世界现在就是我唯一的牢固立脚点，我早已拥有的永恒生命就是我还能继续过尘世生活的唯一根据。”②

其次，上帝概念的演变。费希特在这时把上帝看作是不可名状的无限者，它通过精神纽带支配着人们的一切活动，因而它既是人类生存和行动的本原，又是人类信仰的永恒目标。他与以往一样，仍然坚

① ［德］费希特：《人的使命》，梁志学、沈真译，107页，北京，商务印书馆，1982。

② 同上书，109页。

持反对对这个无限精神做人格化的解释。他认为，如果人们把上帝理解为一个伟大的人，这不仅无助于理解上帝的本质，而且还树立了一个自相矛盾的形象，使得智慧、善良的人感到滑稽可笑。上帝是至高无上、不可度量的无限存在者，他与一切有限存在物的差别“不在于程度，而在于种类”。① 无论人们怎么把他变成一个伟大的人，都是把他贬低为一个有限的存在物，所以，费希特感叹地说：“在人格概念中包含着各种限制，我怎么能把这个概念推广到你身上，而不带有这些限制呢。”②

但是，与他在耶拿时期的上帝概念相比，他所理解的这个无限者与道德秩序有了另一种关系，这个无限者是一个操纵一切、支配一切的精神实体，人们听从道德法则的呼声，不再只是出于纯粹的善良意志，不再只是为了建立道德世界秩序，而是为了进入超凡世界。只有信仰无限、永恒的上帝，道德法则才具有无上的价值。显然，费希特在这里已经悄悄地改变了康德的实践理性的原则，为它附加了先决条件。此外，为了从哲学上解释上帝这个无限者与作为有限存在物的人们的关系，费希特还采用了教父哲学，尤其是新柏拉图主义的一些说法。在他看来，上帝这个绝对者虽然至高无上，但他的“绝对的行动之光”可以被自我所感知，自我是上帝之光的不可分割的投射。用费希特的话说，上帝的存在(Dasein)就在我们身上，上帝的出世行为(Existenial Akt)在我们身上得到映现，我们是上帝的图像。这就是说，上帝是与有限存在物联系在一起的，上帝的出世行为是作为纯粹

① ［德］费希特：《人的使命》，梁志学、沈真译，128页，北京，商务印书馆，1982。

② 同上。

的思想而设定在我们身上的。这样，对费希特来说，既可以解释绝对与有限存在物的绝对统一性，还可以不使绝对者与有限存在物等同起来，不会使绝对有限化。在这样的思想指导下，费希特认为感性世界没有实在性，这个世界的真实内容仅仅在于对无限意志的信仰和向往。人的真正极乐生活不在感性世界之中，而在于超越一切时空，在于对上帝的信仰。

再次，生活与存在的关系。对费希特来说，论述道德和宗教是实践理性的需要，是指导人们生活的需要，因此，如何看待生活与存在的关系，并由此过渡到绝对存在，成了他必须解决的课题。费希特在这时改变了耶拿时期把存在看作僵死的东西的观点，而认为存在本身并不是僵死的，相反是一切此在的本原。他说："生活与存在也是一回事和同一个东西。只有生活能够独立地、从自身和通过自身而存在；同样，只有生活如此确定，以至生活能够在自身中引起此在。"①同时费希特还认为：存在完全是单一的，而不是杂多的；只有一个存在，而没有许多存在；只有存在是存在的，而任何非存在和超出存在的东西都是不存在的，存在完全是从自身和通过自身而存在的，任何其他东西都不可能对它的存在有丝毫影响。

我们从费希特的这种阐释中看到，他把存在看作是纷繁复杂的生活现象的基础，这样的存在才是他所说的"真正的生活"；而在他的视野中，无论生活现象如何千变万化，真正的生活只有一个，其主要特征就是去爱那唯一、永恒的上帝，而上帝又无时不在、无处不在，上帝也存在于我们身上，因此，可以通过自身对上帝的信仰而达到极乐。这样，费希特就从一般存在过渡到绝对存在。

① J. G. Fichte：*Die Anweisung zum seligen Leben*，S. 12，Hamburg，1983.

与一般宗教教义不同的是，费希特并不希望人们把追求极乐生活的希望放在生活的彼岸，而是把着眼点立足于现世。他说，任何有限存在物只要他不想陷入非存在状态或死亡，就会渴望得到永恒。那么，为什么有的人达到永恒，有些人却不能，这里的关键在于是否爱那个无限永恒的绝对存在——上帝。“永恒无时不在我们周围，无时不呈现在我们面前，而我们应当做的，不过是理解永恒。一旦理解，就永远不会忘记。”①有些人之所以达到永恒，就是他们在生活的每时每刻都在爱上帝这个永恒者，从而在与被爱的对象结合中升华到一个新的境界，克服了一切烦恼、忧愁或恐惧，体会到享受生活的至乐，从一般存在到达绝对存在，从有限到达无限。

我们在费希特晚期宗教哲学中清楚地看到，他是以联系的观点来看待尘世与超凡、短暂与永恒、有限与无限、现在与未来的，闪耀着辩证法的思想火花。同时，在他的笔下，存在不再是一场虚妄的梦，而是一切生活现象的基础；上帝不仅是道德世界秩序，而且是指引我们到达这个世界的最高根据；知识不再是自我的反思意识，而是上帝在我们身上的映现。费希特正是通过这种在理性主义指引下的道德宗教之理念的阐述，维护了在神的光照下人所应当具有的尊严。

由于费希特的宗教哲学涉及宗教和神学中的一些根本性问题，对它的评价历来是仁者见仁、智者见智。我们认为，如果说费希特的《试评一切天启》还稍带稚嫩，那么，耶拿时期的费希特宗教观则是对康德的道德宗教哲学的发展。由于他把上帝看作道德世界秩序，而这种秩序可以通过人的道德行为和信仰被我们所认识，这就等于说，这种道德化的上帝迷漫于整个世界，所以，我们把他的这种观点称为以

① J. G. Fichte：*Die Anweisung zum seligen Leben*，S. 17，Hamburg，1983.

道德为核心的泛神论宗教观。费希特的这种宗教观是近代德意志宗教哲学理性主义化的一个重要步骤。费希特在这里一方面试图在康德宗教哲学的基础上进一步宣扬道德哲学，另一方面他又看到简单的无神论不仅不会被大多数人所认同和接受，而且还忽视了宗教信仰所特有的宗教情感和力量。于是，费希特才提出了更加理性主义的、以实现道德法则为目的的泛神论宗教观。尽管当时很多人不能理解或误解他的观点，但理性主义哲学家却看到其中的奥妙。年轻的谢林就不同意康德关于上帝存在的理性公设，而在一定程度上赞同费希特的观点，并把费希特的知识学原理应用到自己的宗教哲学中，他说："上帝在理论意义上是等于非我的自我，在实践意义上是毁灭一切非我的绝对自我。"①青年黑格尔在这方面受到费希特的影响也是显而易见的，他赞同费希特划分感性世界和超感性世界、主观宗教和客观宗教的主张，并且在此基础上进一步提出，"那打破一切限制的纯粹理性就是上帝本身"。②

晚期的费希特看到自己建立在自我道德意识基础上的宗教学说与康德的实践理性公设一样空泛，缺少宗教信仰的热情、执着和坚定，于是试图把知识与信仰、道德与宗教结合起来，提出了"爱上帝"这个命题，并且企图在此命题指引下阐释现在与未来、尘世与天国、短暂与永恒、生活与存在、有限与无限的关系，从而揭示人生的最高目标和根本意义。在费希特的这种宗教观中，既有生动的辩证法道理，也有热诚的宗教激情，对后世产生了一定影响。如果我们翻开现代神学

① *Schelling samtliche Werke*, Bd. 1, S. 201, München, 1956.

② [德]黑格尔：《黑格尔早期神学著作》，贺麟译，79 页，北京，商务印书馆，1988。

家、哲学家保罗·蒂里希的《系统神学》中关于存在主义和反思的论述仿佛就看到费希特当年论述的翻版。当然，费希特宗教哲学涉及的是神学里的根本问题，人们对此争论已经很久，尽管他本人一生中多次修改自己的观点，但正像这些问题本身一样，人们也会对他的观点继续争论下去。

耶拿时期的费希特宗教哲学*

18世纪末，发生了一场范围广泛、影响深远的关于无神论问题的大论战。1798年夏季，《哲学评论》主编费希特收到了一篇题为《宗教概念的发展》的论文，作者是K. 弗尔贝格，曾在耶拿大学当过无俸讲师。弗尔贝格认为，经验和思辨都不能证明上帝的存在，因此，人们只需相信道德的力量，按照道德规律行为处事，而无需信仰上帝。费希特不同意弗尔贝格这种具有无神论倾向的怀疑论，打算对此文加些注释和说明后再予以发表。但是，弗尔贝格不同意这种做法。这样，费希特只得针对弗尔贝格的文章写一篇论文：《关于我们信仰上帝统治世界的根据》，以表明

---

* 本文集中讨论了费希特在耶拿时期的宗教哲学思想，通过对费希特的道德规定、道德秩序、上帝等概念的诠释，指出费希特是在有限存在物的伦理自明性中揭示了上帝、伦理的善和人们的行为准则之间的统一性，所以，费希特追求的是一种纯粹的道德理想，他所主张的是一种建立在道德基础上的泛神论宗教观，这是对康德的上帝存在的理性公设和道德目的论宗教观的一个进步，因而也是近代德意志宗教哲学理性主义化的一个重要步骤。虽然费希特最终因此被逐出耶拿校园，但他的宗教哲学却一直在发生影响。本文发表在《哲学研究》1992年第8期。

自己的观点。这两篇论文同时发表在《哲学评论》第8卷第1期上。杂志发行不久，封建统治者和教会就指责费希特散布无神论，要求查抄杂志和惩办费希特。一些文人也发表文章，对费希特进行各种攻击和谩骂。费希特据理抗争，连续撰写了《向公众呼吁》、《法律辩护书》等论著，系统地阐述了自己的宗教思想，从而形成了他在耶拿时期(1794～1799)的泛神论宗教观。费希特的论著在社会上引起了很大反响，很多学者、作家、诗人纷纷发表支持费希特的文章。尽管这场论战最后以费希特被免去耶拿大学的哲学教授而结束，但费希特在耶拿时期形成的宗教哲学却对整个德意志宗教哲学的理性化进程产生了积极而直接的影响。

我们知道，费希特是康德哲学的直接继承者。自从康德批判了经院神学对上帝存在的传统证明并阐述了以上帝的理性公设和道德目的论为核心的宗教思想以后，费希特就面临着如何根据知识学的原理来研究和表述自己的宗教观的问题。换句话说，费希特的知识学担负着发展康德宗教哲学的重任。按照费希特本人的打算，他准备在完成自然法权学说和伦理学以后，再系统地研究宗教问题。但是弗尔贝格的文章迫使他不得不在刚刚完成《伦理学体系》之后，就匆忙地阐述宗教观方面的问题。

弗尔贝格曾经是费希特的学生，而且他的论文《宗教概念的发展》又是以康德对上帝存在的传统证明的批判为出发点的，这样，就给人们造成了一种印象，好像先验哲学在宗教观方面一定包含着无神论观点。

针对弗尔贝格的论文，费希特在《关于我们信仰上帝统治世界的根据》中首先阐明了先验哲学对宗教信仰所持的基本立场。他说："我们绝不想把我们的理性推理看作对无信仰的一种证明，而是把它看作对产生信仰的一种推演。”[①]这就意味着，费希特不同意弗尔贝格由于怀疑上帝的存在而导致的无神论观点。在费希特看来，康德之所以提出上帝存在的实践理性的公设，就在于康德看到了宗教信仰比空洞的道德说教更有说服力，它有一种使人不计利害得失、超尘脱俗的力量。弗尔贝格的错误不仅在于他没有弄懂康德的实践理性的必要性，而且他还提出了一种粗糙的、使人无法接受的无神论主张。

然而，费希特在这里所说的信仰上帝是有其独特含义的。他明确反对在哲学上随便假设或证明上帝存在的做法，认为这种做法不仅无助于人们的宗教信仰，而且会使这个问题变得荒诞古怪。在他看来，先验哲学是一门实在哲学，而不是形式哲学；先验哲学是从在意识中得以证实的事实出发的，是从必定产生的一种直观出发的，所以，“哲学只能解释事实，而决不能创造事实”。[②] 对于上帝这个超感性的存在者，我们只能通过反思去承认它的存在，而不能做任意的假设。在这里，理性是判断一切的标准，“凡是在理性中建立的东西，都是完全必然的；凡不是必然的东西，都是违背理性的”。[③] 显然，费希特在这里所推崇的宗教信仰是建立在理性限度内的宗教，它与传统的宗教崇拜和宗教迷信是不同的。

与康德一样，费希特的论述也开始于伦理学，他把意志的道德规定看作这一论述的不证自明的出发点。在他看来，无论单纯的理性认识，还是在感性直观中给出的外在事实，都不能说明宗教信仰的真正起因，只有道德意志规定中所要求的直接确实性才能满足这种要求。

---

① *J. G. Fichte-Gesamtausgabe*, Werke 1, Bd. 5, S. 348, Stuttgart, 1977.

② ebd.

③ ebd.

他说："我不能怀疑，也不可能设想这样一种可能性：那个内在的声音会迷惑人心，它必须从其他方面得到确认和论证。事情不是这样。""我不能怀疑意志自由和意志规定，除非我自暴自弃。"①在费希特的心目中，道德规律是第一位的，根据道德规律对意志所做的道德规定是第一位的，它们无需得到其它东西的证明；通过对道德规律和道德意志的反思，可以解释宗教信仰。这样，费希特就确立了实践理性优先的地位，确立了道德规律的优先地位。

费希特认为，在自由意志中假定的道德规定，必然会对人们的信仰发生作用。对此，他在《向公众呼吁》中进一步解释说："我的道德规定以及与这种规定的意识相联系的东西，是我得到的和我给予自己的唯一的确实事物。……除去道德的确实性以外，没有其他的确实性；一切确实的事物，仅仅在于它们指明了我们的道德关系。"②这就是说，道德或伦理是最确实的东西，一个人在意识到自己所承担的道德义务的时候，必定会在内心确立一种对道德秩序的信念。因此，对信仰的认识和考察必须以意志的道德规定为基础，把它当作这一研究的起点。关于意志的道德规定与信仰的内在关系，费希特极其简明扼要地说："对我们的道德规定的信念，本来产生于道德规定，这种信念本身就是信仰；从这方面而言，人们说'一切确实性的要素就是信仰'是完全正确的。"③在费希特的视野中，道德规定已经无异于信仰。

在确定了论证的出发点以后，费希特开始了进一步的阐述，他说："由于我理解那种由我自己的本质为我设定的目的，并把它变为

① *J. G. Fichte-Gesamtausgabe*, Werke 1, Bd. 5, S. 351, Stuttgart, 1977.

② ebd, S. 430.

③ ebd, S. 351.

我的实际行动的目的，所以，我在采取实际行动的同时也就把实现这个目的设定为可能的。”①费希特在这里提出了目的概念和实现目的的可能性，在他看来，这两个命题是绝对同一的，没有主次之分，人们在要求自己去实现这个目的的同时，就必须假设这个目的的可实现性，因为“实际上，这两者不是两个行动，而是同一个不可分割的精神行动”。② 费希特注意到同一个行动中的不同因素的同一性，他把重点放在目的的“可实现性”上。这就是说，一旦道德规定被接受，它在实际上就被设定为是可以实现的，因为没有对这种可实现性的期待，就不可能有人们的道德行动。费希特的这一论述仍然是以实践理性优先和道德规律优先的主张为其先决条件的。为了使人们理解先验哲学的这种独特的论证过程，他特别强调道德规律至高无上的地位，他写道：“不是从可能性中推演出现实性，而是恰恰相反。这并不是说，我之所以应当，是因为我能够，而是说，我之所以能够，是因为我应当。”③依靠这种道德规定和道德规律的至上地位，道德目的不仅具有实现的可能性，而且还被规定为具有事实上的真理性和现实性。

费希特把这种现实性理解为理性存在物的现实存在和与它相对应的外在实在性，即人的感性世界。在他看来，他所说的这种现实性的一切环节都是实现道德规律的有条件的因素，他明确写道：“先验理论断言，这个世界无非是按照人们所理解的理性规律，以感性方式呈现出我们自己内在行动的外观，无非是我们尚未理解，然而现在却已陷入其中的这个范围内的纯粹知性的外观。”“我们的世界就是我们的

① *J. G. Fichte-Gesamtausgabe*, Werke 1, Bd. 5, S. 352, Stuttgart, 1977.

② ebd.

③ ebd.

义务中以感性方式呈现出来的质料。”[①]这样，对每个人来说，道德规律就通过道德意志的规定，依据各人实际情况而具体地表现为各种不尽相同的道德义务，而感性世界就是每个人履行自己道德义务的场所。每个个人的道德意志的具体规定、道德义务的联系以及他们按照道德目的构成的一个统一体，就是费希特所说的“道德世界秩序”。

对费希特来说，这种道德世界秩序具有两方面的意义：一方面，它是保证道德存在物的存在和道德规律的实现的主管机构，道德规律和对意志的道德规定只有在它的监视和仲裁之下才能发挥效力，道德行为只有在它的范围之内才是实在的和富有意义的；另一方面，它不属于感性世界，而是属于超感性的世界；由于我们知识的范畴从整体上说是关于我们经验世界的学问，所以，知识不可能理解这个超感性世界，唯有信仰才能到达这个世界。

费希特认为，与道德意志相适应的道德世界秩序，其结构既不应该被视为静态的，也不应该被视为封闭的。否则，作为具有自我本质特征的意志就会受到外在事物的约束，自由的行动也会因此而不自由。因此，这个道德世界秩序必定是自由的行动。对此，费希特在《法律辩护书》中进一步阐述说：“从纯哲学而言，人们必须如是谈论上帝：它不是存在，而是一种纯粹的行动。”[②]费希特还认为，这个超感性世界绝不是现实世界的翻版，相反地，我们的世界是现象，而这个超感性世界则是现象世界的绝对基础，“超感性世界是我们的诞生地，是我们的唯一坚实的立足点；感性世界只是超感性世界的反

① *J.G. Fichte-Gesamtausgabe*, Werke 1, Bd. 5, S. 353, Stuttgart, 1977.

② ebd, S. 46.

映”。[①] 于是，在费希特的视野中，现实世界的万事万物只能产生于这种秩序，并因此而获得内容。由于费希特认为知识不能理解这种秩序，唯有信仰才能达到它，所以，这种能动的秩序(ordoordinans)作为知识的起源，是最确实的东西，因而信仰就比知识更确切。我们看到，费希特在这里对康德的信仰高于知识的观点做了进一步的发挥，他所说的信仰并不是传统的宗教信仰，而是表明了对道德秩序的一种执着追求。

费希特确信，先验哲学所信仰的道德世界秩序乃是宗教的本质之所在，他说："这是真正的信仰；这种道德秩序是我们所假定的神"，"刚刚推演的信仰是全面完整的信仰。那种生动的和发挥作用的道德秩序本身就是上帝；我们不需要其他的上帝，也不可能理解其他的上帝"。[②] 如果人们企图用一个有限存在物或实体概念来概括世界秩序，其结果必然导致幸福论和自然神论。相反地，先验哲学所主张的信仰是一种纯粹的道德信念，它要求人们履行自己的道德义务，而不要计较个人的利害得失；它主张人们追求一个完善的道德秩序，而不要考虑来世的幸福。因此，先验哲学强调宗教的本质在于道德行动，"道德与宗教是绝对同一的"。[③]

正是由于费希特坚信实践理性高于理论理性，把立足点放在道德规律的可实现性和对意志的道德规定上，所以，他在断言"道德秩序本身就是上帝"的时候，突出了他所构造的上帝概念的以下几个特征：

1. 当费希特认为道德规定具有直接的确实性，把上帝与道德世

① *J. G. Fichte-Gesamtausgabe*, Werke 1, Bd. 5, S. 431, Stuttgart, 1977.

② ebd, S. 354.

③ ebd, S. 428.

界秩序等同起来的时候，他的这个上帝就与道德规定密切而不可分。费希特认为，“我的道德规定和与这种规定的意识相联系的东西，是我得到的和我给予自己的唯一的确实事物”。① 这就是说，一方面，道德规定是一个关键原则，只有通过这个原则，上帝的存在对有限理性存在物才是确实的；另一方面，在道德规定的意识中，包含着道德规律可以实现的意识，从“你应当”的道德命令中必定会直接产生“你能够”和“道德规律能够实现”的实在性，道德规律本身就是对自己的证明。因此，根据不证自明的道德规定的原则推演上帝才是最确实的，承认道德规律的最终目的——道德世界秩序才是最实在的。任何根据其他原理推演出的上帝概念都是不确实的，信仰任何不同于道德秩序的上帝都是不实在的。正是在这个意义上，费希特说：“这样，我的全部存在、所有道德存在物的存在和作为我们集体活动场地的感性世界，都获得了一种与道德的联系；这时就出现了一种崭新的秩序，拥有这种秩序的感性世界及其一切固有的规律不过是宁静的基础。”②“这种道德秩序就是我们假定的神圣者。”③除此以外，费希特还从上帝与思维的关系考察了上帝与道德秩序不可分离的特征，他认为，如果以为上帝可以与道德秩序分开，那么，不仅道德与宗教的关系是外在的，而且上帝的原初性和独立性都会受到损害，因为这样一来，对上帝的信仰似乎是在从道德秩序中推演出秩序的创始人之后才形成的。

2. 上帝是永恒、无限的存在者，不能用“人格”、“意识”等概念

---

① *J. G. Fichte-Gesamtausgabe*, Werke 1, Bd. 5, S. 351, Stuttgart, 1977.

② ebd, S. 353.

③ ebd, S. 354.

附加给上帝，因为“人格”、“意识”来自人的范畴，人是暂时、有限的存在物，用修饰有限存在物的概念来修饰无限存在者，实际上是把无限存在者降低为有限存在物。根据同样的理由，费希特也认为“实体”概念不适用于上帝。在他看来，任何实体在空间上和时间上都有有限性，而上帝是一种道德秩序，在时空方面不受任何限制。费希特反对那种把实体视为“自在之物”、视为“偶性事物的本体”的观点，他认为，实体概念已经逐渐感性化了，失去了反思的内涵，那种把上帝当作一种实体的观念，是根据客观存在的事物的图式来设想绝对者的概念，用感性世界的事物来推演超感性世界的统治者。这种观念不仅不可能成立和自相矛盾，而且否定了理性和自由。因此，费希特强调说：“我认为，从感性世界的存在去证明上帝的存在是不可能成立的和自相矛盾的。所以，无论怎么说，我都否定一个作为实体存在的，由感性世界中推导出来的上帝。”①相反地，费希特的上帝概念则是“生动的、发挥作用的道德秩序”。

3. 上帝是一种行动，不能用“存在”概念来表示。费希特在谈到上帝或道德秩序时是避免使用“存在”概念的，他甚至说：“从纯哲学而言，人们必须如是谈论上帝：它不是存在，而是一种纯粹的行动。”②在这里，费希特的意图在于突出作为道德世界秩序的上帝的无限性和能动性。当他断言道德秩序是永恒常在的规律，是现象世界的超感性的基础时，他实际上就承认了道德秩序的存在之特征。这就是说，如果道德秩序本身是不存在的，那么，他的所有有关论证都是毫无意义的。然而，费希特认为，“存在”概念来自我们的感性知识，它

① *J. G. Fichte-Gesamtausgabe*, Werke 1, Bd. 5, S. 435, Stuttgart, 1977.

② ebd, S. 46.

不适宜于表达这个超感性的秩序。用感性的字眼表达超感性的事物，就会把感性世界与超感性世界混淆起来。因此，他写道："对我来说，上帝是一个脱离一切感性和感性附加物的存在者，因此，我决不能把一个我认为只可能是感性的存在概念加在这个存在者身上。"①从表面看，费希特是在利用中世纪经院哲学的一个著名论点："不能在完全同等的意义上说造物主与创造物是同样存在的"，以此强调上帝的绝对无上的尊严。但是，如果我们结合费希特的上帝概念的道德秩序的内涵来观察他的这些表述，那么，显而易见，他是用这个观点来除去上帝的一切感性内容，使之只剩下纯粹的道德，从而否定了对任何一种有限神灵的信仰。

通过上述特征，我们不难看出，费希特不是用传统哲学中的存在、人格、意识、实体等范畴考虑这个绝对者的，相反地，他是在理性的先验建构原理的指导下，通过对道德规律及其内涵的反思，在有限存在物的伦理的自明性中揭示了上帝、伦理的善和人们的行为准则之间的统一性。所以，费希特的上帝概念是对道德规律及其内涵进行反思的结果，他所追求的是一种纯粹的道德理想。

至此为止，我们发现费希特对宗教问题的探讨有三个观点交织在一起：

第一，道德神学的观点。费希特并不否认对上帝的信仰，他甚至说："有人以为，上帝是否存在是可以怀疑的；这是一种误解。上帝存在绝不是可以怀疑的，而是最确实的事情；他是存在的，甚至是所有其他确实性的根据。"②费希特认为，知识学必须承认信仰，并用理

---

① *J. G. Fichte-Gesamtausgabe*, Werke 1, Bd. 5, S. 437, Stuttgart, 1977.

② ebd, S. 354.

性解释信仰。从表面上看，费希特的这种主张具有有神论的倾向。然而，费希特所说的上帝是道德化的神，所说的信仰是对道德秩序的信仰。他认为，世界只是人们履行道德义务的感性质料，人们的道德行为则属于道德世界秩序，而这个道德世界秩序就是上帝。先验哲学之所以承认信仰，就在于它是一种道德的召唤，它来自我们内在的义务和职责感，因而是至上的和实定的(positiv)。这样，费希特就使宗教彻底道德化了，他所说的是与基督教关于上帝的教义完全不同的。

第二，所有理性存在物都结合在一起的观点。在《全部知识学的基础》中，费希特还没有机会详细阐述自我的多数性概念。在《自然法权的基础》中，他看到多数理性存在物结合在一起的必然性，他说："人(所有一般有限存在物)只有在人们之中才能成为人；而且正如人只能是一个人那样，如果他不是人，那他根本不可能存在。如果可能有人存在的话，那就必定存在许多人。"①既然如此，费希特就得考虑人们之间的关系问题。当他在这里阐述上帝是道德世界秩序这个命题时，实际上是把个人道德修养与整个世界的伦理秩序联系在一起的，在他看来，道德规律为了能够在感性世界中实现自身，就必然规定所有的理性存在物都有一个共同的道德目的。这样一来，道德秩序就在理性存在物中并通过理性存在物来显示自己，从而成为一种能动的普遍秩序。

第三，区分感性世界与超感性世界的观点。费希特认为，先验哲学并不是从感性世界的存在或性状推演出一个最高的绝对者。从先验哲学观点来看，感性世界只不过被表象为实在的和客观的，其实它并不具有不依赖于意识的客观独立性，这个世界只是缘意识而存在的，

---

① *J. G. Fichte-Gesamtausgabe*, Werke 1, Bd. 3, S. 347, Stuttgart, 1966.

是绝对自我设定的。在这种情况下，离开了自我去寻求世界原因就无从谈起。因此，经验科学的观点无法证明超验的上帝的存在。先验哲学承认的上帝是道德的世界秩序，它不属于经验对象，但是，它却作为一种纯粹的行动，作为世界规律显示自己，因而它是“超感性世界的生命和原则”。① 针对别人的指责，费希特明确地说：“我与对手之间的争论重点，在于我们所处的是两个不同的世界，我们所谈的是两个不同的世界，他们谈的是感性世界，而我谈的则是超感性世界。”②

而对费希特的这种既承认宗教信仰的必要性，却又拒绝承认基督教教义的观点，我们该如何评价他的先验哲学的宗教观呢？自1794年《全部知识学的基础》发表以来，费希特的全部学说从未主张和赞同过怀疑论和无神论，他的哲学不反对信仰上帝，而是反对传统神学对上帝的解释。由于他把上帝看作道德秩序或道德世界秩序，而这种秩序可以通过人的道德行为和信仰被我们所知，这就等于说，这种道德化的上帝弥漫于整个世界，因此，我们把他的这种观点称为以道德为基础的泛神论宗教观。费希特的这种泛神论宗教观不同于斯宾诺莎的“神即自然”的泛神论，倒更接近于古希腊哲学家色诺芬尼的观点。色诺芬尼认为，神不能是英雄人物或由妇女诞生的人，因为凡是有生的东西必定是有死的和暂时的，而神则是永恒的、唯一的存在，是静止不动的“宇宙”。他与费希特的主要区别在于，他的这种观点过于空泛，没有实际内容，而且他的神是静止不动的存在。费希特则不同，他的泛神论宗教观从出发点到最后的归宿都强调了道德内涵和道德行为，他把康德的“道德必然导致宗教”直接发展为“道德就等于宗教”，

---

① *J. G. Fichte-Gesamtausgabe*，Werke 1，Bd. 5，S. 46，Stuttgart，1977.

② ebd，S. 444.

宗教哲学与伦理学在费希特这里已经合二为一，所以，一些哲学家把费希特的宗教观称为“道德神学”(Ethik-Theofogie)。①

与康德的上帝概念相比，费希特的上帝概念前进了一步。在康德的哲学中，上帝是实践理性的公设，也就是说，为了创造一种道德秩序，不得不假设和承认最高存在者的存在。但是，对有限理性存在物而言，上帝与道德秩序是相互异质的，这个秩序并不是最高存在者的秩序。但在费希特的思想中，道德世界秩序是绝对第一的，上帝就是这个秩序。因此，上帝与道德秩序是完全统一的。费希特超过了康德，不仅在先验建构原理的指导下假设上帝，而且把这种反思进行到底，使上帝不再单纯处在理性彼岸，而是成为一个完全道德化的上帝，对有限理性存在物的实践理性发挥着更大的影响。

从康德的上帝存在的理性公设和道德目的论宗教观到费希特的上帝就是道德的世界秩序的泛神论宗教观，是近代德意志宗教哲学理性主义化的一个重要步骤。在这里，费希特一方面试图在康德宗教哲学的基础上进一步破除传统的宗教崇拜和宗教迷信；另一方面，他又看到，简单的无神论宗教观在当时不仅不会被大多数人所认同和接受，而且还忽视了宗教信仰所特有的宗教情感和宗教力量。正是出于这种考虑，费希特才提出了更加理性主义化的、以实现道德规律为目的的泛神论宗教观。

对于费希特的这种宗教观，不仅封建统治者和教会卫道士视为离经叛道的洪水猛兽，而且没有研读知识学的一般读者也感到扑朔迷离，难以把握。就连激进的民主主义者海涅也惊慌不安地说：“费希

---

① H. Baumgartner：“Das transzendentale Denken und Athesmus”，in *Hochland*，1963(10)，S. 47.

特把可爱的上帝从一切感性的附加物中如此干净地解放出来，并进而否定它的存在——因为存在是一个感性的概念，并只作为感性的概念才是可能的——确实令人怀疑，这种做法是一种嘲讽、又是一种单纯的狂妄。”①但是，坚持理性主义立场的哲学家们却看到了其中的奥妙。年轻的谢林不同意康德关于上帝存在的理性公设，他认为，这样做是把上帝看作永久公正的保护神，这一思想虽然与正统神学不同，但却可以被神学家们以他们的方式所接受和利用。② 因此，谢林在一定程度上赞同费希特的宗教观，并把费希特的知识学原理应用到他对天主教神学的批判之中，他说：“上帝在理论意义上是等于非我的自我，在实践意义上是毁灭一切非我的绝对自我。”③青年黑格尔在这方面受到费希特的影响也是显而易见的，他赞同费希特把宗教区分为主观宗教和客观宗教的主张，并且在费希特的泛神论宗教观的基础上进而提出：“那打破一切限制的纯粹理性就是上帝本身。”④在黑格尔这里，理性已被提高到至高无上的地位。我们由此不难看出，费希特的宗教哲学在德国宗教哲学发展史上所起到的重要作用。

马克思在《神圣家族》中说，自然神论是摆脱宗教束缚的简单易行的办法。马克思的这一论断同样适用于对费希特的泛神论宗教观的评断。

---

① [德]海涅：《论德国》，薛华、海安译，323页，北京，商务印书馆，1980。译文有改动。

② 参见 *Schelling*，*Briefe and Dokumente*，S. 78，Leipzig，1869～1870.

③ *Schelling saemtliche Werke*，Bd. 1，S. 201，München，1956.

④ [德]黑格尔：《黑格尔早期神学著作》，贺麟译，79页，北京，商务印书馆，1988。

从原始直观到天才直观*

——谢林《先验唯心论体系》之解读

谢林在1800年发表的《先验唯心论体系》是其最主要的代表作，它标志着谢林哲学体系的确立。按照谢林自己所说，“这部作品应看成是作者有关自然哲学的著作的一部必要的姊妹篇”。① 这就是说，年轻的谢林在研究自然哲学的同时，也以极大的热情继续关注先验哲学的问题。在他的视野里，虽然自然哲学与先验哲学研究对象不同，但它们却是相关的。自然哲学的出发点是客观性，它要回答的问题是，人们如何获得关于客观东西的知识；先验哲学则把主观性看作第一位和绝对的，并且以此去解释主体如何到

* 本文发表在《云南大学学报》2004年第1期。谢林的《先验唯心论体系》把全部哲学表述为意识的发展，涵盖了从原始自我直观到理智直观、从理论哲学到实践哲学、从自然合目的论到艺术哲学发展的全过程，最后到达自然和精神的绝对同一性。谢林开创的这种思想和方法对黑格尔具有重要的范式作用，极大地推动了德国古典哲学的发展。本文通过解读这部著作，充分肯定了谢林同一哲学的历史意义。

① [德]谢林：《先验唯心论体系》，梁志学、石泉译，2页，北京，商务印书馆，1983。

达意识，并进而使知识具有客观性。谢林的这个思想构成一种既对立又平衡的图示，如果说自然哲学考察的是自然的历史，那先验哲学就是探索自我意识的发展历史。对谢林来说，对自我意识的探索只能以自我直观的提高过程为依据，所以，这本书“是从自我意识的最初级的、最简单的直观开始，而到最高级的，即美感的直观为止”。[①] 具体地讲，这个过程包括单纯的质料和有机体，再从有机体开始，经过理性和随意性，到达艺术里的自由与必然的最高统一，也就是说，艺术最终构成自然和精神的穹顶。这样，这部著作实际上就是描述人类精神发展的整个过程。

然而，从这部著作问世直到今天，围绕它的争论就从未停止过。本文试图通过解读《先验唯心论体系》，结合现代哲学家的评价，指出它的基本内涵及其在西方哲学史上的意义，从而有助于我们理解和把握德国哲学发展的内在逻辑。

一

在这部著作一开始，谢林就说：“这部著作的目的正是要把先验唯心论扩展成它实际上应当是的东西，即扩展成一个关于全部知识的体系，因而不是仅仅一般地证明这个体系，而是用事实本身证明这个体系，就是说，真正将这些问题推广到关于主要知识对象的一切可能的问题上，无论这些问题是先前已经提出而没有解决的，还是通过这一体系本身才能构成和新出现的。”[②]谢林在这里已经暗示，他与费希

① ［德］谢林：《先验唯心论体系》，梁志学、石泉译，278 页，北京，商务印书馆，1983。

② 同上书，2 页。

特一样，提出的也是关于知识的来源、形成、对象、体系以及与此相关的问题，但是，他对这些问题的解答并不与费希特完全一样。

在谢林看来，这里的关键在于，是要把哲学的各个部分视为一个连续的序列，把全部哲学表述为自我意识不断发展的历史；不仅要精确地划分这个历史的各个时期，而且还要表现出它们是一个前后相继的过程，从而赋予整个历史一种内在的联系。直观的诸阶段就表现了自我意识的这种持续不断的历史，它从最初级的自然中的自我直到最高级次的人的意识，从理论哲学直到实践哲学，从自然的合目的论直到艺术哲学。谢林很清楚地看到，这样一门哲学涵盖了自然和理智两个领域，仅仅依靠自然哲学或先验哲学都不可能完整地表达它，只有这两门科学共同努力，才能完成这个课题。谢林之所以提出这种两门科学相互补充、进而完成哲学体系的思想，其根据就是他始终关心的这一问题：什么才是真正的知识，换句话说，知识中的真理根据是什么？

在讨论《先验哲学的概念》中，谢林对这个问题予以明确地回答。他认为，“一切知识都以客观东西和主观东西的一致为基础。因为人们认识的只是真实的东西；而真理普遍认定是在于表象同其对象一致”。① 对知识中的客观东西和主观东西，谢林具体解释说，我们知识中的所有单纯客观东西的总体，可以被称之为自然；所有主观东西的总体可以被称之为自我或理智。这两个概念本来是互相对立的，自然被认为是仅仅可以予以表象的东西，是无意识的，而理智则被认为是仅仅做表象的东西，是有意识的。但是，本身无意识的东西和有意

---

① ［德］谢林：《先验唯心论体系》，梁志学、石泉译，6页，北京，商务印书馆，1983。

识的东西在任何知识中都必然有某种彼此会合的活动。“哲学的课题就在于说明这种会合的活动。”①显而易见，谢林的这个思想既不同于康德的主客分裂的二元论，也不同于费希特的绝对的主观唯心论原则，而是企图在主客同一的基础上解决知识中的真理问题。

但是，谢林毕竟是客观唯心论者。他一方面强调，在这种真正的知识中，主观东西与客观东西是同一的，严格地讲，我们不能说它们中的谁是第一位的，就是说，我们不能说主观东西或客观东西谁享有优先性，它们是同时的，是绝对的一回事。另一方面，他又说，在进行哲学解释时，人们必然会把主观东西（理智）或客观东西（自然）设定为这种知识同一性中的先决条件。因此，在解释这种理智与自然的会合或者知识同一性时就可能出现两种情况：“或者使客观的东西成为第一位的，这样问题就在于，与它一致的主观的东西何以会归附于它”，“或者使主观的东西成为第一位的，这样课题就是，与它一致的客观的东西何以会归附于它”。② 把客观东西设定为第一位而产生的疑问是自然科学、最终也是自然哲学的核心问题；客观东西原本与主观东西相一致，现在让它归附于主观东西而产生的疑问就是先验哲学的独立问题。谢林相信，对这两个不同问题的解答就会产生两门彼此独立的哲学学科，分别代表两个不同的哲学方向。

谢林认为，这两个哲学方向表现了精神的两个系列，一个是自然产物的系列，另一个就是自我直观的系列。他在这里接受和改造了莱布尼兹的思想，他认为，如果说创造客观世界的能动性最初与表现在

① ［德］谢林：《先验唯心论体系》，梁志学、石泉译，6页，北京，商务印书馆，1983。

② 同上书，6、8页。

意愿和认识中的能动性是同一的，那么，在自然与理智、实在世界与观念世界之间就有一种预定和谐，这种能动性就是这两个系列能够实现和谐的根据。所以说，“如果在观念世界和现实世界这两个世界之间没有存在着一种预定和谐，客观世界怎么与我们心里的表象适应，同时我们心里的表象又怎么与客观世界适应，便是不可理解的”。①但是，在后来的发展中，这种能动性受到不同的规定，它在自然哲学中表现为绝对的创造，而在先验哲学中表现为意识或“直观的历史”。但是，仅仅考察前者或后者都是不够的，因为真正的知识是以主观和客观这两个对立面的会合为前提的，并且是一种经过中介而实现的活动，这个中介也是知识的唯一根据。哲学的任务就是去发现和阐释这个根据。

对谢林来说，自我意识就是这种联结主观和客观的中介，它具有主观和客观的直接同一性，所以，自我意识是先验哲学的原理，也是知识的最高原理。对此，谢林说得非常明确：“至于说自我意识是个坚固的立脚点，对我们来说一切都系于这个点，这是无需证明的。”②他同时还认为，自我意识是一种同时创造自己的对象的认识活动，是一种总在进行创造的理智直观，创造者和被创造者在这种直观中是同一个东西。因此，“理智直观是一切先验思维的官能”。③在这种主客同一的二重性活动中，意识表现为直观的行动，自我通过这种直观在一切规定之前就了解自身，并且进行创造活动。在从自我的无限直观能动性过渡到自我的自身关照中，自我实现自身的主客二分，知识的

① [德]谢林：《先验唯心论体系》，梁志学、石泉译，14页，北京，商务印书馆，1983。

② 同上书，21页。

③ 同上书，35页。

全部结构由此而得以产生。直观这个元素对我们的一切知识都是奠基性的，原始的主客同一由于直观而区分为两种能动性，一种是观念的、无限的能动性，另一种是有限的、实在的能动性。观念的能动性始终在上升(poten zieren)，出现在意识的一切形态中。

这样看来，谢林所设计的先验唯心论体系实际上就是意识本身由同一到分裂，再由分裂到同一的发展史，是意识的一种不断提高自我级次的活动，它的全部方法就是把自我从自我直观的一个阶段引导到另一个阶段。同时又因为谢林认为，这种在意识中被确立为观念东西与现实东西的绝对同一性，在哲学中只能设想为是连续出现的，所以，意识的分裂往往不是那么明显。只有对意识的发生和演变予以具体和详细的展开，人们才能认识这种以先验论为原则的理论哲学体系和实践哲学体系。

谢林认为，意识在理论哲学体系中经历了三个时期。第一个时期是“从原始感觉到创造性直观”，它旨在说明自我怎样直观它自身受到限制和怎样直观它自身是进行感觉的。我们的出发点依然是自我的概念，这是涵盖主体和客体、观念与实在两方面的统一体概念。尽管自我意识在其本原上是纯粹观念的，但自我对我们来说是通过意识、并且作为纯粹现实的东西而出现的，自我通过直观活动得到直接的限定。因此，被直观与存在是同一回事，“自我意识的活动是观念的，同时又全然是现实的”。[①] 但是，需要注意的是，自我意识中表现出来的这种主客同一性和观念与实在的同一性并不是原初就有的，而是经过第三者——中介被创造出来的东西。因为自我意识本身就包含着

① ［德］谢林：《先验唯心论体系》，梁志学、石泉译，53页，北京，商务印书馆，1983。

对立的主体和客体，而我们意识到的最高东西则是主客同一性，所以，这里的中介“必定是摆动于对立方向之间的一种活动”。① 这个中介就是感觉，观念的能动性与实在的能动性都在第三者——感觉这里得到统一，感觉的主体由于自身能动的本质而成为理智，所以说，“认识的所有实在性都维系于感觉，一种哲学如不能解释感觉，就足以因此而一败涂地”。② 但是，感觉的产生并不能解释为单纯的接受性，因为感觉受因果律的规定，而因果律只在同类事物之间才是生效的。所以，谢林又认为，我们可以把这种表象称为存在的一种方式，当我们把(物质性的)存在看作创造性的东西，这种存在就是一种知识活动，反过来说，如果我们把知识活动视为创造的产物，这种知识活动就是存在。这样，在创造性直观这个阶段，因为对感觉的直观，内在与外在开始得到区分。

理论哲学体系中的第二个时期是“从创造性直观到反思”，它旨在说明自我是如何直观它自身为创造性的。解决这个问题的难点在于，“因为自我是在进行直观，它也就完全被束缚在创造性活动里，不能同时既是直观者又是被直观者”。③ 谢林在这里对第一时期的思想进行了继续推演，他清楚地看到，一切意识都是从自我感觉开始的，当自我把对象与自己对立起来时，它已经有了自我感觉。而使自我变成自己的对象的唯一方法，就是自我对时间的意识。在谢林看来，这不是从外面附加给直观的时间，而是作为单纯的点、作为单纯的自我与外在对象之界限的时间。正是在这个意义上，谢林说：“时间并不是

① [德]谢林：《先验唯心论体系》，梁志学、石泉译，57页，北京，商务印书馆，1983。

② 同上书，72页。

③ 同上书，116页。

某种不依赖于自我而流逝的东西，恰巧相反，从活动上看，自我本身就是时间。”①时间在这里是使自我成为自己对象的内在方面。在外在方面，当自我在这种行动中使自己与对象对立起来时，那对象就成为对任何内涵的否定，也就是说，对象必然会表现为纯粹的外延，这时就出现了空间。时间与空间是同时产生的，两者互不分离，但又彼此限制和规定，所以，“只有通过空间，时间才是有限的，只有通过时间，空间才是有限的”。② 谢林正是借助于时间的内涵性和空间的外延性而把直观区分为内在直观和外在直观两种形式，并以此推演出直观的内在职能和外在职能、偶性和实体等形式和范畴。这些区分不仅使自我直观到自身与对象的区别，而且还使一般创造活动过渡到自由的反思活动。如果说在第一时期主客开始区分，那么在第二时期，这种区分的交互作用就已经被直观到，自我既是观念的又是现实的。再从自然界的发展对先验唯心论的证明来看，意识的起点是存在与直观的原始同一性，而在理论哲学体系的第二时期，观念的自我与现实的自我的交互作用则是通过有机体来实现的，因此，有机体的演变在这里也是对自然界建构的平衡。

理论哲学体系的第三个时期是“从反思到绝对意志活动”，谢林在这里必须回答的问题是，为什么我们觉得整个外部世界不是像我们的有机体这样，换句话说，我们的对象为什么可能被设定为在我们之外的东西。对此，谢林的解答非常明确，“对象似乎离开灵魂而进入我们之外的空间，这一般只有通过概念和产物、即主观的东西和客观的

① [德]谢林：《先验唯心论体系》，梁志学、石泉译，128 页，北京，商务印书馆，1983。

② 同上书，129 页。

东西的分离，才是可能的”。① 理论哲学在这里就进入反思阶段，抽象、范式、范畴等概念是必不可少的，而谢林特别看重抽象，尤其是先验抽象。他认为，经验抽象是判断的条件，而先验抽象是经验抽象的条件，它表明理智是怎样把对象和概念分开，“因此先验抽象是每一判断(包括最普通的判断)的基础”。② 设定和关联的条件都存在于抽象的判断之中，理智又通过范式化使对象和概念联系起来。作为理智的自我就是通过抽象而摆脱直观，并因此而做出进一步的设定，绝对的抽象就是意识的开端。

理论哲学体系所经过的这些历程，谢林又用理智反思的三种情形予以概括：一是反思对象，它产生的就是直观范畴或关系范畴；二是反思自身，它产生的就是量的范畴，量与范式结合就是数，然后再由数就进入质的范畴；三是反思对象和自身，这是最高的反思活动，因为它既是观念的又是现实的，所以，这里产生的就是可能性、现实性和必然性的概念，它们构成理论哲学的拱顶。

二

在谢林设计的先验唯心论体系中，在自我直观结束的同时，就是有意识的反思开始。这就是说，自我由于意识到先验抽象，才可能使自己自为地超越一切对象之上，才可能把自身认作理智。然而，这种把自身当作理智的行动是绝对的，自我从此就不可能再用理智行动进行解释，理论哲学的锁链因此而中断。在理论哲学超越自己的界限

① [德]谢林：《先验唯心论体系》，梁志学、石泉译，165页，北京，商务印书馆，1983。

② 同上书，179页。

时，我们就进入实践哲学的领域，因为实践哲学仅仅是用自由意志、无上命令等公设来确立自身的。这样，由自然建构和意识形成的两个序列也都归入到自我意识的精神中，进入到自由意志的序列里。

正如谢林自己所说，他在这里阐述的实践哲学体系并不是一种道德哲学，而是“一般道德概念的可思议性与可解释性的先验演绎”。① 他把这个部分归结为以下几条原理：第一条原理是，绝对的抽象即意识的开端，只能从理智的自我决定得到解释，这个原理着重解答理论哲学与实践哲学的共同原则；第二条原理是，理智的自我决定的活动，只能由这种理智之外的一种理智的特定行动得到解释，它要对意志活动、对自我何以会成为客观的问题做出说明；第三条原理是，意志活动必然是以外在对象为目标，这条原理给出了实践哲学的基本规定，如道德法则、自由、随意性、无上命令等，这里的主要内容是历史哲学。

在谢林看来，意识的开端来源于理智涉及自身的一个行动，这是理智的自我决定或理智自己对自己的行动，这里的关键在于，这时的自我自为地进行创造活动，具有提出理想和实现理想的二重性，这是实践哲学的依据。虽然自我在理论哲学阶段也提出理想，但这只是一种下意识的创造，而“在实践哲学中概念与实践、提出理想与实现理想完全是一回事”。② 理智的决定是最广义的意志活动，它作为意志活动就必定有意向，即指向一定的对象，所以，它虽然是自由的，但它又表现为一种欲求（Trieb）或意愿（Wollen）。一俟自我把这种欲求

---

① ［德］谢林：《先验唯心论体系》，梁志学、石泉译，188页，北京，商务印书馆，1983。

② 同上书，191页。

或意愿指向某个特定对象，那么，理智的活动就会因此而受限制，因为如果我能希求一切东西，我就决不能希求某种确定的东西。这样，通过自由而成为可能的行动就是现实的。进一步讲，自我的这种行动本身是自由的和有意识的，既然它受到限制，那这种限制就不是在它自身之中，而是来自于自我之外的其他理智的行动。这就意味着，在自我以外存在着诸多理智，而自我作为有意愿的、自由的存在者，首先必须是客观的和现实的。对于自我的自由在涉及对象方面受到限制，谢林认为，这不是自由被取消，而只能说自我在对象中遇到阻力，需要自我做出自我限制。反过来说，这同样意味着，自我需要做出自我决断，就后者而言，自我在涉及特定对象时仍然是自由的。

不过，全部意志活动不只是这种客观的、现实的活动，它还包括既是观念的又是现实的活动。意志中的这种主观或纯粹观念的东西并不指向任何外在事物，而是仅仅指向那种包含在意志活动本身中的客观东西，这种东西无非是自我决定本身。自我决定本身是一种纯粹的意志活动，是有意识的自由或“随意性”，它必须由一条公共准则来规定，这就是“你只应该希求一切理智所能希求的东西”。① 这就是说，作为纯粹意志的道德只有通过外部世界才能成为客观的，于是，道德法则就进入自我意识之中，并作为自我意识的条件而演绎。谢林与康德和费希特不同，后者是用专著来讨论实践哲学遇到的国家制度和法律规则，而谢林对此仅仅在这一章的“附论”中去予以简单的讨论。关于法律，谢林非常明确地说，其本质就是强制作用，它保证个人自由在一切存在者的相互作用中不被取消，它只是“针对那种从个人出发、

① ［德］谢林：《先验唯心论体系》，梁志学、石泉译，226页，北京，商务印书馆，1983。

又返回到个人的私欲”。[①] 由这种法律建立起来的法律制度仿佛就是更高级的“第二种自然界”，在这里没有私人感情，而只有正义与非正义，任何干预他人自由的私欲都会受到法律的惩戒。谢林在这里还看到，仅有一个国家的法律制度的完善还不够，为了使各国摆脱相互对立的自然状态，还必须使法治原则得到普遍传播，并建立一种超越各个国家组织、保证各国制度的国家联盟，“它可以调度一切其他国家的力量，去制裁任何一个图谋不轨的国家”。[②]

但是，对谢林来说，实践哲学最终要解决的是自由与必然性相统一的问题，而他对这个问题的解答，则显然不同于康德那种把自由与必然作为无法解决的二律背反而悬搁起来的二元论，他把这个命题演变为历史哲学的建构，变成绝对进行启示的历史。而他的历史观也不像黑格尔那样，认为人可以把握历史发展的规律，他一方面承认，历史是一个包含着无限进步的概念，但人并不一定能认识和估计历史的进步，他说：“理论和历史是完全对立的东西。人之所以有历史，仅仅是因为他要做的事情无法按照任何理论预先估计出来。就此而言，任性是历史的女神。”[③]但另一方面，谢林又认为，完全没有规律的事情或无目标、无计划的事物也不配被称为历史，只有自由与规律的统一，才构成历史的特点。谢林由此看到，一方面是各国的法律制度及其联盟的建立，另一方面则是社会的持续发展，它们都是自由与必然性的统一的体现。人发挥自由能动性，建立和完善各种制度的行动都是发生在历史中，同时也与历史必然性结合在一起。不过，在这样的

① ［德］谢林：《先验唯心论体系》，梁志学、石泉译，234 页，北京，商务印书馆，1983。

② 同上书，238 页。

③ 同上书，240 页。

历史中，自我意识到自身是自由和行动着的个体，却不能把自己理解为自由和必然性的统一，这就是说，“人虽然在行动本身是自由的，但在其行动的最后结局方面却取决于一种必然性，这种必然性凌驾于人之上，甚至于操纵着人的自由表演”。① 这里显然存在着一个矛盾：虽然人是自由的行动者，并且是有意识地在进行创造活动，但发生的结果却是无意识的。谢林对此解释说，个人在实现最终目的方面是有限的，只有整个族类才能实现这个目的。同时从更深刻的意义上讲，自由与合乎规律的统一只有借助于某种更高的东西才是可能的，这种更高的东西既不是主体、意识或理智，也不是客体、规律或必然，而只能是绝对的同一性。这种绝对同一性是绝对单纯的东西，一般是不能称谓的，它“仿佛是精神王国中永恒的太阳，以自己固有的夺目光辉把自己掩盖起来，它虽然从未变成客体，但在一切自由行动上标出自己的同一性，同时对于一切理智都是同一个东西，是一切理智由以分为各种级次的看不见的根源，是我们心中自我决定的主观事物与客观事物(直观者)的永恒中介，同时是自由中包含的规律性与客观事物的规律性中包含的自由的根据”。② 这种纯而又纯、完全不能称谓的东西当然不会是我们知识的对象，而只能是绝对，是上帝，是我们所假定的信仰对象。世界历史由此变为绝对不断启示的过程，人只是在这个过程里扮演自己的角色。谢林最终走的还是康德和费希特的道路，在知识不够的地方，就把它推给信仰。只是他没有明确说出这一点，从而给自己增添了神秘主义的色彩。

---

① [德]谢林：《先验唯心论体系》，梁志学、石泉译，245页，北京，商务印书馆，1983。

② 同上书，250页。

正是基于这种思想，谢林才把世界历史的发展划分为这样三个时期：第一个时期是命运，支配这个时期的是完全盲目的力量；第二个时期的特点则是隐蔽的命运呈现为自然规律，人的一切作为从这个规律来讲都是必然会发生的事情；第三个时期是指对未来的预见，因为他不承认历史发展有规律可循，他就把未来交给了上帝，所以未来就是“天意”显现的时期。这种历史观显然有一种宿命论的色彩，它与谢林的基本哲学倾向是吻合的，尽管他始终说自己是一个先验唯心论哲学家。

但是，谢林又不是一个完全的宿命论者，他在解释我们的有意识活动并不能得到合乎目的的结果、但却能与无意识活动相汇合的现象时说，这种汇合表现了原始的和谐，并为合乎目的的产物所证实，所以，我们只有认识自然的合目的性，认识业已表现为和谐的艺术作品，才能完整地理解历史概念。这样，谢林就进入先验唯心论的最后阶段——对目的论和艺术哲学的探讨。

在“目的论”这一章中，谢林试图说明自由与必然是如何在自然产物中、在自然有机体中统一起来的，并进而去说明，这是有意识的能动性与无意识的能动性的同一。谢林在这里的解说很简单，他认为，人因为自身摇摆于自由与必然性之间，所以，人就是一种永远残缺不全的存在者。而康德关于自然合目的性的论述却告诉我们，有机自然界则不同，惟独它“向我们提供了自由与必然的统一在外部世界的完整表现”。① 自然界虽然从其本身创造和生产过程来讲是盲目的，是没有任何意图的，但其产物却表现为合乎目的的，这种既是盲目的、

① [德]谢林：《先验唯心论体系》，梁志学、石泉译，258页，北京，商务印书馆，1983。

同时又合乎目的的矛盾恰恰表明，在没有任何意图、没有任何目的的地方，表现出最高的合目的性。谢林这个思想的根源还是莱布尼兹的先定和谐说，他只是比莱布尼兹更进一步，努力去解释这种和谐的最后根据是如何被自我所认识的。谢林相信，理智直观可以使我们认识自然界的这种有意识活动与无意识活动的同一性。

对谢林来说，理智直观对自然界的这种认识并不能把这种同一性还原为自我本身的同一性，也就是说，我们要想直观自身，就只能依赖于对自身产物之中的同一性的直观，而这样的直观只能是艺术直观。① 意识的发展或者说理智的发展由此表现为一个圆圈，它发端于理智自身，最终以直观自身产物之中的同一性——美感直观而结束。在谢林看来，自由与必然、有意识的能动性与无意识的能动性的同一只能在艺术中被自我、被自身意识所认识，并且由此而成为哲学的公设，整个唯心论体系也只能在对艺术的讨论中完成。谢林之所以这样认为，就在于他对艺术的无限推崇。对他来说，艺术家的创作冲动仅仅在于自由行动中有意识事物与无意识事物之间的矛盾，因为在艺术家身上既有某种不由自主的天赋恩赐，也有对无限和谐的感受，艺术就是由这两种完全不同的活动完成的，所以，只有艺术能解决这种貌似不可解决的矛盾。艺术作品的根本特点就是自然与自由、有意识与无意识的综合，完美无瑕的艺术作品只有具有天赋恩赐的天才才能创造出来。在天才的艺术活动中，在美感直观中，这种同一性是客观的，并且就蕴含在自我之中。美感直观是作为创造活动的直观的最高形式，并具有一种普遍有效性。因此，“理智直观的这种普遍承认的、

① ［德］谢林：《先验唯心论体系》，梁志学、石泉译，273页，北京，商务印书馆，1983。

无可否认的客观性，就是艺术本身。因为美感直观正是也已变得客观的理智直观”。①

与艺术相比，哲学就不具有这种普遍性，根本不会出现在一般意识之中。“哲学虽然可以企及最崇高的事物，但仿佛仅仅引导一少部分人达到这一点；艺术则按照人的本来面貌引导全部的人到达这一境地，即认识最崇高的事物。”②所以，艺术是“哲学的证书”，哲学通过艺术的认证才能回到它最初只是公设的自我意识原则那里；艺术还是“哲学的工具”，哲学只能通过艺术的途径才能把原始和谐理解为客观和谐。更进一步讲，哲学家只能从主观上表现的东西，通过艺术就变成客观的。于是，艺术对哲学家成为最崇高的东西，因为艺术不断地确认哲学从外部无法打开的东西——无意识事物与有意识事物的原始同一性，从而为哲学家打开了至圣之所。先验唯心论体系由此就回到自己的出发点——主观事物与客观事物完全和谐的原始根据，终点又变为起点，所有演绎因此而结束。

由此来看，谢林的先验哲学开始于单纯的直观，经过非感官的理智直观，最终融入到艺术哲学之中，思维与存在的绝对同一性在艺术中被提高为美感直观，理智、精神在艺术这里达到完全的观照自身。同时，艺术作品从其本质而言，既是精神的产物，也是无意识的自然的产物，它们共同构成精神和自然二重性的穹顶。应当说，谢林在这时还受到浪漫派的影响，他对大自然还抱有敬畏之心，对他来说，自然是意识发展的开始，自然是精神创造的素材，精神在艺术中到达最

① [德]谢林：《先验唯心论体系》，梁志学、石泉译，258页，北京，商务印书馆，1983。

② 同上书，278页。

高阶段又返归自然，于是，终点回归到起点。

三

《先验唯心论体系》在整个德国古典哲学中占有特殊重要地位，从它出版一直到今天，人们始终在对它做出各种各样的评价。费希特在它出版不久后就发现它所表达的思想与自己的知识学并不完全一致，他为此批评谢林，并由此导致他们两人展开激烈的争论。① 当代著名哲学家劳特(R. Laute)曾为费希特做辩护，说谢林在强调主客同一性的时候，实际上是用主观意识去代替客观对象，把本来没有意识的自然像变戏法一样转变为精神，这无论如何都是站不住脚的。② 更有甚者，西方马克思主义哲学家卢卡奇在《理性的毁灭》一书中更是把谢林当作现代非理性主义思潮的鼻祖而加以鞭笞，他不仅认为晚期谢林的思想是倒退和反动的，而且在青年谢林"真诚的思想"中也隐含着一种似是而非的东西。在他的视野中，谢林在这部书中夸大了直觉的作用，把美感直观与理智直观等同起来，把真理的获得归结于"天才"，这不仅在哲学上缺少黑格尔哲学的那种辩证力量，而且还有认识论上的"贵族化倾向"。③

当然，不少哲学史家并不同意这些评价。当代俄罗斯哲学史家古留加对《先验唯心论体系》褒奖有加，他针对卢卡奇的批评而提出了相

① 李文堂：《真理之光》，83～87页，南京，江苏人民出版社，2002。

② Reinhard Lauth：*Die Entstehung Von Schellings Identitaetsphilosophie in der Auseinandersetzung mit Fichtes Wissenschaftslehre*, Freiburg/Muenchen, 1975.

③ ［匈］卢卡奇：《理性的毁灭》，王玖兴等译，129～132页，济南，山东人民出版社，1988。

反的观点。他说，谢林借用康德在第三批判中的艺术能够克服自然与自由之间相割裂的这个命题，把艺术当作是一个兼有两者性质的中间领域。艺术作为一种创造形式把意识的成分和无意识的成分结合在一起。在这方面，美感直观是创造性直观的最高形式，而理智直观只服务于“精神这个特定的方向”，只有艺术才能提供普遍接受性。他还认为，这部著作超过《精神现象学》的地方在于，它对“精神奥德赛”的发挥比后者宏伟，哲学范畴在这里第一次进入了运动状态，哲学体系被看作意识发展的历史，它不断上升为越来越完备的形态。意识的发展开始于自然，最后在艺术中到达最高阶段，挣脱自然的束缚，使自然变为精神创造的素材。对黑格尔来说，绝对真理只能在他本人的哲学中得到揭示，而作为“思想家—诗人”的谢林，则把这种殊荣奉献给了艺术。①

如果说古留加的评论多少有些偏激的话，那德国哲学家冯克(G. Funke)对谢林的评论则比较客观，对我们理解这本著作十分有益，他说：“谢林不同于费希特，他的《先验唯心论体系》企图表达人类精神发展史。”具体地讲，谢林远离了费希特从道德根据对自我的演绎，而是满怀出自知识学的审美兴趣。在谢林那里，对艺术的可能性和真实性的演绎构成其哲学的唯一和真正的官能，达到其思考的高峰。对他来说，自然是精神之唯一的伟大诗篇，理智直观构成哲学的工具，哲学体系就是由自然哲学和先验哲学两个部分组成。自然哲学提出和试图解答的问题是：自然如何成为理智，理性如何成为现象；先验哲学要回答的问题则是：自我、理智如何成为自然。自我意识的

① [苏]A. 古留加：《谢林传》，贾泽林等译，101页，北京，商务印书馆，1990。

发展进程回答了这些问题。处在中心的自我是充满预感和情感的自我，自然在自我面前是以崇高、直观和鬼魅的方式而显现的。这是自然情节和自然困扰的自我，是自然与活生生的感觉的关系，自我这时还是依附和屈从于自然。这种情况在艺术中则恰恰相反，自我挣脱自然的束缚，而自然则成为艺术品的素材，成为精神的客体。这样，谢林对费希特消解自然界的主观唯心论思想予以扬弃，在艺术创作中把自然转变为精神，并当作意识发展的一个阶段，就是可以理解的。在谢林那里，自我或许是斯宾诺莎的泛神论的自我，承担起把自然转变为精神的使命，谢林的自我与费希特的自我是不同的。① 德国谢林哲学研究专家鲍姆加登的评论也十分中肯，他说，谢林的《先验唯心论体系》开始于费希特，但他却创造了一种方法论结构，它对黑格尔的《精神现象学》具有范式的意义。②

无论这些评价有多么不同，我们都认为，在德国古典哲学的发展进程中，谢林的《先验唯心论体系》具有十分重要的意义，他在这里提出的绝对同一性的主张，对消除康德的主客分裂、理论哲学和实践哲学的对立，对克服费希特的以自我为核心的主观唯心论等，都发挥了至关重要的作用，正是谢林迈出的客观唯心论这一步，才使得黑格尔能够把德国古典哲学推向高峰。

① ［德］G. 冯克：《德国唯心主义哲学与浪漫主义的关系》，载《德国哲学》第5期，178～179页，北京，北京大学出版社，1988。

② Baumgartner&Korten：*Schelling*，S. 76，München，1996.

绝对与人类自由*

——谢林《自由论》探析

追究自由的本质，探讨与之相关的问题，在全部西方哲学中，始终是一个核心命题，同时也是最容易引起争议的问题。谢林在 1809 年发表的《对人类的自由本质及与之相联系的对象的哲学研究》(以下简称《自由论》)着重讨论了自由与体系的关系、泛神论的自由观、善与恶和上帝的人格化对整个世界的意义等问题，是迄今在纯粹哲学方面研究自由及与之相关问题的最深刻、最重要的著作之一，在西方哲学史上具有特殊重要的意义。后来的哲学家们对此书做出过许多评价，哲学家费舍尔(K. Fischer)曾经说，谢林这部著作“在这个最困难的问题上所做的规定和探讨，在

---

* 本文集中探讨谢林的《自由论》及其在西方哲学史上的意义，在指出这部著作不足的同时，充分肯定谢林对自由及与之相关问题的发问，尤其重视谢林对自由与必然、体系与个体、上帝启示与人类行为等根本性问题予以的探讨和解答，并认为这是近现代西方哲学对人类自身命运的一次重要思考。本文发表在《现代哲学》2004 年第 1 期。

清晰和深刻方面都不愧是大师之作”。① 20 世纪最有影响的哲学家海德格尔则说这本书“是谢林最大的成绩，它同时是德国哲学最深刻的著作之一，因而也是西方哲学最深刻的著作之一”。②

把握这本书的要义，分析它在西方哲学史上的意义和影响，就是本文力图达到的目的。

一

按照谢林自己所说，《自由论》这本著作是对康德所提出的自由与必然这个二律背反问题的回答，他以前只在《哲学与宗教》中提过这个问题，但由于阐释不当，容易引起误解，所以，尽管他本人当时还没有形成这方面完整的思想体系，但他仍然坚持，必须对自由的本质及与之有关问题做一个比较明确的阐述。这样，谢林给自己规定的任务就是：首先发现和找到在哲学探讨中可以展示人的自由的正确概念；其次，由此去说明这个概念与一种科学世界观的联系。全部著作分为两个部分：第一部分主要是探讨自由与体系的关系，评价哲学史上，尤其是泛神论和当时占主导地位的唯心论对自由的看法，这个部分被谢林本人称为“导论”；第二部分则是阐述他自己在这个方面的观点。

谢林清楚地看到，像自由这样既具有一般实在性，又具有至关重要意义的概念，肯定不是单纯从属性的或次要的，“而必定是一个科

---

① K. Fischer: *Schellings Leben*, *Werke und Lehre*, S. 323, Heidelberg, 1902.

② [德]海德格尔：《谢林论人类自由的本质》，薛华译，3 页，沈阳，辽宁教育出版社，1999。

学体系的主导性的中心”。[①] 这样，对自由问题的探讨就不能是个别地加以规定，而只能是通过证明它与整体的联系才能在科学上达到最终的完成。但是，很久以来一直流传着一种说法，即自由的概念与一般体系的概念是不相容的，而且这种说法迄今还在发挥作用。在许多人看来，任何一门哲学如果提倡统一性和整体性，它就必须放弃自由。谢林并没有对这种流行说法加以盲从，而是提出这样两个值得我们思考的问题，而它们又是相互联系在一起的。首先，这样的说法是深刻的，还是肤浅的，它是经过我们思想的检验，还只是我们人云亦云地盲目附和以往的说法，是我们必须加以思索的问题。如果思索的结果与流行说法并不相同，那我们就必须在哲学上认真彻底地去考察，自由概念是否确实与一般体系的概念相矛盾。

谢林认为，不论人们在这个问题上有多大分歧，但每一个人都会承认，个人的自由是与世界整体相联系的，因为人就生活在由许多人组成的社会中。我们由此在逻辑上完全可以说，肯定存在着某种与自由相融洽的体系，即使我们人类的知识不认识这样的体系，它也是作为一个整体存在于这个世界上，而且至少是被上帝的理智所了解。谢林的这个思考引起我们注意的地方是，他的这个思考有一个前提：世界必定会联系为一个体系，而这个体系所依赖的根据就是上帝，所以，神明必定知道这个体系。在谢林把自由与体系的关系交付给上帝的时候，他很清楚地知道，人们因此必定会提出这样的反证：在确定我们人类是否能够认识这种体系之前，我们首先必须考察人的认识能力。这样，这个问题就回到康德那里。

---

① ［德］谢林：《自由论》，载《谢林论人类自由的本质》，海德格尔著，薛华译，258页，沈阳，辽宁教育出版社，1999。

我们已经知道，在康德理论哲学那里，这个问题是作为二律背反而没有得到解决的。康德只是在实践哲学中提出，必然性统治着现象界，尤其是自然界，而人在世界上拥有选择的自由，即人的任务在于选择善或恶，康德正是把自由概念引入道德领域才使近代的道德哲学具有本质上的进步。但是，这样的自由没有任何经验内容，虽然它很纯粹，但却只是形式上的。道德哲学在根本上是属于实践哲学范围的，人在这里应当服从道德法则，遵循具体的道德规范，就此而言，人仍然服从必然，是不自由的。① 谢林并不同意康德这种割裂理论哲学和实践哲学的解决办法。他认为，以康德为代表的唯心论虽然提出了关于形式自由的完善概念，但自由是生动的、现实的东西，而在唯心论这里只有形式自由，而没有实在自由。谢林感到奇怪的是，"康德在首先只是否定地通过独立于时间这点把自在之物和现象加以区分以后，并进而在其实践理性批判的形而上学讨论中把独立于时间和自由确实当作相关概念处理之后，并未继续想到把这个唯一可能肯定的关于自在性的概念也传输到那些他自己由以才直接上升到更高考察观点并超出否定性的事情上去"。② 谢林在这里明确反对康德以否定的观念去看待自由概念，而是强调自由应当是肯定性的概念，这就是说，自由既是自在之物的基础，更是我们人类的本质特性，不以这种

① 关于康德的道德哲学历来有很多争论，晚年的阿多诺在《道德哲学的问题》一书中对此有相当详细的分析，他认为康德的理论哲学与实践哲学的分离实际上削弱了人的自由潜能，"因为在第二自然中，即在我们所处的广泛依赖性之中，是不存在自由的；因而在这个被统治的世界中也没有伦理学；所以，伦理学的前提就是对被统治的世界进行批判"。参见 T. W. Adorno：*Probleme der Moralphilosophie*，S. 261，Frankfurt am Main，Suhrkamp，1997.

② ［德］谢林：《自由论》，载《谢林论人类自由的本质》，海德格尔著，薛华译，272 页，沈阳，辽宁教育出版社，1999。

观点去认识自由，而是从单纯的先验论去考察自由，就不可能从根本上澄清自由概念及与之相关的问题。

对于费希特的建立在主观唯心论基础之上的道德世界秩序，谢林也予以了分析。他认为，在涉及人的认识的可能性和广度方面，我们只能确定这几种情况：或者是理性要求统一性，或者是自由与个人意志和情感相联系，或者是权力拒斥以统一性为目标的理性和以个人意志和情感为基础的自由。费希特虽然是要建立一种脆弱的道德世界秩序，但他不能确证对统一性的承认，更不能认真对待个人的情感，所以，费希特想要实现的道德世界秩序实际上是强调人的道德使命，“排除了”自由的体系，即使这种秩序的目的是合理的，它也只是在当下是正确的，或者说，它只是从历史发展的眼光来看是正确的。费希特并没有给出真正的自由概念，因此，从根本上说，他没有给出人类理性的根据。这种情况表明，“自由概念与世界整体的联系看来自然地一直保持其为一个必然课题的对象，不解决这一课题，自由的概念本身就将是摇摆的，而哲学就将是完全没有价值的”。①

我们在这里可以清楚地看到，对谢林来说，无论是康德的自由与必然的二律背反，还是费希特的道德世界秩序，都是不可接受的，它们的根本问题就是在涉及自由概念的实在和有生命的部分——善与恶的时候束手无策，所以，用谢林自己的话来说，“自由概念所包含的那些最深刻的困难就其自身来看将同样不可能通过唯心论来加以解决”。② 谢林本人坚持主张，自由与体系的真正结合就在于通过己内

---

① ［德］谢林：《自由论》，载《谢林论人类自由的本质》，海德格尔著，薛华译，259页，沈阳，辽宁教育出版社，1999。

② 同上书，273页。

之神去认识己外之神，这里的根据就是“绝对者”。他着重指出，我们在说这个体系为神明所知道的时候，并不意味着人在这里是完全无所作为的，恰恰相反，“哲学家之所以坚持这样一种神的认识，是因为他在把理智与恶纯然不昧地分开时，只有他才是通过己内之神把握己外之神”。① 谢林在这里是套用古希腊哲学家恩培多克勒的话，为自己把自由问题与上帝结合在一起进行辩护。这样，在谢林这里，体系与自由、理性与自由的矛盾就表现为涉及上帝的泛神论问题，或者换句话说，理性唯一可能的体系是泛神论。谢林因此就被当作一个泛神论者，而如何看待泛神论就是谢林必须回答的问题。

谢林首先对当时被当作泛神论的不同观点进行了具体分析。他认为，下面这几种泛神论观点都是靠不住的：1. 上帝就等于万事万物；2. 任何个别事物就是上帝；3. 世上的事物实际上都是虚无的。这些观点的错误就在于，它们混淆了造物者和被造物者的区别，对上帝和具体的有限事物进行完全的同一化。而发生这些错误的根本原因是“对同一律的普遍误解，或者说对判断中系词意义的误解”，② 谢林因此从逻辑上对此做出具体分析。他认为，在我们说 A＝B 这个命题时，虽然意味着 A 是 B，但“ist”作为判断系词包含变动的因素，它强调的是重复意义上的同一性。更进一步讲，这里存在着逻辑主词与宾词的区分，前者是先行的东西（antecedens），而后者是随后的东西（consequens）。我们在这种情形下说“物体是物体”这句话，主词和宾词显然是不同的东西，前者是指物体的同一性，后者则是指物体概念

① ［德］谢林：《自由论》，载《谢林论人类自由的本质》，海德格尔著，薛华译，259 页，沈阳，辽宁教育出版社，1999。

② 同上书，262 页。

中所包含的个别一些属性。依据这种解释，主词是内涵的东西，而宾词则是外展的东西，主词与宾词并不完全一样，混淆它们之间的区别显然是不对的。同样，如果人们说世上的事物是虚无，那岂不是在说上帝之外一无存在，既然这样，上帝又何以能够是一切呢？这样的说法显然会使整个概念解体，它对精神的创造活动显得是过于粗拙了。

在谢林看来，与上面这几种经不住推敲的泛神论观点相比较，斯宾诺莎作为泛神论的经典作家，他的泛神论思想则明显不同，它包括两层含义。首先，斯宾诺莎的思想是表示事物内在于神；其次，一般事物与上帝有完全的区分。根据这个原则，当我们在这个学说意义上说，人是上帝的创造物时，并不是说人与上帝是一回事，而是从重复意义上的同一性来理解上帝与人的关系，这里要表明的无非是这个意思，即人不是在上帝之外而是在上帝之内，并且人的活动本身也属于上帝。之所以这样说，就是因为人作为有限存在者必然是依据那个无限存在者(上帝)而存在，有限事物的概念只能是一个被推导出来的概念，只有上帝的概念才是原初的、唯一肯定自己本身的概念。当我们在明确了人既内在于神、同时又不同于神这个道理后，我们就可以知道，泛神论并不一定导致宿命论，也就是说，泛神论并非与否定自由必然地联系在一起，相反，我们通过对泛神论仔细探究倒是可以达到这种认识："个体的自由几乎是同一种最高存在物的一切特性在一起，在矛盾中显现于他们的，例如其全能力量。"①而上帝只能在与他相类似的东西中显示自身，只能在存在者的自由行动中显示自身，这些存在者虽然是以上帝为自身的存在根据，但他们自身像上帝一样也存在

① [德]谢林：《自由论》，载《谢林论人类自由的本质》，海德格尔著，薛华译，260～261页，沈阳，辽宁教育出版社，1999。

着。谢林由此得出结论说，人们所以认为在斯宾诺莎体系中缺少真正自由的概念，绝非是他把事物置于神之内，而是在于他把一切事物都归于那些事物之中，所以，他的错误“是完全决定论的，而决非泛神论的”。①

既然斯宾诺莎学说因缺少精神而导致决定论，而唯心论因为过于抽象而变得空洞无物，这就是说，并非某一个体系而是迄今所有体系在认识自由概念及其相关问题上都有困难，那么，谢林在导论部分就得出这个结论：这方面的讨论如果不超出唯心论和泛神论的范围，就不可能获得正确的认识。谢林在这里非常明确地说出自己的观点，他认为，“唯心论是哲学的灵魂，实在论是哲学的肉体，只有两者一起，才构成一个活的整体”。② 更直接地说，只有通过对唯心论和泛神论加以扬弃，对实在论和唯心论进行互相贯通，才能形成一个统一的、活生生的自由概念。这样，谢林就给自己提出一个重要任务：为了解决迄今所有体系未能解决的难题——自由，他本人必须努力去发现一个全新的思想体系，既要超越唯心论那种自我是一切和一切是自我的形式自由，也要克服斯宾诺莎泛神论不能正确看待人类自由(作为善与恶的能力)的决定论。按照谢林的设想，在新体系中他打算着重从以下几个方面来探讨自由概念和与此有关的问题，它们是：自由的同一性和内在性的问题；自由的二重性；自由与神的关系，即流溢说的问题等，与此同时还要对哲学史上许多不同的哲学流派的观点加以梳理，把它们融入自己的认识之中。谢林后来试图建立的“世界时代的

---

① ［德］谢林：《自由论》，载《谢林论人类自由的本质》，海德格尔著，薛华译，270页，沈阳，辽宁教育出版社，1999。

② 同上书，276页。

体系"(System des Weltalters) 和"实定哲学的体系"(System der positiven Philosophie)都与这个宗旨有关。对于这几个方面的关系，谢林后来在一封信中是这样解释的："真正的东西就蕴含在这三者内部，并且具有这三者有机结合在一起的各个部分。流溢说的表象(只有)在一个要点上可以应用，在另外一个(也是唯一的)要点上则可以应用二重性，最后一个要点则可以应用中立的泛神论。我相信，我的论文将会以从未有过的清晰去表述这三个要点。"[①]谢林强调，这里的关键是要把上帝设想为生动的爱，设想为活生生的自由之根据，这就意味着，自由之所以为自由，它不只是单纯意义上的自身意愿(sich-wollen)，因为自身意愿只意味着形式上的自由，自由同时还应当是实在的和现实的，它必然与世界生活的各个方面相关，其中就包含着恶的根源。我们在这里不能把恶的根源视为上帝本身，而是要把它视为与上帝相对立的图像中的东西，并且从中发掘出自由的本质。

二

谢林在对文艺复兴以来的各种自由观加以评判之后，在《自由论》的后半部分就从上帝的启示、善与恶、人类历史的演变等方面来规定自由的概念和本质。篇幅虽然不大，但论证却相当敏锐和深刻。对于谢林的这种论证方式，就连思辨哲学大师黑格尔也承认，谢林的这部书具有"深刻而思辨的方式"。但是，黑格尔认为"这部书只是单独孤立地在那里，而在哲学里是没有单独孤立的东西可以发展出来的"。[②]

---

① F. W. Schelling: *Briefe und Dokumente*, hrsg. v. H. Fuhrmanns, Bd. 3, S. 604, Bonn, 1975.

② [德]黑格尔:《哲学史讲演录》，第4卷，贺麟、王太庆译，271页，北京，商务印书馆，1978。

黑格尔的评价显然是依据他自己对同一哲学的理解，现在看起来是可以商榷的。

谢林在这里首先主张，如果我们确实要把自由纳入哲学世界观的意义之中，那么，我们的出发点就应该是一种真正的自然哲学的原则，因为“我们时代的自然哲学曾首先在科学中提出本质存在者就其是实存着的(Existierende)和就其是单纯是实存的根据之间做出区分”。[①] 对谢林来说，这种区分在这里具有特殊重要的意义，它不仅可以以此对上帝本身和上帝的创造物进行区分，而且还可以对作为单纯概念的根据与作为实在和现存东西的根据进行区分。以这种逻辑推演下去，谢林自然可以这样说，“上帝在自身内具有的实存根据，绝对地看，亦即就他实存着而言，并不是上帝，因为它也只是他的实存的根据而已。它是自然，存在于上帝之内的自然，是一种诚然与上帝不可分离的本质，但还是与他相异的本质”。[②] 这样，自然在上帝那里仿佛是一种混沌、蒙昧的根据，是一种无意识的东西，上帝本身在不断地超越这种根据，去显现自身的本质——这就是上帝的启示。与此同时，从这种蒙昧的根据中激起和产生了一种向往启蒙的渴望，它所追求的目标就是豁然顿开的澄明，是上帝映像(Ebenbild)中的启示。这是一种知性，更是一种意志。渴望所进行的抵抗对于完善的诞生是不可或缺的，各种力量正是在抵抗中释放出自己的能量，显示出不同存在物的区别。谢林正是在这里看到自然哲学的意义，他认为，指明这个过程如何能够更接近自然的本质，通过区分存在物去展现最

① ［德］谢林：《自由论》，载《谢林论人类自由的本质》，海德格尔著，薛华译，277页，沈阳，辽宁教育出版社，1999。

② 同上书，277～278页。

内在的东西，虽然看起来是一门完备的自然科学的课题，但它对理解同一本质物在自身内部所具有的双重原则具有本质性意义，换句话说，自然哲学所应用的区分原则对认识上帝何以进行启示是十分重要的。为了说明这个问题，谢林用重力与光的关系来比喻和说明这个启示过程，称它是摆脱遮蔽和蒙昧的过程，是晦暗通往光明的过程。

这里需要注意的是，谢林所说的自然、蒙昧的根据及由此产生的渴望和意志都发生在上帝之内。它是上帝此在的最初激奋，与此相应的是，在上帝之内还产生一种内在的反映性表象，上帝通过这个表象看到自身。在这里，渴望所进行的抵抗对于完善的诞生是不可或缺的，各种力量正是在抵抗中释放出自己的能量，谢林这里想表达的意思是：从蒙昧、晦暗的根据到可以预感的豁然顿开的澄明，从混沌不清的自然状态到上帝自身的显现，恰恰说明上帝自由创造和全能意志的可理解性和可直观性。在原始根据中包含一切没有规则、没有秩序、蒙昧不清的东西，通过上帝的启示，这些东西得到区分、纳入秩序并获得发展，混沌状态的原始统一性由此达到和谐的必然统一性。这种情况“正如在人之内创造某种东西时，通过思想在所有思想互相联系而又每种思想都阻碍另一种思想所呈现的混沌堆中区分自己，光明就出现于晦暗的渴望之中，而隐蔽地存在与根据的、把一切都统含于自己之内的统一性也就自行举呈出来”。① 而且进一步讲，上帝的这种全能统一性（All-Einheit）需要经过各个阶段的发展，通过不断提高的区分而展开不同级次，所以，上帝的启示既是一种创造，也是一个过程，它“以一种内在的转变或始初晦暗的原则升华为光明作为目

① ［德］谢林：《自由论》，载《谢林论人类自由的本质》，海德格尔著，薛华译，281页，沈阳，辽宁教育出版社，1999。

标”,[①] 通过不断克服抵抗、晦暗的意志，直至制服自身之内的自然，最终显现自己的普遍意志。

自然是上帝的创造物，它与上帝既有相同的本质，也有相异的特质。由此推论，任何一种自然存在物由于这个起源在自身中就必然具有一个双重原则——神的原则和自然原则。两种原则建构出一种渐次的统一性，它表现为从原始统一性发展到绝对统一性，从不完善升华为完善。与此相应，这里就有两种意志。一种意志是上帝无所不在、无所不能的意志，它是照亮一切的光明，是最高级次的统一性，体现着尽善尽美。另一种意志则是与上帝意志相对立的意志，它是被造物的私意(Eigenwille)，尽管这种私意最初也来源于上帝自身，但就其还没有提高到与造物主相同的完善统一性而言，它就是单纯的渴求或欲望，是盲目的意志。在上帝启示开始的时候，由于万事万物都包含在混沌的原始统一性之中，这时盲目的意志就是统治者，直到上帝启示的完成，全能的意志主宰一切，盲目的意志才可能不作抵抗而归于结束。

人作为存在者产生于自然这个级次，人同时也是上帝的创造物，所以，在人身上既有神的根据，也有自然的属性。对此，谢林这样说：“在人身上存在着黑暗原则的全部能力，而正是在人身上同时也存在着光明的全部力量。在人身上有最深的深渊和最高的天穹，或者说是有两个中心。”[②]这就意味着，人来源于上帝的根据，但人却具有相对独立于上帝的原则。恰恰因为这个缘故，人既有行善的愿望，也

① [德]谢林：《自由论》，载《谢林论人类自由的本质》，海德格尔著，薛华译，282 页，沈阳，辽宁教育出版社，1999。译文有改动。

② 同上书，283 页。译文有改动。

有作恶的可能。如果说在上帝那里由于其不可分离的统一性，表现出的是善，那么，在人这里善与恶就必然是可以分离的，而这点恰恰就是善与恶得以实现的可能性。不过，谢林确信，人是不同于自然中其它种类的，只有在人的意志中存在着上帝的种子，只有在人那里还有封闭于深处的神的闪光，只有在人之内上帝爱过世界。因此，人是不会停留在自然级次那里的，在人这里会涌现出一种更高的东西——精神，从而使人自身不再从根据上停止在晦暗的原则那里。如果说上帝在启示之初还存在万物混沌部分的状况，那么，正是人才区分了私意与全能意志，揭开了黑暗与光明的分别，从而使晦暗变得澄明。正是在这里存在着自由，并且显示出自由的必要性和重要性。由此来看，人产生于自然，又超越了自然。

应当说，谢林对人与神的关系的论述到此为止已经对中世纪神学思想，尤其是泛神论思想做了重要的发挥。但是，谢林并没有在此停顿下来，他接下来的阐述更为重要，充分表现了他对自由的独特理解，并且由此开启了他的晚期哲学思想。

首先，谢林认为，人作为个体是利己的，这是不言而喻的事实，但人却又因为具有精神——即使精神是作为上帝的存在而宣示出来——才是自知和自为的，因此，人性的本质就是精神的自我性(Ichheit)，用谢林的话来说，“真正的自我性是精神，或者说，人是那种作为一种自我性的、特殊的(与上帝分开的)存在物的精神”。①这个观点几乎就是谢林关于人类学的主导性之规定，也是谢林在这个问题上的独特贡献。具体地讲，在谢林看来，由于人具有自知和自为

① [德]谢林：《自由论》，载《谢林论人类自由的本质》，海德格尔著，薛华译，284页，沈阳，辽宁教育出版社，1999。

的意识，人的利己性才能上升到理智，人性的本质因此而得到彰显；同时，又因为人的自然属性与意识的统一，精神的本质才得到体现。这样的人性已经决定，人是与上帝相分离、并且是不完全依赖于全能意志的存在者，因而人还是可以进行自我决断的自由和自为的存在者。谢林正是在这个意义上才说，人是自由的，行善和作恶在人自身这里都有其行动源泉。“人站在这个分界点：无论他想选择什么，都将是他的行动，但他不能停留在无决定状态，因为上帝必定会启示自己，并且在创造中一般也没有什么东西能保持为两可之间的。”①其次，谢林在承认人是自在自为的存在者的同时，并不认为恶在人类这里就一定会从可能性变成现实性。只有当人身上的内在神性被割裂，与上帝统一性相联系的纽带被割断的时候，恶作为私意才可能超过原始意志，并且去统治上帝的全能意志。由此来看，在自然结构中恶只具有可能性，而不一定具有现实性，人的感性、有限性、不完善性并不就是恶的来源，而只是人的此在的自然基础。这样，曾经被很多哲学家否定的人的自然属性在谢林这里就被颠倒过来。再次，谢林在强调人享有相对独立于上帝的自由之同时，并不否认人作为上帝的创造物与上帝的联系，并且由此看到对立统一原则的普遍适用性。对谢林来说，上帝的启示和人的能动性都是必不可少的，缺少其中任何一方，上帝的普遍意志都不可能成为现实。之所以这样说，其原因就在于，善和恶这两个原则作为原始统一性在上帝之内是不可分离的，它们只有在人这里才可能分裂出来，因为“如若统一性在人类中和在上帝内一样是不可解除的，则人就将全然与上帝是没有区别的；人将会

① ［德］谢林：《自由论》，载《谢林论人类自由的本质》，海德格尔著，薛华译，292～293页，沈阳，辽宁教育出版社，1999。译文有改动。

化为神，于是也就没有爱的启示和爱的感动”。① 正是因为人冲破了原始统一性，人才具有从善或作恶的可能性，而上帝的至善全能这时才能得到显示，所以说，任何存在物都是在其对立面启示自身，上帝在这点上也不例外。没有恨就不能显示爱；没有对立就不能表现统一；没有原始原则在人类身上的分裂，上帝的绝对统一性就不能显示它的全能。一句话，上帝的至善至爱只有在人这里才可能变为现实。谢林由此不仅使纯粹哲学意义上的对立统一的原则从理论变为现实，而且还让它弥漫于整个宇宙，其思想之深刻、胸怀之广阔于此得到充分表现。

现在，谢林不仅是一个泛神论者，而且还把泛神论与一神教结合起来，并敢于对基督教的上帝评头论足。谢林大胆地假定，上帝虽然是全能的，但在混沌初始阶段，在上帝那里还有某些非上帝的东西，它们是蒙昧不清的原素，还未有善与恶之间的区分。上帝的启示之所以必要，就是因为原始统一性可以在人那里分裂，人具有作恶的可能。所以，谢林并不同意当时流行的把恶看作感性情欲、动物性或地上原则的观点，而是清楚地看到，恶在这里是否定的条件，它与上帝的绝对统一性在本质上并没有矛盾。恶在现实中无处不在的事实是与上帝的启示联系在一起的，上帝通过克服恶而昭示自身的全能和至善，于是，上帝的全部启示就与这种否定的条件结合在一起。为此这里还要设定出一种反抗上帝的统一意志的抵抗，上帝通过克服和消除这种抵抗而显示自身。这是一方面。另一方面，人作为被造物天生就具有企图回到混沌状态的自然倾向，“因为仅仅在被造物中才能是以

① ［德］谢林：《自由论》，载《谢林论人类自由的本质》，海德格尔著，薛华译，292 页，沈阳，辽宁教育出版社，1999。

不可分割的方式结合了光明与黑暗或结合了这两种原则”。① 所以，在自然本身的创造活动中就存在着欲望和祈求，以一种特殊的此在方式保持自身。正是在这个意义上才可以讲，人的意志只可能是一种盲目的或晦暗的意志，是一种抵抗的意志，是一种反抗上帝意志的私意。但是，人因为自身的精神本质，人注定要超越这种自然状态。谢林因此认为，人们在解释恶这个无处不在的事实时就必须指出，恶并不是由人创造的，人也不是被迫去作恶。人无论作恶或从善，都是人自己的选择，所以，恶与善都是人的自由决断的产物。

在对人的自然属性和精神本质确定之后，谢林开始讨论历史王国。在他的视野里，“精神的诞生是历史领域，正如光明的诞生是自然领域一样”。② 而且历史领域与自然领域具有很大的相同性，它们相互比喻和说明。对谢林来说，真正的历史演变，是指上帝的启示开始克服作为私意的恶，自然的意图在人的意识中得到改变和升华，尽管善与恶这时还处在对立之中，但上帝的爱通过人的统治已经在调和这种对立。与《先验唯心论体系》里的看法一样，谢林在这里仍然坚持这个观点，即在上帝启示和罪孽时代之前存在过“黄金时代”和“诸神和英雄时代”，这当然是指基督教之前的欧洲历史。所谓“黄金时代”是指人类远古时期，那时的人们还不会有关于道德与罪孽的意识，所以，“这是一个有幸无决定的时代，在那时既无善也无恶”。③ 尔后兴起的“诸神和英雄时代”则是自然全能的时代，神的自然力量通过神谕指引和塑造人们的生活，并且表明人们可以自为地做什么。在这个时

① ［德］谢林：《自由论》，载《谢林论人类自由的本质》，海德格尔著，薛华译，293页，沈阳，辽宁教育出版社，1999。

② 同上书，296页。译文有改动。

③ 同上书，297页。译文有改动。

期，诸神都统治过地球，享有过王侯的地位，并且建立了一个庞大的世界帝国——罗马帝国。但是，完善的统一性不可能来自于自然的根据，所以，这个帝国终究归于灭亡，诸神体系分崩离析，恶又重新出现，并采取了绝对性的姿态去反抗上帝。“这又恰如正是地球第二次变成洪荒空虚的时刻才成了精神的光明诞生的时刻。”①这时，上帝的力量与魔鬼的力量针锋相对，统一性与力的分裂针锋相对，为了拯救人类，上帝的启示通过在人身上的映像而实现，因为只有人格的东西才能拯救人格的东西，上帝变为人是为了让人回到自身。所以，这个阶段又是奇迹和象征的时期，上帝是作为精神、作为现实的行动显现自身。

通过回顾历史，谢林确定了这个事实：恶虽然不是原初性的，但它普遍存在的事实就说明它具有一种必然性，这正是人把作恶的自然倾向变为自己行动的原因，这样，人在规定自身本质的理智行动中就使自己归入到这种必然性之中。但另一方面，恶是一种独特的、自由的行动，它表现为个人的行动和罪孽。这里的核心问题是在观察人的行为时如何解释这种自由与必然之间的统一性。谢林认为，迄今为止的决定论只是强调事物的决定因素，如外在的、内在的、机械的或物理的原因，而唯心论则单纯重视意志或随意性，他们都只是看到这个问题的某一方面，因而就不可能解答人为什么自由地趋恶的难题。这里的关键是如何理解自由，因为按照通常的理解，自由是一种完全不确定的能力，没有非此即彼的确定理由，而完全是因为其有所欲求。谢林不同意这种肤浅的认识，在他看来，这种理解虽然在把人类本质

① [德]谢林：《自由论》，载《谢林论人类自由的本质》，海德格尔著，薛华译，298页，沈阳，辽宁教育出版社，1999。

理解为自为的理念上具有一定的积极意义，但由于它只是把非规定性应用于个别行动，由此就会引申出一些毫无意义的东西。而且证明这种理解的唯一方法只可能诉诸事实，比如说每个人都有权利伸出胳膊或抽回胳膊。但是，这种证明是无意义的，“因为它是从对特定根据的无知，推论其无在”。① 更有甚者，这种理解还把个别行动的一种完全偶然性当作根据，这对谢林来说是绝对不可容忍的，这是因为偶然违背理性，也违背整体的统一性，所以，谢林在这里斩钉截铁地说：“如果自由不外只是通过行动的完全偶然性才能加以拯救，那么自由一般地也就无可拯救。”②

在谢林看来，自由是与理智联系在一起的，“自由的行动直接产生于人的理智性东西”，③ 同时因为一切存在者的理智本质都不会被任何先行的东西所规定，它本身作为概念的绝对统一性已经先于任何其它东西，以便个别行动可以存在于它之内，所以，自由行动又必然是一种确定的行动。这样，自由与必然的统一性就是一种内在的、来源于行动本身的必然性。进一步讲，由于理智本质是个人的自由行动，所以，一切个人行动都是自由的；又由于一切行动都是理智的，所以，一切行动又是必然的。正是基于这样的认识，谢林对自由的本质做出这样的规定，“理智的本质如果确实是完全自由而绝对地行动的，那么它确实也是能够依据它自己的内在自然本性行动，或者说行动只能从它的内在东西按照同一性规律以绝对的必然性而产生，然而这一必然性也是绝对的自由，因为自由是在于依据理智本质自己的各

① ［德］谢林：《自由论》，载《谢林论人类自由的本质》，海德格尔著，薛华译，300～301页，沈阳，辽宁教育出版社，1999。

② 同上书，301页。

③ 同上书，302页。

种法则而行动，并且不为自己之内的任何其他东西所规定，也不为自己之外的任何其他东西所规定”。①

谢林把自由的本质与人的理智结合在一起的思想，是对西方哲学传统中关于自由理论的一个重要发展。如果说奥古斯丁从伦理意义方面阐述自由的重要性给予谢林启发，那么，霍布斯和康德的自由理论则对谢林具有直接的影响。霍布斯曾经纯粹地设定，绝对的没有法则与非自由完全是一回事，因为一个绝对的、没有法则的状态同时也是绝对的不自由，每一个人在这种状态中都会遭受所有人对所有人的压制。这就是霍布斯国家哲学中的“所有人对所有人的战争”(bellum omnium contra omnes)学说的思想基础。康德重视自由，但自由在他那里始终是与法则交叉在一起的，康德的贡献在于给出了自由与法则之间的先验建构。谢林从这些先辈的学说中清楚地看到，没有绝对的自由，而只有加以规定的自由，这个思想具有真理的因素。留给谢林的任务，就是回答康德没有解决的自由与必然相统一的问题。

三

对于自由与必然的统一性问题，谢林解释说，自由和必然是作为同一本质而交互存在的两个方面，注意前者，它自在地表现为自由；注意后者，它在形式上却是必然性。当我们从某一个方面去观察它，就会觉得它们非此即彼，不是此一就是彼一。康德虽然已经认识到自由与理智的联系，但却没有把这个认识进行到底；而费希特则把自我意识的设定看成是人的行动来源，并且想以此解决自由与必然的二律

① ［德］谢林：《自由论》，载《谢林论人类自由的本质》，海德格尔著，薛华译，302页，沈阳，辽宁教育出版社，1999。

背反问题。但谢林认为，这种意识并不是第一位的东西，它事实上是以存在为前提的。即使最初的存在不可能被认识，它也是一种实在性的自我设定，是一种原始的意志活动，正是它使事物本身成为某种东西，它因此也是一切事物的本质性根据。由此来看，存在者的最初行动不可能出现在意识之中，我们只能感觉到，我们的本质就蕴含于行动之中，并且可以由这种行动去推演其发生的原因。谢林援引路德的话说，犹大背叛基督，并不是他没有意志自由，而是他命中注定是这样的叛徒。谢林正是在这个意义上说，“自由行动正如先于本质一样也先于意识，它方才在创立这种意识，但是它终归并不因此就是人在任何时候都没有意识的行动”。[①] 存在主义者萨特后来就受到谢林的这个思想的启发，并由此发展出“存在先于本质”的著名观点。

谢林对自由的本质和自由与必然的统一性的论述并没有就此而停止，因为如果这样，从他的这个观点必然会推导出这样的结论：人的行动——无论是向善还是作恶——都是先天规定的，自由则是毫无意义的。为了避免这样的结论，谢林紧接着就说，假如说人是一个天生的作恶者，那也仅仅是从原始的和极端的意义上而言的，人的道德存在的根源，或者更直接地说，人的本质就是理智，所以，“并非激情本身就是恶，也不是我们只与血肉进行斗争才是精神，而是与我们之内和之外的恶进行斗争才是精神”。[②] 正是因为人具有理智的本质，理性才没有被妄想搞糊涂，精神才没有被引入歧途，生活才没有被颠倒。也正是由于这个原因，人在丧失原始自由后，仍然存在向善的可

① ［德］谢林：《自由论》，载《谢林论人类自由的本质》，海德格尔著，薛华译，304页，沈阳，辽宁教育出版社，1999。译文有改动。

② 同上书，306页。译文有改动。

能性，换句话说，人依然享有选择善或恶的自由。所以，以此推演下去就可以说，在人们思考和权衡恶和善的时候，伦理学的意义与宗教信仰就凸现出来，因为这时一方面私意会诱导人们离开上帝的普遍意志，另一方面上帝的意志还在进行启示，并以此束缚人的意志。在这种状态下，认识神的光明并不是简单讨论神的恩赐或惩罚，而是一种实实在在的实践，是认识真理和善良的行动。

现在，谢林就把这个问题的全部研究又推回到起点，他提出的问题是：既然存在着恶，那上帝作为伦理本质与恶有什么关系？如果说上帝曾经以启示为意志，那他是否也曾以恶为意志，而且这一意志又何以能同他之内的神圣性与完善性相协调？谢林对这些问题的解答完全不同于康德、费希特，而是有着一种地地道道的神学口吻。他断言道，如果上帝的自身启示是自由的和自身觉悟的行动，那上帝本身就必须是有人格的，这是因为“上帝由于他之内的理想性原则与独立的根据的联系而就是最高的人格”，或者说，“如果这两者的生命统一性是精神，那么上帝作为两者的绝对纽带，便是优秀和绝对知性中的精神”。① 上帝恰恰是通过与自然的联系而证明自己的人格，这是上帝自身启示的唯一内容。以此来看，在上帝之内存在着根据的意志和普遍的意志，前者是同一物诞生自己的渴望，后者则是上帝的爱通过话语表达于自然之内。如果说根据的意志不是随意性的，那普遍的意志或者说爱的意志则是与自由相同一的，而且这种自由从其最内在的本质来说具有伦理的必然性。因为在上帝之内根据意志与普遍意志是一致的，在上帝那里不存在恶的可能性，这就是上帝的全能。

---

① ［德］谢林：《自由论》，载《谢林论人类自由的本质》，海德格尔著，薛华译，312页，沈阳，辽宁教育出版社，1999。译文有改动。

但是，上帝的“创造绝非成果，而是一种行动”，[①] 在创世中出现的让步、分歧、反抗等都是上帝启示中难以避免的，更确切地说，是上帝的某种安排。为了防止恶的泛滥，拯救人类，耶稣才以身殉道，这就是所谓“为了使恶不存在，上帝本身也必须不存在”。[②] 因此，上帝启示的目标就是善，它决不能被看成是一种有条件的随意行动，而是一种伦理上的必然行动。但另一方面，为了实现这个目标，就需要激起一切力量，其中就包括作为善的对立面的恶。恶在这里不是匮乏，是实现善的条件和因素。从这个观点来看，恶不具有自身独立的能力，并不能真正构成与善的有效对立。在上帝之爱的光照下，启示的终点就是善排除恶，使其成为完全的非实在性；自然中的私意与上帝的普遍意志结合起来，原初性的善与永恒统一性的善结合起来，实存的东西与实存的根据结合起来。一句话，“爱是一切中的一切”，[③] 只有爱才能使一切分离最后到达绝对的同一性。

现在我们已经清楚地看到，在谢林这里，自由与必然的统一性最终归结于上帝的普遍统一性，并且与上帝的存在状态或启示联结在一起。这就是说，人类的自由和必然可以从上帝的存在或启示的过程得到解释，这个过程分为这样几个阶段：从上帝的原始状态到上帝的启示状态，再从启示状态中的各种对立的展开到启示的实现和完成状态。与此相应，这个过程又可以表达为：从无差别的原始统一性，经过克服和解决一切对立，再回到超越所有对立的绝对统一性。这样看起来人类自由的问题已经被谢林化解为“从上帝到上帝的过程”，正是

① [德]谢林：《自由论》，载《谢林论人类自由的本质》，海德格尔著，薛华译，313页，沈阳，辽宁教育出版社，1999。

② 同上书，320页。

③ 同上书，325页。

在这里谢林受到很多人的批判，他的这本书也被某些激进的思想家批评为“他的哲学趋于反动的宣言书”。

我们在承认这种批判的部分合理性的同时，还必须看到谢林《自由论》的积极一面。首先，在基督教占据统治地位的社会里，谢林对泛神论加以改造，并以此来评判至高无上的上帝，说在上帝那里还有某些非上帝的东西，上帝还必须通过自己的启示去克服它们。敢于说这番话本身就是需要勇气的，这绝不是把哲学的探讨当作神学的宣示。其次，谢林看到自由绝不是空洞的概念推演，而是一个具有实在性的概念，它是与世界整体相联系的。这就是说，每个存在者本身是自由的，但他们还必须受到其它存在者的制约和规定，从这点来看，人并非是完全自由的，还必须服从命运的安排，即遵循必然性，所以，自由与必然相互存在于对方之中，没有自由就没有必然，没有必然也无所谓自由，真正的自由就是遵守必然。再次，谢林与奥古斯丁一样，把自由同善与恶的选择结合在一起，从而使这个问题的研究具有道德哲学的性质。谢林已经看到，恶与善都是人的自由的产物。在所有存在物中，只有人在作恶方面是得心应手。但恶本身并没有力量，揭露恶，并把善与恶区分开来，提高人的道德意识，让每个人都必须对自己的行为负责。这样，不仅自由与我们的生活联系在一起，而且作为真正知识的哲学也确定了自身的使命——这就是道德定向。很显然，这个解答比康德把自由与必然作为二律背反悬搁在那里合理得多，也比费希特过于强调道德规定而忽视自由的道德世界秩序合理得多。

当然，正如黑格尔说的那样，谢林在这本书里单独孤立地突出了自由问题，而对理性与信仰、哲学与宗教这些基本而又是前提性的问题却没有进行解答，这明显是这本书的不足。谢林后来一直想解决这个问题，然而直到去世也没有给出答案。不过，需要强调指出的是，尽管它有种种不足，但谢林提出自由以及与之相关的上帝、必然性、善与恶等问题本身就具有极大价值，这是西方哲学继奥古斯丁之后对这些根本性问题进行的又一次关切和思考。在认识真理的过程中，问题的提出并不逊于问题的解答，比如，数学中的“哥德巴赫猜想”曾经和正在激励着几代人去攀登数学王国的顶峰，而谢林提出的自由问题更是关乎人类自身的命运，它远比自然科学中的问题宏伟和深刻。或许正是基于这样的原因海德格尔才说，谢林的这部书是西方哲学史上最深刻的著作之一。

第三辑　现代西方哲学

现代西方哲学的流变及启示*

哲学是时代精神的体现。如果说由培根、笛卡尔等人开创，经过斯宾诺莎、莱布尼茨、康德，直至黑格尔发展到巅峰的理性主义哲学从 17 世纪直到 19 世纪上半叶占据欧洲哲学舞台的统治地位，它们体现了这个时期处在上升、发展阶段的资产阶级的理想和精神，那么，此后在欧洲大陆发生的各种各样、纷繁复杂的哲学思想同样是现代和当代欧洲政治、经济、社会状况在思想领域的曲折反映。过去的一百五十多年，欧洲大陆发生的变化可说是风云激荡、翻天覆地，而这个时代的剧烈变化在思想领域的反映必定是广泛、深刻的，甚至是激烈的。尽管现代欧洲大陆哲学纷繁复杂，派别林立，但它们正是这种时代状况在精神领域的体现。

---

* 本文描述了现代西方哲学的主要流派及思想，勾勒了其发展线索，概括和分析现代西方哲学的基本倾向及其产生的原因，并且特别强调，我们要在准确把握西方哲学本质的基础上，积极借鉴西方哲学的成果，努力把哲学研究与中国现实结合起来，为创建有中国特色的哲学理论做出贡献。原文发表于《江苏行政学院学报》2006 年第 2、3 期，由上、下两部分构成。

本文在试图把握现代西方哲学发展脉络时，首先遇到一个难题，就是黑格尔以后的西方哲学到底是如何过渡和发展到现代哲学的。之所以提出这个问题，是因为在黑格尔以后的几十年间，欧洲哲学看似杂乱无章、没有头绪，欧洲哲学在这个阶段表现得萧条凋零，好像只是到了19世纪末胡塞尔建立现代现象学，现代西方哲学才得以真正确立。但是，如果我们不澄清欧洲哲学在这个转型时期的基本脉络，我们就不可能说明胡塞尔的现象学和当代西方哲学的由来。这里遇到的第二个难题，就是现代西方哲学学说繁多，纷繁复杂，派别林立，更由于当下的各种西方哲学思潮本身还在发展变化，尚无定论，所以，当我们面对它们时候，常常犹如雾里看花、莫衷一是。如何认真解读、科学分析和准确把握现代西方哲学，确实是我们必须面对、并且要予以正确解答的问题。

一　近现代哲学的转型

我们知道，理性主义哲学自17世纪以后在欧洲一直居于统治地位，理性成为解决存在、知识、真理，乃至人生观和世界观等重大问题的根据、准则和方法。直至黑格尔，理性主义发展到登峰造极的地步。恩格斯曾经这样评价黑格尔哲学："近代德国哲学在黑格尔的体系中达到了顶峰，在这个体系中，黑格尔第一次——这是他的巨大功绩——把整个自然的、历史的和精神的世界描写为处于不断运动、变化、转化和发展中，并企图揭示这种运动和发展的内在联系。"在黑格尔那里，绝对精神是根据、本质，宇宙间的万事万物不过都是绝对精神的外化或表现，它们由绝对精神而来，经过漫长的辩证运动，最后又回归到绝对精神那里。理性主义原先是反对形而上学的，但到了黑格尔那里，貌似圆满的理性主义最后又回到概念的形而上学那里，黑格尔实际上是把理性主义哲学推向了极端。

“泰极否来”。当黑格尔哲学在德国如日中天的时候，欧洲大陆其他国家却并没有出现有重大影响的哲学模式，倒是在德国本土，哲学思想仍然很活跃，黑格尔哲学也不能一统天下。还是在黑格尔在世和去世不久，德国古典哲学另一位代表人物谢林就对黑格尔以概念为中心的哲学思想提出批评，只是谢林本人虽然也强调经验的重要性，并要求将理性与经验结合起来去推动哲学的发展，但他却把解决问题的中心放在神话和宗教那里，从而在理论上和方法上根本不可能推翻黑格尔哲学。真正摧毁和颠覆黑格尔哲学的，是在黑格尔去世以后的几十年。这里面既有19世纪下半叶之后的科学技术的进步和社会发生丕变的外部原因，也有哲学本身必须适应社会变化而发生转型的内在需要。

首先，我们在这里应当看到，自然科学与哲学的完全脱离发生在19世纪。德国古典哲学，尤其是黑格尔哲学是与18世纪末和19世纪初的自然科学状况有关的，他们的基本哲学思维方式是启蒙运动所确立的以人为中心的思辨形而上学，而其自然哲学的基础则是古典物理学。因而，他们探讨的核心问题是如何站在主体性的立场上把主体与客体、精神与自然、形式与内容统一起来，这种理论形态最终必定会形成理性的独断。这样，当自然科学继续进步，并在19世纪建立起细胞学说、能量守恒和转变定律及生物进化论这三大成果以后，人类对世界的认识有了质的飞跃，黑格尔用思辨的幻想去代替现实世界的联系就必然会走向没落，并被人们所抛弃。所以说，从外部来讲，对黑格尔哲学真正的重大打击来自自然科学领域。当时的欧洲，不仅英法等国的自然科学家不理睬黑格尔的自然哲学，就是德国的自然科学研究也逐渐抛弃了抽象思辨的自然哲学，转而注意经验和实验的方法。随着自然科学取得一个又一个辉煌成果，以黑格尔为代表的理性主义哲学就越被认为失去价值。当然，在进入20世纪以后，随着现代物理学的进步，尤其是相对论和量子力学的产生，过去被当作联系物理的实在世界和现象世界之纽带的直观已经被推翻，空间和时间被归结为主观化的过程，经验的和实证的方法已经被证明不是认识世界、把握真理的唯一的方式。然而，这时距离黑格尔时代已经有了一百年。

与自然科学的巨大进步相对应的，是以经验主义为基础的科学主义派实证主义的崛起。这一派哲学家首先产生在经验主义哲学和唯物论传统的英法，其代表人物是英国哲学家穆勒和法国哲学家孔德。他们在理论上继承了休谟的经验哲学，却又不满意旧的怀疑论缺少自然科学的实证性。他们要求哲学和社会科学仿效自然科学实证的、可以验证的方法，以描述经验事实为内容，以获得实用效果为目的，从而建立一种排除形而上学、可以获得知识的确切性和可靠性的哲学。科学主义和实证主义对黑格尔哲学的打击是巨大的，尤其是在自然科学突飞猛进，而19世纪中叶欧洲社会动荡不安的形势已经证明黑格尔的自然哲学、历史哲学和法哲学不能回答时代问题、正确解释客观世界和人类命运的情况下，这种打击更是致命的。由此产生的西方现代哲学的实证主义经过第二代“内在实证主义”和第三代“逻辑实证主义”的持续发展，贯穿于整个20世纪，并由此开始和实现了现代西方哲学的两大分野——欧洲大陆哲学和英美分析哲学。

其次，当黑格尔哲学在遭到外部打击的同时，黑格尔哲学学派内部也发生了变化。这个学派在黑格尔去世后分为左右两翼——老年黑格尔派和青年黑格尔派。右翼以加布勒尔(Gabler)、欣里希斯(Hinrichs)和早期鲍威尔(B. Bauer)为代表，这一派放弃黑格尔的辩证法思想，更多的是从神学和基督教教义方面来解释黑格尔哲学。在当时科学技术迅猛发展和各种社会矛盾不断激化的形势下，这一派希冀用神学来挽救黑格尔哲学，其结果只能是穷途末路。与此相反的是，青年黑格尔派在当时则有相当的声势，施特劳斯(D. F. Strauss)、后期的鲍威尔、费尔巴哈(L. Feuerbach)等人对基督教神学的鞭笞，对生活在现实世界中的人的关心，实际上都是对黑格尔的唯心主义的反动和批判。青年黑格尔派，尤其是费尔巴哈的唯物论思想和宗教神学批判对青年马克思产生了直接影响，辩证唯物主义的最终形成是与青年黑格尔派的影响分不开的。黑格尔学派的衰落和马克思哲学的产生，不仅意味着黑格尔哲学已经在逐步退出历史舞台，而且还昭示着一场深刻的哲学革命和崭新的意识形态的诞生。

再次，西方社会有着两千多年的基督教传统，文艺复兴和启蒙运动打破了宗教神学的绝对统治，但这种深厚的宗教传统是不可能消亡的，更何况终极存在、终极意义是人类与生俱来、与人类存在方式密切相关的东西，是永远取消不了的。科学主义和实证主义虽然推进了认识论和方法论的研究，但它们取代不了人们对超验问题的关心，更阻挡不了人们对绝对真理的追求。在这样一种情形下，叔本华和尼采对传统的思想、文化、宗教的批判就显得十分重要，他们在颠覆欧洲文化传统、导致欧洲哲学转型的过程中所起的作用是关键的，甚至可以说，近现代西方哲学是以这两人来划定界限的。

生活在18世纪末和19世纪上半叶的叔本华，一方面受浪漫主义之濡染，崇尚自由创造，崇尚情感和美的生活，另一方面又极不满意动荡不安的现实世界以及与这种现实相适应的传统观念和文化。叔本华反对传统观念，反对基督教的神学信仰，反对理性主义的哲学，他对人生、对世界本质都持悲观的态度。不过，他在感叹“人的存在是一种错误"的同时，并未自暴自弃，而是天才地说出了这个真理：人与其它动物一样服从"生命意志"，但人可以通过哲学和艺术表达自己的感受和体验，勾画生存的条件，只有人才能自我解惑，只有人才能认识自身。为此，叔本华冲破艺术和科学、艺术和生命的界限，在古典哲学内发起了一场革命。他用"意志"来代替黑格尔的"理性"，"意志"成为一种感性的、现实的原创力，这样的意志是非理性的，但却是自由的。但是，非理性的意志并不服从知性的因果律，而现象却必须服从因果律，于是，如何解决这种不服从因果律的"自由的意志"与服从因果律的现象(即他所说的"表象")之间的关系，就成为叔本华的难题。为解决这个难题，叔本华又不得不承认理性的反省思维是认识世界本质的一种可能方式，他转而求助于柏拉图的理念说，并用艺术的理念来否定意志，化解矛盾。意志在艺术理念中得到了暂时的解脱，但艺术理念又带来了新矛盾。叔本华最后就只能转向宗教抑制——禁欲，以求对意志的完全否定。由此来看，叔本华的"意志哲学"的主旨就是对意志的肯定和否定，他的基本问题是探讨欲求和解脱之道，而艺术、禁欲和哲学则是他对世界本质的三种考察方式。尽管叔本华反对理性主义，但他在探索过程中自始至终都没有真正脱离理性。

尼采受到叔本华思想的影响，他承认叔本华的悲观论调的坦诚，但并不赞同这种消极的人生态度，而是要求人们不再忍受现世的折磨，勇敢地面对千变万化的世界，不断地开创自己的事业。尼采不是怀疑论者和悲观论者，他的信心建立在现实世界的永恒变化之中，而不是来自于那个所谓至高无上的理念。他把叔本华的"生命意志"发展为"权力意志"，不仅将意志哲学贯彻到底，而且彻底颠覆了欧洲自古就有的形而上学真理观。在尼采这里，作为创造力量的意志不只是决定世界的本质，而且还是道德评判和价值评估的标准。当尼采高喊“上帝已死”，就已经表明他与一切旧的宗教信仰的彻底决裂；当他提出“重新评估一切价值”，就已经表明他要彻底清算束缚欧洲思想数千年的“理念论”；当他主张“只要羊群，不要牧羊人”，就已经说明他反对现代工业社会对人的全面宰制、要求全面恢复资产阶级早期追求的个性自由。尼采的批判是犀利的，他呼吁人们从世俗的政权、神学的说教、僵化的理性主义的压抑和说教中摆脱出来，返回到健康的生命本能和旺盛的权力意志那里。尼采为人们描绘了一个虚幻的超人形象，也把自己的希望寄托在这个超人身上，然而，这个超人却是那样的虚无缥缈，既不是现实存在的英雄，也不可能是某个民族，说到底，他只能是尼采臆想的超人崇拜。

尼采意识到了欧洲传统哲学和基督教神学的虚伪性，他从自己所认识的层面对它们进行尖锐的批判，企图以一个所谓“超人”来超越现实，化解矛盾。然而，尼采的绝对化的思想方式使一些激进的主张走向了极端；他突出了个性的自由，却完全忽视了人所具有的社会性。“不破不立”，尼采学说的意义不在于建构，而在于他对传统思想的颠覆，正是他的颠覆才为后来的哲学发展扫清了道路。弗洛伊德曾说，他发现自己对生命本能和无意识精神活动的探索，都是尼采已经知觉和猜测到的。雅斯贝斯承认，尼采为存在哲学开辟了道路，存在主义讨论的存在、自我的价值等问题，在尼采那里都已经有所涉及。胡塞尔的哲学虽然与尼采的学说没有直接联系，但是，如果我们把他的直接面对事物自身、致力于还原生活世界的本真性的“现象学”与尼采反对抽象的理智、努力探求现实世界本原的“唯意志论”进行比较，还是能够发现其中的异曲同工之妙的。

最后，如果说对黑格尔哲学的摧毁主要来自上述几个方面，那么，我们还必须强调的是，当时攻击和批判黑格尔哲学的还有很多流派，比如，新历史主义、新古典主义、心理主义，以及稍后的新康德主义等。这些学派或许在当时没有那么声名显赫，但它们对后来的西方哲学的发展却是不可或缺的。

这里有必要提到的，就是著名的新亚里士多德学派（又称新古典学派）的代表人物特伦德伦堡（F. A. Trendelenburg）。从学理上讲，特伦德伦堡对黑格尔的批判是相当尖锐的。他在其主要代表作《逻辑研究》中十分明确地指出，黑格尔是把逻辑范畴的运动当作客观现实运动的原型。但如果考察黑格尔逻辑中的“从有到无”的第一个基本过渡，人们就会发现，这种看起来像是由逻辑推导出来的辩证法，实际上“是由不愿预先设定任何前提的那种辩证法未经讨论就预先设定的”。[①] 这就是说，在黑格尔的逻辑范畴的第一个“变易”（werden）中，纯粹的“有”和“无”都同样是静止的，如果不是黑格尔悄悄地插入运动，那就永远不能发展出自身能够运动的，而且始终生气勃勃的变易这一直观活动。很显然，特伦德伦堡抓住了黑格尔哲学的主要弱点，看到了黑格尔认识论的主要问题。但是，特伦德伦堡并没有再向前走，继续对辩证法进行认识论的改造，而是向后看，他力图通过对亚里士多德哲学的重新诠释，从另一个方面来推进哲学的发展。特伦德伦堡对其弟子们的影响是深刻的，当时在他周围形成了一个学术团体，其中有布伦塔诺（F. Brentano）、狄尔泰（W. Dilthey）、韦尔曼（O. Willmann）、泰希穆勒（G. Teichmueller）、奥伊肯（R. Eucken）等人。此外，存在哲学的先驱，丹麦人克尔凯郭尔也坦诚自己受到特伦

---

① 转引自[匈]卢卡奇：《理性的毁灭》，王玖兴等译，220页，济南，山东人民出版社，1988。

德伦堡的启发。这些哲学家对贯穿整个20世纪的现象学和存在主义哲学的影响是直接和明显的。

布伦塔诺和狄尔泰都是特伦德伦堡的学生，他们都对心理学和认识论问题感兴趣，但是，他们后来发展的方向并不一样。布伦塔诺既是一个心理学家和认识论者，同时又是一个本体论者。他关注心理现象和认识论问题，尤其注意说明心理现象的类的特征——意向性，注意阐明心理现象与真理、意识与世界的关系。胡塞尔是布伦塔诺的弟子，“他从布伦塔诺那里继承了把哲学看作是精密科学的思想。他和布伦塔诺一样，也从对象转向了心理活动。在他的许多个别研究当中，布伦塔诺的思想构成了他哲学研究的出发点”。① 另一方面，布伦塔诺同样关心亚里士多德的研究，注意研究存在概念的统一性，注意区分作为一般概念的“存在”和“存在着”一词的具体所指，他借鉴亚里士多德对存在的多种意义的界定和范畴论的分析成果，以此去反对那种以存在者的假设来论证存在的统一性的研究。布伦塔诺对本体论和形而上学的研究，对现代存在哲学的影响是不容忽视的。

狄尔泰兴趣广泛，知识渊博，他一生都在构造他的“精神科学”。他不满意当时流行的科学主义和实证主义，试图限制实证主义的范围，消除哲学的抽象理论与自然科学之间的隔阂和争论。他把人、社会及其关联当作哲学的基本研究对象，强调人是一个具有知、情、意的整体，并且是不断与自然和社会进行交互作用的行动者。因此，他一方面不满意传统的形而上学，另一方面注重对哲学的人本主义传统的继承，同时对历史学、心理学和人类学予以特别的重视，把它们视

① ［德］施太格缪勒：《当代哲学主流》(上卷)，王炳文、燕宏远等译，86页，北京，商务印书馆，2000。

为建构精神科学的重要内容。狄尔泰想建立的是一门既不同于自然科学、却又从其中吸取某些元素，既不同于以往形而上学、却又关心人类社会的精神科学。这样的精神科学当然是现代哲学开拓创新的尝试，它改革创新、又不流于世俗，继承传统、又不囿于传统，对维护哲学和社会科学的独立性，并对现代西方哲学发展产生了重要影响。早在30年代，胡塞尔就多次承认，狄尔泰学说在当时具有很大影响，现象学运动也被狄尔泰的理论所打动，他把狄尔泰的精神科学工作看作是现象学的天才的前瞻和准备。海德格尔和后来的伽达默尔也都把狄尔泰当作他们的思想先驱。

二、现代哲学的发展脉络

前文已经提到，19世纪中叶以后，一直有着经验主义和科学主义传统的英美等国更加重视实证主义，经过数十年的发展，在英美，首先是英国，实证主义经过第二代“内在实证主义”和第三代“逻辑实证主义”等阶段，在20世纪之后，发展为语言哲学或分析哲学，终于实现了现代西方哲学的两大分野——欧洲大陆哲学和英美分析哲学。① 分析哲学在充实和完善哲学的分析手段、提高哲学表述的精确性等方面确实做出了重要贡献。但是，由于分析哲学“把逻辑和语言看作是整个哲学研究的全部内容”，② 这实际上是把哲学的分析工具

① 虽然英美是分析哲学的大本营，但实际上德国的弗雷格、奥地利的维也纳学派、维特根斯坦等对分析学派的产生和发展都起到关键作用，只是他们的影响主要是在英美等国，而且也与英美的经验主义传统相吻合，所以，学界一般称之为“现代英美分析哲学”。

② 江怡：《现代英美哲学》，见《西方哲学史》，第八卷，4页，南京，江苏人民出版社，2005。

当作了哲学的内容和目的，降低了哲学追求真理、教人安身立命的本质，因而得不到大陆哲学家的认可，与几千年来的哲学之本质相去甚远。及至 20 世纪末，在英美本土，不少哲学家也放弃分析哲学，新实用主义哲学卷土重来，受到越来越多的重视和研究。因此，本文不对分析哲学做专门介绍，而是着重讲述欧洲大陆哲学。

从欧洲大陆哲学来讲，广义的现象学和存在哲学是现代欧洲哲学的主流，它贯穿于整个 20 世纪。此外，以法兰克福学派为代表的批判哲学对现代西方社会的批评也一直受到广泛重视。这两个主要哲学方向就是在今天也有一定影响。后现代主义哲学表面看起来要彻底否定西方哲学的传统，否定整个西方文化，但我们仔细分析，就会发现它们与现代西方哲学有着千丝万缕的联系，不过是现代西方哲学，尤其是欧洲大陆哲学在当下的延续和发展。

胡塞尔是严格意义上的现代现象学的主要代表。由于时代的影响和他本人学养等原因，胡塞尔是以严格的科学精神来探讨哲学问题的。与布伦塔诺一样，他最初也是以心理学为研究对象，从心理学的角度来思考意向性、意向行为、意向行为的结构等意识问题的哲学意义。但是，对心理学的考察并未使他发现他所期待的真理的绝对性，而是从中看到逻辑学中的心理主义必将陷入经验主义和相对主义的窠臼的危险。这在胡塞尔这里是绝对不允许的。胡塞尔的一个伟大抱负就是让哲学第一次建立在严格科学的、绝对可靠的基础之上，从这个意义上讲，他是一个观念主义者。对他来说，“观念”是本质性的，是哲学认识的核心问题。人类原本生活在“观念”的世界之中，这种“观念”是主体与客体、理性与感性的纯粹统一。自然科学兴起之后，“观念”的纯粹统一性被割断，人们越来越依赖于“科学技术”。为改变这种状况，胡塞尔提出“直接面对事物自身”，要对事物进行“本质还原”

和"先验还原"，不仅要达到一种"本质直观"，认识事物的真相，而且要对经验科学予以超越，返璞归真，不为任何所谓"科学"、"理性"所吓倒。晚年的胡塞尔把这种纯而又纯的真理探索引入到现实社会领域，关注人类的"生活世界"，试图排除一切成见和外部权威的影响，通过现象学哲学的反思去认识生活的真谛和意义。

胡塞尔的现象学的意义不在于它是否把握了那个所谓的"真理的绝对性"，而是在于"胡塞尔排除了使许多思想家感到气馁的原因，他消除了对相对主义和怀疑论的忧虑，他给年轻一代哲学家注入了解决实际问题的勇气"。[①] 在原则上赞同现象学方法的哲学家由此发现了现象学给哲学带来的一个新的广阔空间，而反对现象学的哲学家从此以后不得不更加明确清晰地阐明自己的观点，以适应胡塞尔现象学带来的高度科学严谨的哲学时代。

马克斯·舍勒(Max Scheler)也是早期现象学的重要代表人物。他在现象学领域的主要贡献在于，他是将胡塞尔开创的现象学方法付诸实施的第一人，他把胡塞尔的理论成果当作其事实研究的出发点和立足点，并在此基础上予以创造性的发挥。但应当注意的是，舍勒对现象学方法的解释在本质上是不同于胡塞尔的。胡塞尔在构思现象学时就与康德的先验哲学相接近，即胡塞尔与康德一样，他们都强调一切对象在原则上来说都是意识所能理解的。而舍勒则认为，现象学方法面对的是具体的事实，它并不要求概念的普遍性和明晰性，重视的是经验的确认和假设，因此，现象学与先验哲学没有直接关系。

舍勒一生的思想发展变化很大，经历了从现象学时期到天主教时

① [德]施太格缪勒《当代哲学主流》(上卷)，王炳文、燕宏远等译，129页，北京，商务印书馆，2000。

期，再由天主教时期到泛神论时期，他的研究范围相当广泛，著述甚多，涉及伦理学、宗教哲学、社会学、心理学、哲学人类学、社会批判等。其最富有成果的工作是对情感现象的研究，以及在此基础上展开的对价值问题、人格(Person)问题、宗教神学问题、世界等级结构等问题的探索和研究。舍勒对康德道德哲学的形式主义、主观主义、唯理论、绝对主义和严格主义所进行的批判使其在欧洲学界声名大振，但他把伦理学的基础看作“是由关于价值和价值等级序列的客观陈述构成的”，① 从而就把伦理学的最基本原则——道德义务从其“质料伦理学”中排除出去。由此来看，舍勒的伦理学不包含具有普遍意义的道德命令，也不像康德道德哲学那样纯洁。此外，舍勒的许多阐述虽然很有创造性，但其论证却缺乏足够根据，方法不严密，分析也不细致，尤其是他的理论缺少概念的逻辑力量，所以，他并没有提出一种能够促进人们认识和把握世界的形而上学的理论。

海德格尔的存在哲学来源于胡塞尔的现象学，却又远远地超出了胡塞尔对纯粹先验意识的关注。海德格尔关注的重点是几千年来西方哲学一直在探索、却始终没有确切答案的存在问题。他的解决方法是把存在者与存在区分开来，并通过对存在者的此在(Dasein)的追问去“对存在者加以适当解说”。这样的解决方法当然是对既往的单纯从认识论立场去认识存在的思想方法的彻底颠覆。海德格尔的考察重点有三：一是把存在与时间性结合起来，强调存在的特征是“在”的显现过程，而显现作为过程就离不开时间，所以任何此在的意义都与时间相关；二是注意存在的“本真性”，他认为，此在既是个体的具体存在，

① ［德］施太格缪勒：《当代哲学主流》(上卷)，王炳文、燕宏远等译，166页，北京，商务印书馆，2000。

又是与他人发生关系的“共在”，“共在状态”使人丧失个性和本质，只有当人处于本真状态中才会体验“忧愁”、“恐惧”和“死亡”，从而达到大彻大悟；三是把自由与真理直接结合在一起，真理在他那里不是陈述与事物之间的符合关系，而是一种现成的东西，而自由的本质则被解释为“让—存在”(Sein-lassen)，“让—存在”就是使存在者从被遮蔽的晦暗中进入“光明”(Lichtung)之中，而这种光明本来就是真理的原始属性，于是，自由使存在物自身的呈现成为可能也就意味着，自由就是最本原意义上的真理，自由与真理是本然的同一。海德格尔是深刻的，他不仅像他老师胡塞尔那样关注欧洲的文化危机和精神危机，而且直接提醒人们不要遗忘对人类自身和整个世界的存在状态的关心——这才是海德格尔基础本体论的目的所在。正是海德格尔对存在问题的探幽发微、反复追问，才使本体论这个古老命题有了新的活力，并为此后的建立在本体论基础上的哲学解释学、哲学人类学开辟了道路。

当然，关心人类存在状态的并不是海德格尔一人。在他之前数十年，丹麦人克尔凯郭尔就反对近代理性主义哲学以精神的抽象性淹没生活世界中的具体个性的思想方法，他重视生活在现实世界中的个人的具体存在，通过对“个体在永恒之下的生存”的阐释，对不同的生存境界及彼此间的关系予以深刻和透辟的揭示。克尔凯郭尔在世以及他死后相当长的时间内，他的影响并没有超出丹麦国界。克尔凯郭尔的真正流行是在第一次世界大战以后，随着存在主义的兴起和发展，他的著作被译成各种语言大量出版，人们对他的思想意义随之有了新的认识。直到此时，克尔凯郭尔才被当作存在主义的“先知先觉者”、西方哲学史上的一个重要的思想家。

与海德格尔同时代的雅斯贝斯也是存在哲学的主要代表人物。雅斯贝斯也不是从主客二分的立场去认识和解释存在的，而且在这点上比海德格尔还要明确。他把存在直接视为一个无所不包的“大全”(das Umgreifende)，并认为揭示存在就是通过对人类生存状态的澄明和超越(Erhellung und Transzendenz)去阐明这个“大全”。他所说的“此在”与海德格尔也有不同，他强调的重点在于，此在是指对象化的人的存在，但人不只是单纯的此在，还包含了意识、精神、生存等其他形式，所以，此在不仅是哲学的研究对象，而且也是各门具体学科的对象。雅斯贝斯通过对生存、自由、交往、理性、历史性、信仰等问题的阐释，开拓出一条与海德格尔既有联系又有不同的存在哲学的道路。

存在主义作为一场声势浩大的哲学运动，远远超出了德语世界，法国知识界，尤其是萨特和梅洛一庞蒂在这方面的贡献是绝对不可忽视的。萨特曾经研究过胡塞尔的现象学和海德格尔的存在哲学，在一定程度上受到德国哲学的影响。萨特对存在哲学的阐释虽然源于现象学，但他的分析和结论却又不同于海德格尔和雅斯贝斯的存在哲学。在萨特这里，“存在先于本质”和“他人就是地狱”这两个命题尤其引人注意。萨特论证前者的根据在于，因为现象是事物自身显现的过程，现象本身既是现象又是本质，而在其背后的是存在，所以真正承载现象的就是“原始的存在”。萨特的论证是以纯粹主观性的自我意识，即他所说的“反思前的反思”为出发点的，这种自我意识本来是与其自身相同一的，它原本是没有内容的“虚无”，只是因为它的指向外物的意向性，它才把本质赋予给它所发现和包容的对象。于是，纯粹主观性的意识存在同时又意味着非意识的存在，意识与外部世界由此又结合在一起。萨特论证后者的理由在于，作为主体的人不仅与生活世界打交道，更要与共同生活在这个世界上的其他主体打交道，他人的存在会以他的主体活动限制我的自由，反过来，我的存在也会以我的主体活动限制他人的自由，主体之间不可避免地是一种你争我斗的关系。萨特从这两个命题中引申出一个实践哲学中的重要命题——人生的意义就是"选择的自由"和人对自身的自为存在、对自己行动承担"责任"的解说，他的存在哲学的实践意义也由此得到彰显。

梅洛—庞蒂不仅是法国现象学和存在主义的主要代表人物之一，也是法国结构主义的先驱者。与萨特一样，梅洛—庞蒂也是在德国现象学和存在哲学的影响下开始自己的哲学研究和创作的，但他的哲学思想在不少地方是不同于萨特的。首先，他将主观性与客观性看作一个完成了的整体结构，并把其理论重心转向客观性。他对以往的西方哲学进行了激烈批判，企图通过回到主观与客观尚未分裂的原初的整体现象的途径来弥合笛卡尔的身心二元论，纠正唯物主义和唯心主义、理性主义和经验主义、决定论和绝对自由等对立双方的片面性。他的观察和研究在某些方面确实取得了一定的进展，尤其是他对身体—主体的出色论述表现出其哲学思想的独创性。其次，他不同意萨特关于虚无和自由的看法，梅洛—庞蒂承认，我们确实能够在任何时刻终止我们的谋划，但这意味着我们开始了另一个谋划，因为我们从不"悬搁"在虚无之中，相反，我们始终处于充实之中，处于存在之中。梅洛—庞蒂在批评机械决定论和历史决定论的同时，也对绝对自由做出了比萨特愿意承认的更多限制。其中最具特色的限制因素是，由于我们不仅有意识而且还有一个身体，因此我们不可能超越身体限制而获得一种纯粹意识的绝对自由。正是由于梅洛—庞蒂对主体和客体的结构分析，才使他成为从现象学走向结构主义的关键人物，同时，也在一定意义上为后来的后现代哲学反对近现代哲学的统一性和体系性指出了突破方向。

比存在哲学稍后的西方马克思主义是20世纪最重要理论思潮之一，它不是像存在哲学那样只是对西方社会的危机感到“忧愁”、“畏惧”，而是高举批判大旗，对现实世界直接加以否定。在这方面尤以法兰克福学派的影响最大。这个学派在理论上继承了卢卡奇、柯尔施的“批判的马克思主义”传统，吸收了现代哲学、社会学、经济学、心理学等诸多学派的理论和观点，在实践上重视两次世界大战带给人类的经验和教训，通过多学科的综合分析和研究，对现代资本主义社会进行了尖锐的批判，形成了独具特色的“社会批判理论”。法兰克福学派早期的主要代表人物有霍克海默、马尔库塞、阿多诺等人。他们的批判锋芒主要是指向发达资本主义社会对人在政治、经济、文化等各方面的全面宰制，并且把这种批判扩大到对启蒙运动以后的现代文明的坚决否定。70年代以后是所谓“后法兰克福学派时期”，其影响在这个时期远不如以前，哈贝马斯、施密特等是这个时期的主要代表人物，他们在批判社会现实的主题和方式上都发生了变化，对社会知识产生的条件和现代资本主义理论也进行了重新评估。法兰克福学派作为一个学派，其影响已经消失殆尽，但其中的一些思想家及其理论却仍然在发挥作用。

我们在关注现代欧洲大陆哲学的发展主线的时候，不应忽视在20世纪西方哲学发展中的一个相当引人注目的现象，这就是在19世纪末从哲学中独立出来、完成其现代转向之后的心理学，又重新向哲学积极渗透并产生了深刻影响的这一事实。“因为心理学之不同于其它自然科学，主要在于它不是以纯自然态的外界客观事物作为自己的研究对象，而是把解剖刀指向了进行内在思索的主体本身，即把人的精神活动作为自己的研究对象。”①这样，心理学一方面利用自然科学的研究手段进行观察和实验，另一方面又与理性分析自觉地结合在一起，不仅心理学自身会因此取得重要进步，而且还必然会引起进一步的哲学思考。从弗洛伊德以无意识的本能和性的冲动为核心的精神分析学说，到阿德勒和荣格重视个人行为模式和集体无意识的新弗洛伊德主义，再到皮亚杰的发生心理学和马斯洛的科学人本主义，这些心理学家都自觉地从心理学跨向哲学，他们有意识地拓展自己的研究领域，力图回答人和人类社会的许多更为根本的问题。心理学与哲学的这种独特关系，为20世纪的思想界提供了一个新的哲学研究视角，在一定意义上实现了哲学在方法论和认识论上的新的变革。如果说布伦塔诺、狄尔泰、早期的胡塞尔等人是自觉地利用尚未成熟的心理学进行哲学变革，那后来的法兰克福学派的弗洛姆、阿多诺和存在哲学的主要代表人物雅斯贝斯等则是应用现代心理学的成果进行社会批判的成功范例。其中的经验和教训都值得我们关注。

三、后现代主义哲学

从20世纪70年代末直至今天，“后现代”成为西方各国，尤其是法国、美国、意大利等国学术界和文化界的热门话题，由这个概念所引发的大讨论逐步演变为当代西方相当盛行的一种综合性的学术与文化思潮——“后现代主义”，其内容广泛而又不确定，涉及哲学、文学、艺术、科学技术和一些社会现实问题。从根本上说，这个思潮表现了当代西方国家相当一部分知识分子在精神和文化方面的苦闷和矛

① 丁冬红：《现代西方人本哲学研究》，169页，石家庄，河北教育出版社，2001。

盾，以及他们为克服这些矛盾而提出的各式各样的理论设计和文化形态，后现代思潮折射出当代西方文化裂变的征候。

后现代主义讨论的核心概念是一对既连贯又对立的耦合词——现代与后现代，它们涉及的根本问题是如何看待当今的时代。时代性问题从来就是深刻的哲学问题，因此，围绕后现代的争论很快就由最初的文化领域的讨论而演变为当代西方哲学的最重要话题，后现代主义哲学也因此成为后现代思潮的核心理论，并引领着后现代主义的理论方向。

尽管在后现代主义哲学中有不同的理论观点，但它们共同遵守的一个核心判断是：大约在 70 年代前后，西方工业国家先后从工业社会进入后工业社会，也就是说，伴随着现代航天航空技术、计算机、通信技术和其他科学技术领域的进步，西方社会由原先的传统工业社会进入逐步信息社会。① 他们认为，所谓现代社会是指西方近代以来伴随着资本主义的发展而所造就的工业文明社会，其经济、政治、社会机制的依据是启蒙时代所确立的以人为主体、以人为中心的理性主义、个体主义、自由主义等基本价值。但是，科学技术的发展和现代的经济成就已经改变了我们时代，赋予了这个时代更新的涵义，即这个时代是更加自由的，是无中心的、多形态的、不确定的，审美比道德和政治有更多的价值，解释比理论有更大的价值。理智的功能不是依据人的理性建立概念的体系，而是解释、复制和扩展本文，是在语言的叠加中游移。由此来看，后现代哲学的主要思想特征就是反对以逻格斯和规范为核心的理论化、体系化的思维模式，注重“不确定性、

① ［美］约翰·奈斯比特《大趋势》，梅艳译，10～12 页，北京，中国社会科学出版社，1984。

模糊、偶然的感性活动，从而走向零散化、边缘化、平面化、无深度的道路”。①

后现代主义哲学家们的理论设计各不相同，我们在这里把他们大致分为三类：一是被称为“后结构主义”或“解构性”的当代法国哲学；二是新实用主义的后哲学文化观；三是所谓“建设性”的后现代主义哲学。在这里面，当代法国哲学思想尤其深刻，影响也很大，因而是我们讨论的重点。

在被称为“后结构主义”的法国哲学家中，利奥塔(J. F. Lyotard)、福柯(M. Foucault)和德里达(J. Derrida)等都是后现代主义哲学的重要代表。

利奥塔在1979年发表了《后现代状态》，从知识论角度论述后现代的文化特征，被视为是将后现代主义从文学、哲学推向全社会与各学科领域的重要思想家。利奥塔对当代西方的知识状态予以批评，他认为，科学和叙事(即哲学、政治学等人文与社会学科知识)这两类知识相互割裂，不可通约，互不理解；近代以来作为西方文化的理论基础的“元叙事”，即理性主义、人的解放和精神辩证法，而今都已不可信、崩溃瓦解了。当代知识，即后现代的知识已经背离了“元叙事”，背离了西方启蒙思想传统，它们都是语言游戏，只有约定的游戏规则；不再需要普遍的哲学根据，它们无需系统性、统一性、主体性，而是呈现差异性、多元性、解构性、不确定性。即使像“正义”这种属于社会和政治领域的概念也无公共评判标准，不再成为“社会的共识”。利奥塔强调知识在当今社会发展中的重大作用，主张科学知识

---

① 冯俊等：《后现代主义哲学讲演录》，5～7页，北京，商务印书馆，2003。

和人文知识不应割裂，肯定文化的多样性，这是有见地的。但他过于重视解构性，抹煞人的主体性和能动性、否定理性与客观规律，这在实质上就是否定全部知识的科学精神，导向了相对主义。

福柯早年研究精神病理学，对癫狂和性欲有自己的独特研究。后来他对哲学和文化发生兴趣，其思想受尼采影响甚深，对西方传统文化的批判很是激烈。福柯用一种所谓“谱系学”对人类思想文化展开研究，但表达的却是要消解和否定线性发展的历史观，是要摧毁事物的“本源”和永恒真理的思想方法。在他看来，这个世界上不存在固定不变的本质和规律，不存在形而上学的终极目的。人类的全部思想文化是词、物关系的配置，是受“无意识”自发支配的，历史发展没有连续性，人们只能考察各个时代的文化断层。人不是能动的创造者，更不是世界的主宰，而只是被各种文化密码所建构的虚幻外型。在人类历史和现实中，真正存在的东西是“相异事物的纷争，是差异”。因此，他在晚期集中批判压抑、宰制民众的“权力”，他认为，当今的社会、知识和性欲都是由“权力”所控制的，现实中的监狱、监视制度、甚至文化的扭曲都是权力的表现。福柯的批判虽然是非理性主义的，但他为一切弱小的、被压迫屈辱的东西正名张目，遂使他的理论对西方理论界发生重要影响，在一段时间内成为后现代哲学中的一种主调。

德里达本人并不承认自己是后现代主义哲学家，但他建立的以“反逻各斯中心论”为核心的解构理论在欧美哲学界很有影响，使他“被认为是‘后现代主义’以及‘解构主义’的主要奠基者和代表人物”。[①] 与福柯一样，德里达对欧洲哲学传统采取了相当激进的批判

① 叶秀山、王树人：《西方哲学史》，第一卷，253页，南京，江苏人民出版社，2004。

态度。他认为，形而上学是一种“逻各斯中心论”或“语音中心论”，这个中心支配了从苏格拉底直至海德格尔的传统思维方式，不仅哲学中的主体与客体、本质与现象、真理与虚假、事实与价值等二元对立原则都坚持这个中心，就是日常语言、道德伦理、价值判断也都围绕这个中心。这种以逻各斯为中心的“在场的形而上学”是束缚、僵化我们思想的“白色的神话”，必须将它们全都颠覆掉，才能克服当今哲学与文化的危机。在德里达看来，这个以逻各斯为中心的最基本的结构是“能指”与“所指”的对立，所谓解构就是指出这种根源于西方传统的语音中心的思维模式并不具有以言语直接指谓对象的特权，那种以为在逻各斯统治下全世界只有“一本书”、“一个作者”、“一个大写的人”完全是传统思想制造的虚幻。德里达希望用书写文字中心(即他的“文字学”)来代替“逻各斯中心”或“语音中心”，力求在“文字学”的外表下寻求已经被“涂改”的人类文化发展的真正轨迹。德里达的解构理论是要抹去一切人为的传统规范，解放文化，重新书写新的文字，他的思想在一定程度上动摇了西方哲学的思想根基，使一切企图寻找精神家园的希望破灭。

第二类后现代主义哲学是新实用主义的后哲学文化观，其最主要代表是美国的新实用主义者罗蒂(R. Rorty)。罗蒂的哲学活动主要有两方面。一方面，他始终致力于清算柏拉图以来的哲学传统，力图摧毁以认识论为中心的“镜式哲学”。在他看来，从古希腊柏拉图到当代一些分析哲学学说，都是在人类自身的镜式本质中去映现周围世界，都是用理念、感觉、心智实体等第一原理去建构一个永恒的知识架构，并以此为人类文化活动、道德伦理和社会政治提供思想基础。罗蒂认为，这种对先验真理和普遍至善的追求已经被证明是徒劳无益的，“因为它消除了世上还有新事物的可能性，消除了诗意的而非仅仅是思考的人类生活的可能性”。① 罗蒂对本质主义和基础主义的尖锐批判与利奥塔批判西方思想传统中的“元叙事”和德里达的反逻各斯中心的思想是一致的，他们的意图都是要颠覆启蒙以来的西方思想传统。另一方面，罗蒂试图复兴实用主义哲学，他主张把海德格尔与后期维特根斯坦的日常语言哲学结合起来，用解释学方法沟通英美的科学主义哲学和欧陆的人文主义哲学，重建一种应付环境的行为经验、适应当今社会实践的“后哲学文化”。罗蒂认为，“后哲学”的一切文化没有终极合理性，都是应对世界的方式，只有暂时、相对的价值，这种“后哲学文化”已经放弃追求永恒真理的奢望，也不再把自己当作整个文化的基础和核心，而是与其它学科一样，以参与者的身份进入文化活动之中，只起评论、咨询作用。尽管罗蒂声称“后哲学文化”只有相对、多元的价值，但他又强调“民主先于政治”，哲学是为政治服务的，后哲学文化是自由主义的文化，应当支持当代西方的社会生活方式，而不是为了超验真理而存在。很显然，罗蒂的后现代主义哲学只是在反知识论的层面上反对西方传统，但在本质上是用实用主义和相对主义方式来捍卫西方的自由与民主的价值观。

第三类是所谓“建设性”的后现代主义哲学。这一类哲学家在原则上同意，我们的时代已经属于后现代，因为自 20 世纪 70 年代以来，在西方工业发达国家中出现的生产与社会的转型，无处不在的商品化的大众文化，民众中普遍存在的理想的消失、精神的危机等，已经是不争的事实，而这些事实恰恰是与现代性原则和价值观相脱离的。与上述解构性、反基础性的后现代主义哲学不同的是，他们并不赞同用

① ［美］罗蒂：《哲学和自然之镜》，李幼蒸译，338 页，北京，三联书店，1987。

颠覆、解构的方式去对待传统思想文化，而是力图复兴、更新某种传统哲学或神学，以克服后现代的文化危机，他们因此被称为"建设性"的后现代主义哲学，尽管其中也有不同的、甚至是完全相反的观点。如美国的格里芬(D. R. Griffin)等人倡导的后现代科学，实质上是主张复兴20世纪早期美国怀特海的过程哲学。格里芬认为现代性已经造成生态危机和人类精神文明的衰落，他主张用整体论研究宇宙与科学的统一性，以超越个人主义、人类中心论、生态危机等各种现代性的消极后果。另一位美国哲学家、西方新马克思主义者杰姆逊(F. Jameson)，承认后现代主义文化危机是当代西方的一种现实形态，但他把这种形态解释为资本主义文化发展的一种必然逻辑。他相信，只要私有制占主导地位，资本的权力和控制就是最主要问题，解决这个问题就仍然需要马克思主义，因为马克思主义"仍是解释分析资本主义的最佳模式"。① 瑞士基督教哲学家汉斯·昆(Hans Kung)则更重视后现代社会的宗教信仰危机，他主张现在应当推进多元宗教对话，开辟全球不同宗教信仰互相理解的"普世"新时代。此外，还有一些后现代主义哲学家积极研究重大现实问题，批判现代化所造成的经济、生态等方面的负面效应，倡导绿色政治运动的核心价值观，如生态智慧、非人类中心主义、尊重差异、个人与社会的责任、可持续发展等。

需要指出的是，当代西方社会中有相当一批知识分子并不赞同后现代主义，他们仍然信奉启蒙运动确立的真理观和价值观。其中最典型的代表人物是德国哲学家哈贝马斯(J. Habermas)。哈贝马斯是现

① [美]杰姆逊：《后现代主义的时代精神》，心哲、兰菲译，见《后现代主义文化与美学》，王岳川等编，97～98页，北京，北京大学出版社，1992。

代性的坚定捍卫者，在20世纪80年代发表多篇论著，与后现代主义者展开了激烈辩论。哈贝马斯坚信，启蒙哲学所确立的“现代性”体现的是理性主义和人的个性解放，它的基本理念是相信人类历史在不断进步，道德和法律在不断改良和完善，现代性的理念为人类的最终解放指出了正确方向。虽然现代性的目标并没有完全实现，而且在现代性的实践过程中出现许多问题，但现代性仍是没有完成的事业。哈贝马斯尖锐地批判后现代主义，说他们看到了科学、道德、艺术的分离，却企图退回到现代性之前的位置；他们看到了现代社会在获得经济成就的同时付出了文化危机的代价，但却混淆了社会现代化与文化发展之间的关系。他强调不应放弃启蒙理想，而应纠正原有社会设计的偏差；他提出交往理论，主张建立起一种更加开放自由、更加理智的社会交往，使全体社会成员通过商谈、对话、交往获得价值共识，真正实现现代性的启蒙设计，实现人的解放，建立一种新的理性社会。

由此可见，围绕现代、现代性与后现代、后现代性的争论有很多不相同的观点，它们表现了当代西方知识分子们对当代社会与文化的不同认识。这从一个侧面说明，在科学技术迅速发展和经济全球化的背景下，西方发达国家在资本扩张、社会构成、文化形态等方面确有新的变化和特点，理应引起我们重视，这也正是我们研究后现代主义的意义所在。

四、基本评判

现代西方哲学的发展历程清楚地表明，现代西方哲学已经明显地不同于过去那种包罗万象、一统天下的哲学，它的一个非常明显的特征就是分化多元，演变迅速。如果说以往的某一种哲学作为主导意识形态可以统治天下数百年、甚至一千多年，那么，在现代西方社会中既没有这种处于绝对支配地位的哲学，也没有哪一种哲学可以不受挑战地维系如此长久。相反，这一百多年来是各种思潮涌动不息，各种哲学流派纷呈迭现，许多哲学流派或学说来去匆匆，有的流派的生命只有十来年，就是能够延续几十年的流派或学说也在不断地更新内容或形式，呈现出既波澜壮阔、又复杂多变的局面。

如果我们分析现代西方哲学的几十种流派及其学说，我们可以发现，它们不像以往的哲学那样，或者是以非此即彼的二元论去认识世界，或者是偏重于本体论或认识论，而是表现出各种不同、有些甚至是大相径庭的哲学倾向。概括地说，现代西方哲学主要有下面这几种基本倾向：

第一种是世界观和人生观的哲学。实证科学打破了形而上学的神话，它提出先验学说的正确性必须接受经验的检验；但现代物理学却又打破了物理的实在世界与直观的现象世界之间的直接联系，经验主义和实证主义的世界观同样受到挑战。于是，就像宗教信仰和形而上学对现代人已经不再是不言而喻的事情一样，我们的生活世界对现代人来说也不是本身自明的，这样，在现代人这里就出现了怀疑我们世界的态度与形而上学欲望的基本对立。哲学历来寻求的是一切科学认识的绝对基础，现代哲学也不例外。在现代哲学中，不仅具有实证主义和自然主义倾向的一些哲学流派要对世界重新加以考察，而且存在哲学也是要对世界本质予以特殊说明，像海德格尔的基础本体论就是要解答人怎样才能在一个没有神的世界里生活的问题。后现代主义哲学反对统一性、突出差异的“后现代状况”的阐述也具有这个性质。

第二种是追求纯粹理论认识的哲学。这种哲学看到各门具体科学的局限性，希冀超越各种科学知识，并不受任何其它因素影响，专心致志地追求一种绝对纯粹的、甚至是超越时空的真理。布伦塔诺在方法论上虽然有经验主义因素，但他追求的目标却是关于绝对价值和神的学说。新康德主义中一些哲学家，如柯亨等也有这种倾向，柯亨力图吸收和应用现代数学的方法，积极探讨人类认识的起源、规律和有效性，希望以此来证明理性主义哲学在现代社会的合法性。而在这方面表现最为明显的莫过于胡塞尔，他的现象学是要超越一切经验科学，通过先验还原和本质还原的方法开辟一条认识事物本质、认识绝对真理的道路，使哲学奠定在一个绝对可靠的认识基础之上。

第三种是批判哲学。这种哲学与第二种倾向完全相反，是以批判的眼光去考察和认识人类社会，在他们这里，哲学不只是认识世界的理论和工具，更重要的是要去改造世界。如果说叔本华、尼采的意志哲学是对西方文化传统的否定和颠覆，那么，后来的许多学派都展开了对现实社会的分析和批判。这方面最典型的是西方马克思主义，他们的批判理论直指资本主义社会，其目的就是要通过对现实的批判，去建立一个更合理、更公正、更善良的社会，但他们的批判理论往往脱离实际，找不到一条能够真正改造社会的切实可行的道路。从积极意义上讲，后现代主义哲学也是对当代西方社会的批判，他们反对同一性、反对“元叙事”，在本质上是对现实社会中存在的“压迫”、“宰制”的反抗，是对一种更自由社会的企盼。

第四种是对纯粹哲学基础问题的研究。这种哲学追求理论认识的明晰性、并想为一切科学陈述寻求不容怀疑的基础为目的，但它们并不想干预或替代诸如信仰、伦理、艺术、社会等其它领域，哲学变成单纯的基础性研究，关注的对象集中于“前科学”的概念和语言、语义的研究。维也纳学派属于这种哲学，现代分析哲学中语言分析也属于这种哲学。虽然有些哲学家批评分析哲学是把哲学问题技术化，但应当承认的是，这种倾向是用绝对精确性来表现绝对知识，是绝对理念借以表现的现代形式。

除去上述这几种基本倾向以外，现代西方哲学还有一些其它倾向。比如，分析、概括各个专门学科的研究成果，试图在此基础上形成一个总的哲学观点，如狄尔泰的“精神科学”、哈特曼的“自然哲学”等。再比如，做纯粹描述性研究，尤其想通过哲学史的描述研究而挖掘新内容，这点特别体现了现代哲学家的职业特征。尤其值得一提的是，当下西方哲学出现的各种分支学科，如政治哲学、信息哲学、生态伦理学等，都是直接面对现实世界的各种问题，力图把哲学与某一门具体科学结合起来，从一个方面直接干预社会现实，这既体现了哲学的实践性，也在一定程度上表现了现代哲学的发展方向。

现代西方哲学出现这种多元分化的局面有多种多样的原因，但究其根本，主要有两点：

其一，自从哲学与其它各门学科分离以后，哲学不再像以往那样，像百科全书似地把各种极其不同的任务集合在自己的身上，而是随着各门科学的形成和发展，不能只是专注于纯理论的阐述，哲学也要分析各门科学的理论基础，并要把它们的研究结果与自身结合在一起。于是，在哲学内部就产生了有不同侧重、不同职能、甚至是不同性质的趋向和分支学科。由于大多哲学著作只能表现其中的一个方面，所以，哲学的分化和多元就是自然而然的事情。

其二，虽然现代哲学的根本问题与经典哲学是相同的，但现代自然科学的精确性和严密性必然会使人们对传统哲学的思辨性和其观点的独断性发生怀疑，并且导致了反形而上学思潮的产生和蔓延，这是一方面。另一方面，随着资本主义的发展，现代社会不仅没有消除原有矛盾，相反，资本的扩张，贫富差距的拉大，民族和信仰的矛盾增加，更是加剧了全球范围的动荡不安，形成了许多新的矛盾和冲突，并引发了连绵不断、更加惨烈的战争。这两方面的情况极大地动摇了人们迄今所承认的传统价值观和信仰，出现了这个时代特有的精神危机和文化危机。这种时代性问题迫使哲学从方法论和认识论上吸收自然科学的成果，现代哲学因此从其对立面得到了推进。另外，从更深层次上讲，即使经验科学和实证科学相当发达，人类也永远不会放弃对超验的、形而上学问题的追求，正是在这种精神危机和文化危机不断加剧，而人类又必须明确回答人生意义的分裂之中，现代西方哲学仍然要为一切科学陈述寻求一个绝对的基础，要为人类的存在寻求绝对的价值，现代西方哲学出现这种复杂多变的局面就是不可避免的了。

通过回顾现代西方哲学的复杂多变的局面，归纳其基本倾向，分析其发生的原因，我们从中可以得多许多启示。这里主要提出以下几点：

首先，学习西方哲学必须融会贯通，抓住本质，既要知道其当下总体状况，也要把握其来龙去脉，知其然，还要知其所以然。不能囫囵吞枣，以偏概全，更不能有意炒作其中某派某家。在这方面我们是有一些教训的。比如，有些学者以为，哲学研究在20世纪已经转变为语言问题，其中关键是运用现代逻辑，通过语言分析来澄清和消除所谓“哲学”问题。提出这一主张当然有一定道理。但应当指出的是，如果把探讨人类最本质、最普遍问题的哲学消解为语言和文字游戏，不仅背离哲学的本质，而且也脱离了社会现实。对此，西方学者也是有认识的。实际上，在20世纪不仅分析学派重视语言问题，欧洲大陆哲学同样重视语言问题，只是两者强调的重点不同。前者是加强和突出语言的逻辑功能，后者则是强调语言在解释现存世界、澄明人生方面的意义。海德格尔说“语言就是存在的家”，伽达默尔声称谁拥有语言谁就拥有世界，结构主义将语言结构分析方法运用于人类社会研究，无不说明语言在现代欧洲大陆哲学研究中的作用和意义。① 现代西方哲学的两大思潮在很大程度上是相互交叉、相互融通的，都是想用精确的语言来表达绝对知识，语言分析根本不可能消解和替代哲学问题。

其次，科学技术的每一次重大进步都推动了哲学的发展，现代西方哲学的发展就是在现代科学技术带动和影响下，对传统的形而上学进行了批判和拒斥。很显然，这对于解放思想，促进哲学的发展发挥过积极作用。但是，哲学作为一种理论形态是对人类自身存在、存在的方式和生存环境的理论自觉，并进而上升为理论把握。哲学的这种本质已经决定了，哲学不是某门具体的科学，不能陷入科学主义、实证主义的泥淖，更不能由此蜕变为相对主义和虚无主义，哲学必须包含对绝对、无限、永恒意义上的理念的追求。因此，我们应当正确处理哲学与各门具体科学(其中包括人文科学和社会科学)的关系，注意吸收各门科学的研究成果，而不是让哲学单纯关注和研究某一类具体科学问题。

再次，哲学一方面是对最终价值的追寻或怀疑，另一方面哲学必须面对现实。对很多哲学家来说，这是一个两难的问题，处理不好，就会像近代哲学那样专注于玄思空想，或像现代哲学中的某些流派那样因执着于抽象化而脱离实际。这里的关键，是要既面对现实又不能陷入实际事物，而是要从普遍性和永恒性的立场去观察和分析具体问

---

① 黄颂杰：《西方哲学名著提要》，13～14页，南昌，江西人民出版社，2002。

题，使哲学研究真正做到特殊性与普遍性的统一，时代性与永恒性的统一。哲学家理应有自己的独立性，不能人云亦云或唯上唯书，而是要经过我们自己的反思，坦诚地表达我们自己的独立判断。

最后，从本质上说，现代西方哲学是立足于西方国家的现实而发展起来的，表现了西方思想和文化的本质特征。我们学习和研究现代西方哲学，是要借鉴当代西方的思想成果，但不能因此而“食洋不化”。在注意哲学问题的普遍性的同时，我们的立足点应当是中国的国情、中国的文化和中国的经济、政治、社会制度，我们面临和应当解答的是中国问题。所以，我们应当通过学习现代西方哲学，分析西方发达国家有关方面的经验和教训，注意超越西方的现代性和后现代性，努力创建有中国特色的哲学理论，为中国的思想和文化的发展做出我们的贡献。

狄尔泰在形而上学与非形而上学之间*

德国哲学家威廉·狄尔泰（Wilhelm Dilthey，1833～1911）是“19世纪下半叶最重要的思想家”，① 被人称为“人文科学领域里的牛顿”。② 但是，由于狄尔泰本人思想的复杂性和他所处时代的特点，人们很难把握狄尔泰的思想，于是有些人就简单地把狄尔泰说成是一个过渡型的哲学家。本文旨在通过阐述狄尔泰的精神科学的思想，指出狄尔泰思想的独特意义，探讨处在形而上学与非形而上学之间的狄尔泰对现代西方哲学的贡献，并由此使我们关注和把握西方近现代哲学发展的脉络。

---

* 本文着重论述了狄尔泰的精神科学的概念、精神科学与自然科学的不同及其特点、精神科学的理论意义和历史意义，指出狄尔泰在形而上学与非形而上学之间的摇摆，强调了狄尔泰对发展现代西方哲学所做的独特贡献以及他提出的哲学既是理论的也是实践的、哲学必须与人文科学和社会科学其他学科相结合的主张对我们当下发展中国哲学的意义。原文刊登于《哲学研究》2002年第12期。

① [英]H. 里克曼：《狄尔泰》，殷晓蓉、吴晓明译，4页，北京，中国社会科学出版社，1989。

② *Die Zeitschrifte der Schweizer Universit't*, Bd. 36，S. 233，1963.

一、精神科学的概念

在19世纪下半叶，哲学和社会科学不仅需要解答新出现的社会、政治、经济和一切与人相关的问题，而且还面临着自身学科的基本理论、方法论和学科地位的问题。许多研究者向自己提出了这样一个问题：哲学和社会科学能否像自然科学那样系统、那样可靠，换言之，哲学和社会科学能否成为“科学”？

面对着实证主义和科学主义的挑战，狄尔泰作为一个既想继承原有的思想传统、又想改革创新的哲学家，提出了自己的基本哲学思想，即：生活本身就是我们的理想和评价的源泉，应当“从生活本身去认识生活”，① 并按照这一思想构思精神科学，有意识地把经验知识与哲学思想结合起来。狄尔泰明确反对穆勒和孔德的实证主义和科学主义的主张。在他看来，精神科学的关联不同于自然科学，它不形成一个逻辑结构上的整体，其内在发展和外在表现都是极其错综复杂的。因此，精神科学在方法论上的假设应当是：“研究的关联应当与历史发展的联系相一致”。② 这样的方法，“不可以掌握，而首先只能认识”。③ 为了把精神科学从自然科学对科学和科学性规定的定义中解放出来，狄尔泰企图通过“语言应用”的方法，把“科学”理解为“诸定理的总和，它的各个环节之概念得到充分的规定，在整个思维关联中是恒久和普遍有效的，它们的联系得到论证，其中的各个部分合乎传动目的，最终与整体连接在一起”。④ 而对使用“精神科学”这个概

① *W. Dilthey—Gesammelte Schriften*，Bd. 1，S. 5，Tübingen，1974.

② ebd，S. 24.

③ ebd，S. 5.

④ ebd，S. 45.

念，他作了这样的解释："这里选择的这个名称，至少有这个长处，它合适地表述了核心事实领域；从这个名称出发，实际上就看到这门科学的同一性，勾画了它的范围，确定了它与自然科学的区分，尽管这种区分还不完全。"①显而易见，狄尔泰采用精神科学概念的原因，就是因为这个概念含义广泛，涵盖了人文科学和社会科学的多门学科，而且与狄尔泰想要表达的思想相一致。

狄尔泰所说的精神科学，在德文中是"Geistwissenschaft"。"Wissenschaft"的含义比英文的"science"(科学)要广泛：它既有现代科学的意思，也有知识或认识的意义；我们既可以把物理学、化学等自然科学学科称为"Wissenschaft"，也同样可以把历史学、文学等人文学科称作"Wissenschaft"，所以，"Wissenschaft"是包括一切形式的学问。在这个词的用法上，他与古典哲学家费希特是相同的，费希特就把自己的哲学称作知识学(Wissenschaftslehre)。而"Geist"则是一个多义词，它除了"精神"的含义以外，还有"灵魂"、"精灵"、"智慧"、"心智"等多种含义。狄尔泰在这里应用这个词，具有两方面的意义：一方面，它是指抽象思维、逻辑推理、概念判断等理性的思辨能力和创造能力，这样的能力把人与一切其他生物区分开来；另一方面，它是指精神这种能力所生产和形成的一切东西，狄尔泰称之为"精神的客体化"。狄尔泰早年把后一方面的意义称为"精神的世界"，晚年则接受黑格尔的思想，把它称为"客观精神"。

但是，狄尔泰的"精神"又不同于古典哲学家的"精神"，他特别希望给予"客观精神"这个概念一种清晰和实际的含义，而不让人们把"客观精神"看作是绝对理念之外化的纯思辨的概念。他一再强调，

① *W. Dilthey-Gesammelte Schriften*, Bd. 1, S. 6, Tübingen, 1974.

“客观精神”所描述的东西是我们经验范围内的实体。就像人们感受自然对象和自然过程一样，精神的一切客体化都能被人们的感官所感受和辨别。不过，精神的客体化又不同于自然对象，它们是人类精神活动过程的产物。在狄尔泰这里，“客观精神”这个概念是相当重要的，它有助于哲学家确定这样的事实：精神科学必须研究人与具体实体的关系，比如，人们受到某种社会制度的影响，受到某种文化系统的熏陶，以及人们对这些社会制度和文化系统的作用等。显而易见，狄尔泰在规定精神科学的概念时，祛除了形而上学的一切从主体意识出发的观点。

我们通过上面的论述，必然会得出这样的结论：精神科学是研究人的精神能力及其产物的学问。这个定义表明，这门科学适用于哲学、文学、历史学、宗教学等传统的人文科学的学科；除此以外，心理学、人类学、政治学、社会学等也是精神科学的各个具体学科。狄尔泰强调，精神科学是对人类自己的精神产品进行反思和研究，这样的科学无论如何是不需要科学主义的“验证”的。狄尔泰对精神科学概念的界定，决定了精神科学的研究对象是社会和历史的现实性，那么，精神科学的“材料”就是社会和历史现实性的外在化或客体化，具有社会和历史知识的形式。精神科学的工作意义就在于，“批判地审视传统，确定事实和收集事实，在建构历史和社会世界中实现目标”。[①] 这样，狄尔泰在确定精神科学这个概念时，在实际上就使自己处在先验与经验、形而上学与非形而上学之间。

---

① *W. Dilthey-Gesammelte Schriften*, Bd. 1, S. 25, Tübingen, 1974.

二、精神科学与自然科学的区分

如何区分精神科学和自然科学，是狄尔泰在建构精神科学时在认识论和方法论方面所遇到的一个非常突出的问题。狄尔泰指出，进入19世纪以后，人文科学的研究正在日益服从于自然科学，但是现在必须从认识论上考察哲学和人文科学的研究领域，看看它们与自然科学有哪些异同，使之既吸收自然科学的成果，又不同于自然科学，从而使精神科学的方法奠定在一个坚实的基础之上。狄尔泰主要从以下几点对精神科学与自然科学进行了区分：

1. 狄尔泰承认在人的主观世界以外有客观的外在事实，但是，外在世界是用来证明内在世界的实在性和自主性的。按照狄尔泰的说法，人们必须对“外在的或感性的事实与内在的经验事实”加以区分。内在经验给出的材料是通过外在的自然过程的诱因而形成的，通过同等价值过程的类比，外在的或感性的事实给予内在经验一定意义。由此而形成的独特的经验王国，在狄尔泰所说的内在体验(das innere Erlebnis)方面有其特定的起源和意义，成为一门特别的经验科学的研究对象。狄尔泰在这里是试图通过外在世界来证明内在世界的实在性和自主性，这种认识既有传统形而上学的痕迹，也有实证主义的影响。

通过外在事实赋予内在经验一定意义的过程，被狄尔泰称为“再现”(Nachbilden)。在这个过程中，“理解”至关重要。对精神科学来说，作为生命世界之基础的“理解”能够发挥建构对象的作用。外在事实之所以能够赋予内在经验一定意义，其中一个关键就是主体的理解沟通了外在事实和内在体验。理解在这里被看作精神科学研究的基本方式。在理解的过程中，外在经验与内在经验共同发挥效用。因此，我们不可以说，“精神科学的关联的基础就是内在的感受和理解”，①而应该说是外在和内在的结合。由于精神科学的研究对象是人在社会和历史中的生活实践，由此形成的研究方式肯定就不同于自然科学。精神科学是从生活去理解生活，而自然科学则是人对外在事实的单向度的探讨，依据的方法只能是试验和度量。

对于狄尔泰的这些论述，马克思主义哲学家卢卡奇曾经评价说：“狄尔泰有这样一个正确的感觉，即只有通过实践的道路才能在认识论上解答人与客观外界的关系。”②这就告诉我们，狄尔泰从认识论上对精神科学与自然科学的区分在感觉上是正确的，但是，由于他把外在世界与内在体验笼统地结合在一起，没有意识到现实对意识的相对独立性，所以，“狄尔泰根本就没有意识到客观的、独立于意识的现实”③。尽管卢卡奇的批评有些绝对，但狄尔泰动摇于西方形而上学的传统与颠覆这种传统的科学实证主义之间，在此却是不争的事实。

2. 狄尔泰通过分析精神世界的整体体验，尤其是分析这种体验与自然的感性经验的不可比较性，来论证精神科学的独立性。不可比较性不是指内在经验与外在经验在认识行为的作用上的简单区分，而是指精神世界的事实不可能从机械的自然秩序中推演出来。针对实证主义和科学主义试图把人文科学与自然科学混为一谈，狄尔泰提出，为了阻止把精神世界纳入自然世界体系的行为，我们需要证明，精神世界的事实之间的关系方式在原则上与表面上相类似的自然事实过程是不可比较的。

---

① *W. Dilthey-Gesammelte Schriften*, Bd. 8, S. 265, Tübingen, 1974.

② ［匈］卢卡奇：《理性的毁灭》，王玖兴等译，367页，济南，山东人民出版社，1988。

③ 同上书，368～369页。

为了更好地解决这个问题，狄尔泰提出这样一个问题：精神作用对人类世界的基本影响是什么？换句话说，这个问题涉及那些自然界没有的、唯有人类精神世界所独有的特性。狄尔泰认为，下面四个特征就是人类精神所特有的。首先，人类生活有目的性。虽然有些宗教和哲学把整个自然界也看成是有目的的，但近现代科学反对这样的解释，把有些动物的行为看成是符合目的的，迄今仍然是无法证实的假设，狄尔泰因此坚持从目的或意图来解释人的行为。其次，人类有价值评判。所有生物都有对外部环境做出反应的能力，但是，只有人才能在这个基础上建立价值尺度，只有人才能对善与恶、美与丑、利与害、高尚与卑贱等做出各种形式的价值判断，并在此基础上对人、社会、日常事物、历史事件展开讨论。再次，在人类社会中有发生重要作用的规范，它包括从道德伦理、政治原则到交通规则、日常礼仪规矩等社会生活的方方面面。尽管在自然科学中也有定律，但那是对自然现象进行解释，而人类世界的规范则对人们行为具有约束力，它们是约定俗成的，并且富于变化。最后，人类生活在事实上是历史的，不同的传统铸成了不同的人群，这就是为什么会有不同的文化和不同的信仰的重要原因。所以，在对社会现象进行解释时有一个重要的任务，即必须做出历史的说明，解释当今的状况是如何从以往的事件发展而来的。

3. 在狄尔泰看来，作为精神科学的对象，生命同一性并未将社会和历史的现实性一览无遗地展现出来，而是表现为不透明的，人们不可能洞察它。他因此认为，分析个人和社会的关系，对于区分自然科学与精神科学是十分重要的。狄尔泰把社会理解为过去、现在和通往未来的整体，认为它比作为有机体的人们更加错综复杂、迷茫不清。人既是社会这个整体的一个分子，同时也作为主体把社会当作观察的客体。社会是由许多个人组成的，个人作为社会的一个分子与其他分子交互作用，共同活跃在生命的舞台上。人既是主体，也是客体。但是，社会是一个整体，个人不能建立和代表整个社会。个人是历史的过客，匆匆地出现在生命的舞台上，又匆匆地与之告别。在历史的长河中，作为某一时间阶段的任何个人，恰恰由于他既是主体又是客体的原因，不能或者很少能够认识个人之间的相互作用的过程及其规律。人或许能够借助于内在感受能力，根据这种作用的内容，知道这个过程。但是，社会是如此复杂，完全不同于可以度量和试验的自然规律，所以，把握社会和历史的现实性遇到的困难或许更大、更多。这种情况决定了人与社会的关系在原则上是不同于人与自然的关系的。对此，狄尔泰是这样说的："我们可以从内在理解社会的事实，我们能够在我们自身中依据对我们自己情况的感受，在一定程度上再现这些社会事实；我们带着爱与恨，带着兴奋的喜悦，带着我们反复无常的情绪，直观地伴随历史世界的表象。而自然则是缄默不语的。"①这就是说，自然对我们是外在和陌生的世界，我们对自然只能进行试验和度量，并在一定程度上征服自然，不过我们永远是外在的。但是，由于人直接建构和参与社会活动，所以，人可以从内在理解社会。我们由体验社会而理解社会，这就是个人与社会的基本关系，它决定了精神科学研究的基础，同时从原则上排除了自然科学的研究方式。

这里有两点尤其值得注意：首先，人是社会交互作用体系中的一个要素，他既作用于其他人，也对其他人的作用做出反应，同时人还对这种交互作用和一切社会情况做探索和研究，因此，人既是主体，

① *W. Dilthey-Gesammelte Schriften*，Bd. 1，S. 28，Tübingen，1974.

也是客体，这种情况在人与自然的关系中是绝对不可能存在的。在后者那里，人永远是主体，而自然永远是研究对象。其次，在自然界中起决定作用的是原因，只要有某种动因，就必然会造成一定的结果，因为自然界是“没有灵魂的”，因果关系是必然的。但在社会的交互作用中，并不一定有因果关系，这是由于社会关系的错综复杂及社会生活的特殊性所决定的，同时，人的情绪因素和价值判断在这里也起到很大作用。

尽管狄尔泰在原则上区分了自然科学和精神科学，而且这种区分对其理论建构至关重要，但是，他也清楚地看到，人们在一定情况下并不能把自然科学与精神科学截然分开。他在进一步的论述中还是缓和了这两个截然分开的领域。他指出，精神领域和自然领域始终处在交互作用的关系之中，这点尤其表现在个人的生命同一性方面：“在从自然研究通往精神研究的两个过渡点上，即自然关联对精神发展的作用和自然关联接受精神的作用方面，或者说，在对其它的精神实现作用方面，这两种知识到处都交织在一起。”①这就是说，自然科学与精神科学的各自研究对象在原则上是不同的，这是区分这两种科学群的出发点。但是，“每一个人都是生理和生物的统一体”，② 人除了精神活动以外，当然还有生理功能，人还必须经常与自然相抗争，只有从这种双重的观察出发，才能正确认识人的生命。由于自然科学和精神科学各自研究对象的不同，它们的经验方式也不同。自然是由感性经验或外在经验来认识的，精神世界和精神内容则是由内在经验来认识的。内在经验所开启的精神世界并不导致一个独立的、自治的存

① *W. Dilthey-Gesammelte Schriften*, Bd. 1, S. 18, Tübingen, 1974.

② *W. Dilthey-Gesammelte Schriften*, Bd. 7, S. 80, Tübingen, 1974.

在，因而也不由自然的关联来建立或取消，而是始终与自然发生联系。我们由此可以明确地知道，精神科学的真实性并不是纯粹精神的王国，只有“生命同一性的体系才是这样的现实性，它构成历史和社会科学的对象”。① 这就是狄尔泰不同于传统哲学的地方：他在自觉和不自觉地受着实证主义的影响。

这样，狄尔泰的精神科学就具有强烈的非形而上学的因素：精神科学并不是完全根据主体的意识对社会关系和社会发展做纯粹的理论反思，也不是对现成世界进行美学的直观，而是出自实践动机试图对社会和历史进行思考和调节。同时，狄尔泰不仅看到科学技术的进步给哲学和社会科学带来的变革，而且也看到自然科学与精神科学的区别，提出社会生活不同于自然界的特殊性和复杂性，反对哲学和社会科学照搬照抄自然科学的理论和方法。因此，他并不是单纯地否定传统哲学，而是予以适当的扬弃。他对因果性在自然界和社会中具有不同意义的区分就是对康德的“自由与因果性的二律背反范畴”的继承和批判；他提出的“人既是主体、也是客体”的观点则是对费希特的主体多数性概念的批判和发展。这在当时科学主义和实证主义占据上风的时候，不仅十分难能可贵，而且对保持哲学和社会科学的独立性也有重要意义。

三、精神科学的理论意义和历史意义

狄尔泰精神科学的理论意义主要在于他不像叔本华和尼采那样试图彻底颠覆传统，而是在坚持理性主义的哲学传统的前提下，以开放的心态接受各种思潮的影响，兼收并蓄；同时能够独立思索反省，对

① *W. Dilthey-Gesammelte Schriften*，Bd. 1，S. 15，Tübingen，1974.

他所吸收的思想体系作批判性的修正，以谨慎的批判精神开创出自己的思想道路。

狄尔泰对传统形而上学既有批判，又有继承。他不是从纯粹的主体意识出发，而是把对人和社会的经验研究置于核心地位。在他看来，在以人和人类文明为研究对象的科学与人类文明的变革之间，存在着一种深刻的相互作用的联系，与自然科学和其结果之间的联系相比，前者的联系对合乎目的地塑造外在世界，发挥着更大的作用。狄尔泰把这种联系看作是精神科学的基本关系和其认识论的出发点，因为在这种关系中，我们自己就是发生作用的因素，同时也知道自己的这种作用。因此，我们一方面合乎目的地行动，制定规则，努力去实现理想；另一方面，我们还会建构与作为正确行动者的我们相适应的抽象概念。观察和认识行动着的生命和科学地把握生命的相互作用，就是狄尔泰精神科学的重要课题。

在方法论上，由于狄尔泰把人、社会及其中的关联当作精神科学的基本研究对象，所以，他对历史学和心理学予以特别的重视。他认为，精神科学的历史研究是政治和历史的一个组成部分，解决好这个问题，对精神科学的持续发展具有重要的理论意义。同时，精神科学的本质是人进行自我反思、自我澄明，因此，以人为研究对象的心理学在这里是最适合不过的，心理学是精神科学的基础科学或第一科学。当然，各个学科在精神科学内部的相互关联和相互建构的关系必定是狄尔泰关注的命题。狄尔泰清楚地知道精神科学在研究方法上的困难，因为精神科学关注的焦点是人，而人既是一个具有知、情、意的整体，又是一个不断与自然和社会进行交互作用的行动者。所以，精神科学不仅要依赖心理学对作为个体的人的心灵进行研究，利用历史学对人类历史进行返观，而且还要考虑现实研究中的主客之间的交互性，人类学、社会学、政治学和文化研究在这里都是不可或缺的。这样，精神科学不仅研究周期长，甚至需要几代人付出艰辛的努力。

狄尔泰的这些努力说明，他试图限制实证主义的范围，消除抽象理论与自然科学和技术之间的隔阂和争论；注重对哲学传统的批判和继承，注重吸取历史学、心理学、人类学的最新内容，这在哲学上拓宽了认识论和方法论的范围。狄尔泰想建立的是一门既不同于自然科学、却又从其中吸取某些原素，既不同于以往形而上学、却又不放弃哲学固有的关心人类、关心社会的传统的精神科学。这样的精神科学当然是近现代哲学开拓创新的尝试。

狄尔泰精神科学的历史意义主要表现为对胡塞尔、海德格尔和伽达默尔的影响。就狄尔泰与胡塞尔的关系而言，胡塞尔虽然始终坚持哲学是一门严格的科学的看法，但他从狄尔泰的精神科学中体察到哲学具有世界观的意义。他在当时和以后的研究中都承认狄尔泰著作中所表述的观点是哲学的重大课题，因为“理智、教化和人性都是不可或缺的”。① 胡塞尔在《逻辑研究》第一版中就把其中应用的方法称为“描述心理学的方法”，而这个方法恰恰就是精神科学认识论和方法论的标志。根据胡塞尔在 1929 年 6 月的一封信中的叙述，1905 年狄尔泰与他在柏林的几次谈话，给他很多启发，结果使他从“逻辑研究”的胡塞尔变成“现象学观念”的胡塞尔。这个转变促使他更加注意透视历史，观察经验世界，分析和研究哲学与经验问题的关联，努力在实践哲学与理论哲学之间搭起一座合理的桥梁。② 胡塞尔后来在审读他的

① *Die Sonderausgabe der Phänomänologie*，S. 67，Freiburg/München，1985.

② E. Edmund Husserl：*Die Krise der europäischen Wissenschafte und die transzendentale Phänomenologie*，S. 141，Frankfurt，1985.

学生朗德格雷贝(L. Landgrebe)的博士论文《狄尔泰精神科学的理论》时还意识到，他从狄尔泰那里学会了如何评价“直觉在历史关联中的显示和描述”，他希望大家“认真学习狄尔泰这位杰出的思想家的所有著作”。[①] 1931年6月，胡塞尔在所做的《现象学与人类学》的演讲中再次承认，狄尔泰的生命哲学在当时具有很大影响，现象学运动也被狄尔泰的理论所打动，所以，他又把狄尔泰的精神科学工作看作是现象学的天才的前瞻和准备。

狄尔泰对海德格尔的启发主要是其对历史性和时间性的分析。在狄尔泰的视野里，时间不仅仅是客观时光的流逝，对一个个活着的人来说，时间更是内在的体验。所以，从根本上来讲，生命是一个体验之流，在时间的过去、现在和未来的三个维度中，“现在是这种体验的无可奈何的流动”。[②] 狄尔泰虽然也重视现在，把它看作是联系时间三个维度的关键，但他并没有赋予现在在这三个维度中以优先地位，而是根据他的精神科学原理对此予以新的揭示。狄尔泰正确地看到，体验不是简单地按照时间顺序来排列的，而是作为一个时间整体的各个部分被人们所经历，因而对具体的生命来讲，这个整体的本质和意义并不是在当下就可以全部表现出来的。换句话说，我们在当下不可能充分认识现在的价值和未来的目的；我们真正能够做到的，就是通过回忆去把握已经流逝的生命历程，并且通过它去挖掘生命的价值和目的，也就是说，生命的意义只有通过回顾才是可以解读的。同时，狄尔泰还从历史对现实的影响进一步分析说，如果历史是人类产

① *Husserliana: gesammelte Werke*, Bd. 9, S. 35, Haag/Dordrecht/Boston, M Nijhof, 1963.

② *W. Dilthey-Gesammelte Schriften*, Bd. 7, S. 192 ～ 193, Tübingen, 1974.

品的积淀。那么，历史也同样存在于和伴随着人类的产品，因为历史不只是过去的生命，历史同时还是正在被理解的生命，这就是所谓的历史和社会的现实性。这样，在时间的三个维度中，历史因为它所具有的意义而占据优先的地位。

海德格尔从狄尔泰的这种“自由漂浮的主体体验序列”[①]中看到，历史已经成为体验的、自省的历史，并由此展开作为存在的历史，凸显了此在的时间性和历史性的意义。海德格尔对时间性的思考是与他的存在论联系在一起的，他不同意时间具有无限性的传统看法，认为不仅此在在时间上是有限的，而且存在也是有限的。与狄尔泰一样，海德格尔也认为时间是绵延不断的整体，时间的三个维度是同一个整体中的三个不可分离的部分，即他所说的时间的绽出(Ekstase)。存在或生命是连绵不断的，它同时处在现在、未来和历史之中，只是由于这三个维度的区别，人们才建构起这个特殊的范围，经历着正在发生的事情，体验着时光的飞逝。但是，在时间的三个维度孰占优先的问题上，海德格尔既不同意传统哲学所说的现在优先的定式，也不同意狄尔泰的历史优先的看法。海德格尔认为，在时间的诸绽出中，未来应当具有优先地位，他说，“未来是原初和本真的时间之第一现象”。[②] 他之所以这样看，就在于他把时间性和历史性与人的存在，尤其是与存在的本真性和非本真性的区分联系在一起。对海德格尔来说，存在于世界中的人同样是历史的人，这并不在于人在自己独特的体验之中理解历史和融入历史，也不在于人的思维受到各种作用关联的束缚；它仅仅在于，人一来到这个世界上(Existenz)就面临着被存

① M. Heidegger：*Sein und Zeit*，S. 388，Tübingen，1972.

② ebd，S. 329.

在所抛弃的命运，或者说面临着拒绝原始存在的命运，而人恰恰因此而与未来相联系。在这里，人的历史性是指人脱离原初的存在以及对这种脱离的历史觉察，而注重现在则是把未来当作无限的一种错误的认识。正是由于我们把未来当作有限的，所以，未来就是对今后的一种决断(Entschlossen-heit)，它关乎我们的命运。这样一来，历史就与尚未决断的未来联系在一起，用海德格尔的话说，这是“历史的未来”。由此来看，狄尔泰和海德格尔的时间性和历史性概念都具有哲学的反思性，只是前者主要表现在认识论方面，而后者不仅如此，更多地是指一种决断，是对自己未来命运的一种主动建构，这显然具有新形而上学的特点。

狄尔泰对当代哲学解释学，尤其是对伽达默尔的影响是显而易见的。尽管伽达默尔对狄尔泰一般解释学的克服、并由此进展到哲学解释学，是因为海德格尔把理解与人的存在同一起来的观点才得以实现的，但是，如果没有狄尔泰把施莱尔马赫的以避免误解为核心的传统解释学发展为认识论的解释学，那么伽达默尔的哲学解释学则是不可想象的。

伽达默尔非常重视狄尔泰关于“体验”、“自省”等概念的论述。他在《真理与方法》中用了很多篇幅专门研究“体验”，认为“体验”是把人的内在意识与外在事实、个体与社会结合起来的关键，“体验”的时间性还凸显了生命的现实和历史意义。从解释学上说，我们只有经过“体验”才能达到理解，所以，“体验”这个概念对解释学具有重要的建构意义。[①] 当然，伽达默尔并不赞同狄尔泰过分依赖心理学去解释

① Hans-Georg Gadamer：*Wahrheit und Methode*，S. 56～57，Tübingen，1965.

"体验"的做法，认为这样做夸大了他人在理解中的作用。关于晚年狄尔泰高度重视的"自省"概念，伽达默尔认为，狄尔泰晚年把"自省"当作精神科学的一个核心概念，重要的原因在于他已经意识到，精神科学没有这样的形而上学的基础就不可能成立，于是企图以此给精神科学罩上一层目的论式的形而上学的外衣，为精神科学构造基础。这说明，狄尔泰的"自省"不再像心理学那样只注重心灵生命的形式和规律，而是在努力认识和把握心灵关联的同时，通过客观精神、社会、历史和艺术使其得到内容上的丰富。这样，狄尔泰实际上是在一定程度上回到实践哲学传统那里，为后来的具有现代形而上学典型特征的现象学创造了条件。

关于精神科学与现代解释学的关系，伽达默尔说，我们不要以独断的和教条的观点去看，而是要有广义的、科学的词语理解。狄尔泰所说"历史的生命性"的概念是我们理解这个关系的工具。狄尔泰曾经举例说，当人们在美术馆里欣赏绘画时，随着时间的绵延，不仅欣赏者的理解会不同，而且这些艺术品本身的生命、意义也会提升，狄尔泰以此来强调，我们要从具体时间的效用关联和结构关联来理解生命的目的、结果、意义等。伽达默尔认为，狄尔泰是从结果、目的、结构关联去认识和解释生命世界，已经揭示了存在与理解是相互统一的。所以，他的这个观点对现代解释学具有极其重要的意义，是现代解释学完全不可或缺的。

从狄尔泰对现代西方哲学的上述影响来看，他显然不是一个简单的过渡型的哲学家，而应当被承认是一位具有独立意义的思想家。他在认识论和方法论上大胆进行的变革，对今天的哲学发展仍然具有现实意义；他所提出的哲学既是理论的、也是实践的，哲学必须与人文科学和社会科学相结合的主张，今天仍然对我们所说的"哲学"发生冲击。如果还要说这样一位思想家是“过渡的”，那么，这也是狄尔泰历史相对主义意义上的“过渡”，因为在思想史发展的长河中，任何思想都不过是一簇浪花。

狄尔泰与胡塞尔*

胡塞尔本人在1928年曾说过：狄尔泰的精神科学的工作是现象学天才的前瞻和准备；① 他在1929年6月27日写给米施的信中又说，观念的现象学"是在1913～1925年完成的，它与狄尔泰非常接近，尽管方法是非常不同的"。② 本文试图对狄尔泰与胡塞尔的这一关系做一考察。

一

狄尔泰是从历史学跨进哲学的，他年轻时受到施莱尔

* 本文发表在《哲学研究》2000年第10期。文章对20世纪初两位德国哲学家的异同进行了较为详尽的分析，指出狄尔泰晚年自觉地接受胡塞尔的逻辑研究的方法去建构自己的精神科学，而胡塞尔在由先验现象学转向发生现象学过程中却是不自觉地接近狄尔泰所说的心灵生命的结构和历史的关联。但由于两人的出发点不同，直到生命结束，前者不可能把真理的绝对性与历史相对性结合起来，而后者也未能对先验性与历史性进行调和的尝试，他们的成功与失败都为后人的进一步探索奠定了基础。

① *Jahrbuch für philosophie und phänomenologische forschung*, Bd. 9, S. 237, Halle, 1928.

② 转引自[英]H. 里克曼：《狄尔泰》，殷晓蓉、吴晓明译，312页，北京，中国社会科学出版社，1989。

马赫和浪漫派精神的浸淫，在他身上体现的更多的是传统的人文主义精神。而胡塞尔则是从数学进入哲学的，他推崇的是严谨缜密的分析推理。两位思想家的出身不同，影响了他们一生的研究方向。狄尔泰试图建立的精神科学体系，主要范围包括哲学、历史学、宗教学、社会批判、文艺批评等，而心理学和人类学则是他视为把这些学科联系为一个体系的认识论基础。胡塞尔则更愿意把哲学看作一门严格的科学，一生专注先验现象学的发展，而不做经验研究。

但是，他们有两个共同点：其一，他们都非常关切 19 世纪与 20 世纪之交欧洲所面临的文化危机和精神危机，并且试图以自己的理论体系去改变这种情况；其二，他们都以心理学为其理论探索的出发点，尽管他们后来所走的道路完全不同。

对狄尔泰来说，心理学是他的精神科学的基石。他从一开始就高度重视心理学，因为精神科学的对象是社会和历史的真实性，而社会和历史的载体是人，所以，对这种真实性的研究就与对人的生命实践的研究交织在一起。尽管狄尔泰认为，生命最终是不可探索的，但生命在其发生、发展过程中所显现的体验和表达——意识、意识关联、知觉、内觉、自省等，可以使我们从科学上对它有所认识，进而达到狄尔泰所说的“理解”。这样，心理学就是我们认识生命、认识社会和历史真实性的入口，这样的心理学不应当是“实验的”或“构造的”，而应当是“描述的和分析的”，进而是“理解的”。提出这种全新的心理学研究方式，对狄尔泰来说，具有双重的目标设定。

第一，狄尔泰的描述和分析心理学是在生命直接显现的地方描述生命和考察生命。狄尔泰通过对“体验”这个概念的解释和演绎，公设意识、意识关联都是在生命中直接给定的，这是一种对“内在现象”的觉察，并且与外在知觉相区分。进一步说，生命存在于各种关联之中，我们可以通过意识关联去认识生命。这种具有反思特性的心理学认识被狄尔泰称作思维行为，它专门考察在分析方面可以区分、但在体验中却不可以分开的意识事实的同一性。这点是狄尔泰对康德哲学中关于“自我意识”论述的继承和发展。因为对狄尔泰来说，康德晚年对人的问题的重视，尤其是康德的《实用人类学》所具有的经验科学的倾向，都促使狄尔泰从心理学的角度深化哲学的研究。

第二，阐述建立描述和分析心理学的重要根据。在狄尔泰看来，传统的人文科学缺少的就是自然科学中那种通过方法论的构造而获得一个系统的关联。尽管在生活实践中存在着这种联系的可能性，但却一直没有形成一个与逻辑结构相符合的人文科学的整体联系。狄尔泰已经清楚地认识到历史学和其他人文学科的局限——它们都不可能创造一个与社会和历史相合的整体关联。这时，狄尔泰就把希望寄托在新兴的心理学那里，因为如果心理学能够澄清生命是一种体验，是一种在本原上的关联，并且使之提升为一个明确的认识，那么，这样的心理学就应当能够帮助他所建立的精神科学突破原来的人文科学的局限。这样，他所设定的以“体验”为核心的心理学就能在概念上解释精神科学的同一性，以此推演下去，它不仅可以成为精神科学的认识论之基础，而且还可以构造历史和社会的客观知识。虽然狄尔泰没有明确地指出“体验”在这里所具有的系统的功能，但正是“体验”的这种功能确定了心理学与认识论的关系。

我们由此看到，在当时的科学主义和实证主义思潮的冲击下，狄尔泰为了保证精神科学在他那个时代仍然能具有独立性，不只是自觉地、有意识地去证明它，而且还敏锐地认识到，这样的证明必须尽可能的有效。这就是说，他不是食古不化地对原来的认识论进行一番改造，然后就拿它去证明精神科学的独立性，而是通过作为认识论基础学科的心理学的证明，使精神科学的各门具体学科之间有一种内在的、合乎逻辑的关联。

这里值得注意的是，精神科学除了要有描述和分析心理学的直观性以外，还应当在方法论上具有清晰性和明确性，这就涉及了逻辑学范围。精神科学在这样前提下的逻辑要求，就不应当是像形式逻辑那样简单地把思维规律当作对象，而是应该追溯心理过程的本原。狄尔泰虽然提出了自己的分析逻辑的思想，但并没有展开具体的逻辑研究。其中一个重要原因，就是艾宾豪斯(H. Ebbinghaus)在1896年对狄尔泰心理学理论的抨击，致使狄尔泰停止了精神科学的建构工作。1900年，当狄尔泰读到胡塞尔的《逻辑研究》时，得到很大启发，他不仅重新开始精神科学的建构，而且自觉地按照胡塞尔的逻辑理性去修改和深化自己的精神科学，这就是学术界常常说的狄尔泰在晚年的转向——从心理学的狄尔泰转向解释学的狄尔泰。

在这里，胡塞尔的逻辑研究在本质上是另外一回事并不重要，关键在于，狄尔泰可以通过胡塞尔开辟的道路找到他所要求的、与他的思想相一致的分析逻辑。因为这里不只是追溯心理学的本原过程，不只是对给定的事物进行清晰和明确的观察，这里更重要的，是对“体验”、“意识”、“现象”、“意识关联”等狄尔泰认为具有自明性的概念进行清晰而又精密的分析。因此，狄尔泰在称赞胡塞尔是哲学分析的天才的同时，还主动地接受了胡塞尔的观点，按照狄尔泰的说法，他主要从《逻辑研究》第五、六章中感到了方法论的冲动。而就这两章的内容而言，它所涉及的是描述心理学和经验现象学，胡塞尔在这里仍然给予描述心理学重要地位，指出它的意义与直觉相同，这就表现了他与狄尔泰的思想有一些共通的地方。

1905年以后，狄尔泰在论证精神科学的客观有效性时，专门讨论了知识的结构关联，他的论述，无论是在方法上，还是在术语上，都显然带有胡塞尔《逻辑研究》的烙印。尤其值得注意的是，狄尔泰在这时把胡塞尔关于行为的客观化思想视为他自己努力探索的结构研究的基础，并且还想把胡塞尔的方法更广泛地应用在感觉和欲求现象的研究上。由此来看，胡塞尔的现象学方法似乎可以满足狄尔泰研究的要求，对他而言，这些方法是现成的，既然可以信手拈来，何乐而不为。所以，他在后来撰写《精神科学中的历史世界的建构》时再次应用了现象学的方法。

不过，从胡塞尔方面来看，我们就不一定能指出，胡塞尔所说的描述现象学从一开始就与狄尔泰所理解的描述心理学相同。诚然，胡塞尔早年曾做过心理主义式的逻辑研究。但是，胡塞尔的这方面研究并不涉及具体的心理体验是否合乎规律，各个结构环节是否具有同一性。他关心的是一般认识论的基本问题——存在与意识之间的本质关系。胡塞尔的研究命题不是“生命”，而是“意识”，并且是“意向性意识”。意识行为并不直接指向客体，而是以其回忆、预期与对象发生关系。胡塞尔的认识论有两个显著特征：其一是对象的同一性和意向行为的多样性，其二是意向客体的意义（noematischer Gegenstandssinn）的同一性和意向行为（Noesen）的多样性。因此，在胡塞尔追求的精细缜密研究中，对现象进行双重的还原——本质还原和先验还原就是十分必要的，它们可以使对现象的分析成为纯粹现象学的研究，也就是说，通过双重还原的方法使一切给定的东西转化为单纯的现象，从而使意识摆脱所有现实存在现象的杂多性。显而易见，这与狄尔泰所关心的作为经验事实的心灵生命的结构规律在根本上是不同的。这样来看，狄尔泰曾经在胡塞尔的《逻辑研究》中体会到方法论的冲动，并且毫无保留地把某些胡塞尔的方法应用到自己的研究中；但从胡塞尔方面来讲，由于他的研究方向完全是一种逻辑的、先验的分析，他与狄尔泰之间存在很大距离。

二

不过，正如胡塞尔自己所说的，观念的现象学是1913～1925年间完成的，这就意味着，在胡塞尔从1913年出版《观念Ⅰ》以后，开始出现了现象学的转向。我们或许可以从他转向以后的现象学中发现某些与狄尔泰相似或相通的地方。

胡塞尔一生都在对自己的现象学进行自我反省和批判。当他继续改造自己的建构方法时，他对意向性的理解发生了转变和深化，开始改变那种抽象的、简单化的意识行为的方向。他通过分析内在的时间意识，发现一切给定东西呈现给主体的视角(horizons)与自己建构方式的视角是相适应的，他因此放弃了早年具有静态特点的纯粹先验现象学，而趋向他自己所说的发生现象学(genetische Phaenomenologie)。发生现象学与只注重抽象的纯粹先验现象学的差异之一，就是发生现象学带有具体研究的特点。

这里所说的具体，当然不是说经验研究，而是指胡塞尔的"自我"概念的变化。"自我"这时并不是一个没有规定、缺少内容的自我，而是按照意义(Sinn)成为一个变易过程，它存在于过去意义的结果中，同时通过自己的行为与未来的意义发生关系。这样的自我并不是实体，而是先验意义上的"单子"(Monade)。每一个作为"单子"的自我，都让自己成为独立的个体，并且与其他作为"单子"的自我相区分，而不论是否与其他自我有结构上的共同性。① 这时，胡塞尔已经看到，

---

① 叶秀山：《思·史·诗》，104页，北京，人民出版社，1988。

自我虽然作为自己的历史而存在，但自我在时间上有其依赖性。胡塞尔还看到，自我是被包围在世界史之中的，因此应当注意自我与其他自我的交往的共同体。① 此时，胡塞尔就直接面对自我与其他自我(Ego und Alterego)的关系问题，即主体间性(Intersubjektivitaet)的问题，这个问题也是指发生现象学意义上主体间性的历史性问题。

从先验现象学转向发生现象学，对胡塞尔来说，首先是对行为建构的本质的重新理解，在这时，世界可以被理解为意义创立(sinnstiftend)的结合，是主体性的构造；而建构世界的主体主要是作为具体的主体出现的，即作为单子式的自我而出现的。每一个个体都经历变易过程，它既生活在过去的意义创立之中，同时通过现在的作用去影响未来的意义。

现在，胡塞尔的发生现象学看起来似乎接近了狄尔泰所说的结构、关联、历史的同一性了，狄尔泰正是在这里发现了生命的结构规律。这里或许就是胡塞尔所说的，狄尔泰的精神科学的哲学基础是现象学的天才的准备阶段。

但是，我们不应该忘记这句话的下半句：他们的“方法非常不同”。对狄尔泰来说，在这里发掘生命的关联是容易做到的，因为他最终是依靠解释学来奠定精神科学的基础的，他的描述和分析心理学都是为此目的服务的。胡塞尔的情况却不一样，他的观察和研究自始至终都是先验的，这里所说的具体的主体和世界生活都是发生在先验的基础之上，因此，它们与狄尔泰所认识的具有实体性质的生命关联不是一回事。这样，我们就必须思考这个问题，是否胡塞尔在建构先

---

① *Husserliana*：*gesammelte Werke*，Bd. 14，S. 222，Den Haag bzw，Dordrecht/Boston/Lancaster，Martinus Nijhof，1973.

验的、然而却又是历史的主体间性时没有充分考虑先验的基础，而狄尔泰的精神科学的哲学基础则显现了自己的承载能力？

如果我们进一步观察，就会发现，胡塞尔的发生现象学关于主体间性的论述与狄尔泰对心灵生命的讨论是非常接近的。与狄尔泰一样，胡塞尔不仅在形式上，而且在内容上，都接受了从本身自我（das eigene Ich）到他人自我（das fremde Ich）的思想，而且这条道路最终又回到本身自我这里。胡塞尔的这种自我学说在证实主体间性的建构作用的同时，还表明它具有对本身自我的反作用。

但是，这样的本身自我与其他自我的关系是否也像狄尔泰的心灵关联那样可以互相理解呢？事实并非如此，胡塞尔的自我学说只是在建构主体间性的最初阶段中具有方法论的作用，它并没有从主体间性的关联引向解释学的生命理解。对胡塞尔来说，自我不是许多单子组成的共同体的一员，自我始终就是一个抽象的东西。由此来看，狄尔泰所设定的理解他人心灵的途径，在他自己那里并没有成为疑问，因为他是从现实的社会交往来理解这个途径的；但在胡塞尔先验建构这里，却必须对这个途径的可能性条件提出问题。这里的原因就在于，尽管他人的心灵生命在直接经验中是给定的和可以表达的，尽管它存在于客观精神之中，在这种情况下可以理解他人的心灵，这是一回事；但从先验条件出发，去达到理解的可能性，则是另外一回事。

在这方面，狄尔泰和胡塞尔表现出两种显然不同的哲学观察层面。胡塞尔的现象学在这里就遇上这个问题：是否可以从先验方面理解主体间性和与之密切相联的世界生命，并且最终在历史的关联中把握它们。对胡塞尔的现象学来说，这个问题意味着，只有一种从历史上把握的先验的主体间性可以被当作狄尔泰意义上的世界建构。这句话反过来也同样适用于这层含义，一个历史意义上的先验的主体间性，在其建构世界的作用中，它在本质上仅仅只给那个世界一种历史存在的意义，因此，它也只具有历史把握的客观性。这样来看，胡塞尔的发生现象学从一开始就把主体间性的问题理解为一个先验的、历史的问题。其原因在于，“胡塞尔认为，以一种历史的态度看待它们，比作简单的哲学反思要重要得多，因为哲学也可能固执于当下现成的诸般情况，而进不到历史的视野中”。① 因此，这个问题的解决应当取决于对先验的主体间性的历史性做进一步分析和论证。

然而，胡塞尔在历史性方面的研究并没有展开。有些学者曾认为，历史是一个更加复杂的领域，胡塞尔在这里没往前走几步，就已经到了垂暮之年，他因此未能踏入更加幽深的阶段。不过，这只是一种或然性的解释。一个明显的事实是，当他在分析主体间性的同时，又陷入笛卡尔的第五沉思，而没有专注发生学问题，他在这个领域是停滞不前的。这不仅限制了他对主体间性讨论的深度，而且还给我们留下了一些琢磨不透的疑问，比如，如何从先验方面把世界理解为主体性的行为构造，这样的世界又如何被当作历史形式的人类世界……

胡塞尔本人也看到，他对主体间性的建构分析尚未达到历史的分析，但这还没有构成他的理论的矛盾。他说道：“这就是现象学，它把世界的历史性揭示为先验的历史性构造。”②它表明，胡塞尔一方面急切盼望解决历史的疑难，另一方面似乎又陷入无法解决的困境之中。在这种情况下，他只能对此做出简单的提示。更进一步讲，胡塞尔并没有隐瞒这方面的困难，他从未说过“自我的历史”、“主体的历

① 姚治华：《爱德蒙德·胡塞尔》，载《现代世界十大思想家》，518页，南京，江苏人民出版社，1995。

② *Husserliana*：*Aufsätze und Vorträg*，Bd. 7，S. 11，Den Haag bzw，Dordrecht/Boston/Lancaster，Martinus Nijhof，1956.

史”、“主体间性的历史”。对他来说，那种在时间形式中发生的事件未必就是历史，虽然历史必定有时间上的过程，但时间的过程如果不能挖掘出历史的变迁元素，就不一定是历史。胡塞尔的此言使我们好像又看到黑格尔的历史哲学。

至此为止，我们看到了狄尔泰与胡塞尔既有相通、也有相异的地方，因而可以比较清楚地理解胡塞尔所说的那段话的含义。如果我们对他们最后几年的思想再加以对照，或许能从中悟出更多一些东西。

三

胡塞尔在晚年尤其从发生现象学方面关注意义的生成和发展，他在这时讲述意义时，选用“Sinn”，而不用“Bedeudung”。“Sinn”这个词除了有“意义”的含义以外，还有“感觉”、“知觉”、“沉思”、“意识”等多种含义。胡塞尔选择这个词本身就表明，他仍然在以其强劲的专注力对心理结构做细致的内省，他对历史、主体间性的讨论，仍然是先验范围的研究。对胡塞尔来说，澄明先验的主体间性的发生过程，就是揭示出所有主体先前的创立意义和建立意义形态的行动；他所理解的历史，就是在时间中“积淀的历史意义”。通过这样的追根溯源，既可以激活先前的建构行动，还可以清楚地还原建构过程。胡塞尔在这时仍然是根据发生学的原理来考察意义形成过程，并且试图清楚地阐明，任何主体不只是具有自身的发生过程，而且还与历史发生关系，因此，主体性应当是历史的主体性。

在《欧洲科学的危机与先验现象学》中，胡塞尔不仅继续用“Sinn”这个词，而且还推而广之，使用了一些以 Sinn 为词根的新的概念，如“besinnlich”，“selbstbesinnlich”，“Besinnung”。这些词的汉语含义基本上与词根相近，可以翻译为沉思、自省等意思。这些新概念使我们注意到胡塞尔与狄尔泰之间的一种特殊的关系，因为狄尔泰也是在晚年才使用“自省”(Selbstbesinnung)这个概念的。对狄尔泰来说，“自省”是把生命的发生过程当作生命的历史，并且在生命关联中指出生命的意义，因此，“自省”的含义多于发生学的观察，超出了单纯的、只反映时间流动的“体验”概念。由此来看，胡塞尔与狄尔泰在这个方面是一致的。

不过，仔细推敲的话，还是可以发现他们之间的差别。首先，按照狄尔泰的观点，生命的历史意义应当在他所说的生命范畴中表现出来，他对此做出的基本解释是：第一，不能用人的本质以外的东西或者意向性的对象关系方式去理解具体的人的本质，体验具有另外的价值；第二，一切在生命中的体验都是有意义的，不仅生命的发生过程是时间上的流动关联，而且对这种时间关联的体验也具有理解生命的意义。所以，“自省”是不能代替“体验”的。狄尔泰的这个观点显然是不同于胡塞尔的解释的，为此他们曾发生过激烈的辩论。

其次，狄尔泰所理解的意义范畴不同于胡塞尔的意义发生过程。我们在这里无论如何不能忽略，在狄尔泰的意义范畴中缺少先验的东西。胡塞尔观察意义的独特视角已经限制了狄尔泰的意义范畴，胡塞尔通过其意向对象和意向行为的研究，从 Sinn 这个概念中看到纯粹对象性的意义，他所说的意义是涵盖一切意义的“意义”，因此，他的所谓“意义”不同于狄尔泰的“意义”。

再次，狄尔泰的历史性始终是建立在经验基础之上的，他所说的历史经验和意义并不是对生命意义自省的结果。从根本上说，狄尔泰的所谓历史意义只能是在客观对象建构过程中不断增加的意义累积过程，这个认识对理解知识的客观性和普遍有效性当然是有积极意义的。对此，胡塞尔并不予以否认，但他所说的先验主体创立意义的行为并不具有对象的客观性，因此，他关于意义的论述，始终缺少对具体价值的自省元素，而这点在狄尔泰那里是不能或缺的。

对历史性和意义的考察，给这两位哲学大师带来不同的结果。从胡塞尔来讲，研究这个问题可以打开新的思路。如果他自我批判地认清“早期现象学带有产生于传统积淀的偏见”，并且进一步认识到，“我们现在所有的一切都是过去的遗产”，① 那么，这或许是对先验现象学进行重新思考的开端。但是，胡塞尔直到最后都在坚持现象学是严格的科学的观点，尽管他已经觉察到历史对现象学不断增加的作用和意义，但他不愿或者不可能再从这里继续向前迈进。这妨碍了胡塞尔对先验性与历史性进行调和的尝试。对狄尔泰来说，他在这里也遇到一个他无法逾越的障碍，因为他一方面坚持真理的历史相对性，另一方面又相信哲学是关于世界观的学问，一俟他把历史相对性与世界观结合在一起时，他原先设想的哲学所具有的指导意义就大打折扣，从而也减少了他的精神科学的重要性。虽然他努力想使自己的理论在历史相对性中获得绝对性，并且为此殚精竭虑，但认识上的误区使他不可能弥合体系的矛盾。

① *Die Sonderausgabe der Phänomänologie*，S. 95，Freburg/München，1985.

狄尔泰与现代解释学*

在西方解释学的发展过程中，狄尔泰是一个非常重要的人物。他不仅充分认识到施莱尔马赫的解释学在哲学研究中的重要性，而且把解释学由单纯的文本研究扩展到对现实世界中的人(Mensch)的研究，创造了所谓"生命解释学"(die Hermeneutik des Lebens)。狄尔泰因此不仅赋予了解释学以方法论的意义，而且还承认解释学就是哲学的过程，从而使解释学具有了认识论的意义。正是在狄尔泰的努力下，解释学才由传统解释学进展到当代的伽达默尔的所谓哲学解释学。

一

作为施莱尔马赫的再传弟子，狄尔泰的哲学生涯开始

* 原文刊登在《哲学动态》2006 年第 3 期。并且本文探讨了狄尔泰对现代解释学的贡献。狄尔泰的研究始于施莱尔马赫，把解释学从文本研究推进到对人的研究，他对"体验"、"表达"、"理解"等概念的新解释，赋予了解释学以方法论和认识论的意义。伽达默尔通过对狄尔泰的继承和批判，最终把解释学上升为哲学本体论的高度。

于施莱尔马赫研究。还是在读书期间，他撰写的《施莱尔马赫的解释学的独特贡献——与以往这门科学所做的工作之比较》探讨的就是解释学在施莱尔马赫那里的重要意义。在这篇论文中，狄尔泰第一次注意到施莱尔马赫的解释学思想，着重研究了施莱尔马赫用解释学的方法探讨基督教思想的问题。他发现，施莱尔马赫运用了分析和解释柏拉图的方法去考察基督教的理念，对世界采取浪漫主义的解释，尤其是在解释《新约》保罗书信上，这点表现得尤为明显。该论文 1860 年获得施莱尔马赫基金会颁发的双倍奖金，狄尔泰不仅借此完成学业，而且从此开始编辑施莱尔马赫书信集，并且撰写他的早期主要著作《施莱尔马赫传》。对狄尔泰来说，这篇论文获奖并不是重要的，真正重要的，这是他的哲学生涯的真正开端。他自己在获奖 15 年以后曾说过，他就这篇论文所做的工作引导他构造自己的基本思想。

如果说狄尔泰早期对解释学的重视还不是自觉的，那么，从 19 世纪 60 年代中期开始，他在建构自己的精神科学体系时则有意地把解释学当作精神科学的最重要方法。特别是在他把“体验”、“表达”和“理解”当作精神科学的核心内容予以诠释时，解释学在他那里就作为全部精神科学的重要方法而得到彰显。这时，“理解”概念获得进一步的阐明，“理解”不只是帮助我们对理应认识的内容的把握，而且还涉及有关这个内容的普遍有效性。“表达”在他那里也得到严格的规定，它与生命内容应当有内在的逻辑关系。狄尔泰以为，正是通过对这些概念加以规定并形成特定的方法，“解释”作为一门学问才得以确立，并且经过体系化，它在本质上真正成为对“确定的生命表现进行理解的学问”。① “解释”这个概念现在不只是解释的艺术，而且还是理解

① *W. Dilthey-Gesammelte Schriften*, Bd. 5, S. 332, Tübingen, 1990.

的科学，认识生命的方法。这样，解释学就是作为“对在文字上固定下来的生命表达进行理解的技巧学”。① 它的意义已经远远超出施莱尔马赫对它的认识。

1900年，狄尔泰受到胡塞尔的《逻辑研究》之启发，开始了由精神科学到解释学的“转向”。他在《解释学的兴起》中着重从语文学上讨论解释技巧的历史，同时关注解释过程的本质。他在这里赋予了解释学更加重要的意义。概念和范畴现在不只是被应用在说明生命事实之中，而且还在这种说明之中反过来对概念和范畴进行考察；解释不再像它原初那样仅仅是对某个人的个性或某部重要的历史著作的特点加以挖掘，而是发展为对一切“精神创造”(Schoepfung des Geistes)加以阐释，并且直接深入到人类生命本质。

现在，对狄尔泰来说，原先把解释学当作一种方法去探讨“精神世界”已经过于狭小了，他主张建立一种“系统组织的解释学”，要把应用于生命理解的概念和范畴扩展到对它们所包含的整个世界的理解，通过对生命世界的分析和阐述来说明人类生命的本质和意义。他还强调，语言原来就是生命的一种表达，现在语言还应当是解释世界和解释生命的工具，我们通常所说的“世界观”也受到语言解释的影响，因此，世界观也从属于这种系统的解释学。正是在这个意义上，狄尔泰是从广义的语言应用上探讨了解释学的作用和意义，从而把解释学当作了哲学本身的一个过程。很显然，狄尔泰已经把解释学从施莱尔马赫那里大大地推进了一步，并使自己成为现代解释学的开创者。

这里需要强调的是，尽管伽达默尔对狄尔泰一般解释学的克服、

① *W. Dilthey-Gesammelte Schriften*, Bd. 5, S. 332, Tübingen, 1990.

并由此进展到哲学解释学是因为海德格尔把理解与人的存在同一起来的观点才得以实现的，但如果没有狄尔泰把施莱尔马赫的以避免误解为核心的传统解释学发展为哲学意义上的解释学，那伽达默尔的哲学解释学则是不可想象的。

二

正如伽达默尔所说，尽管狄尔泰“全力反对把概念的必然性当作一切事件的历史哲学，但他仍然没有避免让精神史作为历史的最高形式”。① 而这方面最典型的表现，就是狄尔泰对“体验”、“表达”和“理解”这三个核心概念的分析、挖掘和解释上，解释学恰恰是由于狄尔泰对几个概念的阐述才具有了全新意义。

下面我们着重探讨这三个概念。

对狄尔泰来说，“只有当我们体验到人的状态，让这些状态在生命显示中(Lebensauesserungen)表达出来，并且理解这些表达，人类才成为精神科学的对象”。② 由此来看，这三个概念在狄尔泰的思想体系中具有至关重要的意义，我们要想从生命去认识生命，必须对它们进行重新解释，并要赋予它们哲学内涵。

在狄尔泰看来，“体验”(Erlebnis)从经历而来，它不仅与经历一样具有直接性，而且还表明，从直接性中得到的收获是直接性留下的结果。由此来看，体验是从过去的经历中获得延续和意义的。狄尔泰在《体验和文学创作》中“首先赋予这个词以一种概念性的功能，这个

① ［德］伽达默尔：《真理与方法》，洪汉鼎译，10～11页，上海，上海译文出版社，2004。

② *W. Dilthey-Gesammelte Schriften*, Bd. 5, S. 86, Tübingen, 1990.

词随即就发展为一个受欢迎的时新词，并且发展为一个如此显然的价值概念，以至许多欧洲语言作为外来语而采用了这个词”。①

狄尔泰最初在使用体验这个概念时候有些摇摆不定。他在布雷斯劳时期把体验又称之为“内在经验”(die innere Erfahrung)或“内觉”(das Innewerden)，他说：“体验或内在经验的存在是不可怀疑的。因为这种直接的知识就是经验的内容，而对它进行的分析就是关于精神世界的知识和科学。”②到了晚期，狄尔泰很少用“内在经验”这个概念，几乎只用体验这个词，并且还对这个概念做了新的规定。但不论是在早期还是在晚期，狄尔泰都认为，体验是获取认识的第一步，它是直接的感受，全部认识就建立在这个基石之上。我们从中可以看到体验具有以下几个特征：

首先，体验不仅仅是个体性的，而且更具有社会性。虽然狄尔泰常说，体验由个体出发，心理和生理的个体是社会和历史真实性的最终成分，但是，我们不能因此就把他的思想说成“个体主义的思想方式”。③ 事实上，这是不符合狄尔泰思想的基本倾向的。狄尔泰从一开始就强调，“个体是社会交互作用中的一个要素，同时也是这种交互作用的各个不同体系的交会点”。④ 这就是说，人是社会的基本元素，社会则是人与人之间，乃至人与外在世界交互作用的结果。为了防止别人的误解，他还特别做了说明：“即使像善意、诚意、合理倾向这样单纯的‘内容关系’也决不能通过心理学的方式，奠定一种永恒

---

① *W. Dilthey-Gesammelte Schriften*，Bd. 5，S. 87，Tübingen，1990.

② *W. Dilthey-Gesammelte Schriften*，Bd. 1，S. 136，Tübingen，1974.

③ M. Horkheimer：“Ist das ein neuer Begriff der Ideologie?”，in *Ideologie，Kritik der Ideologie und die Kenntnissoziologie*，S. 289，Berlin，1967.

④ *W. Dilthey-Gesammelte Schriften*，Bd. 5，S. 63，Tübingen，1990.

的重要因素。因为从这种关系的内容和张力来看，这种关系与其说是个别精神的产物，毋宁说是人类社会及其发展的产物。”“这些内容虽然进入个体之中，但也是在个体所在的环境和社会的影响下，才得以在个体中发展、改造出来。”①狄尔泰这里显然是在强调人的社会性。社会是由人组成和创造的，同时反过来也影响生活于其中的人，这是社会与人的交互作用。因此，人的认识，首先是体验，然后包括认识意识、价值评判、道德选择等，不是单纯地由个体的心灵中产生的，而更多的是社会的产物，它们不具有任何观念上的独立有效性。它们是在社会群体的历史演变过程中产生的群体意识，它们的延续及转变，也将在社会的历史中进行。所以，体验在这个意义上讲，是具有社会性和历史性的。

其次，体验概念包含时间性。狄尔泰曾对体验下过这个定义："即使是时间进程的最小部分，也还是有一段时间过程。‘现在’渺小得几乎为无，我们所体验到的‘现在’，总是包含着对刚刚过去的‘现在’的记忆。在其他时间里，‘过去’就像力量一样，仍然对现在有影响、有意义。”“凡是在时间过程中由于具有统一的意义而在‘现在’形成一个单位，就是最小的单位，这种单位可以称为‘体验’。进而言之，由许多生命部分所构成的范围较广的单位，只要这些部分对生命进程具有共同的意义，我们也称之为‘体验’，哪怕这些部分因为穿插进来的活动而分裂，也算是一个体验。”②意识活动与意识内容在这里得到区分，是否是体验，关键在于对生命有无共同的和统一的意义。但是，由于体验是时间进程中一个非常短暂的瞬间，在它尚未构成思

① *W. Dilthey-Gesammelte Schriften*，Bd. 18，S. 53，Tübingen，1977.

② *W. Dilthey-Gesammelte Schriften*，Bd. 7，S. 194，Tübingen，1992.

想的清晰的对象之前，就已经随着时间之流（狄尔泰又称之为生命之流“Fluss des Lebens”）成为过去，所以，这样的体验是思想无法直接把握的。因为根据生命本身的法则，我们所观察到的每一个生命瞬间，都是我们注意力所固定下来的记忆的瞬间，而不再是时间之流或生命之流本身，思想对它是不可能直接穿透的，狄尔泰把这种情况称为“二律背反”。体验的这种时间性，使其具有这样一个特性。“体验不是作为一个对象站立于认识者的对面，对我来说，体验的此在（Dasein）与体验中所包含的内容是没有差别的。”①这句话告诉我们，对认识主体来说，体验没有主体与客体的分别，是个体在生命之流中由内在与外在共同组成具有统一意义的实在。所以说，人生活在体验中，并且通过体验而生活。正是在这个意义上，狄尔泰说，体验是精神科学的细胞。

再次，体验概念包含直接的给定性。人们通过直接的经历而在自我意识获得直接给定的东西，并把这些东西当作一切想象的材料，这种直接的经验内容最后就发展成为明确的认知。从这种给定性出发，过去发生的事情就被唤醒，以前的精神创造物——历史、艺术等不再是不言而喻的事情，而是属于所给定的认识对象。这样，体验概念就构成了一切对客体之知识的认识论基础。

由此来看，狄尔泰把生命当作精神科学的出发点比康德的先验哲学和经验主义者前进了一大步，它的出发点是活生生的人，是一个拥有知、情、意，并且不能将它们进行分割的整体，而不像后者那样只是偏重于某一个孤立的侧面；此外，他还把外部世界看作一个独立的实在，是与我们的生命同样确定的。狄尔泰在这里似乎站在客观的实

① *W. Dilthey-Gesammelte Schriften*，Bd. 7，S. 139，Tübingen，1992.

践哲学立场上，他感觉到，只有通过实践的道路才能解释人与客观世界的关系，他的感觉是正确的。更重要的是他强调体验的时间性，对后来的哲学家大有启发，海德格尔和伽达默尔因此总是把时间性与人的存在及其解释联系在一起。

关于“表达”，狄尔泰认为，人类精神生活十分丰富多彩，人的体验最终会以各种方式表现出来，而表达则是反映人类内心世界、表现人的体验的必不可少的手段，只有表达才能使人类精神生活成为可能和可知。因为“人通过某种内省的默想认识不到他自身，这种内省的默想只能产生出尼采式的、过分夸大主观性的强烈痛苦”，[①] 所以，狄尔泰从一开始就反对叔本华和尼采的独自冥想的方式，主张表达方式应当与丰富多彩的人类精神生活相符合，使人们能够逐渐意识到自己判断善恶的能力，进而认识社会和历史的真实性。

表达之所以重要，是因为狄尔泰赋予这个概念新的意义，他说：“在体验里，我们既不能在自我的发展形式中，也不能在自我的深处认识我们自己。因为就像一个小岛一样，意识生命的这个狭小范围，是从生命的深渊中浮现出来的。表达把某些东西从这个深处挖掘出来。表达是具有创造性的。这样，我们才能在理解中接近生命本身——通过创造活动再现和接近生命本身。”[②]我们可以看到，狄尔泰确信，表达可以把体验无法表现的内容显现出来，展示了生命的内容，从而使人们有可能进行交流，人们只能通过理解他们自己的表达以及彼此间的表达，才能逐渐地彼此认识，并进而认识自身；而且表达还是我们接近生命的重要途径，是我们关于人的知识的最重要来

① *W. Dilthey-Gesammelte Schriften*, Bd. 3, S. 210, Tübingen, 1992.

② *W. Dilthey-Gesammelte Schriften*, Bd. 7, S. 220, Tübingen, 1992.

源，我们可以通过再现或模仿表达，换言之，就是通过探讨和研究表达，去认识和理解生命。

在狄尔泰看来，表达的最典型和最明确的特征是，它意味着某种东西，体现或者涉及某种与我们自身不同的东西。表达使我们不仅在观察表达，而且去注意超出表达本身以外的、它所表明的东西。比如，某人用手指出某个方向，我们不仅看他的手，更重要的是，我们去看他的手所指的方向和东西，才能明白他的意思。由于表达涉及我们身外的东西，所以它具有另一种特征，这就是它可以显示它所表达内容的双重性质，区分纯粹的物理对象和精神对象。比如，微笑不只是嘴唇的一个运动，它还反映了微笑者的愉悦。表达的第三个特征是，在大多数情况中，表达与关联相关，或者在关联中出现，表达是全部的一个部分，它的意义受到全部的影响，对表达的了解也应该注意整体中的关联关系。

由此来看，表达不只是口头和书面的"讲述"，它还有不是用讲述，而是通过其他方式表现的东西，如动作、表情等，所以，表达的内容和含义比表述广泛得多，它更接近于历史和社会的真实性。狄尔泰对表达进行了分类，并将这些类型加以划分。狄尔泰本人对表达类型的划分也不尽相同。最初，他主要提及这几种表达类型：有意交流的表达和无意交流的表达；简单的表达和复合的表达；短暂的表达和永久的表达。习俗的表达和自然的表达。

但是，在《精神科学导论》中，他又把表达分为语言的表达、生命的表达和行为的表达这三种独特的类型。他认为，我们可以理解语句，也可以用同样的方式理解有意的行为和无意的姿势，它们都是精神科学的原始材料。由于表达是我们认识社会和历史真实性的桥梁，语言在这方面起到独一无二的作用，所以，狄尔泰特别重视语言的表现形式，他说："只有在语言里，人的内在生命才找到了完全、彻底、客观和可供理解的表达。"①因为语言具有复杂的规则体系，可以通过复杂结构来传递各种复杂的意义，同时语言还能达到高度精确性的程度。所以，语言表达的长处是，表达明晰精确，内容丰富，可以传递许多细节和微妙的差别，明确地表明所指事情的本质。同时，由于语言表达的明确性，它就可以长期留在人的记忆之中。当然，狄尔泰也看到文字表达的另一面，他坦率地承认，语言表达可能是完全没有人格的，如果一本书的作者不诚实，语言表达就可以被他用来进行欺骗。同时，语言表达经常依赖于一定的规则和习俗，不同地区的人们对语言表达有时会有不同的理解，所以，语言表达也会造成误解。狄尔泰并未创造一种详尽的语言哲学，但他关于语言表达的观点对现代哲学的影响却是显而易见的。

关于生命的表达，在狄尔泰这里也被称为生命的显示，它们是指人的面部表情、人体姿势、手势、声调，以及诸如耸肩、惊叫、微笑、眨眼等无意识的自发行为。人们通过自己有意或无意的行为和语调表现了他们有意识的思想和感情，甚至揭示他们自己也不曾意识到的精神状态。这正如狄尔泰所说，表达把某些东西从生命深处挖掘出来。换句话说，无意识的东西只有通过表达才能让人理解。这类的表达由于发自生命的深处，所以，它常常不受习俗和规则的支配，比如，脸红是我们不可能控制的，笑和哭是人类真情的表现，经常是难以约束的。生命的表达与语言表达相比，其结构简单得多，它们不能传递复杂的信息。但是，它的明显长处是，它直接而且自发地来自心灵，与其他任何表达相比，包含着更多的个人体验。"这种表达方式

① *W. Dilthey-Gesammelte Schriften*，Bd. 5，S. 319，Tübingen，1990.

具有展开心灵之隐秘的惊人力量，具有揭示真相的惊人力量，因为它们是自发的，是不易伪装的。"①但是，这种表达的明显短处在于，它们都是转瞬即逝的行为，虽然人们可以在瞬间凭直觉理解它们的含义，但此后绝不可能再对它们加以复制、比较和考察。

关于行为表达，狄尔泰认为它与第二类表达有很相近的地方，但它与第二类表达的区别在于，这些行为都是有目的的。人举起锤子是为了敲击某个东西，出门是想到外面去。在这里，行为也是表达，它反映了行为者的精神生活的某些内容。一般而言，这类表达服从于习俗和规则，并且受到环境的限制。常识告诉人们，在不同的场合应当有不同的举止，比如，在歌舞厅的行为当然就不同于在教室里。当然，行为本身并非必然传递什么东西，从人的一些复杂行为中，我们常常并不能揣测和琢磨到人的目的和动机。我们由此看到行为表达的长处和短处，其长处是明确地指示行为所指出的那个目的，其短处是行为在一定程度上由环境所决定，因此可能并不揭示行为者的本质和动机。

狄尔泰曾经认为，文学表达是做得最好的，在他看来，歌德的作品不仅具有文学和美学意义，而且还是时代的呼声和日耳曼精神的再现，具有重要的社会意义和历史的真实性。晚年的狄尔泰在这方面有所变化，他不仅坚持表达是连接体验和理解的桥梁，而且强调要使一般表达不只是便于人们之间的交往，更要变成普遍永久的真理，就必须使表达具有理论所特有的普遍性和恒常性的特点，也就是说，理论的表达更重要，因为这种表达侧重于思想内容，它们并不会因为生活

① [英]H. 里克曼：《狄尔泰》，殷晓蓉、吴晓明译，185页，北京，中国社会科学出版社，1989。

方式或社会制度的变化而变化，对人类的影响更久远。

狄尔泰探讨表达的巨大功绩在于，他提醒我们，人们可以用许多不同的方式表达自己，促进人与人的交往和人与人之间的理解。但由于这些表达方式的不同，我们必须对它们加以仔细的考察和鉴别，我们从中得到的教益是："接受人们所说的东西，而不去寻找他们在隐秘的动机上可能说谎和欺骗的证据，这是靠不住的；而完全无视人心之中明白无误的东西，那又是不明智的。"①

关于"理解"，狄尔泰认为，理解虽然平平常常，司空见惯，但在人类生活中却是非常重要的，甚至是根本性的。没有理解，人类生活是不可想象的。家庭的和谐、工作中的合作、各种形式的社会制度、经济制度和政治制度，都依赖于人与人之间的理解。在这里，理解被提高到这样一个高度：人不仅具有发明、发展和使用系统复杂的语言能力，人还有创造、传递和理解各种纷繁复杂信息的能力，它是人区别于宇宙间一切其他事物的显著特征，并使人类历史、文化、科学、艺术等各方面的成就成为可能。观察和探讨人与人之间的各种各样的表达和理解的过程，进而理解人的体验，把握世界的真实，是精神科学的重要任务。

在狄尔泰看来，哲学家的工作不是去发现新奇和陌生的事物，而是去探索我们认为平淡无奇的事物的先决条件。正是在这个意义上，狄尔泰倾注很大精力去探索理解，并把它当作一个重要的认识过程。尽管狄尔泰在不同时期对理解做过不同的解释和定义，但他的基本思想则是：理解不是一种简单的、理智上的辨别力，而是我们认识自己

① [英]H. 里克曼：《狄尔泰》，殷晓蓉、吴晓明译，194页，北京，中国社会科学出版社，1989。

和自己所创造的社会和历史的能力。精神科学的真正认识论之基础是体验，是由生命的整体内在对社会和历史真实性的体验。理解就是通过对体验的再现而认识和把握生命，因为人类具有“同类性”，可以通过再现相同的情感、意志、目标、价值取向的过程而再进行体验，进而达到理解。正是在这个意义上，狄尔泰断言，因为我们能够再体验，所以我们能理解。

狄尔泰所谓的理解主要具有这三个特征：首先，理解不仅包括形式的关系，还包含理解对象的内容；其次，理解的实现不仅需要体验，而且还需要心灵的表达和解释；再次，理解不分归纳和演绎的过程，也不分特殊与普遍，而只表现出普遍界限中的主体化。这就表明，狄尔泰的理解活动并非是一种单纯的心理活动，而是包括概念和判断在内的认识对象的过程。这样的认识过程是独立的，而且是其他认识过程所不能消除和替代的。我们从狄尔泰的理解概念可以得出这些结论：理解的不同方面使理解与不同的关联结合起来，理解的过程不是单向的，而是复合的；理解与感觉、知觉、想象、记忆等其他的一般认识过程互相依赖，并且对它们予以了理智的扬弃和综合；理解与精神科学和自然科学共同具有的认识过程结合在一起，并且影响这些认识过程。

狄尔泰对理解的这种解释，说明在他那里理解不仅是狭义上的个人之间的沟通和了解，而且也是广义上的对社会和历史的把握。狄尔泰在《精神科学中历史世界的建构》中说：“对一个时代的某一个社会的法律做出历史理解，在于从外在的机构回溯到由集体意志促成和贯彻的‘法律命令的精神系统’，这个外在的机构就是此系统的外在存在。”“这种理解乃是要追溯一个具有自己的结构、并且有法可寻的精神产物。"[1]这就意味着，理解就是通过人类历史中可以观察到的事实，达到感官所不及的地方，由外在的客观实在去探究内在的精神世界，从而认识由人类自己创造的社会和历史的本质——这就是狄尔泰经常说的"历史理性"。

理解是相对于体验和表达的一种能力，这三者联系在一起，理解是这个关联的核心。由于我们从一出生就生活在一个缤纷复杂、千变万化的现象世界中，只有我们的体验、表达使我们有可能互相交流，达成我们的互相理解，最终才使我们有能力认识这个大千世界和我们自己，所以，"精神科学就这样奠定于生命、表达和理解的基础之上。到这里，我们才获得一个完全清楚的标志，它使我们可以明确地划出精神科学的范围。当我们把生命、表达和理解的关联作为基本态度去把握一门科学的对象时，这门科学就是精神科学"。[2] 我们由此清楚地看到，狄尔泰对体验、表达和理解及三者之间的关系所做的考察和研究，不仅对达到他本人所企盼的从生命去认识生命具有核心意义，而且对哲学学科建设，尤其是对解释学在以后的发展发挥了十分重要的作用。

三

狄尔泰对现代解释学的影响和贡献是非常明显的。伽达默尔在《真理与方法》和《150年后的狄尔泰——在浪漫派与实证主义之间》中对狄尔泰学说有很多评说。表面上看，伽达默尔最初也批评狄尔泰学说的不彻底性，认为在狄尔泰哲学观中存在着唯心主义与经验主义、

---

① *W. Dilthey-Gesammelte Schriften*, Bd. 7, S. 85, Tübingen, 1992.

② ebd.

个体的心理学基础与整体的历史主义观念的冲突，但是，伽达默尔仍然承认狄尔泰对现代解释学的杰出贡献，尤其是在《150 年后的狄尔泰》中对狄尔泰的评价相当高。这里主要提及以下几点：

首先，伽达默尔与狄尔泰一样，深切感到现代自然科学和技术的进步对传统的哲学和人文科学的冲击，这种危机感迫使他在继续思考人类存在这个时代命题的同时，必须思考以研究人类精神生活为己任的精神科学的必要性和重要性。伽达默尔在分析狄尔泰与新康德主义的论战时明确地说，狄尔泰没有忘记经验在精神科学中是某种根本不同于自然认识领域内的经验，自然认识领域所涉及的只是通过经验而产生的可证实的观点，而承担历史世界构造的东西并不来自于经验，历史世界的基础其实是那种属于经验本身的内在历史性。伽达默尔与狄尔泰一样，重视精神科学的独立性和自主性，反对科学主义和实证主义。他直截了当地说，我们的时代受到社会一体化以及主宰这种一体化的科学技术的制约，科学对知识概念和真理概念的哲学解释和论证占有统治地位，但这并不能证明这种科学主义的解释和论证方式就具有合法性。“即使在科学领域内，这一问题也是完全不可避免的。理解的现象不仅遍及人类世界的一切方面，而且在科学范围内也有一种独立的有效性，并反对任何想把它归为一种科学方法的企图。”①伽达默尔的这番话显然来自狄尔泰，但比狄尔泰明确和深刻得多，这与他接受海德格尔反对人类中心论、关心我们这个星球和人类未来命运的思想有关，同时更与他看到自然科学在 20 世纪给人类带来的负面效应有直接关系。

---

① [德]伽达默尔：《真理与方法》，洪汉鼎译，17 页，上海，上海译文出版社，2004。

伽达默尔正是在这个意义上强调解释学的普遍意义，强调“理解即存在”，并以此为出发点去探索和追求知识和真理问题，其中既包括哲学和其他人文科学的知识，也包括自然科学的知识，从而使解释学成为阐述人类存在之本真性的学问，进而上升到哲学本体论的高度。

其次，伽达默尔非常看重狄尔泰从历史的视野去考察和研究人类的生命世界，他甚至把狄尔泰的解释学称作“历史解释学”。在考察解释学的发展历程时，伽达默尔充分肯定了狄尔泰的历史主义为解释学所做的贡献。他认为，施莱尔马赫在解释文本时提出应当历史地、从撰写者的角度去理解古代文献，开创了近代解释学的先河。狄尔泰不仅接受了施莱尔马赫的思想，而且还把新兴的心理学应用到解释学中，强调要理解生命关联及其结构，因为生命本身是由于肯定自身而发挥效用的原始现象，它既有解释学结构，又有历史意义，所以“结构”一词的逻辑特征就在于它意指一种关系的、历史的整体。这里的关键是要把在此基础上的“理解”当作全部精神科学的一个重要范畴，这是现代解释学的关键。“理解从来就不是一种属于某个被给定的‘对象’的主观行为，而是属于效用历史（Wirkungsgeschichte），这就是说，理解属于被理解东西的存在。”①正是在这个意义上伽达默尔把海德格尔的“此在”概念与“理解”结合在一起，说“理解就是此在本身的存在方式”。②

为了让人们认识这种历史主义在解释学中的重要性，伽达默尔特

① ［德］伽达默尔：《真理与方法》，洪汉鼎译，6页，上海，上海译文出版社，2004。

② 同上书，4页。

意说，狄尔泰所说的历史生命性的概念是我们理解历史与现实世界之关系的关键。狄尔泰曾举例说，当人们在美术馆里欣赏绘画时，随着时间的绵延，不仅欣赏者的理解会不同，而且这些艺术品本身的生命、意义也会提升，狄尔泰以此来强调，我们要从具体时间的效用关联和结构关联来理解生命、目的、结果、意义等。伽达默尔认为，狄尔泰的这个观点已经揭示了存在与理解是相互统一的，它对现代解释学是完全不可或缺的，因此，伽达默尔十分中肯地说："正是解释学问题的普遍性才会对所有的历史兴趣提出深刻性的问题，因为这种普遍性总是涉及到'历史问题'的根本性的东西。"①

当然，伽达默尔也注意到狄尔泰的"历史解释学"中存在的问题，这就是狄尔泰晚年接受了黑格尔的影响，把历史的客观性与人类精神史混淆在一起，这当然是狄尔泰思想内在的悖论。对此，伽达默尔不无遗憾地说，狄尔泰试图开启的以解释学为基础的认识论尝试，因为其晚年追随黑格尔的历史主义而告失败。为了使自己不犯同样的错误，伽达默尔强调，他所说的整体概念本身只是得到相对的规定，在历史意义中，理解的整体并不是指历史整体的意义，当它们尚未构成历史哲学的对象时，它们只是事物自身存在的原素。人们只有认识自身理解的局限性，才能真正理解历史的事实。

再次，伽达默尔注意吸收狄尔泰精神科学中的一些成功的理论，尤其是关注"表达"、"体验"和"理解"这三个核心概念。

关于"表达"，伽达默尔认为，无论是狄尔泰、胡塞尔，还是海德格尔，他们都非常注意表达与意义本质的内在的逻辑联系，他们的工

① [德]伽达默尔：《真理与方法》，洪汉鼎译，40页，上海，上海译文出版社，2004。

作成功地揭示了人类存在的本真性，对艺术和其他人文科学都具有不可忽视的表率意义。关于“理解”，我们在前面已经提到，伽达默尔把它视为是与此在的存在方式相统一的东西，由于此在所构成的历史性和普遍性，就使得理解成为无所不包、无所不在的东西。理解在伽达默尔这里已经不只是具有认识论和方法论的意义，而是上升到本体论的层面上。很显然，对伽达默尔的解释学来说，理解这个概念是至关重要的，没有理解的意义提升，就没有现代解释学。伽达默尔也同样重视狄尔泰关于“体验”的论述，因为“精神科学就建立在体验、表达和理解三者的关系基础之上”，① 而体验则是把人的内在意识与外在事实、个体与社会结合起来的关键，此外，体验的时间性还凸显了生命的现实意义和历史意义的结合。从解释学上说，我们只有经过“体验”才能达到“理解”。所以，伽达默尔在《真理与方法》中用了很多篇幅专门研究“体验”，他认为体验是通过其意义而得到建构的，反过来它对解释学又具有建构的意义。② 但伽达默尔与狄尔泰也有不同，他并不赞同狄尔泰过分依赖心理学去解释“体验”的做法，认为这样做夸大了个体性在理解中的作用。于是，在狄尔泰那里与生命关联紧密联系在一起的体验，在伽达默尔这里就得到延续和扩展，体验不只是心理学中的东西，而且还获得艺术和美学的意义，这就是伽达默尔的“审美体验”和“体验艺术”。与《真理与方法》相比，伽达默尔在《150年后的狄尔泰》中对狄尔泰学说的评价有所改变。伽达默尔坦承，“今天的任何人都不可能与狄尔泰相比较。在历史学上，在批判的全面性

---

① *W. Dilthey-Gesammelte Schriften*, Bd. 7, S. 131, Tübingen, 1992.

② [德]伽达默尔：《真理与方法》，洪汉鼎译，77～105页，上海，上海译文出版社，2004。

上，在表达的技巧上，他都是一个巨人——一个真正的划时代人物”。[①] 尽管伽达默尔这时还坚持认为，狄尔泰的哲学不像海德格尔那样具有“概念的力量”，但他也承认，新出版的《狄尔泰全集》第 19 卷或许将改变他以前对狄尔泰所做的评价。

伽达默尔在这里提出要注意吸收狄尔泰晚年思想，他举例说，“‘自省’或许是让我最费力的一个概念”，[②] 他通过对“自省”概念的研究得到一些新的看法。他认为，“自省”在晚年狄尔泰那里得到高度重视，对他来说，“自省”是对全部生命和意识事实进行描述和分析，是在与意识事实相关的联系中发现和研究对象的关键，它具有普遍意义的特征，所以，“自省”不仅是他的描述心理学和认识论的基础，最终也是精神科学的基础。伽达默尔发现“自省”本来就是实践哲学的一个由来已久的命题，当苏格拉底提出“善”的问题时，“自省”就不是一个纯粹理论问题，而是涉及具体对象。狄尔泰晚年张扬“自省”，并把它当作精神科学的一个核心概念，这既是因为他受到新教影响，在钟爱浪漫主义和施莱尔马赫的情愫下而做出的选择，而更重要的原因则在于，他已经意识到，精神科学没有这样的形而上学的基础就不可能成立，于是，他就像同时代的洛采或费希纳那样，企图以此给精神科学罩上一层目的论式的形而上学的外衣，为精神科学构造基础。这说明，狄尔泰的“自省”不再像心理学那样只注重心灵生命的形式和规律，而是在努力认识和把握心灵关联的同时，通过客观精神、社会、历史和艺术使其得到内容上的丰富。这样，伽达默尔实际上承认，狄

---

① Hans-Georg Gadamer：“Dilthey nach 150 Jahren—zwischen der Romantik und dem Positivismus”，in *Die Sonderausgabe der Phänomänologie*，S. 157，Freburg/München，1985.

② ebd，S. 172.

尔泰在事实上仍然秉承了实践哲学的传统，为后来的具有现代意义的形而上学典型特征的现象学创造了条件。

由此来看，这时伽达默尔对狄尔泰的讨论仍然是不全面的。狄尔泰与解释学的关系，尤其是他对伽达默尔的启迪和影响可能是多方面和多层次的，其中许多地方还有待我们做进一步的研究。

从道德的“至善”到道德的“底限”*

——读阿多诺《道德哲学的问题》

在近现代西方思想史的发展过程中，道德哲学作为人类精神生活的一个重要内容，对西方社会的理论活动和社会实践始终发挥着重要影响。1997年出版的西方马克思主义哲学家阿多诺的生前手稿《道德哲学的问题》对近现代西方道德哲学的嬗变进行了深刻的分析，解答了道德哲学中的不少疑惑，提出了人类社会须臾不可或缺、始终必须坚持的道德底限的主张。因此，解读《道德哲学的问题》，不仅对我们正确认识和准确把握近现代西方道德哲学的发展和演变具有重要的理论意义，而且对我们加强社会主义道德伦理的建设、促进精神文明具有重要的实践作用。

---

* 本文依据对德国哲学家阿多诺《道德哲学的问题》的解读，对德国古典道德哲学进行了深刻分析，强调德国古典哲学内部在道德的形式和内容上已有分歧；继而分析批判了叔本华和尼采的道德理论的得与失，指出他们的主张混淆了普遍道德水平与个性道德修养的差别，因而缺少道德应当具有的社会意义。据此，本文解答了道德哲学的不少疑惑，提出了人类社会须臾不可或缺、始终须坚持的道德底限的主张。原文发表于《江苏行政学院学报》2002年第2期。

一

在近代西方道德哲学中影响最大的，莫过于康德的道德哲学。康德道德哲学的核心是“至善”。所谓“至善”，按照康德的意思就是，人们在自由意志的基础上，出自义务或职责，自愿地执行道德法则。这样的行为之所以“至善”，就在于它是绝对的、无条件的，不同于动物性的求生本能或任何感性愉悦，与任何爱好、愿望、需求、利益或结果无关，而只是为了服从道德法则。康德把这样的道德法则又称为“无上命令”。如果我们通俗地解释这个思想，就可以用下面这个例子来说明：当你看见一个人掉进河里，不论你会不会游泳，不论当时河里是白浪滔天还是冰封三尺，你都应当义无反顾地跳进河里救人。至于你是否能把落水的人救上来，你可能遭遇什么结果，你都不要考虑，因为这个无上命令是不允许你考虑这些外在因素的。在《道德形而上学的基础》中，康德认为，人们的这种行为应当成为普遍立法的基础。他如是说道：“我决不应当做其他的事情，我能够意欲的，就是我的准则应当成为一种普遍的立法。”①在《实践理性批判》中，康德把这种无上命令进一步设定为纯粹实践理性的基本法则，他说：“你这样行动，使你意志的准则始终能够同时作为普遍立法的原则。”

从表面上来看，康德的道德哲学属于他的实践理性范围，正如我们所见到的那样，《道德形而上学的基础》和《实践理性批判》是他这方面的主要著作。但是，如果我们联系康德的全部思想来考察这个问题，就会发现他的道德哲学思想植根于他的理论理性范围之中，即在

① Kant: *Grundlegung zur Metaphysik der Sitten*, S. 40, Stuttgart, Reclam, 1984.

《纯粹理性批判》之中，而这点常常被哲学史家们所忽视。之所以这样说，就在于要遵守道德法则，实现"至善"，必须有"自由意志、上帝存在和灵魂不朽"这三个理性公设，而康德在《纯粹理性批判》中对这些公设及其相关范畴的论证远多于《道德形而上学的基础》和《实践理性批判》，其理论意义也深刻得多。康德在《纯粹理性批判》中把自由引入哲学，并把"外在自由"转换为"内在自由"。他在该书的"第二个二律背反"中专门探讨了自由与因果性、自由与必然的关系。对康德来说，把一切人都当作自由的，是最高的具体概念。只有主体能够给自己立法，听从自己的无声命令，即实现自律，而不是屈从于外在的权势和利益，"至善"才能实现。而因果性和必然性更多地是属于"自然"范畴，这个"自然"在康德那里既有常识所说的大自然，如春播秋收、闪电打雷等自然现象，也有人之本性的意义，如人的嗜好、对幸福的追求等。在他看来，不论这种自然是前一种含义还是后一种意义，它们都是没有经过理性驾驭的东西，是粗糙的、本能的东西，所以，康德欣赏和推崇的是以自由为核心的理性的自律。这样的自由可以创造一切，可以达到"原始的绝对创造"的境界，用他的话来说，"实践的就是指一切通过自由而可能的事情"。① 对康德的这一贡献，哲学家们给予了极高的评价。对此，阿多诺非常中肯地说："人们几乎可以说，自由概念的这种双重转向——作为转向外部的自由概念和转向内在的自由概念——是支配、统治全部哲学史的事情。"②

康德的这种道德哲学既为他带来盛誉，同时也使他招致很多的批

① Kant：*Werke*，IV，S. 673，Frankfurt am Main，Suhrkamp，1968.

② T. W. Adorno：*Probleme der Moralphilosophie*，S. 178，Frankfurt am Main，Suhrkamp，1997.

评。由于康德的道德哲学重视行动的形式，而忽略任何具体的经验因素，所以它被后来的哲学家们称为“形式主义的道德哲学”或“观念伦理学”(Gesinnungsethik)。在德国古典哲学发展进程中，对他的道德哲学批评最为激烈的就是黑格尔。

对黑格尔来说，康德的实践理性提出不承认任何权威、自由就是最后目的的原则是一个很大的进步。但他认为，实践理性应当是具体的，而不能只提供抽象的规则和准则。在康德那里，自由只是对一切其他东西的否定，这样的自由是空洞的；自我不承受对其他东西的义务，未受到具体的规定，它仍然没有受到约束。因此，康德的实践理性所提供的道德法则除了在形式上具有自我意志的同一性以外，不能获得任何内容和规定。对此，黑格尔讽刺说：“这就是康德、费希特道德原则的缺点，它完全是形式的。冰冷冷的义务是天启给予理性的肠胃中最后的没有消化的硬块。”①

对康德的三个理性公设，黑格尔也予以激烈的抨击。在他看来，意志自由这个公设不仅空洞抽象，而且割裂了一般、普遍的意志概念与具体、个人的意志的区别。黑格尔认为，这里涉及意志的概念与特殊意志的关系，尽管我们可以设定，大多数人具有道德的普遍意志，特殊意志应当遵循这个普遍意志，但是，这种设定仍然停留在“应当”上面，而每个具体的个人实际上有自己的七情六欲。这样，实现“至善”的目的只是存在于无限的进展中。由于道德是根据普遍意志对七情六欲进行斗争和规定，而康德在这里并没有考虑具体的道德内容，所以，实践理性仍然是与人们的感性、冲动、爱好相对立的，完善的

① 黑格尔：《哲学史讲演录》，第4卷，贺麟、王太庆译，291页，北京，商务印书馆，1978。

道德理念也只是存在于彼岸。对“上帝存在”和“灵魂不朽”这两个公设，黑格尔以其敏锐、缜密的逻辑推理，洞察了它们的不自洽性。他认为，康德的道德法则所追求的“至善”是作为世界的最终目的，但它只是形式的，没有具体的内容，从而与外在的自然相对立，“因为幸福只是感性的自我感觉或作为这个个人的直接的现实性，并不是自在的普遍的实在性”。[①] 康德的这两个公设就是寻求“至善”这个道德理念与外在自然和人的感性的统一，设定上帝的存在既可以表明道德法则的神圣性，也可以表明自然的合乎理性目的。同样，设定灵魂不朽也是旨在说明，道德是一个永远不可能臻于完善的目的，人们应当在道德生活中无穷地进展下去。然而，上帝和不朽都是一种假想，一种信仰，“至善”也停留在现实的彼岸，它们与自然和主体的实在并没有直接的关系，所以，“这些公设所表示的不外是处处自相矛盾的不同环节之无思想性的综合。它们是各式各样的矛盾的‘巢穴’”，[②] 并不可能给这两方面创造和谐，相反，只能使这两方面始终处于二元论之中。

既然黑格尔如此批评康德的道德哲学，那么，他的道德哲学就走向了另一个方面。在黑格尔的全部哲学体系之中，道德哲学属于客观精神的范围。但是，他对道德与社会伦理又加以严格的区分。他认为，道德是意志返回到自身的、纯粹精神上的东西，是意志上的善从外部世界退回到它自身之中的内在性，所以说，道德是纯粹主观的，不对家庭、社会和国家承担任何有约束的义务。伦理则不同，它是社

---

① 黑格尔：《哲学史讲演录》，第 4 卷，贺麟、王太庆译，292 页，北京，商务印书馆，1978。

② 同上书，293 页。

会性的，社会伦理是主观和客观在客观精神领域内的具体的统一，或者说，它是道德概念的客观实现。因此，在黑格尔那里，道德直到超出它本身、并且成为社会伦理时，它才是真正的存在。

基于这样的思考和体系的需要，黑格尔把道德的发展划分为三个阶段：一是故意，二是意图和福祉，三是善和恶。只有在第三个阶段，当个人的意志、目标与普遍意志的目的相统一的时候，道德才是真正的存在。换句话说，只有在这个阶段，意志与概念才达到一致，善才会存在。对黑格尔来说，现在只是在主观上达到了善，它还是普遍的空洞形式，是纯粹一般的理念，还需要具体而实在的填补物，这就是经验因素。因为他认为，善不只是良心，善还应当是意志的对象，是主体依靠自己的行动创造和建立客观世界的东西。这样，黑格尔就从主观的道德过渡到客观的伦理学。他的伦理学体系依然遵循其三一式的圆圈，包括三个部分：一是家庭，二是市民社会，三是国家。在每一个部分下面又有三个层次。①

显而易见的是，与康德抽象的、形式主义的道德哲学相比，黑格尔的道德哲学具有更多经验的、实体的内容，它既要求主体主观上的善良，又要求人们对家庭、社会和国家承担义务和责任。所以，不少学者把它称为“责任伦理学”(Verantwortungsethik)。从表面上看，黑格尔比康德有了重大进步。但是，如果我们深入思考，或许就会得出相反的结论。康德的道德哲学始终是以一个终极目的为目标，在追求这个目的过程中是不允许有任何不确定的经验或实体因素的，否则，这个目标就会因为感性东西而大打折扣，甚至会陷入相对主义的窠臼

① [德]黑格尔：《法哲学原理》，范扬、张企泰译，141节及后节，北京，商务印书馆，1961。

之中。而黑格尔的思想是与现存的社会批评结合在一起的，他好像超过了康德，但实际上他的批评却混淆了一般的道德戒命与具体的现实要求之间的区别。由于他过于考虑经验的和现实的因素，他的这个思想不仅不具有康德的纯洁性和批判性，而且更容易屈服于"现存的权威和专制"，也更容易看重利益的得失。

二

在西方哲学从近代向现代过渡的进程中，叔本华是一个不可不注意的人物。从本质上说，"叔本华以作为一个意志论者开始，而终于变为一个理智论者"。[①] 在道德哲学领域，叔本华的思想也同样摒弃意志，十分推崇理智，并且还笼罩着一种他那个时代所有的悲凉之雾。他受佛教影响，悲天忧人，否定现世，反对理性主义哲学，把善良的希望寄托在来世的空洞慰藉上。在叔本华的眼中，黑格尔哲学是一种故弄玄机的神秘主义，是最空洞无物、扼杀精神活动、荒谬可笑的东西，因而是不值一驳的。对康德他还是抱有一些恭敬之意。他清楚地看到，正是康德哲学的影响和同期自然科学的空前进步，才证明道德或伦理学的原有支撑物已经是腐朽的。康德在这方面的伟大功绩，就是他清除了道德哲学中的一切幸福论，而他的结论所具有的纯洁性则为他赢得巨大声誉。但是，叔本华认为："道德，鼓吹易，证明难。"[②]康德的道德哲学不论是在其根据、基础上，还是在其主要原则、推论形式方面，他的证明都有矛盾，有些甚至是根本站不住脚

---

① ［德］克罗纳：《论康德与黑格尔》，关子尹译，60页，台北，联经出版事业公司，1985年。

② ［德］叔本华：《伦理学的两个基本问题》，任立、孟庆时译，127页，北京，商务印书馆，1996。

的。所以，叔本华公开宣称，他自己的道德思想是与康德针锋相对的。

叔本华认为，康德的道德哲学证明的首要错误，就是他把应当发生的道德法则当作实在发生的事情，以假设当根据，并且还把这种假设当作他的整个体系的基础。把一个应当发生然而尚未发生的事情当作命题的根据是错误的，而康德继而认为这个假设具有全然的和绝对的必然性，则是错上加错。叔本华在这里正确地看到，在伦理道德领域，我们首先必须考察那些支配人们意志的法则，追溯这些规定、戒律、命令的来源，而不能无条件地拿来使用。然而，他却片面地认为，像义务、责任概念最初都来自神学道德，只要我们不能从人的本性或客观世界提出它们的其他渊源的可信证据，它们在本质上就与纯粹的道德哲学没有关系。在欧洲，自从基督教兴起并占据统治地位以来，这些道德规定和义务、责任等观念无不与基督教相联系。在这期间，哲学伦理学已经不知不觉受到神学伦理学的影响和塑造。康德把他的道德法则视为纯粹理性的设定，让义务、职责这些概念脱离其渊源和神学内容，不啻是用空话来满足读者，从而在现实中失去一切意义。

对于康德把最高的善当作德行与幸福的统一的论述，叔本华一方面承认这是康德的功绩，另一方面又认为这只是为幸福论披上了一层薄纱。从表面上看，康德所说的道德是在谈论配享幸福的问题，但这种道德的源头在根本上仍然是个人的幸福，它是建立在自私自利基础之上的道德。叔本华在这里尖锐地说："换句话说，它是幸福论，它已经被康德视为一个擅入者郑重其事地从他的体系前门推出去了，反而以最高善的名义又让它从后门爬进来。”①

在叔本华看来，康德证明的错误，就在于他习惯于理论理性中的先验综合命题，他把这个命题简单地移植到实践哲学里，好像人的内在与永恒的本质只是由理性构成的。这样，在道德哲学的基础中，康德排除了任何内在和外部的经验因素，而只承认一个纯粹的先验概念。他在这里其实是不经任何推演和证明就把道德法则当作给定的东西。这样的东西只是产生于几个抽象的概念，在实际上是没有根据的。因为道德哲学关乎的是人的实践生活，如果人的内在意识和全部外部世界及其构成的一切经验和事实都被清除，那么，人们就没有任何可以坚持的东西。进一步说，康德在理论理性中所说的时间、空间、因果性等先验概念，它们是我们智力的诸形式，依靠它们我们才能把握世界，而道德法则与它们完全不同，它是我们行为的准绳，一个人如果没有同情心，对别人漠不关心，他怎么会为了纯粹的善而去履行义务呢？所以，康德所说的道德法则，在实践中每一步都必定会受到经验的嘲笑。

对于康德道德哲学的基石——道德法则，叔本华予以更严厉的批评。他敏锐地洞察到，康德在颁布道德法则时只是把它当作先验给定的东西，而没有证明这个颁布的根据。康德没有对道德法则的所是和所以然加以区分，他既不能使其建立在道德感情的基础之上，也不能以“绝对的公设”的名义掩盖这是一个精妙的窃题论证的事实。叔本华认为，既然道德是人们的实践活动，要想让人们实现道德法则，就必须有前在的激励因素，必须在任何情况下，使人自动地感受和认识这

① ［德］叔本华：《伦理学的两个基本问题》，任立、孟庆时译，145页，北京，商务印书馆，1996。

种因素，从而产生积极的作用。而康德的道德法则完全建立在毫无内容、纯粹抽象的概念上，没有任何实在性，飘浮于空中，既无物可赖以支撑，也无人会被它打动。叔本华在这里把康德的实践理性及其法则比作德尔斐神庙，由它幽暗神殿所发出的神谕都是应当发生却又是不可能证明的东西！

我们在佩服叔本华的精致的分析、尖锐的批评的同时，却也看到叔本华在不少地方不过是在拾黑格尔的牙慧，这就是他与黑格尔一样强调道德的经验因素，只是各自的表述不同而已。

叔本华正是通过对康德的批判开创了西方道德哲学的一个流派——同情伦理学。在叔本华的视野里，人类行为只有三个源头：一是利己主义，二是邪恶，三是同情。人类一切可能的行为及动机都可以归因于这些源头之中。第一个源头是人类追求幸福的本能，具有无限的意欲；第二个源头是灾祸的根源，可以发展到极度的凶残；只有第三个源头才考虑他人的幸福，并可以升华为仁慈和公正，达到宽宏大量的高尚。由于叔本华认为，我们行为的道德意义仅仅在于对他人的影响，只有我们的行为与其他人发生关联时，我们才可以说我们的行为是否有道德价值，才可以谈得上是否仁慈和公正。而同情不考虑一切私利，直接分担他人的痛苦，并且为努力排除和阻止这些痛苦而给予他人帮助和支持，所以，同情是这个世界得到幸福和快乐所依赖的最后手段。他大声疾呼："只有这种同情才是一切自发的公正和一切真诚的仁爱之真正基础。只有发自于同情的行为才有其道德价值；而源于任何其他动机的所有行为则没有什么价值。"①叔本华进而把这

① ［德］叔本华：《伦理学的两个基本问题》，任立、孟庆时译，234 页，北京，商务印书馆，1996。

种同情推广到整个生命世界，呼吁人类不要杀戮动物，而是要有仁慈之心，同情和爱护动物。

叔本华对康德的批判及其同情伦理学的积极意义是显而易见的，但它的消极性却不能不提。首先，叔本华的同情仅仅停留在表面上，他曾经说，康德的道德行动来自于理性，但假如人的理性得出的结论很可能是不需要行动，那“清静无为”岂不是更好？这样一来，人在道德方面的能动性和积极性就被抹杀得干干净净。其次，他对康德的道德法则之先验性予以否定是对的，但他过于强调神学的道德来源，好像人类的一切道德规定都是由神谕传递来的，人类在道德领域只能是无所作为。因此，他所主张的“揭开摩耶之幕”不仅是对人的能动性的否定，更是对人的生命意志的否定。最后，在具体的社会活动中，抽象的同情显然不切实际，仅仅依靠同情不足以普遍有效地建构道德伦理。

尼采作为叔本华的学术继承人，其在道德哲学方面的论述颇有名气。从纯哲学而言，尼采所代表的道德意志论是对叔本华具有理智色彩和佛教色彩的思想的反动。在尼采的心目中，道德既不是先验的，也不是神性的，而是尘世的东西。人类过去的一切道德是那么不值一提，是一个“破碎的旧榜”。① 有关善与恶的标准全是人的喜怒哀乐的情感及其相关的行为所导致的，它们是人们根据不同的社会地位和生理条件对人的行为所做的价值评判。所以，这个善与恶的标准是变化不息的。它就犹如河上的浮桥，在凛冽的寒冬，河流冻结，这座善恶的浮桥似乎是固定不动的。春风吹过，河流解冻，万物复苏，这座浮

① ［德］尼采：《查拉图斯特拉如是说》，248页，长沙，湖南人民出版社，1987年。

桥也会流动，这时谁还会再固持原有的善和恶呢?① 此外，他还认为，不同的民族有不同的善和恶，有一千个民族，就有一千个善和恶，不存在由理性制定的统一的规范，没人能够对它们做出恰如其分的评判。

依据这个看法，尼采认为所谓道德的“至善”或“极恶”都是渺小的，甚至是道德的偏见，根本不像道学家或神学家所说的那样重要和神圣。在这里，尼采对基督教教义进行了激烈的抨击，并且从哲学、历史和心理学等方面寻找这种偏见的来源。他毫无畏惧地说，基督教所宣扬的禁欲、良心、行善并不是亘古不变的戒律，也不是“人心中的上帝之音”，而是欺骗和蒙蔽民众的手段。而其根源则在于，基督教就是犹太人在“道德上的奴隶起义”，貌似善良的“良心”掩盖不了乌合之众“怨恨”贵族的本质。

对于康德所说的“至善”，尼采给予了冷嘲热讽。他认为，康德为了让自己的“无上命令”得到实现，就公设了“上帝存在”和“灵魂不朽”。这种做法无异于一个神甫对在地里拾土豆的农妇说，你们不要拾不是自家地里的土豆，不然，上帝就会惩罚你们，让你们永远进不了上帝的天国。由此来看，康德的“无上命令”并不是无上的，康德的意志自由也不是完全自由的，康德的道德法则与神学道德的伪善并没有本质的区别。对叔本华所竭力主张的“同情”，尼采同样表示了不同的意见，并从另一方面予以否定。在他看来，主张“同情”是宣传“无我”，是美化和神化自我否定本能、自我奉献本能的价值，这样做的结果只能是对生命意志的否定，而这点恰恰是与他所宣扬的“强力

① ［德］尼采：《查拉图斯特拉如是说》，250～251 页，长沙，湖南人民出版社，1987 年。

意志”背道而驰的。尼采不无担忧地说：“我正是在这里看到了末日的来临，看到了停滞、回顾往事的疲倦和反抗生活的意志，看到了关于临终疾病的温柔而忧伤的兆示。”①为了不让欧洲走虚无主义的弯路，尼采竭力鼓吹“强力意志”，幻想着出现拿破仑式的超人。

对尼采道德哲学的批判已经很多，但我们与此同时也不应当讳言尼采在这一领域的积极意义：尼采对基督教的批判在当时的西方是最激烈的，其勇气无论是在过去还是在现在都是值得敬佩的；尼采不囿于现成的理性分析的方法，而是另辟蹊径，应用当时新出现的生理学和心理学去剖析人性，这个做法对后来西方哲学的发展具有极其重要的意义。

三

作为一个既具有深厚的西方哲学和文化的素养、又部分地接受了唯物辩证法和历史唯物主义的西方著名哲学家阿多诺在《道德哲学的问题》里对西方近代道德哲学的演变和各种各样流派所做的分析和批判，既准确全面，又深刻犀利，可说是入木三分。

阿多诺对康德和黑格尔的道德哲学的评判非常值得我们去反思。在分析康德道德哲学的时候，他一方面承认康德道德哲学是一种不切实际的观念伦理学，但另一方面更注意产生这样一种学说的时代背景，说它是正在上升的市民阶层的产物。这就是说，康德作为德国市民阶层的思想家，其思想确有理性至上的意志论倾向。既然康德笃信理性，认为理性命令什么发生就必定会发生什么，那他当然会提出，

① ［德］尼采：《论道德的谱系》，谢地坤等译，5页，桂林，漓江出版社，2000。

道德行为完全决定于人的意志。康德道德哲学所具有的这种纯洁性是其他哲学家无法与之相比的。这就像同时代的贝多芬的交响乐一样，虽然后人可能在许多方面超过他，但他的交响乐所洋溢的那个时代的激情是后世难以逾越的一座高峰。然而，理想不等于现实，康德与许多其他德国思想家一样，都犯了同一个错误——“概念走在现实前面”。

尽管阿多诺十分敬仰黑格尔，但他并不欣赏黑格尔的道德思想。他在分析黑格尔混淆道德理念与道德实在性的原因时精辟地指出，黑格尔始终有这样一个观点，即在一个民族的整体性基础上可以实现实在性与观念性、自然世界与道德世界的统一，以此推演下去，道德和法则就可以表现为客观精神中的主体性因素和客体性因素。这样，在黑格尔的道德理论与一个民族活动之间就有一种密切的联系，并由此发展出一种统一理性主义和经验主义的方法。黑格尔的错误就在于，他实际上承认客体有理性，从而让自己的理论陷入矛盾之中。①

虽然黑格尔也主张意志自由，但由于他以为道德的最后阶段表现为民族的意志和国家的自组织形式，所以，黑格尔为国家权威进行辩护则是不容否认的事实。

对叔本华和尼采的道德哲学，阿多诺在肯定它们在哲学上的积极意义的同时，也对它们的消极意义予以尖锐的批判。就叔本华而言，他认为，叔本华把同情当作产生道德的真正动因，其本质则是盲目地否定生命意志的表象。叔本华混淆了哲学家追求普遍道德水平的提高与个体道德修养方面的差别，混淆了人类福祉与个体幸福之间的差别。如果深究下去，我们不难发现，同情不是抽象的，即使我们因为

---

① T. W. Adorno：*Probleme der Moralphilosophie*，S. 245～247，Frankfurt am Main，Suhrkamp，1997.

同情而施舍别人，它也包含着人与人之间的不平等。我们不能寄希望于个体的同情可以改变现实社会中的不公正，可以提高全人类的道德水平。就尼采而言，他认为，尼采的道德哲学只是停留在否定小市民道德水平上，并没有由此上升到用理性的、哲学的语言去表达正确的道德理念的高度，他的否定多于肯定，破坏多于建设；他只承认自我欣赏的非理性东西，突出个体的生命意志，过分张扬个体的意义，从而导致他忽视人之存在的社会意义，这样的理论对整个社会来说就是残酷的。

阿多诺不仅对过去的道德哲学做出自己的评价，而且对当时正在流行的哲学流派所表述的道德哲学思想也表达了自己独特的见解。关于当代西方最有影响的存在主义哲学，阿多诺极其明确地指出，从否定意义而言，"存在主义在本质上被理解为一个伦理道德的运动"。① 即使现在学术界对存在主义哲学有各式各样的看法，但如果我们仔细阅读存在主义的论著，就不得不承认阿多诺这一论断的正确性。存在主义的先驱克尔凯郭尔在回答"如何从虚假的存在成为真正的存在"的时候就说，只有伦理的和宗教的知识才是真正的知识，它们实质上只与认识的主体存在相关，只与现实相关。② 很显然，他已经把伦理和宗教当作存在哲学的一个重要命题。雅斯贝斯在《时代的精神状况》里论述当前人类生存状况时则非常忧愁地说，在科学使人能够到达我们星球任何一个地方的今天，人类的精神却成为虚无的荒原，道德的沉沦已经使现代人不知责任、诚实等道德观为何物，拯救人类的精神是

① T. W. Adorno：*Probleme der Moralphilosophie*，S. 26，Frankfurt am Main，Suhrkamp，1997.

② Sären Kierkegaard：*Repetition*，pp. 80～85，Princeton，Princeton University Press，1941.

存在哲学的主题。存在主义大师海德格尔更是关心人类的道德建设，他的一生都在呼唤“良心”，说良心乃是揭示自身的忧虑，人只有意识自身内在的缺陷，才能把自己投入真正的生存潜在性之中——这就是海德格尔反复说的“本真性”的确切含义。对存在主义的缺憾阿多诺也洞若观火，他认为，存在主义的错误主要在于，它出于对统治世界的反抗，对自发性和没有被理解的主体加以绝对化，而在此同时客体性却又回到这个尚未被反思的自发性之中，并且被客体所替代。① 这就是说，在道德哲学领域，存在主义模糊了主体与客体的界限，道德理念与现成的世界结构被混淆在一起。

阿多诺坚决反对相对主义伦理学思想，他明确说，相对只是对绝对的补充，但不能代替绝对。如果道德领域的评判只有相对性，而没有基本准则，那这样的评判就没有任何意义。相对主义伦理学的最大危害就是忽视了人的理性判断是非的标准，模糊了善与恶的界线，在本质上是对人类的不负责任，这样的思想必须遭到摒弃和克服。“人们如果确实致力于一个真正有活力的、正当的生存，那就与相对性毫不相关。”②

在这里，阿多诺第一次表达了他的否定辩证法的思想，他坚信，确定的否定原则确实超过所谓的相对性。“我们可能不知道，什么是绝对的善，什么是绝对的规范，甚至不知道什么是人、人性和人道主义，但我们却非常清楚，什么是非人性的。”③正是基于这种通过否定去达到肯定的辩证法思想，阿多诺提出了自己的道德主张：在人类精

① T. W. Adorno：*Probleme der Moralphilosophie*，S. 262，Frankfurt am Main，Suhrkamp，1997.

② ebd，S. 260.

③ Kant：*Werke*，IV，S. 261，Frankfurt am Main，Suhrkamp，1968.

神空虚的现在，我们既不可能要求所谓的"至善"，也不能满足于对人类精神状况的批判、担忧，更不能以道德的相对性来模糊人类的基本道德规范，而是必须坚持"最低限度的道德"。它的基本内容应当包括谦虚、诚实、守信、责任，其核心要求就是，我们应当不断地反思自身，不盲目认为自己总是有理，他人无理，及时意识自己的缺点。这是我们的道德底限，我们不能以某个太平洋岛国或某个落后部落的规则来否定它，因为这是人类几千年文明社会所形成的最基本的并被绝大多数人所认可的道德规范，我们不能以个别的具体来排斥一般的普遍！

从康德的"道德的至善"到阿多诺的"道德的底限"，反映了近现代西方道德哲学的演变，是这个时代的社会实践生活，尤其是道德伦理状况在伦理学领域的折射。我们从阿多诺的评判和观点中可以得到这样一些启示。首先，从理论上讲，必须坚持"良心"与"责任"的统一，即使这二者常常表现为二律背反。一方面，人要有良心，崇尚"至善"，但不能退回到良心中，否则就会陷于空洞的、形式主义的道德说教之中，这是康德给予我们的教训；另一方面，重视责任是对的，但不能因为强调责任而要求人们屈从于外在权威强加的道德形式，它会导致自由意志的丧失，这是黑格尔给予我们的教训。其次，从实践上讲，人们在现实生活中既不能以某个思想家的道德理念当作自己的道德标准，也不能盲目服从外在的权威和现成的规范，生活本身是扭曲的，人们应当依靠自己的判断去进行自由的选择，通过发现现实中的假丑恶而确立真正的真善美。再次，近现代道德哲学还告诉我们，道德是与现实世界结构结合在一起的，首先是与政治结合在一起的，在我们呼唤改善公民道德状况的同时，不应忘记改善政治体制，只有在一个合理、公正的政治制度下，一般的道德才能臻于完善。

道德的底限与普世伦理学*

一

在阿多诺的全部论著中，关于道德哲学或伦理学的论述并不多，目前出版的主要就是《最低限度的道德》(*Minima Moralia*)和《道德哲学的问题》(*Probleme der Moralphilosophie*)这两本书。这样，从表面上看来，阿多诺似乎并不特别重视道德哲学或伦理学问题。

不过，如果我们仔细考察阿多诺的思想历程，就会发现实际情况并不是这样。还是在20世纪30年代，年轻的阿多诺就被霍克海姆批判理论的重要论著《唯物主义与道

---

* 本文分为两个部分。第一部分论述阿多诺的道德哲学，指出他的道德思想是对西方道德哲学的批判继承，他提出的"道德底限"的主张是对维系人类存在的基本道德伦理的反思，表现了阿多诺对人类现实生存状态的关切。第二部分结合阿多诺的道德思想分析我国学术界对普世伦理学的讨论，强调用历史的和辩证的观点去研究道德伦理，指出道德伦理是与政治、经济、文化、宗教密切联系在一起的，而普世伦理与各个民族和国家的具体道德规范则是普遍性与特殊性的统一，永恒性与时代性的统一。原文发表于《江苏社会科学》2004年第1期。

德》所打动。[①] 在二战期间，阿多诺作为一个犹太后裔的德国人，亲身经历了法西斯的歧视和迫害，感受颇多，二战后返回德国在1951年就出版了《最低限度的道德》。在这部书里阿多诺不仅控诉纳粹的倒行逆施，而且反思和批判了当时世风日下的欧洲道德状况，文风多有警言格句，颇有哲学散文的韵味，在当时确有振聋发聩的作用。此后阿多诺对整个西方哲学传统中的道德哲学予以理论反思，在1956～1957年开设伦理学课程，对苏格拉底、柏拉图、康德、黑格尔、尼采等人所代表的西方道德哲学进行讨论。这种情况正如哈贝马斯现在所回忆的那样，经历过纳粹时代的人们深切感受到当时的道德腐败，人们只能"自我同情、自我排解和丧失感觉"，正是阿多诺"以其特有的知识的迫切性和深刻的分析，通过坚持不懈的批判才挽救了这个伟大传统的本质"。[②] 令人遗憾的是，阿多诺这次讲课并没有留下完整的录音和记录，使我们不可能了解他当时在这方面的思考。进入60年代，作为法兰克福学派的主要代表，阿多诺在欧洲思想界已经享有很高声望。他在坚持社会批判的同时，不可能不对道德哲学的一些疑难问题重新加以审视。尤其是他面对的情形与战后又不相同，这时的西方社会一方面是经济得到迅速的恢复和发展，另一方面则是工业社会的弊病和各种社会矛盾的充分显现，反映在哲学界和思想界的就是存在主义哲学的呼声汹涌而来。把自己视为"最后哲学的代言人"的阿多诺决不能像以前那样仅仅勾勒出道德哲学的历史发展，或者满足于用格言形式撰写的《最底限度的道德》，而是应当提出既具时代特点、

① Max Horkheimer：*Gesammelte Schriften*，Bd. 3，S. III，Frankfurt，1988.

② J. Habermas："Adorno，Philosophen in den fuenfzigen Jahren"，in *Zeit*，4. April，2003 Nr. 37.

又有深度的道德或伦理思想。于是，阿多诺结合霍克海姆的《唯物主义与道德》，反思二次大战的历史教训，重新思考和阐述了道德哲学的历史意义、现实价值、所遇到的难题以及与之相关的一些基本哲学问题。1963 年 5 月至 7 月，阿多诺讲授这方面的思考结果，讲课的风格朴实直白、深入浅出，但讲课所涉及的内容却并不轻松，这就如他自己所说，他“抛出的不是面包，而是石块”。① 这部讲课稿实际上是为其代表作《否定辩证法》做材料和思想上的准备。此后，阿多诺也一直在思考道德哲学的问题，特别是他看到一时风起云涌的大学生运动，更使他在这方面产生很多想法。为了避免或减少产生于民众自发性的反抗运动及其带来的消极后果，帮助人们提高这方面的认识，阿多诺直到去世时还在计划撰写“道德哲学的书”。②

现在我们已经看到，道德哲学是阿多诺思想中的一个重要内容，虽然他最终并没有如愿以偿地完成道德哲学的系统论述，但他一生关于道德伦理思想的著述，尤其是他的《道德哲学的问题》毕竟向我们展示了他在这方面的基本思路，使我们能够把他的思想与当代伦理学进行比较性的研究。

《道德哲学的问题》全书都是围绕着对康德道德哲学的评说而展开的，并且由此散发到全部近现代西方道德哲学。阿多诺在这里首先分析了道德哲学与伦理学这两个概念的区别，他认为，虽然道德和伦理都出自同一个词源“ethos”，但现在人们过于强调伦理学概念所包含的个体意义，奢谈所谓“良心中的良知”，而忽视了道德和伦理中理应

---

① T. W. Adorno: *Probleme der Moralphilosophie*, S. 10, Frankfurt am Main, Suhrkamp, 1997.

② T. W. Adorno: *Gesammelte Schriften*, Bd. 7, S. 537, Frankfurt, 1970.

具有的社会关系和社会秩序的内涵，他明确无误地说："伦理学概念实际上是把理应揭示任何一种道德或伦理问题的深刻思考的主题范围予以缩小而加以简单化了。"①他因此反对用伦理学概念去代替道德哲学的概念，而主张坚持使用康德意义上的"道德哲学"的概念。同时阿多诺不仅认为道德哲学是实践哲学的问题，而且还认为道德哲学从更深层次上也是理论哲学的问题，因为理论与实践在根本上都来自生活，因而是具有同一性的。正是在这个意义上阿多诺把道德哲学视为哲学的根本问题，他非常明确地说："'我们应当做什么'是道德哲学的真正本质的问题；我甚至还可以补充说，这是一般哲学的最重要问题。"②关于这一点，阿多诺通过对康德的道德哲学的评说去加以论证。他认为，现在很多人像通常所做的那样，只是单纯地从实践理性去考察康德的道德哲学，这是对康德的道德哲学的一种肤浅的认识。如果我们仔细分析《纯粹理性批判》中有关二律背反的学说，就可以清楚地看到，康德的道德哲学就建立在他的意志自由学说的基础之上，而"自律"与"他律"的矛盾不过是理论理性中的自由与因果性、自由与必然性这个二律背反在实践理性中的反映。康德的"灵魂不朽"和"上帝存在"的公设不仅是对建立在"意志自由"这个公设之上的道德学说的补充，而且还是康德的道德哲学与宗教哲学的结合点。阿多诺在对康德把自由概念引入到哲学中大加赞赏的同时，也看到康德道德哲学的"空洞"和"软弱"，因为康德所鼓吹的"至善"是一种不顾主客条件的主观设定，在现实中不具有实际意义，显得空泛而软弱。

① T. W. Adorno：*Probleme der Moralphilosophie*，S. 26，Frankfurt am Main，Suhrkamp，1997.

② ebd，S. 11～12.

尽管阿多诺十分敬仰黑格尔，并且继承和发展了黑格尔的辩证法，但他并不欣赏黑格尔的伦理学思想。阿多诺承认，黑格尔对康德道德哲学的批判确实有道理，他把具体的伦理内容赋予道德哲学，从而在表面上取得进步。但是，黑格尔始终有这样一个观点，即在一个民族的整体性基础上，可以实现实在性与观念性、自然世界与道德世界的统一，以此推演下去，道德和法则就可以表现为客观精神中的主体性因素和客体性因素。这样，黑格尔在这方面就混淆了道德理念的普遍性与道德实在性的区别，混淆了一般的道德戒命与具体的现实要求之间的区别，并且使其道德理论与一个民族活动之间存在着一种密不可分的联系，而在方法上会由此发展出一种统一理性主义和经验主义的做法。黑格尔的错误就在于，他"实际上承认客体有理性，从而让自己的理论陷入矛盾之中"。① 虽然黑格尔也主张意志自由，但由于他以为道德的最后阶段表现为民族的意志和国家的自组织形式，所以，黑格尔为国家权威进行辩护则是不容否认的事实，他的这种思想不仅不具有康德道德哲学的纯洁性和批判性，而且由于注重个人的利益得失和现实的社会关系，很容易屈从于外在的权威和压力。所以，在这个意义上讲，黑格尔的"具体"是对康德的"抽象"的倒退。

阿多诺充分肯定尼采对基督教和市民阶层的虚伪道德的揭露和鞭笞，他说："尼采的无与伦比的意义——在我看来，这个意义远远超过一切可能的阴暗和反动势力曾经对他的某些定理的利用——在于，他恰恰在好的事物中对坏的东西进行揭露，因此，他对坏的东西的表

① T. W. Adorno：*Probleme der Moralphilosophie*，S. 246，Frankfurt am Main，Suhrkamp，1997.

现所进行的批判在社会积极性上相当具体。"①阿多诺在这里看到尼采的批判所具有历史辩证法的意义，看到尼采批判对西方哲学转型所做的贡献。然而，阿多诺也毫不掩饰尼采批判的不足。首先，尼采把业已成为客观精神和文化意识的道德观念武断地判定给宗教，而宗教在文艺复兴以后已经或正在丧失原先的权威；其次，"尼采停留在对市民阶层的道德的抽象的否定上，或者说，他停留在抽象的否定业已变成意识形态、变成遮掩坏的行为的面具的道德上，他本人没有从他所面对的个人道德问题的解决当中过渡到表述正确生活的理念上，由于他只是草率地处理这一问题，并且又从自己这里赋予正确生活一种肯定的道德，而这种肯定的道德无非是他自己曾经谴责的那种道德的纯粹否定的影像"。② 再次，尼采过分关注个人的道德修养，忽视了人在本质上是社会动物，从而看不到道德哲学的社会意义。这样，尼采的批判表面上看起来犀利尖锐，但由于他是从个人主观愿望来建立新的道德规范，而这种愿望包含着任意性和随意性，所以，尼采的批判最终只能是在装腔作势的语言里隐藏着实际上的软弱无力。

通过分析西方道德哲学的演变，阿多诺对 20 世纪的各种理论思潮在道德领域的观点提出了他自己的看法。在阿多诺的眼中，"相对只是对绝对的补充"，无论相对主义伦理学以什么样的借口都不能掩盖它的危害性，这就是它无视人的理性判断是非的标准，模糊了"善"与"恶"的界线，在本质上是对人类不负责任的思想，这样的观点理应遭到摈弃。"人们如果确实致力于建设一个真正有活力的、正当的生

---

① T. W. Adorno: *Probleme der Moralphilosophie*, S. 255, Frankfurt am Main, Suhrkamp, 1997.

② ebd, S. 256.

存(Existenz)，那就与相对性毫不相关。”①关于当时如日中天的存在主义，阿多诺肯定了存在哲学对人类生存状态的关切，并且明确地指出，从否定意义而言，“存在主义在本质上被理解为一个伦理道德的运动”。② 但是，对存在主义的缺憾阿多诺也洞若观火，他认为，存在主义在道德领域的主要失误在于，它出于对统治世界的反抗，对自发性(Spotanitaet)和没有被理解的主体加以绝对化，而在此同时客体性却又回到这个尚未被反思的自发性之中，并且被客体所替代。换句话说，在道德哲学领域，存在主义模糊了主体与客体的界限，道德的理念与现成的世界结构被混淆在一起。

既然阿多诺对历史的和当时的道德理论都有自己的看法，那他是否建构了自己的道德哲学呢？答案是否定的。虽然阿多诺直到去世前还在想撰写“道德哲学的书”，但他并不认为自己就可以设计一种正确生活的准则，更不可能为每一个人提供具体的道德规范，这正像他反复说的那样，他不可能给出所谓正确生活指南的东西。更可贵的是，阿多诺还指出，道德哲学是与人们生活实践密不可分的学问，不考虑我们生活世界的政治制度、经济发展、文化建设和其它诸方面情况而孤立地空谈道德伦理，无论在理论上还是在实践中都是行不通的。如此看来，阿多诺岂不是陷入他自己所批评的道德相对主义的窠臼中了吗？答案仍然是否定的！作为社会批判理论的哲学家，阿多诺强调，我们虽然不能指出什么是正确的生活，但我们却能够认识什么是错误的生活；我们不能肯定什么是绝对的善，但我们却可以否定不道德的

① T. W. Adorno：*Probleme der Moralphilosophie*，S. 260，Frankfurt am Main，Suhrkamp，1997.

② ebd，S. 26.

恶。这里所进行的批判和否定都是为了建构，进而达到肯定，也就是说，通过对不正确的生活的认识，对不道德的恶的否定，我们可以认识什么是善，可以逐步去建设正确的生活。这就是否定辩证法在道德领域的意义，也是阿多诺在根本上不同于道德相对主义和虚无主义的地方。

恰恰是基于这样的思考，阿多诺明确提出，人类文明社会几千年积淀下来的、并得到人类各民族共同认可的“谦虚”、“诚信”、“责任”等美德就是人类社会必须坚持的最起码的道德底限，它的基本精神就是：我们应当不断地进行自省和自我反思，不盲目认为自己有理，他人无理，同时还要把这种反思的权利也给予他人。这种精神还可以用“良心”这个术语加以表达，但这个“良心”是指我们在这里“只有这种选择，而无其他选择”的客观决断，而不是那种不受客观因素限制的主观意愿。正是在这个意义上阿多诺说：“人们必须有良心，但却不能退回到良心中。”①这种自我性抗拒在任何时代和任何地方都是不可或缺的，不然，个体的无限膨胀必定会给他人和社会带来损害，这恰恰是道德哲学的要义。

阿多诺主张的这种“道德的底限”是人类社会经过几千年的实践所形成的金科玉律，也是人类作为一个类族在道德领域所必然拥有的普遍性。虽然它不像历史上某些道德论那样至善，它所规定的界限很宽，水准甚低，但这个要求却是人类必须遵守、须臾不能离开的道德伦理的根基，它体现了维系人类存在所必需的最基本的规则和秩序。唯有如此，它不仅呈现了人类历史发展的面貌，而且存在于人的现实

① T. W. Adorno：*Probleme der Moralphilosophie*，S. 252，Frankfurt am Main，Suhrkamp，1997.

生活中，并因此而更具有包容性、自由性和创造性，更具有普遍、永恒的活力。

二

在阿多诺提出“最低限度的道德”之后的四十年，我们这个星球上出现了建立普世伦理（universal ethic）的呼声，其主要代表作就是1993年8月至9月在美国召开的世界宗教议会大会上通过的《全球伦理——世界宗教议会宣言》。这种普世伦理是指不同的宗教和世界观及非信教者能够达成一致的、对于人类共同生活必不可少的最低限度的道德价值、理想与目标，它体现为两个原则：一，每个人都应得到人道的对待；二，己所不欲，勿施于人。由这两个原则产生出四种行为准则：非暴力与尊重生命，团结的文化和公正的经济秩序，宽容的文化和诚信的生活，平等的权利和男女之间伙伴关系的文化。这些原则和准则又进一步被具体化为四条古老戒令“不杀人、不偷盗、不撒谎、不奸淫”。正如这个宣言的作者之一孔汉思所说，这个宣言不是“发明”，而是一种“发现”。①

这个《全球伦理宣言》在我国出版以后，立即在学术界引起热烈讨论。肯定、赞赏者有之，他们的主要理由是：在人类历史上，历来都是某种宗教或学说试图把某种道德主张一跃而成为普遍性的道德准则提供话语形式，然而，正是这种道德证明隐蔽着某种全球性的价值霸权，它最典型地表现在启蒙道德证明内所蕴含着的“启蒙心态”。而当代的寻求普遍伦理，就是要把“平等对话”确立为一种最低限度的“全

① ［德］孔汉思、库舍尔：《全球伦理——世界宗教议会宣言》，何光沪译，成都，四川人民出版社，1997。

球价值”，用平等对话、相互包容的道德取代自我独白、自以为是的道德证明；人们将会用“己所不欲、勿施于人”的新的道德金律取代启蒙时代以来所确立的以个人主义为中心的“自利自保、自私自利”的道德金律。这样，在科学技术已经得到长足发展的今天，在经济全球化的大背景下，这个《宣言》将在全世界树立一个新的全球意识、确立一个统一的基本伦理方面迈出重要的一步，从而使我们地球人在一种相互理解、相互依存的关联中共同面对全人类遇到的难题，为最终消除隔膜、敌对、仇恨、战争，改善人类自身状态和生存环境，建立一个和平、合理和公正的世界秩序做出贡献。

反对、批判者有之，其主要批评集中在这一点：在当今政治多极化、经济利益主体多元化和与历史传统密切相关的多元文化的世界中，达成所谓某种“道德共识”是否具有普遍性，由此建立的道德规范是否确实行之有效，这样的普世伦理是否还是像以往一样，仍然是以一种主观的“应然”去回避客观的“实然”，因为人们不可能想象，在民族国家仍然作为国际政治的基本单位的情况下，尤其是各民族的政治、经济等权利首先必须诉诸国家主权概念的解释和维护，有哪些民族和国家会自觉地用作为超越性价值的全球伦理去代替现实的国家主权的要求。有些学者因此认为，所谓“全球伦理”不仅回避了现代国际社会的政治矛盾、经济发展水平的差异和文化价值观的冲突等问题，而且没有反映出人类道德意识是一个不断提升、发展的历史进程，没有体现出现代伦理学的进步。这是以一种普遍性的祈求遮蔽了伦理学所固有的生活世界之“根”，从而使伦理学在理论上失去人学的基设，并导致它们寻求道德基础的努力归于失败。

总结和分析《全球伦理宣言》以及由此引发的不同观点的争论，我们可以发现，这里主要涉及以下几个问题：一、普世的伦理原则与全球不同国家和地区的各个民族的具体道德规范的关系，在这个层面上还关涉到整个社会的道德价值取向与个人的道德修养和教化的关系，从根本上说，这是普遍性与特殊性的关系问题；二、伦理原则的永恒价值与道德取向的时间有效性的关系，这是超越时间的无限性与历史有限性的关系问题；三、道德伦理领域的独特性与政治、经济、宗教等其它社会领域的关系，这里是部分与整体的关系问题。如果我们稍加注意，我们就会发现，阿多诺几十年前有关道德哲学的著述对我们今天争论的这些问题几乎都加以讨论过，尽管他的阐述方式或隐或显，尽管他的道德哲学是建立在不同于今天的理论基础和目标设定上。所以，我们现在结合阿多诺的道德哲学理论来解说和评判普世伦理学，或许在这里更有一些启迪意义。

我们在这里首先就会遇到这个问题——在理论和实践上是否确实可以确立一个得到全世界各个国家和地区共同认可的、放之四海而皆准的伦理原则。在回答这个问题之前，我们提出的一个理论前提是：哲学(包括道德哲学或伦理学)作为一种理论形态是对人类自身存在、存在的方式和生存环境的理论自觉，并进而上升为理论把握，这种本质已经决定，哲学既不能局限于对某个民族或国家的特殊性和时代性的把握，也不能囿于对亘古不变的全球普遍性和永恒性的认识，而应当是特殊性与普遍性的统一，时代性与永恒性的统一。

从这个前提出发，我们就可以认为，不能以纯粹对立的观点，而是要用辩证的、历史的观点来看待普世的伦理原则，也就是说，我们由此可以合乎理性地承认，在道德伦理范畴中既存在特殊性和时代性的东西，同时也存在普遍性和永恒性的东西。前者是指各个民族和国家在具体历史时期的道德理论和具体伦理实践，它们在某些方面不同于其它民族和国家的道德理论和伦理实践；后者是指各个民族和国家经过长时间的实践而认识的道德底限，它们是为了维系人类作为一个族类存在下去而必须遵守的责任和义务，而不是某一个或少数几个民族和国家的专利。更进一步讲，道德伦理在本质上就属于实践范畴，从其历史形成和现实状况来讲，前者是后者形成的基础，后者则常常包含在前者之中。由此来看，《全球伦理宣言》所弘扬与强调的“四不戒令”确实是全世界各个民族都必须遵守的“金律”。我们不可能想象，一个常态下的社会会允许这个戒令所禁止的行为发生，全世界绝大多数人会希望生活在一个失去了最基本伦理价值尺度的野蛮无序社会中！因此，依据一个普遍的伦理原则来维护最基本的社会秩序，在任何时代都是有意义的。这就是全球伦理的普遍性和永恒性，也正是在这点上它与阿多诺所提出的“最低限度的道德”要求是一致的。但是，反过来说，我们不能以这种底限的道德要求去否定各个民族和国家的具体道德规范，因为这样的要求只是维系人类自身存在的基本需要，而不同地区和不同发展阶段的民族由于自身的历史和现实状况也会形成具有本地区和本民族特点的道德伦理规范，而这些具体的道德规范并不与普世伦理相抵触。随着科学技术的进步和经济全球化的进程，多元对话必定会有助于消除各民族和国家在道德伦理领域的差异，只是这个过程不是一蹴而就的，而是渐进的。

其次，《全球伦理宣言》所概括的“人道主义”和“己所不欲，勿施于人”的两个“金规则”不仅引起极大争议，而且与阿多诺所主张的道德底限的要求是不同的。对阿多诺来说，把道德的底限上升为主观、抽象的原则是不可取的，因为这样的原则既不切实际，还会模糊或混淆事物的本质，他正是在这个意义上说，“我在这里不喜欢用人性这个词，因为它属于这样一些表达，它们一旦说出，就会限定和歪曲所涉及的最重要的事情”。[①] 如果我们这里回顾一下中外思想史有关这方面的经验和教训，就会承认阿多诺的正确。不论是中国古代思想家把道德伦理归因于“天”、“道”、“义”、“理”，还是西方思想家把“上帝”、“人性”、“同情”视为道德伦理的基础，他们都是把主观、抽象的理想性当作道德伦理的原则，而忽视了人类生存和发展的生活实践才是道德判断的最终根据。

再次，在讨论个人的道德教养与社会的伦理规范的关系方面，我们在承认个体良知的时候绝对不能夸大它的重要性，因为人的存在在根本上说是社会的存在，鲁宾孙式的英雄只会发生在荒无人烟的孤岛上，在那里也不存在道德或不道德的问题。还是阿多诺思想深刻，他在这里一语中的：“恰恰是伦理的行为，或者说，道德的行为或不道德的行为始终是一种社会现象，这就意味着，在讨论伦理的和道德的行为时排除人们相互之间的关系是绝对没有意义的做法，因为纯粹为自己而存在的个人是一种完全空洞的抽象，它这里已经隐含这个事实：对整体利益、局部利益和个人利益进行区分的社会问题，同时也是伦理的问题，人们根本不可能把它们完全分开，而且这方面的发生过程的问题也并非如同人们想象的那么重。”[②]由此来看，现在出于某种目的去夸大、宣传和灌输独行侠式的英雄，实在是与伦理学的本质相违背的。从人作为社会存在物而言，伦理学的立足点就是讨论人与人的社会关系及与之相关的社会规范和社会秩序；也正是在这点上我们可以说，伦理学的思考是每一个人不可避免的社会境遇，也是每一

① ［德］阿多诺：《道德哲学的问题》，谢地坤、王彤译，250页，北京，人民出版社，2007。

② 同上书，34～35页。

个人自主选择的安身立命的方法。

最后，我们对道德伦理与其它社会领域的关系问题加以简单的讨论。毋庸置疑，道德伦理与政治、经济、文化等其它生活领域是密切联系在一起的，这是绝大多数学者都认可的。试想一下，在当今的巴勒斯坦和伊拉克，人们连基本的安全保障都没有，怎么可以去奢谈伦理道德。我们现在争论的焦点是道德与宗教的关系问题。按照孔汉思所说，全球伦理“应当具有宗教的基础，即使说话的对象是所有的人，包括那些不信教的人，也应当表明，在宗教看来，伦理具有一种宗教的基础。在具有宗教动机的人们看来，一种伦理必然关联于一种对于终极的最高实在的信念(相当合理的信念)，不论这个终极实在会被赋予什么名称，也不论在不同的宗教中对这个实在的性质会有什么争论”。[①] 对于这种观点我们实在不能苟同。文艺复兴运动以后的几百年来，人类通过对中世纪宗教神学的批判，解除或部分解除了宗教神秘主义的束缚，“道德与宗教之间的联系已经被割断”，“宗教这种压制、限制的权力已经成为沉默不语、毫无根据的东西，但却过渡为全部社会生活中的现实的精神形式”。[②] 我们不能因为现在还有些国家仍然实行“政教合一”的体制，在全球还有很多人信奉某种宗教，就去否定道德在今天已经成为客观化的精神和文明意识这个普遍事实。更何况任何一种宗教说到底关涉的都是信仰绝对真理的问题，而不存在伦理学所讨论的“应当”与否的问题，硬要把伦理学问题与宗教问题混淆在一起，在过去或许还可以说得过去(尽管当时的许多思想家已经

① [德]孔汉思、库舍尔：《全球伦理——世界宗教议会宣言》，何光沪译，60～61页，成都，四川人民出版社，1997。

② [德]阿多诺：《道德哲学的问题》，谢地坤、王彤译，254页，北京，人民出版社，2007。

对此提出批判)，在21世纪的今天无论如何是行不通的。阿多诺在这方面的论断完全是值得我们思考和接受的。

通过应用阿多诺道德哲学的思想去分析当代普世伦理学，我们得出的结论是：历史辩证法是评判道德观念和道德哲学不可缺少的思想方法，如果这样，我们就不会用普世伦理去否定不同民族和国家的具体道德规范，也不会用具体的道德规范去反对我们人类文明赖以存在的“道德底限”，更不会把道德伦理问题与宗教混为一谈，而是会把道德伦理范畴的普遍性与特殊性结合起来，永恒性与时代性结合起来。这或许就是阿多诺留给我们的一份弥足珍贵的遗产！

新艺术的希望之光或假象*

——析阿多诺的艺术哲学

在哲学史上只有极少数哲学家像阿多诺这样如此重视艺术，细想起来，恐怕只有谢林是这样。他们通过自己的思考而形成系统的美学理论，并在相当长的一段时间内发生影响。而与谢林相比较，阿多诺对艺术，尤其是对音乐的偏爱，更使他在这方面有过之而无不及。翻开阿多诺全集，其中一半，甚至还多一些，都涉及对艺术、主要是对音乐的探讨。尤其是他的晚期著作，如《音乐社会学》、《美学原理》，基本上都是以艺术哲学的形式来表现他的哲学思想和社会批判理论的理想。可以这样说，阿多诺的哲学、历史和社会批判理论最终都汇入他对现代艺术的本质特征、

* 阿多诺的艺术哲学在西方学术界具有重要影响。他在继承传统美学的基础上，大胆提出艺术与社会相一致的主张，努力探索和彰显艺术的社会功能，并以此为20世纪新艺术现象，尤其是无调性音乐做辩护，从而开创了艺术哲学的一个新维度。但是，艺术不等于社会，试图用新艺术来拯救社会只是阿多诺的幻想。本文在揭示阿多诺把假象当作希望的同时，肯定了他不断追求、积极探索的勇气和精神。原文发表于《南京大学学报》2003年第3期。

功能、意义的分析、考察和论述之中，他想借助他所想象的艺术哲学的光辉来照亮现代社会，他对音乐的期望之高实在是前所未有、闻所未闻。在仔细分析阿多诺的这个思想后，我们就不难发现，他所希冀的艺术哲学之光在很大程度上是他臆想的假象。

一

阿多诺对艺术，尤其是对音乐的重视，与他的哲学思想和社会批判理论应当结合在一起的主张密不可分。阿多诺本人一生都主张，哲学和社会学不可分离，科学认识和艺术认识不可分离，哲学、社会学和美学应当结合在一起。

在阿多诺看来，现代工业社会是一个强权统治的社会，虽然经过启蒙运动和资产阶级革命，这个社会的强权不像封建社会那样表现为封建王权统治，但是，事实上这个社会处处都受到一种无形权力——“自然本性”(Natur)的控制和统治，社会的每一个细胞都具有追求物质利益的倾向，每一个人都不得不服从于这个以自然本性为核心的社会组织。这样，一方面，罩在人与人关系之上的那种传统的温情脉脉的面纱已经荡然无存，整个社会都面临着由这种本性带来的控制、压迫和强制；另一方面，科学技术的进步使现代社会的整体性或全能性的功能大大增强，它已经把人的个性抹杀殆尽，资产阶级曾经追求的个性解放已经成为幻想。他曾经希望像青年黑格尔派那样，通过否定现实的一切以促进社会的政治、经济、文化和其他方面的改善和进步，但是，在强大的、几乎是不可改变的社会现实面前，他以否定为基础的哲学思想失去了通过否定达到肯定的辩证力量。黑格尔曾经提出过的“真实的就是整体”的这个命题在阿多诺这里被颠倒过来，变成了“整体的就是不真实的”。我们由此看到，在阿多诺的社会批判理论中充满了失望，有一种挥之不去、不可克服的悲观情绪。

在感到自己的哲学思想和批判理论都无济于事的时候，阿多诺就把希望寄托在艺术，尤其是他所精通的音乐上。他相信，音乐的功能在现代已经发生转换，音乐所具有的那种特殊的立体复制(Abbilden)的结构和特性基本上可以反映现实社会的真实性。揭露现代社会的本质，表现现代人的不安和恐惧，就是新音乐的意义所在。在万马齐喑、听不到任何反抗声音的现实社会中，在哲学家躲在象牙塔里津津乐道地讨论古希腊、罗马的时候，在我们的全部生活已经被摧毁、而我们的理论却又不能对此予以反思的时候，唯有艺术才能对我们的暗淡生活投射出一些光辉，唯有音乐才能发出刻画和表现我们现实社会的宣言。阿多诺在这里既不是依靠理性洞察一切的力量，也不相信他曾经热衷的批判理论对人民群众的启发，而是信奉那种他所想象的音乐的神奇潜能。正是基于这样的想象，他在《美学理论》中才提出，人们应当尽可能理解艺术，首先是理解音乐、绘画和诗歌，通过理解艺术才可能理解现实生活。对不同的艺术形式的关系，他认为音乐是最重要的，凡是适用于音乐的思想，对一般艺术都具有范式性；对传统艺术和现代艺术的关系，他认为现代艺术更重要，这不仅是因为现代艺术是对传统艺术的进步，更主要的是现代艺术反映了现实生活，通过时代艺术可以加深我们对现实的理解。

阿多诺的这个思想与他早期想法是有一些不自洽的。他曾经断言，后工业社会是一个物化的社会，文化艺术也成为商品，即他所说的“文化工业”，艺术的创造和接受在这样一个时代已经成为过去，真正的艺术在这样的时代几乎没有存在和发展的机会，人们看不见这里的希望。所以，他在这个意义上承认黑格尔关于“艺术终结”的观点。但是，当阿多诺看到自己的否定哲学和批判理论苍白无力时，他的思想就发生了变化，这点尤其是表现在60年代——他的生命晚期。这时，他的哲学思想不再坚持哲学对社会的直接干预，而是看重纯粹哲学的研究；在批判社会时不是坚持理论与实际相联系，而是耽于理论的空想；他特别重视艺术，幻想音乐的神奇作用，对“艺术终结”的观点做出新的解释。在阿多诺这里，艺术哲学已经上升到一个全新的高度，它不仅是对以黑格尔为代表的西方美学理论的补充和发展，而且还浓缩了他的哲学和社会批判理论。

阿多诺的思想变化当然有各种原因，其中不仅与他对新音乐的偏爱有关，更主要的是他把音乐与社会直接联系起来，把作曲家的立场纳入他的否定辩证法思想之中。在他看来，音乐既是时代的直接反映，更是时代主题的先声和预言。如果说和谐的古典音乐表现了17、18世纪的理性主义精神和启蒙运动的人文关怀，那么，现代音乐的刺耳的不谐和声则反映了后工业社会无处不在的强制、压迫和剥削。根据这样的看法，阿多诺极力推荐勋伯格等人的无调性的“12音音乐”，不赞同、甚至是批判以斯特拉文斯基为代表的新古典主义音乐。[①] 在《新音乐的哲学》中，阿多诺分析说，那种以为可以理解贝多芬，却不可以理解勋伯格的无调式音乐的说法，实际上是一个错觉。“表面上看，新音乐对被生产所封闭的听众来说很陌生，但这些完全显露的现象却正是来源于社会和人类的先决条件，它们就是听众自己的现象。这些不谐和音让人感到恐惧不安，就是因为它们讲述了他们

① 这方面最典型的例证是阿多诺对斯特拉文斯基的《春之祭》的批判。现在，《春之祭》已经成为不朽之作，得到全世界的公认。但是，阿多诺在当时并没有认识这部乐曲所隐含的美学和哲学意义，而只是从音乐与社会的直接联系来分析这部乐曲，所以，他对斯特拉文斯基的批判就显得简单和武断。

自己的状况；仅仅由于这个原因，他们才感到这些不谐和音无法忍受。”①与此相反，我们觉得传统音乐很和谐，是因为它们所表现的内容是今天已经实现的东西，我们现在与它们相隔甚远，我们不再会与它们打交道，因此我们可以欣赏这些传统音乐，并且陶醉于其中。

这是存在决定意识的哲学理论在美学方面的体现。正如阿多诺本人在自己著作中多次说过的那样，在市民阶层正在上升的时代，不仅会产生像康德这样敢于进行“哥白尼革命”、像黑格尔这样以绝对精神创造和规定万事万物的伟大哲学家，而且也会产生像贝多芬这样能够谱写出大气磅礴、雄浑无比的交响乐的伟大作曲家。后来的作曲家虽然可以在某些技法上超过贝多芬，但他们不会像贝多芬那样激情四射，他们谱写的音乐也不会那样气势磅礴，因为时代不同了，艺术家的地位和使命也因此发生了变化。任何一个时代的艺术家都会根据自己对这个时代的体验和理解去探寻与时代主题相适应的表达方式。恪守传统、不思进取，不去寻找新的艺术手段，就不可能反映时代的特点，提出时代的要求。这样来看，摧毁旧的艺术形式，寻求新的艺术形式以表现时代内容，就是艺术家必然的追求。文学是这样，卡夫卡、乔伊斯小说的缺乏可读性，其主题的匿名状态和不可理解性表现了现代人在后工业社会的挤压下从身体到心里的变形、颓废和绝望；绘画是这样，先锋派画家的作品已经远离表现美感的绘画传统，勾画的是视觉形象与知觉心理的关系，反映了物欲横流的都市生活及由此造成的人的心理变化；音乐也是这样，自瓦格纳以后，西方的音乐已经不是那样和谐，而勋伯格、舍恩伯格的12音音乐更是努力表现现代人紧张不安的心灵，渲染着躁动、恐惧的气氛，更显现出对传统音

---

① T. W. Adorno：*Gesammelte Schriften*, Bd. 12, S. 16, Frankfurt, 1975.

乐注重调式、调性功能的否定。这样的音乐恰恰表明了现实社会的不和谐。但是，即使社会现实是如此不可忍受，人们也无法回避它，而是必须直面它。现代的艺术作品不是回避现实，而是用新的表现手段反映了现代社会的真实性。

但是，另一方面，欣赏艺术的大众已经习惯于传统的艺术形式和由这些形式形成的定式及所选择的内容，他们还不能适应这些新的艺术形式。他们不仅因为新艺术形式所表现的内容与他们的现实生活如此相似而感到恐惧，而且还会用传统的艺术评判标准去对新艺术形式评头论足。这样，在新的艺术形式与大众欣赏之间就存在巨大反差，新艺术不仅常常不受到大众的欢迎，而且还与现代“文化工业”的宗旨相去甚远。

如何看待艺术家的创作主题、表现手法与大众的欣赏兴趣之间存在的巨大差别，是阿多诺无法回避的问题。阿多诺在这里重点考察了现实社会状况与艺术家选择素材(Material)的关系，并以此作为其论证新音乐合理性的一个根据。在他看来，艺术家——这里主要是指作曲家——有其自己的独立性和自发性，他们在面对这个完全物化的社会时会向自己提出要求，并且遵循自己的创作规律。阿多诺在这里的分析和阐述并没有考察音乐与社会现实之间的中介，而是单刀直入地论证音乐表现手法的转换对社会的重要性，这既是他颇具特色的分析方法，也构成他的艺术哲学的特征。其根据就是他自己所说的这段话：“社会进程与素材来自同一渊源，并且始终遵守相同的轨迹；素材自身运动所发现的东西与现实社会具有相同的意义；它们既不互相知道，也不互相攻击。因此，作曲家用素材所表达的东西就是在表达社会，就此而言，社会直接进入音乐作品中，社会不是作为单纯外在的、异质的东西，也不是作为产品的消费者和反对者而处在对立面。”①这就是说，音乐家所选择的素材就等于社会现实，不同时代的音乐直接反映了不同时代的本质。阿多诺所假设的这种艺术与社会的一致性，既没有考虑艺术家对社会现实和历史经验进行艺术的加工，也没有考虑艺术作品本身所具有的审美倾向，而只是强调了艺术作为扬善避恶的警示、作为未来社会的预言、作为美杜莎的目光与社会现实性和可能性的联系。

在我们部分地同意阿多诺的艺术与社会相一致的思想的同时，我们不免会提出这个疑问：艺术作品除了这种与社会相统一的一致性以外，难道就没有艺术自身的自主性和独立性吗？

二

在直接讨论这个问题之前，我们首先应当考察对阿多诺产生影响的德国美学传统和他本人对这个问题的论述，然后再予以恰当的解答。

在西方，艺术真正成为哲学的研究对象是近代以来的事情。继鲍姆加登把审美引入哲学以后，康德在《判断力批判》里对审美和目的论的考察开创了近现代美学的先河。尽管康德是在理性知识和实践活动以外来考察艺术和目的论意义上的自然，是从理性和感性、知识和道德相统一的角度来看待美，其理论“显得有些陈旧而不为人重视”，②但他承认愉悦是天下人的本性，美的世界是人的生活的基础世界，并以此去统一感性世界和理性世界，他实际上赋予了艺术一个既独特又

① T. W. Adorno：*Gesammelte Schriften*，Bd. 12，S. 38，Frankfurt，1975.

② 叶秀山：《美的哲学》，20 页，北京，人民出版社，1991。

重要的地位。德国古典哲学的集大成者黑格尔将艺术置于绝对精神领域之内，如果我们除去黑格尔的那种内容服从体系需要的思想，就可以清楚地看到，黑格尔非常看重艺术所具有的那种独特的感性形象性。在他那里，艺术内涵是艺术美，在内容和形式上都与理想相统一。艺术以不同于哲学和宗教的形式，感性地表现理念和真理，艺术作品提供给人的是艺术理解和艺术享受，从而在精神发展的不同阶段实现自己的使命。很显然，无论康德还是黑格尔都承认艺术自身的独特地位。

更有甚者谢林，他在近代哲学家中是最重视艺术的，把艺术提高到超过一切知识和哲学的地位。尽管他最终没有完成《艺术哲学》这部著作，但这是建立美学概念体系的第一次尝试。对谢林来说，美不只是精神的产物，美是精神东西与物质东西的结合，就此而言，他超过了黑格尔。谢林之所以认为艺术高于其它知识，其根据就在于他以为，审美直观是创造性直观的最高形式，它具有客观性、全面性，而且由于它表现在任何意识之中，所以它又具有普遍有效性。而哲学一般都不在日常意识范围以内，永远不可能成为普遍有效的。谢林最喜欢的艺术形式是诗，他赞扬诗是包罗万象的创作形式，甚至说，哲学是诗的理论，诗是哲学的女神，而且“可以期待，现今的所有这些科学与哲学一起，在它们得到完成以后，也会以百川汇海的方式，流向它们起初由之发源的那个诗的大海中去”。① 谢林的思想对阿多诺是有启发的，他们二人在晚年都视艺术高于一切，绝不是偶然的。

阿多诺作为深受西方文化熏陶的哲学家，不会不知道这些大师们对艺术自主性的论述，他本人也一向主张，在承认艺术是社会性和自

---

① *Schelling saemtliche Werke*, Bd. 3, S. 628～629, München, 1971.

主性的结合的同时，应当从艺术自身的规律去解释艺术。他说："艺术只有从它的运动规律中才是可以解释的，而不是通过不变的东西。艺术在与它所不是的东西的关系上自身得到规定。"①我们由此看到，阿多诺是用辩证的观点来解释艺术所具有的这种双重特性的。阿多诺承认审美和愉悦是艺术目的的手段，它在艺术中具有真理性环节，因而享有相对独立性的意义，所以，艺术的自主性和独立性就表现在美学的快乐主义中，这是艺术的自由和自律。在他眼里，艺术之所以是艺术，而不是其它一般存在物，就是艺术有自己的表现形式，所以，形式是艺术作品的固有逻辑，又是衡量艺术作品高下的尺度，对艺术作品有着本质性意义。对阿多诺来说，这里的关键在于，艺术形式是综合和统一，即形式给予艺术作品一种客观的有机结构，它把分散的、多样的素材统一起来，最终使艺术作品与人们的经验实在区分开来。这个论点首先是提出了内容必须适合于表现的要求，也就是说，内容是否能成为艺术的内容在于它自己内在的本性，它受到艺术形式之规律的规定。这样，阿多诺就不同于黑格尔，给予了艺术形式更多的独立性和能动性，并最终把艺术形式确立为其美学的中心。

但是，另一方面我们应当注意的是，阿多诺在这里是从艺术的二重性出发，强调的是艺术形式和内容之间的不和谐的关系，艺术形式并不能完全统一内容，有时这种综合和统一还包含着自己的对立面。用阿多诺自己的话说，"艺术作品的形式分析以及在艺术作品本身中所说的形式东西，只有在与艺术作品的具体材料性东西的关系中才是有意义的"。② 这就是说，尽管艺术因为自己的本质特性所决定，不

① T. W. Adorno：*Gesammelte Schriften*，Bd. 7，S. 12，Frankfurt，1970.

② ebd，S. 433.

能没有自己的自由和自主性，但艺术作品的最终意义取决于它所选择的“素材”。纯粹艺术的概念是相对的和暂时的，艺术的诸因素使艺术与威胁艺术的东西联系在一起，因而艺术是一个可以被破坏的领域。这样，在艺术的自主性与社会性之间始终存在着一种紧张关系，社会现实是影响艺术创作和艺术理念的重要因素，艺术的纯粹性是不可能得到绝对保证的。

由此来看，如果说阿多诺在阐述艺术的本质在于艺术性和社会性的综合统一的时候，他遵守的还是传统美学的思想，那么，他在阐述艺术形式有可能包含自己的对立面时，则更偏重于艺术对社会现实问题的回答，而强调艺术的社会性和现实性恰恰会使艺术本身成为问题。阿多诺由此就突破了传统的美学思想，并进而淡化前者而凸显后者，以致我们在前面不得不提出艺术自主性的问题。

阿多诺这个思想的一个主要特征就是艺术的祛魅，即由于他单纯地强调艺术与社会的一致性，本质上就是在祛除艺术作品向来就有的五光十色、耀人眼目的光环。这与宗教的非神圣化过程有非常相似的地方。阿多诺这种对艺术加以祛魅的思想与韦伯对宗教进行祛魅的学说有着异曲同工之妙，阿多诺受到韦伯的影响是显而易见的。在韦伯那里，通过对基督教进行祛魅，基督徒直接面对上帝并对上帝负责，这样，近现代的理性化进程就被设想为是由有意识的、合乎目的的过程代替传统的、下意识的过程；而在阿多诺这里，理性被设想为自为和自律的，精神如同在黑格尔那里一样是自身显现和自我发挥效用的，艺术家之所以选择与整个社会相一致的素材，是因为理性的自律和自为性在艺术家那里显现出来，于是，艺术的祛魅就与理性的解放密不可分。正是在这个意义上，阿多诺高度赞扬艺术作品的社会功能，把它们称为“历史哲学的日晷”。①

与这个特征相联系的是阿多诺对现代艺术的“批判的肯定”。所谓“批判”是说，在阿多诺眼里，现代艺术是在与物欲横流的社会现实相对抗，不愿做“文化工业”的产品，“坚持自己的概念，排斥消费的艺术，过渡为反艺术”。② 这是现代艺术在结构、风格和形式上都不同于一般大众艺术的重要原因。它在表现形式上缺少艺术的魅力，不是使人赏心悦目，而是让人感到难以理解和不可接受，正因为如此，现代艺术作品的意义和价值常常受到社会的否定，而先前的一切艺术理论在解释现代艺术时则显得格格不入。于是，现代艺术在坚持自己之为艺术的时候，反而使自己变为“反艺术”。但是，“反艺术”并不是“非艺术”，艺术作品失去意义和不显现意义本身就反映了当代人生活在现实中、而内心却不再相信生活意义的矛盾、慌乱的心理，同时这也是艺术发展在一定程度上的自我反思。现代音乐的意义就在于，在形式上表现为与社会现实相一致——一个个互不相关的独立半音被强制地结合在一起，在内容上则是否定社会现实——通过动态的切分加强整个音乐的不谐和音，使之不仅与单纯的肯定相区分，而且还有一种刺激效果。所以，“反艺术”既是现代艺术的一种危机，更是以极其强烈的对比手段来表示艺术现象的变化，它是对社会现状的反应方式，是“以反艺术的精神和反艺术的形态反对现存的非艺术状态”。③阿多诺的这种独特的思想导引他不是人云亦云地否定现代艺术现象，不是简单地怀疑这些艺术作品的内容和形式，而是在否定辩证法的思

① T. W. Adorno：*Gesammelte Schriften*，Bd. 11，S. 60，Frankfurt，1974.

② T. W. Adorno：*Gesammelte Schriften*，Bd. 7，S. 503，Frankfurt，1970.

③ 薛华：《黑格尔与艺术难题》，193 页，北京，中国社会科学出版社，1986。

想指导下对它予以肯定，把它看作是艺术发展的必然性，是现代社会条件下唯一可能的艺术。

三

现代艺术有两个显而易见的特征：一是作为“文化工业”的产物，表现为大众化、商品化的趋向；二是作为纯粹艺术的艺术，表现为“反艺术”的倾向。阿多诺对现代艺术的辩护是指后者，而不是前者。他反对和否定前者，是因为在他看来，前者是资本垄断下形成的千篇一律的大众文化现象，艺术被降格为“文化与娱乐的混合物”，最终与广告合而为一，这种现象不只是“艺术终结”，而且是真正的非艺术。他对后者的肯定，不仅在于他把后者视为纯洁的艺术，更重要的原因是他看到它与社会现实表现为一种特殊的对立关系。在这种对立中，艺术想要表现、却又难以表现的理想正是这个社会已经和正在排斥的东西，新艺术就是在这种悖论中表现了社会的希望所在。所以，他把拯救社会的希望与新艺术联系在一起。

阿多诺在把艺术作品称作“历史哲学的日晷”时就已经显现这种历史观。如果仅仅观察阿多诺的社会历史观，我们可能会觉得，他的思想很有一些悲观、虚无的色彩。因为在他看来，早期人类被动地受自然的统治，当人类进入后工业社会以后，人又受本性所驱动而无时不在追逐利益，而启蒙运动以来的近现代科学技术更加巩固了这种所谓的“真理权威”，所以，人类的历史进程不过是在陷入自然、本性统治下所获得的进步而已。但是，对阿多诺来说，艺术尤其是音乐的发展则表现出艺术与社会在这个大背景下部分与整体、特殊与一般的关系，它们既和解统一，又矛盾斗争，反映出精神在这个总体进程中努力向上、勇于超拔的独特性。所以，以新音乐为代表的现代艺术在阿多诺视野里具有极高地位，它表达的是在他自己的历史哲学中所没有的东西，“无调性音乐的合理性不是实用体系的简单和空洞的合理性，而在于它标志着一个历史阶段，意识在这个阶段中统辖自然质料，消除它的愚钝强制，发布秩序的规定，并且在熠熠闪光”。[①] 对阿多诺来说，这时新音乐已经超出音乐语言之外，不再是一门作为单纯艺术的艺术。更进一步说，艺术也不只是与社会相统一，而是成为一种合乎理性的社会理想的标志，它不仅批判社会，而且还是未来的预言和先导。所以，在艺术与社会之间既有统一又有对立。

那么，如何去解释艺术与社会的这种特殊关系呢？

阿多诺的解释充满历史的和辩证的思想。他首先要解答的是艺术的时代性问题。他认为，痛苦与幸福、快乐与苦难并存一起却又相互对立，是在后工业社会中出现的新情况，所以，以和谐为核心的传统艺术在过去或许可以慰藉苦难的心灵，但在今天，这种往日的和谐之光驱赶不了现实的不和谐的晦暗。社会的嬗变需要反映社会现实和现代人心灵状况的新艺术形式，比如，无调性音乐既允许感性愉悦的存在，也允许表达惊慌恐惧的感情，达到一种表面上的等值——这就是所谓美学中的“矛盾情结的原始现象”。阿多诺从艺术的时代性中看到新艺术所蕴含的与社会相统一的内容。但是，艺术不是对社会和人生的单纯模仿，艺术还应是有所超越的东西。“艺术始终是对单纯的此在(Dasein)的超验化，而且按照阿多诺的观点，艺术已经标志了一种审美的、不断修正文明的行为举止，人们因此可以从这种艺术中解读出这种双重的东西：自然本性之统治的精神立足点和以和解为目的的

① T. W. Adorno und E. Krenek：*Briefwechsel*，S. 173，Frankfurt，1974.

精神立足点。”①很显然，阿多诺不只认为这种刺耳的不谐和音表现的是听众自己的状况，他看重的是现代艺术作品所表现出的一般与特殊、整体与个体既和谐又对抗的思想。把这种艺术理论应用于社会批判，他就看到在物质极大丰富的今天，歌舞升平的表面掩盖着危机四伏的事实，传统的和谐表象下建立起来的不过是普遍的统治。在这样的社会生活中，独立的个性不可能得到肯定和张扬，所谓和谐不过是整体对个体的宰制，真正得到加强的只是“组织”，整个社会就是“全能组织”。新音乐则不然，表面上看，12个半音彼此割裂孤立，处在同等地位，显示为一种自由的、无调性的形式，这种既和解又不和解的不谐和音使人心慌意乱，不受欢迎。但是，没有主题的错乱正是现代音乐的结构标志，它剥夺一般统治的特权，在没有强权下把如其所是的分散物综合在一起，创造一般与特殊的结合——这就是社会的希望所在。

艺术不是单纯的模仿，但艺术不能没有模仿，这是阿多诺艺术哲学的辩证法。他相当重视艺术特有的模仿本质，艺术由于这个特质就不能把模仿的“他方”对象化、概念化，而是必须坚定地承认“他方”。为了做到模仿得惟妙惟肖，艺术需要消除主客的劫裂，甚至还要达到“物我两忘”、“他我两忘”的境地，所以，即使艺术本身与自然或本性并不相融，它也可使自己与之相和解。艺术正是因为具有这种积极的感受性，它才能重视和接受异质的东西，通过自己的表达，创造一幅其乐融融的图像。所以，真正的艺术作品不只是要摧毁普遍对特殊的统治，表现的不仅仅是与现存社会结构相对抗的模式，而且还要表达一种并不存在的一般与特殊、艺术与社会相和解的精神。这个图像是

---

① R. Wiggerhaus：*T. W. Adorno*，S. 112，Müenchen，1998.

建设性的，它说明，在艺术作品里悲伤和梦想是联系在一起的，艺术作品表达的既有社会生活的现存状况，还有可能和应当的东西。

然而，阿多诺在把批判理论转换为对现代艺术的肯定时候，对艺术否定、批判社会方面谈论得绰绰有余，但对艺术如何能够使社会从不和解达到和解则讲得很少。在论述否定辩证法的目标可以通过艺术而得以实现时，他只是说："客体通过主体的努力而得到揭示。"①他肯定的只是艺术揭示社会的功能，但对艺术是否能够创造美好的未来并没有把握。这说明，他对艺术理念在社会生活领域的应用感到很犹豫，他能够相信的也只是他自以为的那种业已精神化的艺术中所蕴含的吉祥之兆。阿多诺在这里陷入一个非常尴尬的境地。他一方面坚持现代艺术的进步，笃信艺术所具有的超尘脱俗、振聋发聩的力量；另一方面，他又无法解释在社会生活中如何实现这种力量。于是，阿多诺只能借助于想象，在他那里，艺术哲学最后变为一种假象，并进而把这种假象当作一种企盼。"但愿艺术能够用人的方式表达非人的东西。""作为一种无法把握的语言，艺术之主观完善在合理性的立场上是唯一的图像，在这种图像中，像语言这样的东西反射着创造的光辉，并且带有改变反光物的矛盾。艺术企图模仿的是这样一种表达，它或许没有加入人的意向。"②阿多诺的这番话听起来如同梦呓一般，他已经陶醉在自己制造的艺术引导社会进步的美梦之中。

对此，我们想说，人或许可以在艺术作品——不论是传统艺术，还是现代艺术——所创造的特定氛围中忘却眼前的一切，得到某些心里的安慰、精神的升华。但是，艺术世界并不是现实世界，而是人所

① T. W. Adorno：*Gesammelte Schriften*，Bd. 7，S. 173，Frankfurt，1970.

② ebd，S. 121.

创造的一个“梦境”，哪怕这是个美梦，它也只是假象，代替不了真正的现实。我们固然承认艺术对人潜移默化的影响，但也不能夸大这种影响，更不能把假象当作现实。历史已经说明，人类文明的每一次进步，依靠的是科学技术的进步以及由此带来的经济、政治、文化的全面发展，而不是某种艺术现象。阿多诺在晚年把拯救社会的希望寄托在新艺术之上，不过是在万般无奈的心境中追求那种渺茫的希望之光。作为一个哲学家，这既是他的悲哀，也是他的可敬。把假象当作真理固然可悲，但是，在理论“灰色无光”的时候，阿多诺仍然不放弃真理的追求，从高深难懂的理性世界转向无处不在的感性世界，在“热情激昂和客观冷静”①的现代艺术中获取勇气和力量，他不仅充当现代艺术的辩护人，而且还从中看到现代社会的“希望”，这不正是一个真正哲学家所应当具备的不断追求、永不放弃的精神吗！

① R. Wiggerhaus：*T. W. Adorno*，S. 125，München，1998.

新康德主义*

新康德主义是19世纪下半叶在德国兴起的一个重要哲学流派，19世纪70年代之后至一次大战期间，新康德主义得到广泛流行，不仅成为当时德国最重要的、占据主导地位的哲学流派，而且其影响遍及欧洲大陆。在法国、奥地利、瑞士、俄国等欧洲国家，这个流派不仅有众多的追随者，而且其思想还涉及政治、文化等领域，对当时欧洲的社会生活实践也有一定影响。一次大战以后，马克思主义得到迅速传播，代表现代西方哲学方向的现象学、存在哲学、分析哲学也正在崛起，而与此同时新康德主义理论本身的欠缺则逐步显现，这个流派中的许多代表发生了思想转向。从此，这个流派日渐式微，并由此走向衰落。特别

---

* 本文原是《西方哲学史》(学术版)第七卷的一章，该书出版后，这章的内容受到业内专家的好评，故而将这章收录于本自选集。本文比较系统和客观地介绍了新康德主义的两大流派——西南学派和马堡学派的兴起、发展和衰落，评述了其中代表性人物的思想理论，着重讨论新康德主义在“文化”、“价值”、“效用”、“人性”、“伦理社会主义”等领域所做出的贡献，强调我们今天重新考察和分析新康德主义对发展中国化的马克思主义哲学的意义所在。

需要提出的是，这个流派的一些代表人物，如李凯尔特(H. Rickert，1863～1936)、拉斯克(E. Lask，1857～1915)等，在其理论中有时宣扬具有明显的民族主义情绪的东西，而德国当时所表现出来的侵略性已经遭到欧洲许多国家的反抗，这也是新康德主义在欧洲诸国不受欢迎的一个原因。

新康德主义并不是一个具有统一的哲学思想的流派，而是包含了许多不同理论观点和特色的派别。他们的共同之处在于，就是要在“回到康德那里”的大旗下继承和复兴康德哲学；而他们的不同之处则在于，站在各自不同的立场和角度去诠释和发挥康德哲学，并试图在超越康德思想的基础上建立各自的理论体系。新康德主义主要分为两大派别：一是以文德尔班(W. Windelband，1848～1915)、李凯尔特等人为代表的西南学派(由于这个学派的主要活动地区是弗赖堡、斯特拉斯堡、巴登等地方，这个学派又常常被称为弗赖堡学派或巴登学派)；二是以柯亨(H. Cohen，1842～1918)、那托尔普(P. Natorp，1854～1924)等人为代表的马堡学派。虽然一次大战后新康德主义的影响已经日渐缩小，但经过这个流派新的领军人物卡西尔(E. Cassirer，1874～1945)、赫尼西斯瓦尔德(R. Hoenigswald，1875～1947)等人的努力，新康德主义在现代西方哲学中仍然保持了一席之地，并且在第二次大战以后出现新的转向，产生了以瓦格纳(H. Wagner)、克拉默(W. Cramer)为代表的所谓新新康德主义(Neoneokantismus)。不过，此时回归康德的运动在本质上已经不同于原先的新康德主义，在影响范围上也远不如从前的新康德主义。

现在看起来，新康德主义是一个持续了将近百年、主要局限于大学讲堂的比较纯粹的哲学思潮。虽然它被一些哲学史家称作“没有创造力的讲坛哲学"或"教授哲学",① 但其研究对象、思想内容和价值意义并不限于纯粹哲学之中，这个学派所重视、并加以探讨的"文化"、"价值"、"效用"、"人性"、"伦理社会主义"等领域的研究，是与当时的社会现实密切相关的。特别是第二国际的一些理论家们，如伯恩斯坦、考茨基等人力图用康德伦理学中的绝对命令和关于目的和价值的学说去补充马克思主义，不仅使他们自己成为"社会主义中的新康德主义运动"的倡导者，而且还使新康德主义对当时的政治、社会发生了直接作用。所以，我们今天重新考察和分析新康德主义，对当今的学术研究和实践生活都具有一定的现实意义。

第一节　早期新康德主义

新康德主义的兴起并非偶然，它是有其深刻的历史背景的。在19世纪中叶，德国的资本主义已经得到很大发展，但另一方面，在德国境内实行的仍然是四分五裂的君主制，它严重地妨碍了资本主义的发展。这种政治和经济的激烈对抗在这个德意志境内引起了社会的方方面面的矛盾，并且最终导致了在1848年爆发了德国资产阶级革命。这种社会矛盾反映在哲学领域，就是人们看到了以黑格尔为代表的理念主义哲学在现实面前的无能为力，人们不再相信理性主义哲学的自以为是和自吹自擂，已经从对理性主义的信仰转向对理性主义的怀疑和抛弃。与此同时，随着科学技术的进步，在哲学领域中科学主义和实证主义潮流涌动，于是，人们重新审视哲学和社会科学的地位和作用，不少人以为哲学和社会科学应当在理论的实效性和精确性做出改

① *Neukantismus*, hrsg. von H. L. Ollig, S. 5, Philipp Reclam jun. Stuttgart, 1982.

进，应当像自然科学那样系统和可靠。这样，以理念论为核心的德国哲学在经历古典哲学，尤其是黑格尔这个理性主义思辨哲学的高峰之后，就陷入一种分崩离析、逐步没落的境地。对于当时德国哲学界的这种情形，新康德主义的先驱奥托·李普曼（O. Liebmann，1840～1912）进行了这样的描述：

> 迄今占据主导地位的思辨、理念学派因为其内部分裂而崩溃，这些曾经风云一时的上等人因为争吵不修而迷惘困惑，因为对政治—实践领域的失望而情绪低落；公众已经不再相信理性的统治，未来的学者们业已从思辨的幻象中醒悟过来，准备献身于极其乏味的实际追求；自然科学和历史研究则分别从两个不同方面做出这样的许诺：它们虽然不能提出令人振奋的东西，但却能提供价廉物美、营养丰富的食物。在相当长的一段时间，好像哲学或者已经完全陷入各门具体科学的泥淖中，或者只是作为传统遗产的一种历史表述而存在。①

李普曼是哲学史家费舍尔（K. Fischer，1824～1907）的学生，先后在斯特拉斯堡大学和耶拿大学任哲学教授。上面这段描述出自李普曼在1865年出版的《康德和后继者们》一书，它不仅表现了当时德国哲学和精神科学的状况，而且还反映了知识界，尤其是哲学界的失望情绪。而这种不满和失望早在1848年前后就已经显露，李普曼的老师、哲学史家费舍尔、生理学家和物理学家赫尔姆霍尔茨（H. L. F. Helmholz，1821～1894）、哲学家和神学家策勒（E. Zeller，1814～

---

① Otto Liebmann：*Kant und die Epigonen* ，S. 223，Stuttgart ，1865，Nachdr. Berlin，1912.

1908)等人当时都表达了对哲学状况的不满，他们相信，哲学只有回到康德那里，并予以新的阐释和发展，才能改变这种令人失望的局面。但是，第一个公开提出复兴康德哲学之主张的人则是李普曼，他把改变和拯救德国哲学的希望寄托在康德哲学那里，以为只有复兴康德哲学才能振兴哲学，才能使哲学回答时代提出的问题，满足社会实践的要求。他为此大声呼吁，“必须回到康德那里去”。① 李普曼的《康德和后继者们》这部书后来被认为是新康德主义形成的标志，而李普曼本人则成为新康德主义的真正创始人。我们应当注意的是，新康德主义从一开始就试图从认识论上改造康德哲学，李普曼就否定康德哲学中的“物自体”，他明确说，物自体“不外是一把既没有刀身，也没有刀柄的刀。仅仅说这是一个空洞的概念还不够；这根本不是‘概念’，而是‘伪概念’”。② 这就表明，新康德主义是不同意康德的二元论立场的，他们要去除物自体，不承认不依赖于主体而存在的客观现实，从而彻底去除康德哲学中的唯物论成分。这里充分表现了新康德主义的唯心主义的本质。

不过，在早期新康德主义者中，最有影响的是弗里德里希·阿尔贝特·朗格(F. A. Lange，1828～1875)和阿洛伊斯·里尔(A. Riehl，1844～1924)。

一

朗格是新康德主义中所谓生理学派的主要代表。他于 1828 年出

---

① Otto Liebmann：*Kant und die Epigonen* ，S. 215，Stuttgart ，1865，Nachdr. Berlin，1912.

② ebd，S. 64.

生在德国的索林根地区，幼年随其父去了瑞士的苏黎世，并在那里接受中小学教育。朗格最初在苏黎世大学学习神学和哲学，后来转到德国的波恩大学学习哲学、艺术史和数学。1851 年获博士学位以后，他先后在中学和大学任教，并开始学习自然科学，旁听了赫尔姆霍尔茨的生理学讲座。1862 年，由于与教育主管部门政见不合，朗格辞去教职。他此后相当一段时间主要从事社会活动，担任过杜伊斯堡商会的秘书和报社记者，1865 年他办过报纸，还曾经与人共同经营出版业。1866 年返回瑞士，出版了一些文集。1870 年起任苏黎世大学教授，两年后任德国马堡大学教授。1875 年因患直肠癌死于马堡。朗格在政治上比较激进，1865 年发表了著名的《论工人问题》，严厉批评资产阶级对工人阶级的剥削，对工人阶级的贫困状态表示同情，但并不主张进行社会革命，而是赞同社会改良。朗格与马克思和恩格斯有过交往，由于政见不同，特别是他主张的社会改良理论，受到马克思和恩格斯的批评。朗格在从事社会活动的同时，一直关注哲学研究。他的主要哲学著作有《数学心理学之基础》(1965)，两卷本的《唯物主义史及其现代意义的批判》(1866、1875)和在他去世两年后出版的《逻辑研究》(1877)。

概括地讲，朗格的哲学思想是在 19 世纪 60 年代德国哲学处在困惑没落情况下力图为哲学找到一条出路的尝试，是把“回到康德那里去”的口号化为具体的哲学思想的行动。朗格在此时既不是像有些学者所主张的那样，同意简单地回到传统哲学那里，恢复原有的生活观念和生活秩序，也不赞同因为科学技术的进步而盲目抬高自然科学的成就，并因此而与经验主义和实证主义为伍，甚至降落到庸俗唯物论那里，而是提出站在理念论的立场上，继承康德哲学的“真正的批判因素”，以康德的批判哲学来解答黑格尔以后的哲学难题，以真正的哲学精神来弥补和改变因为庸俗唯物论所造成的欧洲思想传统的断裂。

朗格不像他的前辈那样只是对19世纪哲学状况表示不满和哀叹，而是分析了这种状况产生的原因。他认为，当时的哲学和人类精神状况之所以非常糟糕，其根本原因是人们丧失了理念论的立场。从康德到黑格尔的德国古典哲学曾经激励过几代人的哲学热情，但黑格尔哲学以生硬的概念来代替活生生的现实、以逻辑推理来代替历史演变，不仅不能解释历史和科学的进步，无法回答社会现实问题，而且也使人们丧失了对哲学的一贯信念。于是，人们放弃了原有的以理念论为核心的哲学传统，而是转向了唯物主义。对于这种状况，他形象地说："今天就像康德和法国革命以前那样，哲学努力的普遍困乏无力和思想的倒退成为唯物论传播的基础。"①但是，朗格乐观地认为，正如前人从过去的材料中创造出崇高和神性东西，从熄灭的生命之火中点燃批判的火炬，那么，只要我们高举康德哲学的大旗，不放弃追求真理的勇气，现在的欧洲哲学也一定可以走出这种困境。"这就如同自然循环中从低级材料的灭亡中会产生新的生命一样，在旧东西灭亡中就会出现高级东西，我们可以期待，理念的重新崛起将会带领人类走向一个新时代。"②

朗格之所以相信回到康德那里就可以使哲学走出困境，就在于他认为，康德是西方哲学史上自亚里士多德以来的最伟大的哲学家，他所进行的"哥白尼式的革命"打破和超越了或者是过分注重物质实体或

① Friedrich Albert Lange: *Geschichte des Materialismus und Kritik seiner Bedeutung in der Gegenwart*, S. 530, Leipzig, 1921, Frankfurt, 1974, Neuer Druck.

② ebd, S. 351.

者是片面强调主观精神的二元分立的欧洲哲学传统。康德强调主体性精神，并非是把概念、感觉、意识等主观东西当作某种包容一切的绝对原则或根据，而是说明人的主观性在认识世界中发挥主导作用；康德承认在现象世界后面存在着“物自体”，并非是要求把某种物质的、经验的东西当作绝对原则，而是指在人的主观认识之外存在着客观的东西，但全部经验对象都只能是主体的对象，整个世界并没有绝对的客观性。这样，全部康德哲学，无论是理论哲学，还是实践哲学，其核心都是注意主观与客观的结合，强调人类认识的有效性和有限性，从而把我们生活的世界视为是由人自身活动而加以规定的世界。正是基于这样的看法，朗格把康德的思想体系看作是“永远消除唯物论而又不陷入怀疑论的光辉尝试”。①

我们由此看到，朗格的基本哲学倾向是回到康德哲学那里。对他来说，康德以后的费希特、谢林和黑格尔的唯心主义虽然一度占据上风，扫除了康德哲学中的唯物论成分，但由于其自身的缺陷，此后不久就出现了唯物主义的复兴。朗格因此认为，无论是纯粹的唯心主义、还是唯物主义都是不可取的，人们不仅要分析唯心论的不足，更要注重对唯物论本质的认识。

关于唯心主义，朗格认为，康德以前的笛卡尔、莱布尼茨，康德以后的费希特、谢林、黑格尔，他们都犯有一个根本错误，即把个人的意识当作绝对的创造原则，并以此去建构整个世界。这个错误首先是忽略了人是作为一个族类(als eine Gattung)而存在的，任何个人的

① Friedrich Albert Lange：*Geschichte des Materialismus und Kritik seiner Bedeutung in der Gegenwart*，S. 151，Leipzig，1921，Frankfurt，1974，Neuer Druck.

思辨都不应当离开人类这个集体的存在去做毫无意义的幻想。“现实是对族类而言的现象，而虚假的幻象则是对个人的现象。”“我们的现实并不是某种依据我们心灵愿望而出现的现实，而是我们全体精神存在的坚实基础。”①个体产生于族类的土壤之中，只有族类的普遍和必然的认识才能构成个体认识世界的可靠基础，也只有这种普遍和必然的认识才能使个体的认识得到提高。因此，任何离开人类社会现实的个人冥思苦想都只能是超出认识范围的主观想象，不仅没有意义，而且还妨碍了人类的思想交流。“人类在认识中形成的共同东西同时也是一切思想交流的法则。”②个人的思想创造只有在规范、形式方面与其所生活的民族和时代相符合，才可能与其他人进行交流，这个创造才可能获得意义。其次，这个错误忽略了客观世界的存在。朗格在这里强调，“即使心灵的塑造作用可以关涉我们对物、对某个客体的最基本表象，我们仍然保持这个信念：这些表象和由此产生的世界都是以并非产生于我们的东西作为基础的。”③这就是说，在我们之外存在着物与物之间的相互联系和相互作用，它们作为“非我”成为我们的对象或客体，但它们并不依赖于我们的认识而存在，而只是在我们族类的普遍和必然认识中被我们所把握。更进一步讲，我们关于世界的表象并不来自我们自身的主观想象，我们认识物质世界“只能依赖我们的经验和我们的现实”，任何人的思辨都不可能像变魔术一样，仅仅凭借单纯的思想就可以进入物质世界、甚至可以凭空产生一个客观世

---

① Friedrich Albert Lange：*Geschichte des Materialismus und Kritik seiner Bedeutung in der Gegenwart*，S. 513～514，Leipzig，1921，Frankfurt，1974，Neuer Druck.

② ebd，S. 514.

③ ebd.

界。朗格正是在这个意义上把黑格尔的哲学贬损为“形而上学的臆想”，说他妄图仅仅依靠概念的规定和逻辑的推演去认识世界和规定世界，不仅超越了我们的经验认识范围，而且在本质上是“虚假的知识”。以黑格尔为代表的这种唯心主义的虚假知识不仅自身不能成立，而且还使人们对整个西方哲学传统发生怀疑，从而吸引人们转向唯物主义，造成了作为其对立面的唯物主义的广泛传播。

这样看来，朗格批评唯心论只是一方面，他真正要批评的对象则是唯物主义。朗格对唯物主义的批判不是简单的拒斥，而是站在理念论的立场对唯物主义进行了具体的分析和批判。他明确表示，唯物主义不像纯粹主观的形而上学那样抽象、独断和虚假，而是尊重客观现实，尊重人的感性经验，因此，唯物主义在认识感性世界、推动自然科学研究方面是有重要价值的。他在讨论具有唯物主义倾向的科学家在从事科学研究方面取得丰硕成果时如是说：“人们丝毫不能怀疑，唯有方法论上的严格经验可以导引他们到达这个目标，即精确和没有偏见地观察感性世界和无拘无束的推演结论对他们来说是不可或缺的；在他们面前，唯物主义的假设始终展现着最宏大的新发明之远景。”①

但是，朗格在认同唯物主义促进自然科学研究的同时，却又从唯心主义方面去解释德国生理学家米勒(Johannes Peter Mueller，1801～1858)在生理学上的新发现。他与赫尔姆霍尔茨一样，力图从感官生理学方面解释和修正康德哲学，并以此作为反对唯物主义的科学证

① Friedrich Albert Lange：*Geschichte des Materialismus und Kritik seiner Bedeutung in der Gegenwart*，S. 543，Leipzig，1921，Frankfurt，1974，Neuer Druck.

据。在朗格看来，米勒的生理学已经证明，同质刺激引起异质感觉，即同一种外界事物刺激人的不同感官会引起不同的感觉，而异质刺激则引起同质感觉，即不同的外界事物刺激同一感官则会引起相同的感觉。这种现象说明，外部世界刺激人体感官，引起感觉和认识，但经验和认识并不只是来自外部世界，主要是与人的感官生理特征有密切联系，人的感觉是先天就有的。这就意味着，米勒的发现印证了康德关于人的认识如何可能的论证，即：人的认识始于感性领域的直观表象，然后由直观表象过渡到范畴领域的知性，最后终于理念领域的理性。理性是对直观表象材料进行加工的最高一级，它把直观表象材料纳入思维的最高统一性之中。朗格因此声称，康德的认识论虽然天才地提出知识何以可能的命题，但却没有得到现代科学的证明，而米勒的发现就是对康德哲学的证明和发展。朗格由此话锋一转，他虽然承认唯物主义对科学家的研究具有重要价值，但他认为，科学家取得成就不在于自然界，而是“在本质上依赖于人类能动性对所选择的客体的献身”。① 说到底，人类自身的感知和思维才是知识的最重要来源。

这样，朗格就转向了唯物主义的批判。对他来说，唯物主义之所以不可取，就在于唯物主义把虚假的现实性当作真正的现实性，从而使人缺少理想，陷入自私自利的物质追求的陷阱中。朗格在这里对现实性这个概念做了具体分析，他说，唯物主义比任何其它思想体系都更依赖于由感官给出的整体现象(Inbegriff der Erscheinung)，并且把这样的现象当作真正的现实性。但是，现实性并不是按照我们的愿望

① Friedrich Albert Lange：*Geschichte des Materialismus und Kritik seiner Bedeutung in der Gegenwart*，S. 531，Leipzig，1921，Frankfurt，1974，Neuer Druck.

所呈现出来的现实性，而是我们全部精神此在的基础。由某些个人想象出来的绝对坚固的，而且完全脱离我们人类的现实性是不存在的，而且也不可能存在，因为我们认识的综合、创造元素实际上一开始就贯穿在最初的感性印象之中，并且延伸到逻辑因素里。“世界不只是表象，而且是我们的表象。”①这就是说，首先，外在世界的现实性不可能完全脱离主体的认知而绝对客观地存在，这种现实性是对主体而言的，没有主体的认知，就不可能对外在世界的性状做出评判。其次，这里的“我们”是指人类，世界的“现实性”是指对人类精神而言的现象，而不只是由某些个人想象的、完全脱离人类现状而独立存在的现实性。因此，古代哲人所说的“人是万物的尺度”，不只是表明人不依赖于外部世界，而是人是万物的主宰的意思，同时还包含不是作为个人的“人”，而是作为族类的“人”才是世界主人这层含义。

朗格竭力宣传的是所谓超越于唯心主义和唯物主义之争的理念论。他认为，欧洲思想传统的核心是理念论，理念论不同于唯物论和耽于纯粹思辨的唯心论，而是要把感性经验、知性综合和理性认识结合起来。在我们把纷乱的现象联系为和谐的统一性时不仅需要感性的体验和知性的综合，而且更需要理性的思辨和创造，只有理性的统一性欲求才能使人类超越现实性的束缚而趋向伟大的理想。感性和知性诚然是构建和创造现实性的重要因素，但与之相对的自由飞翔的理性在艺术、伦理、宗教等精神领域更为重要。因为只要人是自由感觉和思维的，就不可能把人限制在感性和知性领域，人总是要展开感情和

---

① Friedrich Albert Lange：*Geschichte des Materialismus und Kritik seiner Bedeutung in der Gegenwart*，S. 513，Leipzig，1921，Frankfurt，1974，Neuer Druck.

思想的翅膀去自由飞翔的，总是要让自己的真理追求超越现实的知识，总是要把自己的自由意识表达出来，所以，人只有从感性、知性上升到理性，从现实上升到精神，才能真正发挥精神的能动性，才能认识世界和主宰世界。在这里，人们不要习惯于把自由创造的思想与业已获得的历史知识和自然科学知识相提并论，而是要赋予思想更高、更普遍的价值；不要习惯于把理念世界当作人类进步的未来图像，而是要注意这些思想所蕴含的伦理意义和审美意义。在朗格的眼中，哲学只有如此，才会重新获得它原先的至高至上的地位。“哲学越是待在理论那里，越是与关于现实性的科学在可靠性方面进行比拼，它就越会失去普遍的意义。相反，它越是把存在的世界与价值的世界联系在一起，并且通过把握现象界而提升自己的伦理作用，那它就越能驾驭质料的形式，不但不伤害事实，而且还在理念的设计中为永恒和神圣建立一座纪念碑。”①

朗格在赞美精神的崇高和理念世界的伟大的同时，他就必须对同样属于人类精神活动范畴的宗教信仰做出解释，尤其是要对传统宗教的地位和作用予以回答。朗格认为，这里的关键是如何理解宗教。他不同意把宗教的本质只是看作关于上帝、人的心灵、创世的学说，他认为，这样一来，任何批评都可以根据逻辑的原理看到这种学说的谬误，从而导致最后完全否定宗教的结果。“相反，如果把宗教的核心视为人的情感对现实性的超越和对人类精神家园的创造，那宗教作为最真诚的形式就能够获得同样的心理认同。”②朗格相信，宗教是通过

---

① Friedrich Albert Lange：*Geschichte des Materialismus und Kritik seiner Bedeutung in der Gegenwart*，S. 530～531，Leipzig，1921，Frankfurt，1974，Neuer Druck.

② ebd，S. 531.

神话的形式表达了不可言说的东西，而神话并非是用于人类认识的目的的，这样的宗教是精神化的宗教，而不是宗教狂热或宗教迷信。只要人类还有精神的追求和文化的需要，这样的宗教就不会消失。正是在这个意义上，朗格这样说："过去的东西绝不可能完全消失，陈旧的东西也绝不可能一丝不变地重新出现。宗教的思想在一定意义上是永不过时的。"①根据这样的宗教观，朗格必然会反对具有唯物主义趋向的自然神论和无神论。他认为，自然神论依据自然界的某些现象对人类信仰进行评说，比如，说什么"上帝"是阳性名词，"自然"是阴性名词，而"主"则是中性名词等，这些都是完全是毫无意义的区分，是一种让人倒胃口的行为，因为人的精神和宗教情感在这里是最重要的和最本质的，而这些精神和情感之表象的对象在方式上的区分并没有本质意义。无神论则是主张彻底消除和放弃宗教，这样一来，宗教的任务就必须转交给国家、科学和艺术。但是，国家、科学和艺术并不能完全实现宗教的功能，无神论的结果只能是人类精神的贫困和失落。

这里可以非常明显地看到，朗格虽然高喊"回到康德那里去"，但在宗教观上他并没有接受康德的道德宗教思想，而是接受了施莱尔马赫的情感宗教说和晚期谢林的神话宗教观，而他的这种宗教观对后来的马堡学派，尤其是柯亨的宗教思想却很有影响。这种情况恰如他自己所说，不仅要回到康德那里去，而且还要改造康德哲学。

朗格的哲学思想产生于西方哲学从传统转向现代的过渡时期，他

① Friedrich Albert Lange: *Geschichte des Materialismus und Kritik seiner Bedeutung in der Gegenwart*, S. 533, Leipzig, 1921, Frankfurt, 1974, Neuer Druck.

的论述既不全面也不深刻，尤其是他对唯物主义的批判过于偏激。但不可否认的是，在面临由于科学技术的进步而带来的科学主义和经验主义的挑战、而传统哲学却又无力解答当时的社会现实问题的情况下，朗格对庸俗唯物论的批判对改变世人盲目抬高自然科学研究成果、片面排斥人文科学确有一定的意义。他试图在哲学变革和哲学复辟的两难之间通过恢复康德哲学而重新确认传统文化价值、并通过适当的改革而开辟新的道路，不仅对新康德主义的崛起具有重要作用，而且对人们重新审视哲学的价值也有一定的借鉴意义。

二

在早期新康德主义代表人物中，奥地利人里尔的作用不同于李普曼和朗格。里尔于 1844 年出生在奥地利的博岑(Bozen)，先后在奥地利的维也纳大学、因斯布鲁克大学、格拉茨大学和德国的慕尼黑大学学习哲学、历史和地理学。大学毕业后当过两年中学老师，此后开始发表哲学论著，并在格拉茨大学获得大学授课资格。1873 年成为格拉茨大学副教授，1878 年担任教授。里尔赖以成名的著作是在 1876 和 1887 年分别发表的三卷本《哲学批判主义及其对实证科学的意义》。里尔的其他著作还有：《尼采——艺术家和思想家》(1897)，《现代哲学导论》(1903)和他去世一年后出版的《四十年代的哲学研究》(1925)。1882 年，他作为著名的新康德主义者来到德国，接替文德尔班在弗赖堡大学的教席。弗赖堡是主教教区首邑，当地的教权主义色彩很浓，而里尔反对教权主义，他常常因此与当地教会发生龃龉，1896 年不得不离开弗赖堡前往基尔。1898 年他又去哈雷大学担任教授，1905 年接替狄尔泰在柏林大学留下的教席，直至退休。

里尔的贡献在于他对康德哲学的重新诠释，而且因为奥地利的人文环境不同于德国，所以他的诠释也不同于德国哲学家的理路。当19世纪中期的德国人已经进入深层次的哲学讨论，并且围绕着“从黑格尔回到康德”的问题争论不休的时候，封闭的奥地利直到1848年在精神生活方面还停留在沃尔夫的独断论体系那里，德国发生的思辨唯心论体系的断裂不但没有对奥地利哲学界发生影响，相反，赫尔巴特的哲学思想[①]却在奥地利得到蓬勃发展。“里尔最初也是以赫尔巴特的眼光来看康德哲学”，[②] 但是，通过对康德著作的研读，里尔提出要对康德哲学进行系统的诠释，这种诠释既要不同于正在瓦解的德国唯心论传统的思辨倾向，也不应当与当时正在兴起的从语文学角度来解读康德的趋向相一致。这样，里尔对康德的解读不仅显得特立独行，而且具有作为旁观者的清醒，他因此得到德国新康德主义者的认可和拥戴。

与当时德国哲学界各种思潮争论不休的情况不同，里尔就像一个“隐者”那样独自在对欧洲近代哲学的发展进行梳理。与绝大多数人一样，里尔承认文艺复兴和启蒙运动在打破神权对人性的束缚、促进人类精神解放方面的不朽功绩，承认思想解放所带来的现代科学技术的突飞猛进，这是一方面。但另一方面，里尔也清楚地看到，伴随着科学技术进步的就是对以总体科学为基础的传统哲学的冲击，哲学的思辨已经让位于各门科学的精确研究，传统意义上的哲学业已开始解

① 赫尔巴特(J. F. Herbart，1776～1841)，德国哲学家和教育家，早年曾在瑞士做过中学老师，自1805年起，先后在哥廷根大学、柯尼斯堡大学任教授。赫尔巴特主张建立一整套系统的教育理论，强调通过心理教育的途径达到道德伦理的目的，他因此被誉为科学教育学的创始人，在19世纪下半叶的欧洲还有以他的名字命名的赫尔巴特的教育学。

② H. Blankertz：*Der Begriff der Paedagogik im Neukantianismus*，S. 13，Weinheim，1959.

体。自17世纪以来，为了保持哲学的地位，不使哲学消融于各门具体的科学之中，许多哲学体系力图利用数学和力学的思维方式，把形而上学当作知识之根，而把数学和物理学当作树干，而各门具体科学则被视为这个大树的枝条。这方面明显的例证就是当时那些既是科学家、同时又是哲学家的思想家们。比如笛卡尔，他一方面以其“我思故我在”主体性原则开创了近代哲学，但另一方面又竭力按照数学，尤其是几何学的模式为其哲学原理建构方法，这样，笛卡尔的哲学原理就不是哲学的“沉思”，而是所谓“自然的体系”。霍布斯更是奇想迸发，他被伽利略所激励和启发，试图在其政治体制的研究和设计中把宇宙天体的布局当作一个参照系。斯宾诺莎的最主要著作《伦理学》也是按照几何学的方法来表述的，很显然，他是把数学中所表现的自然法则引入到他的哲学观之中。莱布尼茨则是通过对动力学、尤其是数学中无穷小量的研究而到达他的“单子论”的形而上学。“这些仍然遵守哲学的传统习惯的思想家们寻找的无非就是一门包罗万象的科学，这样的科学在古典力学时代、即伽利略时代只可能是无所不包的力学。”[①]由此来看，这些思想家所做的就是把数学或力学的理论普遍化，将它们的应用范围扩大到整个星球。在里尔看来，这样的理路根本不可能开创一门真正的新哲学。这就是为什么17世纪和18世纪的这些哲学家们虽然知识渊博、思维敏锐，但他们的思想却不能开辟和创造一门全新哲学的原因所在。

里尔在考察近代哲学的发展历程的时候，对具有唯物论和经验论倾向的英国哲学家洛克和休谟大加赞赏，在里尔看来，他们是在康德

① A. Riehl：*Der philosophische Kritizismus und seine Bedeutung fuer die positive Wissenschaft*，Bd. 1，S. 1～2，Leipzig，1924.

哲学之前为数甚少的几个真正重视探索人类理智本质、能力和界限的哲学家。洛克的《人类理智论》是哲学家第一次对人类认识的性质、起源、确定性、范围等问题进行考察。洛克努力摆脱传统形而上学的影响，他不把纯粹理智概念当作天赋的，而是追寻其起源；他极力研究表象的发生，把与自然相符合的概念与任意杜撰的概念区分开来；他从认识论意义上阐述“实体”这个概念，不再简单地把这个概念解释为“物的本质”，而是用一个作为“处在相互联系之中的、确定的、对象化的元素”之经验概念来代替传统形而上学对这个概念的界定。恰恰是洛克对人类知识的追根寻源的探索才使近代哲学走向了一个全新的时代——批判哲学，从此以后对知识的基础和界限的追问成为哲学问题。里尔因此认为，近代哲学自洛克以后才开始改变自己的性质。“现在哲学已经不再同古代那样被视为总体科学——古代把任何一门理论知识都隶属于哲学；哲学是一门普遍的学问（Allgemeinwissenschaft）或者是知识学（Wissenschftslehre），它作为这样的学问与各门科学相区分，同时又不失去与这些科学的联系。”①里尔把休谟称为“人类理智的地理学家”（Geographe der menschlichen Vernunft），因为在里尔看来，休谟就像一个地理学家探察我们的星球那样对我们人类全部知识和精神能力进行了从未有过的全面而细致的探查，尤其值得赞许的是，休谟认真考察了我们以前一直以为是正确的那些经验概念。休谟从经验论的立场来考察人类理智，有助于我们摆脱过去那些深奥难解的教条和空洞无物的旧形而上学。康德本人也承认，正是休谟才使他从独断论的梦中惊醒。

① A. Riehl：*Der philosophische Kritizismus und seine Bedeutung fuer die positive Wissenschaft*，Bd. 1，S. 2，Leipzig，1924.

里尔在肯定洛克和休谟的功绩的同时，也看到他们的不足，他指出，“站在休谟的‘纯粹经验’的立场上，不可能保证经验的知识价值”，“无论是从理性的观点来看，还是从经验本身来看，坚持一切知识来源于纯粹经验就必定会导致怀疑论的结果”。[①] 而康德对洛克和休谟的思想进行了批判地继承，他是在一个新形势下对人类的认识重新进行了考察、检验和证明。只有康德清楚地认识到，形而上学的假象、即辩证法的幻象产生于人类理性自身；只有康德才可能对这种假象之根源进行更加彻底的清算；只有康德“对经验知识和知识中的经验”进行了彻底的证明和界定。所以，康德才是批判哲学的真正建立者，是近现代最重要的哲学家。里尔据此把批判哲学划分为三个阶段：第一阶段是洛克对概念起源和内容的反思和分析，第二阶段是休谟的经验论和怀疑论，第三阶段是康德批判哲学的崛起。

在里尔看来，无论怎么说，批判哲学都是近现代哲学最重要的事件，“我们可以用这个名字来称呼一个全新的哲学方向，它与形而上学相对立，但同时还保持哲学的独立性”。[②] 里尔认为，虽然康德批判哲学最初只是纯粹哲学之内的事情，但它的结果和意义已经超出了哲学界。批判哲学针对旧的形而上学虚假知识所展开的斗争不仅讨论了什么才是真正的知识，而且还对这种知识的界限进行了厘定。假如人们考虑到，形而上学的思维方式就植根于人的自然禀赋之中，是人对业已给出的事实永无止息的探究，是对无限的一种追求，那么，人们就会认识批判哲学的意义。批判哲学的这种意义不仅适用于人类精

---

① A. Riehl：*Der philosophische Kritizismus und seine Bedeutung fuer die positive Wissenschaft*, Bd. 1，S. 3，5，Leipzig，1924.

② ebd，S. 1.

神，而且也同样适用于自然科学，因为思维形式的无限扩展和思维能力对事实的不断探究，是自然科学的基础概念陷入形而上学谜团的根本原因，而局限于自然科学本身的理论只能具有工具的意义，却不能回答科学知识的本质。只有批判哲学才可能对这些概念的本质和客体的表象做出合理的解答，从这个意义上说，“认识批判成为认识理论，并进而成为科学知识的基础”，“批判哲学的论证开创了科学史上的新阶段”。①

里尔对康德以后的哲学基本上持否定态度，他认为，从洛克到休谟，再从休谟到康德，是哲学对知识问题的不断深化和渐进的过程，而这个过程在康德以后则发生了变化，是按照另外一种范式去解释世界。里尔在这里直接批评黑格尔，说他的哲学是“从概念和方法上去建构世界，好像可以用概念和逻辑来代替科学”，这样，黑格尔的哲学不仅在本质上回到传统的形而上学那里，而且当自然的和历史的事实与其哲学体系不相符合的时候，它就会肆无忌惮地诋毁这些最确切的知识。“对自然研究者和一般人来说，黑格尔从事实概念来证明落体规律不仅毫无意义，而且是完全多余的。”②这样的哲学定律不可能有助于知识的进步，也不会得到人们的认可。里尔由此把 19 世纪的哲学没落归咎于以黑格尔为代表的唯心论思辨哲学，说这样的哲学只是“思辨的教条”和“最大胆的臆想”，不但不能促进业已进步的科学知识，反而会使人对哲学的功能和意义发生怀疑。

为了使人们把哲学与哲学的这种“畸生物”——唯心论思辨哲学区

---

① A. Riehl：*Der philosophische Kritizismus und seine Bedeutung fuer die positive Wissenschaft*，Bd. 1，S. 5，6，Leipzig，1924.

② ebd，S. 7.

分开来，里尔赞同回到康德哲学那里。他在这方面首先是受到自然科学家赫尔姆霍尔茨的启发，在他看来，当赫尔姆霍尔茨认为康德的思想还活着，康德要对人类知识的来源、限度和可信程度进行检验和考察的思想不仅具有永恒的哲学意义，而且对实证的自然科学也是取之不尽的思想源泉，这就充分表明康德哲学在任何时代、包括在实证科学迅速发展的时代都是不可小视的。但是，他不同意赫尔姆霍尔茨等人只是从生理学意义对康德哲学进行解释和肯定，他认为，这样做将会削弱康德先验哲学的本真意义，他因此主张从以下几个方面来强调回到康德那里的意义：

首先，在康德那里哲学与科学并没有完全被分开，康德本人对知识的追根寻源也包括对自然科学的探究，因此，恢复康德哲学的传统，让哲学与科学互相联系、互相促进，只是在部分时间里只注重纯粹哲学的研究，应当是改变思辨哲学脱离自然科学、脱离现实的有效思路。里尔在这里强调，“回到康德，并不是停留在康德所指出的意义那里。因为科学在康德以后也没有停顿下来”。① 回到康德，在这里是要思考在康德之前和之后所发生的一切，以及我们现在如何从所处的不同历史条件中继续推进哲学事业，这样，我们才可以从康德学说中学到那些仍然有价值的东西，对他的学说中那些“受历史限制的东西和推进历史前进的东西”加以区分，并努力解释前者和推进后者。

其次，批判哲学的发展是批判方法的发展，对这些不同的方法进行探讨应当是我们研究的重点，它对我们理解康德具有特殊的意义。这与康德本人的观点也是相符合的，康德把自己的《纯粹理性批判》称

---

① A. Riehl：*Der philosophische Kritizismus und seine Bedeutung fuer die positive Wissenschaft*，Bd. 1，S. 8，Leipzig，1924.

为“方法的论著”(Traktat der Methode)，并且在该书的扉页上引用培根的话提醒读者，他力图阐释和给出的是一种哲学新工具(ein neues Organon)。在里尔看来，这种方法论上的进步不只是对哲学而言的，对未来科学的表述也是有效的，因为康德也把作为将来可能出现的科学的“未来形而上学导论”看作是对《纯粹理性批判》在方法和基本轮廓方面最清楚的表达。

再次，应当注意康德所提出的问题，这是康德迥然不同于其他人的独特之处。在此之前，洛克、莱布尼茨都没有想到要把理性能力本身当作一个考察对象，就是休谟也没有完全认识这个问题，并且因为过于注重经验而归于失败。康德的一大贡献就在于，他并不是把人们如何获得经验和知识当作自己的研究对象，而是关注知识形成的概念和条件，即人们在什么样的条件下可以获得知识。康德所进行的批判是独立于经验的、对事物做出理性的判断，这是纯粹的理性批判，我们由此或许可以说，康德试图开辟一门全新的科学。如果我们遵循康德所开辟的这个理路，注意理性自身问题的研究，无论是对哲学本身，还是对实证科学都是很有裨益的。黑格尔曾经批评康德要对知识本身的能力、来源和界限进行考察的思想，说人们不下水里怎么可能学会游泳呢。里尔的这个论述显然是与黑格尔针锋相对的，他已经从自然科学家的新思想中发现了康德的正确性，而且后来的一些著名科学家，如普朗克、爱因斯坦、海森堡等都公开承认，康德哲学对他们发挥创造性的想象力、建立新的科学原理具有重要的启发性的意义。

纵观早期新康德主义的基本学说和思想，我们可以这样说，李普曼的主要作用是明确提出回到康德的主张，朗格的意义在于他阐述了用理念论立场来补充科学世界观的思想，而里尔则通过他对康德的先验逻辑的诠释而成为新康德主义学派的真正先驱。但是，需要说明的是，里尔的工作主要是把作为实证科学的认识论前提的科学哲学观与承载人类世界观需求的价值哲学观进行比较，而不涉及后来构成西南学派和马堡学派这两个学派共同的研究方向——文化哲学，从这个意义上来说，里尔的工作并没有超出朗格的范围，也不是这两个学派的创始人，而是处在早期新康德主义与新康德主义两大学派之间的最重要的承上启下的过渡人物。

第二节　文德尔班与西南学派

新康德主义中的西南学派主要活动地域是在德国西南一隅的弗赖堡、海德堡、巴登和斯特拉斯堡(斯特拉斯堡在二次大战以后归属法国)，其代表人物主要是文德尔班和他的学生李凯尔特，此外还有拉斯克(Emil Lask，1875～1915)、柯恩(Jonas Cohn，1869～1947)、鲍赫(Bruno Bauch，1877～1942)、内尔松(Leonard Nelson，1882～1927)等人。这一学派关注的重点是价值问题和社会历史问题，政治上主张向过去看齐，因此，这一学派政治上狭隘、保守的特点是显而易见的。

一

文德尔班是西南学派最初的领军人物。他1848年出生在普鲁士一个军官家庭，先后在耶拿大学、柏林大学和哥廷根大学学习过，最初他学的是医学和其它自然科学，以后才学习历史和哲学，1870年在洛采那里通过哲学博士学位答辩。1873年，文德尔班获得大学授课资格。1876年成为教授，先在瑞士授课，一年后去弗赖堡大学任教。从1883～1903年的二十年，他一直在斯特拉斯堡大学担任教授，1894年还担任这个大学的校长。1903年他来到海德堡大学，接替费舍尔的教席，1910年当选海德堡科学院院士。1915年去世。文德尔班的主要著作有：《关于偶然的学说》(1870)、《论认识的确定性》(1873)、两卷本的《哲学史教程》(1892)、《序曲集——关于哲学和哲学史的论文和讲演集》(1884)、《哲学导论》(1914)等。

文德尔班的政治态度在整个西南学派中算是最温和的，他不像这个学派中其他人那样或者怀有极端的民族主义情绪，或者明确反对当时正在风起云涌的社会主义运动。但是，文德尔班在乐观地相信人道主义理想一定会得到实现的同时，他对当时的欧洲现状表示了极大的担忧。这种担忧既有纯粹文化层面的东西，也有政治的成分，而文德尔班的基本政治倾向则是怀旧保守的。他担心现代科学技术的专业化要求将打破宁静、和谐的个体理念；他担心由现代工业文明形成的群体社会将摧毁以个人为中心的传统文明价值；他担心轰轰烈烈的工人运动将破坏现成的经济秩序和社会制度。因此，他怀念康德、费希特所生活的18世纪，说那个时代才是人文精神和世界主义的时代，而现代民族国家之间的国界则阻碍了人文精神和世界主义的发展。他为普鲁士政府歌功颂德，说德意志所取得的政治、经济、社会等方面的成果应当归功于俾斯麦的“坚强的意志”和“符合实际的政策”，而“集体主义的历史观和群众运动”不应损害业已取得的成就，更不应损害文化中最宝贵的东西——“个人生活”。他在《十九世纪德国精神生活中的哲学》一文中明确提出，“回到康德去”这个口号是一种拯救个人生活的手段，是使它免于受到“盲目的集体力量”的压抑的方法。

我们在不同意文德尔班保守怀旧的政治观点的同时，应当看到他在哲学史上的贡献，这主要表现在他力图从认识论上对知识与科学、事实与价值的关系予以清楚的阐述。

在认识论方面，文德尔班受到康德二元论的影响是显而易见的。

康德在《纯粹理性批判》中讨论知识的来源时曾明确说："除去直观以外，表象不直接涉及对象，因此，概念从不与对象直接相联系，而是与关于这个对象的某个其它表象相联系，而不问这个表象是直观，或者其本身已经是概念。"①这就是说，我们的概念和表象都不与对象发生直接联系，只有感性直观才是我们知识质料的来源。文德尔班发挥了康德的这个思想，他认为，对象只不过是用来使表象连接起来的规则而已。因为我们不能确定对象是否与其表象相一致，我们任何时候也只是与表象发生关系，所以，我们永远不可能知道，这些规则是否建立在绝对的、不以任何表象为转移的实在性之上，它们是否以物自体为依据。文德尔班的这个观点实际上已经从康德那里倒退到休谟的不可知论思想。

文德尔班之所以对我们的知识提出怀疑，就在于他的哲学思想中包含着一种不可化解的矛盾。一方面，他肯定哲学传统追求终极真理的精神，他说："历史已经表明，我们在探寻形而上学实在的过程中始终表现出了一种不可阻挡的冲动，也正是在这个意义上，哲学必然是一种先验的思维过程。"②他在这里充分肯定了探求真正实在的纯粹理论理性。但另一方面，他又受到当时的实证主义的影响，对哲学的这种纯粹思辨精神发生质疑。在文德尔班看来，我们的每一种经验都是有限的，甚至我们的总体经验也是有限的，但是，我们哲学传统的基本精神却总是明确地指向无限，并且总是期望通过有限的经验去建构一个无限的统一体。所以，这样的哲学就是"一种理想的现实化"或

---

① *Kant Werke*：*Sonderausgabe*，Bd. 4，S. 110，hrsg. Von W. Weischdedel，Darmstadt，1983.

② ［德］文德尔班：《哲学导论》，载《二十世纪哲学经典文本》（序卷），648页，上海，复旦大学出版社，1999。

者确切地说，“是逻辑理想的现实化”。① 对朴素的意识来说，这样的理想是不可能实现的，这是逻辑前提超越现实事实，是试图在经验中完成知性建构形而上学的实在。虽然康德提出“理念”和“先验现象”这两个概念，从形而上学的层面上解决了这个问题，但实际上并没有真正解决问题。

为了能够真正解决这个难题，文德尔班主张，我们的思维在超越对现实世界的体验的同时，还应当提供解答理念与经验知识之关系的可能性。换句话说，我们不要固守在康德提出的形而上学的现实性那里，而是要对近代以来的哲学与经验科学的关系加以重新梳理，尤其是要重视对经验知识的研究。

文德尔班认为，形成这个难题的一个主要原因，就是在中世纪所确立的自然与精神的区分。这个区分在近代的新形而上学中，无论是在笛卡尔、斯宾诺莎那里，还是在谢林、黑格尔那里，都得到了空前的加强，区分变成了绝对的对立。但是，从认识论来看，这样的区分和对立并不就是理所当然的。从表面上看，这种认识对象的二分法——作为外在世界的自然和作为内在世界的精神，是与内在知觉和外在知觉这两种不同的认识方式相适应的，但是，这里有一个不可否认的事实是，“所谓精神科学的事实绝不是仅仅依赖于内在知觉就得以成立的”。② 进一步讲，在自然科学与精神科学之间必定存在着像心理学这样一门具有重要意义的经验学科，无论是把心理学简单地归置为自然科学或精神科学都是不合适的。所以，仅仅按照研究的对象

① ［德］文德尔班：《哲学导论》，载《二十世纪哲学经典文本》(序卷)，653页，上海，复旦大学出版社，1999。

② W. Windelband：*Praeludien—Aufsaetze und Reden zur Philosophie und Geschichte*，Bd. 2，S. 143，Tuebingen，1924.

事实来划分学科是不适宜的。

因此文德尔班主张，尽管由于研究对象的不同而形成了不同的学科，但我们不应以研究对象所指向的不同事实作为划分学科的原则和标准，而是要按照各个学科的认识目的的本质特征进行划分，这是建立在可靠的逻辑概念基础之上的、根据纯粹方法论做出的划分原则和标准。按照这样的划分原则和标准，就不是自然科学和精神科学这两大学科，而应当是诺模型（nomothetisch）和表意型（idiographisch）这两种学科。前一种是探寻不同事实之间的逻辑统一性，虽然我们的研究对象不同，在事实上存在一些差异，但我们在认识目的的本质上却是始终追寻事实的逻辑统一性，即探寻这些发生事件（Geschehen）的一般规律，无论这些事件是物体运动、物质的转化，还是有机生命的成长，感觉、表象和愿望的形成过程。由于对象不同而形成的事实差异远远小于我们所探寻的这些对象的逻辑相同性。后一种则常常指向历史上某一次发生的、受到时间限制的真实事件。这里探讨的大多数都是孤立的事实或许多事实之间的联系，但其中并没有必然的联系，比如，一个人的故事、一个民族的命运，它们可能关涉某一种宗教、语言、法律，也可能涉及某种文学、艺术的产生和发展。由于这些对象事实的多样性，在研究它们时就必须有与其相符合的方法，而研究的目的就是要搞清楚，在一次性的真实事实中所表现出的人类生活的产物本质及其再次发生的可能。“显而易见，这里所说的全部范围都是历史科学。”①用形式逻辑语言来表述，前一种诺模型探讨的是普遍、实然判断，后一种表意型探讨的是个别的、定然判断；前一种是

① W. Windelband：*Praeludien —Aufsaetze und Reden zur Philosophie und Geschichte*，Bd. 2，S. 145，Tuebingen，1924.

从个别推演出一般，后一种是探讨事物的形态；前一种倾向于抽象，后一种倾向于直观。

关于这种学科划分法，文德尔班认为，这不是按照认识对象的内容、而是根据人类理性中最重要、最根本的认识目的做出的。苏格拉底曾经把人类理智中的这种区别称为一般与特殊的关系，古典形而上学也是在这里发生分裂，柏拉图就是在不变的属概念中追寻真实，而亚里士多德则是在个别事物中寻找真实。现代的自然科学就是要对纷繁复杂的自然对象进行反思，从自然现象中揭示自然规律，而历史科学则是想在杂多的历史事件中去认识和弄清特定的历史形态，并且为了实现某种理想试图让历史的产物在现在得到复活。

文德尔班并不否认，这种划分是相对的，事实上作为客体的认识对象也可能与诺模型和表意型这两种考察方式都发生关联。这主要是根据对象在漫长的时空中有无明显的变化、还是只是在有限的时空中具有一次性的作用而做出我们的判断。比如，一门语言在其丰富多彩的应用中始终坚持其固有的语言规律，即语法，语言在这里表现了其诺模型特征；但是，语言的每一次具体应用都是在遵守语法的前提下去表现转瞬即逝的一次性现象，语言这时又具有表意型的特征。文德尔班认为，像心理学、生理学、地质学、天文学等学科都有这种既属于历史、又显现事物规律的特征，武断地把这些学科划分在任何一种学科类型里，都是"理性的冒险"。

现在，由于所有科学研究和证明都是在概念形式中做出的，所以，人们一般都倾向于把考察普遍的本质和规律放在首位，逻辑的反思，尤其是传统形式逻辑是自然科学研究和论证的首选方式，这种倾向也影响了人文科学。文德尔班不同意这种看法，在他看来，历史方法论的问题对哲学来说并不是无关重要的事情，理应得到同等的重视，这是因为自然研究和历史研究的逻辑前提都是经验和知觉事实，“两者的基础都需要科学上纯净的、经过批判教育的、在概念工作上得到检验的经验”。“自然中的事实和历史都证实，如同哲学的和自然科学的天赋和贡献经常联系在一起一样，哲学的和历史的天赋和贡献也是经常联系在一起的。”①而且进而言之，自然科学和历史研究在涉及相同对象时在表象因素上是一致的，它们的区别在于如何从认识论上去评价事实。如果说自然科学家只是通过诸个别事实去认识普遍的规律，那历史学家则从过去的事实中看到新生命、新生活的再生。这里的关键是评价事实的立足点不一样，也就是价值评估的准则不一样。这样，文德尔班在强调哲学决不能忽视历史研究的同时，也把研究的视野从认识论那里扩展到价值研究领域。

价值学说是新康德主义研究的一个重点。应当说，关注价值问题并不是新康德主义的独创，而是整个19世纪德国哲学的焦点之一，新康德主义是这个思潮的延续。文德尔班在《哲学史教程》中对价值学说的产生及其历史背景予以了详细描述。在他看来，19世纪的哲学更多的是调整自身与自然科学和人文科学中各门学科的关系，哲学本身的“中心任务的进展却陷入了泥坑，停滞不前”，因此，哲学“需要一种重要的重新布局”。② 由于欧洲人在这个世纪所经历的巨大变化影响了人们的一般信念，所以，在这个时代哲学努力的一个重要方向，或者说，哲学在这次重新布局中的一个重点，就是“对一切价值进行重新估价”。

---

① W. Windelband: *Praeludien —Aufsaetze und Reden zur Philosophie und Geschichte*, Bd. 2, S. 146, 147, Tuebingen, 1924.

② ［德］文德尔班：《哲学史教程》，罗达仁译，911～912页，北京，商务印书馆，1993。

文德尔班认为，尽管存在各种各样的价值观，“尽管对个别价值和意志目的的认识和划分等级各有不同，但是在总体上承认占统治地位的道德习俗，特别是承认其中的主要组成部分利他主义，在这一点上它们的意见是一致的”。① 因此，无论是功利主义的社会伦理学，还是以自然主义、唯物主义为代表的乐观主义人生观，它们在阐述价值观的时候都比以往更自觉、更鲜明地突出个人与社会的关系，个人从属于社会被当作一切估价的基础和准则，而个人反抗种族的压力也被认为是合理的行动。但无论如何，价值首先是具有道德意义的，它在伦理学上最终也是指向人性，指向人类积极的爱。在这个领域里唯一与众不同的是尼采，由他开始的“价值的重新估价”是以建立“超人”理想为全部理论的核心架构，在这个理论中只有“超人”在这个尘世才拥有真正的绝对价值。尼采虽然以其出众的天才成为道德的改革者、立法者和新文化的创造者，但由于在他的本性中存在着太多的“天才观”，所以，他不可能从个人的权力意志走向“普遍的自我”。换言之，尼采的价值观不可能具有普遍意义，最后的结果只能导向价值相对论。

文德尔班绝对不同意价值相对论，他极其明确地说：“相对论是哲学的解体和死亡。哲学只有作为普遍有效的价值的科学才能继续存在。”②按照这样的说法，好像哲学就是关于价值的科学。对此，文德尔班解释说：“哲学从来就不是从价值观念中派生出来的；它只是在意识上经常受到它们的强烈影响。”③但是，既然价值观念经常影响人

① ［德］文德尔班：《哲学史教程》，罗达仁译，919页，北京，商务印书馆，1993。

② 同上书，927页。

③ ［德］文德尔班：《哲学导论》，载《二十世纪哲学经典文本》(序卷)，649页，上海，复旦大学出版社，1999。

们的意识，那么，价值观念就必定会与人们的生活息息相关。哲学绝不是把自己的认识限定在某一领域的具体科学，它的基本要素关涉人类生活的方方面面，哲学有必要、也有权利去考察和认识与人类生活相关的一切范畴和领域。文德尔班正是在这个意义上说："哲学始终主张，它有权利通过这种方式超越所有那些还无法令人满意的现象，来认识这个世界，进入它最深的层面上，与此同时，价值评价本身也是人类心智的活生生的实在。"①

显而易见，文德尔班如此重视价值，并不是要承认物质价值，而是要把价值评价视为是对人类心智最深层面的认识，要赋予精神价值以特殊重要意义，赋予价值体系以人人遵守的、全人类的性质，其中包括道德原则、审美原则和形式逻辑。这正如文德尔班自己所说：

> 哲学有自己的领域，有自己关于永恒的、本身有效的那些价值问题，那些价值是一切文化职能和一切特殊生活价值的组织原则。但是，哲学描述和阐述这些价值只是为了说明它们的有效性。哲学并不把这些价值当作事实而是当作规范来看待。因此，哲学必须把自己的使命当作'立法'来发扬——但这立法之法不是哲学可随意指令之法，而是哲学所发现和理解的理性之法。②

在这方面，文德尔班和他之后的这个学派的很多人物都特别重视价值的道德意义，他们的价值观核心就是强调价值的道德规范作用，肯定"价值效用性高于一切"，——这是他们的基本原理之一。对他们

① [德]文德尔班：《哲学导论》，载《二十世纪哲学经典文本》(序卷)，650页，上海，复旦大学出版社，1999。

② [德]文德尔班：《哲学史教程》，罗达仁译，927页，北京，商务印书馆，1993。

来说，价值与物质现实和精神现实的关联并不重要，重要的是“价值”和“规范”具有心理的、观念的性质，只有把价值理解为理性立法，作为规范的价值才能发挥自己的效用。文德尔班在这里断言，规范执行双重的职能。第一，它们是对意识状态进行评价(首先是从意识状态的真实性的角度)所依据的标准；第二，他们是为达到这个或那个目的所必须遵守的规则。就规范意识作为人们的经验思维的尺度，以及它们作为普通的思维能力不可能达到的目的，规范意识超越于人们的经验思维的偶然过程之上。为避免陷入极端心理主义和主观主义的泥坑，文德尔班强调，观念在个人的意识中是不断出现和消失的，因此，哲学在研究心理时就应当研究具有“普遍适当性”的评价。对某些观念表示赞成或不赞成，把它们看作是真的或假的，不应当以个人满意或不满意的感觉为依据，而应当以具有绝对普遍适当性的“规范”为依据。

按照文德尔班的这个说法，哲学就是关于规范和价值的学说，哲学的任务就是把思维价值所依据的规范引到人们的意识之中。依据这种观点，真与假的区别乃是评价上的区别，是把概念归诸价值，而规范便是评价的规则和尺度。虽然文德尔班有时也说，价值和规范产生于人类共同体的历史意识，但这样的“历史意识”是大打折扣的，说到底，文德尔班追求的仍然是一种超乎经验之上的主观唯心主义的价值观。“纯粹的存在和真正的存在不管是一种价值评价，还是一种概念思维的前提，都是应该如此的存在，而非经验实在，因此，它可以而且必须被当作经验实在背后的形而上学实在。”①文德尔班的唯心主义

① [德]文德尔班：《哲学导论》，载《二十世纪哲学经典文本》(序卷)，653页，上海，复旦大学出版社，1999。

哲学观在这里昭然若揭。

二

文德尔班的哲学思想对整个西南学派产生很大影响。他的学生，这个学派的另一个著名代表李凯尔特就是跟在文德尔班后面亦步亦趋地谈论相同或相近的观点。当然，他们的表述不尽相同，尤其是在价值学说方面，他们的思想在很大程度上是不同的。

李凯尔特1863年出生在但泽(今波兰格但斯克)，其父是一名政治家。李凯尔特原本想成为一名记者，最初在柏林大学学习文学，后来才对哲学感兴趣。面对当时各种各样的哲学思潮，如马克思主义、经验主义、实证主义、经验批判论、活力论、唯意志论等，李凯尔特都保持一定距离。直到在斯特拉斯堡听文德尔班的讲课，他才认为作为知识(die Wissenschaft)的哲学才是他真正企盼的学问。在斯特拉斯堡的学习期间，他不仅学习哲学，同时还学习当时非常热门的心理学和国民经济学，1888年，李凯尔特获得博士学位。1891年，李凯尔特在弗赖堡大学通过教授资格答辩，1894年当上副教授，1896年成为正教授。在弗赖堡期间，他与社会学家韦伯交往甚密，1910年他参与建立著名的哲学和文化杂志《逻格斯》。1915年，李凯尔特接替其师文德尔班在海德堡的教席，成为这所大学哲学系的主要负责人，以后与存在哲学的主要代表人物雅斯贝斯经常发生争执。1936年在海德堡去世。李凯尔特一生的主要著作有：《关于定义的学问》(1888)、《认识的对象》(1892)、两卷本的《自然科学的概念构成之界限——历史科学的逻辑导论》(1896～1902)、《文化科学与自然科学》(1899)、《历史哲学的问题》(1905)、《生命哲学》(1920)、《哲学的体系》(1921)、《康德——现代文化的哲学家》(1924)、《谓项的逻辑与本体论问题》(1930)、《哲学、方法论、本体论、人类学的基本问题》(1934)。李凯尔特去世以后，由 A. 弗斯特出版了他的最后一本著作《直接性与意义指向》(1939)。

在认识论方面，李凯尔特不同意唯物主义的反映论。在他看来，人类认识世界不是去“模拟”或再现(die Wiederholung)现实世界，而是要在概念的普遍性中认识世界的本质。如果我们坚持反映论，我们在理论上就不能直接认识在现实后面的世界，更不能直接断定映像是否与原型相一致。具体地讲，在反映论的假设下，“知识的进步仅仅取决于再现现实方面所达到的程度。这样一来，镜子能够最清楚地‘认识’，或者一个十分逼真地涂上颜料的模特儿——至少就事物的可见性而言——最接近于‘真理’”。[①] 然而，这样的“清楚认识”和“精确再现”，即使它是绝对完满的重现，对我们的认识也没有什么价值。进一步讲，人们都希望，科学应当和能够如实地描述世界，这样的愿望当然是可以理解的，但这样的愿望能否实现则是我们必须回答的问题。现实具有异质性，因而是杂多的，现实又具有连续性，因而是连绵不绝的。我们面临的这种现实世界是漫无边际、连绵不绝的经验杂多，我们越深入这种杂多之中，越分解这种杂多的单个部分，就越会发现这种杂多的庞大和悠远，任何一个有限的人都不可能如实地描述这样杂多的世界。现实世界的这种连续性和异质性原理(der Satz der Kontonuit’t und Heterogenetit’t)不仅表明，用概念去反映现实会面临着一个在原则上无法解决的任务，而且还说明，“认识不是反映，而是改造；不仅如此，我们还可以补充一句：与现实本身相比，认识

① [德]H. 李凯尔特：《文化科学与自然科学》，涂纪亮译，29 页，北京，商务印书馆，1986。

总是一种简化(Vereinfachen)”。[①] 这就意味着，李凯尔特在否定反映论的前提下，主张首先要在认识主体的意识中对现实进行改造，这样，李凯尔特就彻底走向唯心论立场。

李凯尔特正是在这个意义上重新提出康德的形式主义和先验论的观点，力图在方法论上把能动的形式与被改造的认识内容结合起来，让混乱的意识状态服从先验的形式，使之得到整理并定型下来。对他来说，人们不能给科学提出精确再现现实的任务，那样会使科学概念变得软弱无力，而是必须如此提问：科学概念如何获得把握现实的能力。他认为，这个答案是显而易见的，这就是在概念上把差异性和连续性分开，并且加以“改造”，这样，我们不仅可以把握现实中的同质的连续性，还可以认识被改造为异质的间断性。李凯尔特认为，这样的方法与数学方法是一样的，“数学就是以这种方法取得它的最大胜利的”。[②] 由此类推下去，我们就可以说，人们正是借助于概念在变化万千、连绵不绝的现实河流上架设了一种桥梁，尽管这些概念并不能完全表现现实之河，但它们在原则上比同质的东西和纯数量的东西更接近于现实本身。这里的关键是，科学活动所进行的“改造”不是主观随意的，需要有一种“先验的”判断或预先判断。“这就是说，科学需要一个选择原则，根据这个原则，科学就能像人们所说的那样把所有材料中的本质成分和非本质成分区别开来。”[③]李凯尔特相信，这个选择原则相对于现实内容来说，更具有形式的性质，而且只是在本质的总和中，我们才能达到这种形式方面的认识。现在，在李凯尔特这

---

① [德]H. 李凯尔特《文化科学与自然科学》，涂纪亮译，30 页，商务印书馆，1986。

② 同上书，32 页。

③ 同上书，34 页。

里，形式既是原则，更是我们认识事物本质须臾不能离开的东西。任何一门经验科学，不论它是对现实进行专门研究还是要形成普遍概念，形式都是更本质的，“认识论首先要研究概念形成的两种基本方式，即普遍化的方式和个别化的方式”。① 于是，注重形式研究成为李凯尔特认识论的首要任务。

我们在这里看到，李凯尔特确实继承了康德重视思维形式的思想，注意到机械唯物论的缺点。但是与康德相比，他倒退了一大步。在认识论方面，他彻底否定了康德思想中关于物自体概念的实在性，否定了康德关于人的认识始于直观表象、理性依据先验形式对感性材料进行加工的基本理路。在方法论方面，他不仅像康德一样割裂形式与内容的关系，而且走得比康德更远，把形式看作可以脱离内容、比内容重要得多的原则。

既然这样，在李凯尔特的心目中，什么才是真正的哲学呢？李凯尔特在他本人认为是其最重要的论文《关于哲学体系的论纲》中如是说道：“哲学原本意味着知识(Wissenschaft)，从柏拉图到黑格尔的一切‘大哲学家’几乎都坚持这种语言用法；哲学研究就是理论者的事情。”②这就是说，李凯尔特坚持认为，现实世界虽然纷繁复杂，人们可能对这个世界做出各种各样的解释，但只有作为知识的哲学才能给予这个世界一个清晰的概念，只有这样的哲学才能成为世界观，所以也只有“理论者”才能以其逻辑思维构造涵盖一切存在物的概念。对于当时流行的一些哲学流派，李凯尔特则予以否定，他认为，所谓“直

---

① [德]H. 李凯尔特《文化科学与自然科学》，涂纪亮译，54 页，北京，商务印书馆，1986。

② H. Rickert：“Thesen zum System der Philosohie”，in *Logos*，1932(21)，S. 97.

观”、“意愿”、“感觉”等概念都只能局限在某个领域，就是尼采、克尔凯郭尔依据“生命”、“生存”等概念也不能向人们提供清晰的知识。在李凯尔特这里，哲学就是思想家从事理论思维、探讨逻辑普遍性的活动，“真正哲学的任务就是：它不同于局限在这个世界某个部分的具体科学，而是从总体上给出这个世界的知识”。①

李凯尔特因此主张，为了完成这个任务，哲学必须把这个表面上看起来五花八门的世界置于一个由诸概念组成的关联之中，这样的关联就是一个体系，作为知识的哲学必定会接受这种体系的形式。哲学决不能陷入某一门具体科学之中，它追问的是一般世界的概念，所以，哲学在方法论上有一个显著特点，这就是具有普遍主义的特征。对李凯尔特来说，康德以前的哲学虽然也强调这种普遍主义，但由于它们把考察的重点放在认识的对象上，只注意研究的客体，而忽视了对主体的关注，其结果就是主客二分。康德先验哲学的一个重要意义就在于，他既注意研究客体，更关注我们认识的能力、可能性和限度，从而把世界当作一个整体重新聚集起来。康德哲学由此就带来这样一个原则：“既要关注主体也要关注客体，同时还应当认识到，世界这个整体是如何由太一(Einen)与其他(Andern)结合在一起的。”②

现在，李凯尔特把这种方法论的特点提高到本体论层面，他认为，康德在把这种普遍主义的整体世界原理教给我们的同时，已经清楚地表明，哲学探寻的是一个“整体世界体系”，这个体系的各个分支能够涵盖整体，因而也能够满足普遍性的要求。李凯尔特注意到活生

---

① H. Rickert：“Thesen zum System der Philosohie”，in *Logos*，1932(21)，S. 97.

② ebd，S. 99.

生的现实世界与他所说的世界普遍性之间的差别，他在这里提醒人们注意，哲学探寻普遍性并不排除对异质性的考察，但哲学并不是按照黑格尔式的正题与反题方法去解答普遍性与异质性的关系，而是要首先意识到，异质对世界存在的规定所具有的至关重要的作用。从本体论上说，哲学不是预先假设世界只有一种存在方式，并且以这种方式去判断世界本原的“性质”。这里毋宁这样提出问题：除了先前业已发现的存在以外，是否有其他的“存在”？这就是说，在世界的普遍存在方面，肯定还有存在方式的多样性，世界存在的整体性就是由这种存在方式的多样性所组成。在李凯尔特看来，康德的普遍主义与本体论上的多元主义是不矛盾的，多元主义是与林林总总的大千世界相符合的。

李凯尔特对这个问题的解答是通过对“整体世界原则”与“存在方式的多样性”的关系的不断追问而进行的，并且力图以此来解答困扰哲学界几千年的问题：我们如何理解本体论层面上的存在和意识与存在的关系？李凯尔特的解答在某些方面是深刻的，尽管他的解答带有很浓的唯心主义的色彩。

首先，在李凯尔特看来，人们通常都把世界分为感性世界和精神世界，前者是物理的，有关这方面的知识是由各门具体科学来完成的，它们所要把握的就是某种自然界的规则；后者则是心灵的，人文科学主要就是探索人的心灵存在。李凯尔特不同意这种看法，他认为，本体论必定是以被给予的存在或者经验世界为出发点的，但这并不意味着，经验的质料全部都是感性的，我们获得经验只能是通过外在知觉和内在知觉这两种途径。事实上，我们与此同时还直接理解非感性的对象，这些对象既是物理的，也是心灵的。所以，李凯尔特强调，应当区分两种经验，一种是感性的、可知觉的经验，另一种是理智的、可理解的经验。由此就可以区分两种存在世界：一种是感性的世界，这种世界是实在的和可以知觉的；另一种是理智的世界，这种世界是非实在的和可以理解的。我们除了认可自然科学是对感性世界的认识以外，还必须承认，对理智世界的知识之求索是与价值体系相关的，我们只有依赖价值概念的帮助才能去解释可理解的经验的意义，才能从理论上去认识作为整体的理智世界的意义。很显然，李凯尔特已经把人类的理智世界与他的价值概念联系在一起。

其次，在把存在世界分为感性世界和理智世界以后，李凯尔特进而追问道："在现实存在与价值存在之间是否有一条跨越的联系纽带?"①这就是说，他已经敏锐地意识到，人们在这时一定会提出世界统一性的问题。但是，李凯尔特并不赞同传统哲学或者把物质归于意识，或者把意识归于物质的解释，按照他自己的说法，不论我们是肯定感性部分或理智部分，我们最后都会把存在世界归于物理世界。李凯尔特大胆地提出他自己独特的看法。在他看来，这里首先需要考察的依然是选择认识对象或选择认识主体的问题。如果我们选择认识对象，那就没有必要讨论下去，因为这种选择很容易导致我们陷入到某一门具体科学中。如果我们选择认识主体，那么，我们就应当看到，主体的认识是受到价值观的规定的，只有主体对什么是真理的做出肯定判断，对什么是违背真理的做出否定的判断，一般的认识才成为可能。我们按此思路考察下去就会想到，这样的认识能力又是以另外一种因果规定作为自己的前提，这就是说，主体在这种情况下是对象化的。以此类推，我们就可以把尚未对象化的主体设想为是自由的，这

① H. Rickert："Thesen zum System der Philosohie"，in *Logos*，1932(21)，S. 100.

既是不受因果性束缚的自由，也是随意表态的自由。李凯尔特由此推论说："从本体论意义上说，在既是感性的、又是理智的经验世界以外，还有一个第三者的、对象化的世界存在，这就是'元物理的'(prophysisch)世界存在方式，它在本体论上的独立性理应得到承认，它的范围理应加以探索。"①

再次，李凯尔特在把世界分为感性的、理智的和元物理的三种存在以后，继续追问尚未解答的"先验统一性"的问题。在他看来，即使在元物理存在状态那里，价值与现实性结合得也不是十分紧密，因为只要有价值观，就仍然还有一个前定的前提条件需要说明。这样，李凯尔特在推理进行不下去的时候就转向信仰。他在此时说，只要我们还相信世界的本原是统一的，而不是四分五裂的，那我们只能相信，"只有在先验统一性那里，价值和现实性才能在一个彼岸的基础上得到完全结合"。② 而从这种信仰中还可能得出这个看法，一切由价值观导引的行为，包括追求真理的知识，都是没有意义的，于是，人们就转向形而上学的尝试。李凯尔特并不赞同形而上学的解答，这不仅与他始终重视价值研究有关，而且他还认为，形而上学的尝试只能是按照柏拉图的理念范式去进行，也就是说是借助于这样一种思维方式来实现的——思维的质料只能来自于此岸，而结果则应用于元物理和彼岸，这个思维最后就只能是对超验的存在进行重新解释。很显然，形而上学的尝试也是考虑不周全的。

李凯尔特相信，哲学不是某一门具体科学，探讨的不是世界的某

---

① H. Rickert："Thesen zum System der Philosohie"，in *Logos*，1932(21)，S. 100.

② ebd，S. 101.

一个部分，因此，哲学的本体论是广泛的，涉及这个世界的方方面面，从根本上来说，这样的本体论就是“大全的”(universal)。在对上述各种存在方式予以分析以后，李凯尔特主张，把世界存在分为四个层面：心物学的存在(das psychophysische Sein)，理智的存在，元物理的存在和形而上学的存在。李凯尔特自己很清楚，“哲学不只是要追问一般的世界存在，而且还要追问人在世界中的地位、将来在世界中的地位的问题”，[①] 所以，他认为，这四个层面的存在不仅是大全的，而且都与人在这个世界的生活相关，我们只有在这四个层面上才能最终建构关于人类生活意义的学说。李凯尔特在这个意义上不赞同当时非常流行的哲学人类学，对他来说，从逻辑概念上看，哲学人类学是把人置于研究的核心，力图寻找在人的生活中被发现的普遍价值，人类学在这点上又是关于世界观的学问，它与本体论讨论的是一回事，所以，哲学人类学只不过是大全本体论的一个部分。

尽管李凯尔特强调哲学本体论的广博性，但他并不否认人与世界的关系才是关注的焦点。在他看来，一个人只要不是对一切事情都漠不关心，那他就会对世界产生兴趣，就会对一些事情表态，反过来说，这些事情对人就是有所谓、有意义的。我们关心人在世界中的地位，就必然要从价值方面对意义加以规定，从而就必然涉及价值问题。这样，李凯尔特就从本体论的讨论进入价值论的阐述，并由此去反驳传统的形而上学。

在价值论方面，李凯尔特的观点与洛采和文德尔班是不同的，后者强调价值的道德意义，而李凯尔特则注重文化在价值方面的意义。

① H. Rickert：“Thesen zum System der Philosohie”，in *Logos*，1932(21)，S. 101.

这是李凯尔特注重的价值的第一个特性。李凯尔特非常明确地说："表现本体论的价值可以发现，价值在这里是与文化的实在财富(die realen Güter der Kultur)联系在一起的，价值在文化的实在财富中得到'体现'，并由此成为可以考察的东西。"[①]这就是说，在李凯尔特的视野里，在一切文化现象中都体现着某种为人所认识的价值，因此之故，早已形成的文化和被创造的、被生产的文化都必定与价值相联系，价值就是文化对象所固有的财富。与文化和价值相对立的东西就是自然，自然是那些从自身中成长起来的、自生自长、自生自灭的东西之总合，所以，我们不能把自然现象看作是财富，因而也不能把它们与价值联系在一起。

李凯尔特注重的价值的第二个特性，是强调价值的意义(Sinn und Bedeutung)，对此，他这样说："关于价值，我们不能说它们实际上存在着或不存在，而只能说它们是有意义的，还是无意义的。"[②]文化价值和被大家公认有效的价值对象的意义，不仅是纯粹个人的意义，而且必定是与"财富"相关。"当我们一般地想到价值的有效性时，我们为了自己生活于其中的集体或者由于其他的理由而或多或少归于财富评价或关怀感到'负有责任'。"[③]除了这种道德的责任以外，李凯尔特还强调，价值所具有的这种意义使它们与人们个人的追求、好恶、评价、情绪等纯粹本能的东西相区分。

李凯尔特注重的第三个价值特性就是价值的效用性。由于他突出

---

① H. Rickert："Thesen zum System der Philosohie"，in *Logos*，1932(21)，S. 102.

② ［德］H. 李凯尔特《文化科学与自然科学》，涂纪亮译，21页，北京，商务印书馆，1986。

③ 同上。

了价值的集体或社会的“财富意义”，所以，他就必然会从历史事实上考察价值的有效范围。他认为，像宗教、教会、伦理、国家、法律、家庭、科学、语言、艺术、经济、技术等有“意义的”文化现象，都具有真正的价值效用性。而所有这些文化现象都是在一定历史阶段和一定范围出现的“实在财富”，一旦把它们与具体的国家和民族对应起来，就不可能不把国家和民族置于价值观的核心地位，这样的价值理论也就不可能不具有浓厚的政治色彩。李凯尔特正是在这样的理论指导下才提出，道德伦理对一个民族具有不可小视的重要性，一个民族本质的好坏就取决于这个民族的道德水准，考察一个民族的道德伦理状况是我们做出价值判断的首要任务。这样，李凯尔特的道德思想最终就降低为狭隘的民族主义理论。

李凯尔特本人也意识到他所说的价值有效性的缺陷，他坦承，从哲学的普遍性来看，建立绝对的、普遍有效的“超验价值的假定在纯粹逻辑上是必不可少的”。① 但是，李凯尔特坚持认为，如果从事实上的价值有效范围来看，人类历史始终只是从特定文化领域的观点来撰写的，而绝不是从所有人都承认的普遍有效的绝对价值观来撰写的，这样的历史也不可能被所有人理解。因此，即使这样的价值观有其“历史局限性”，但它与价值相联系的描述是对一定范围内的人有效的，从而就不是纯粹个人的评价，而是会被当作价值来理解。“科学真理必须与那些在理论上有效的事物保持一定的关系(纵然这一点并没有被意识到)，也就是说，必须与那些事物或多或少相近似。没有这一个前提，谈论真理就不再有任何意义。”②

---

① ［德］H. 李凯尔特《文化科学与自然科学》，涂纪亮译，124 页注释，北京，商务印书馆，1986。

② 同上书，121 页。

李凯尔特这种过于注重文化价值的历史性的理论，不仅与他注重异质性对世界存在的规定的哲学思想有关，而且与他的历史观也有关系。李凯尔特是不承认“历史规律性”的，在他看来，历史上没有任何一般的东西，因而也没有合乎规律的东西，历史上发生的一切事件都是不重复的、单一的。李凯尔特曾经断言道，“历史规律性”这个概念是定义上的矛盾(contradictio in adjecto)，研究历史及其他“关于文化的科学”应当采用具体的、个别化的方法，或者采用表意的方法，只有在自然界中，才有一般的、千篇一律的、重复的而合乎规律的东西。

应当说，李凯尔特的价值学说在注意历史与文化现象方面是有一定积极意义的，但是，他只注意历史上的人类生活世界不同形式所具有的意义，却没有注意价值等级分类的相对性，没有注意人性的相对恒定性，因此，他不仅不可能把形式上的价值分类进行到底，而且他的理论的相对性和局限性因此就表现得尤其明显。这正如当代哲学史家鲍姆嘉登(H. M. Baumgartner)所说：“在自然和人类社会中，人类生活世界构成文化的广泛理论基础，人性及其在生活世界里的关系则是文化的先验—实践的前景，这两者都是哲学人类学的基本要素。”①也就是说，从主体交往中产生的、得到绝大多数人认可的人性，是人类生活世界的核心，而人类生活世界则为文化奠定基础，不考虑作为文化及其价值之基础的人性和人类生活世界的恒定性，而只注意价值作为文化现象的历史性，这样的价值学说当然是大打折扣的，与哲学的本质也必然是相距甚远。

① H. M. Baumgartner：*Geschichte und Theorie*，S. 278，Frankfurt，1976.

三

李凯尔特的思想在当时就引起学术界的不同看法，不仅雅斯贝斯尖锐地批评他的哲学思想，而且在新康德主义内部就有不少人不同意他的价值学说。考虑到西南学派的价值学说的特殊影响，我们在下面主要考察这个学派的其他人物在这个领域展开的讨论。

文德尔班的另一个学生鲍赫就不同意李凯尔特的过于强调价值的文化性和历史性的观点。鲍赫更愿意接受文德尔班注重价值的道德伦理意义的思想。在鲍赫看来，既然人的存在与效用有如此密切的联系，那么，文德尔班的"价值的意义在于效用"的思想就应当发展为"效用是存在的条件"。他进一步分析说，价值关涉的范畴是真理，所以，这个定理还可以扩展为"真理就是存在的条件"。[①] 鲍赫接受了柯亨关于逻辑与价值是紧密结合在一起的思想，并在此基础上把价值这个概念当作与真理和现实相提并论的三大要素之一。鲍赫的根据在于：所有在事实上做出的有效判断都是建立在与逻辑判断相关的效用关系基础之上的，这就是说，逻辑判断是价值有效性的基础。以此类推下去，就可以说，认识的价值相关性(Werthaftigkeit)是以效用关联作为自己的先验基础的，它在这个层面上表现为纯粹的价值，一切具有价值相关性的思维都与这种先验基础相关，因而就具有一种真理的价值。但是，由于这种纯粹的价值并不是现实的，而是存在于效用之中，所以，这些价值作为客观效用就分解在真理的效用关联的体系之中。这样，我们就应当通过伦理、宗教、艺术等领域来认识价值的客观效用，尽管这些领域表面看起来是主观的。鲍赫在这点上与李凯

① B. Bauch：*Wahrheit*，*Wert und Wirklichkeit*，S. 372，Leipzig，1923.

尔特很相似，但鲍赫以此赋予文化现象一种特殊的真理价值，而不是仅仅看到文化现象的历史性，更像当时的实证主义那样，只注意自然科学技术的作用，却忽视社会文化的意义。鲍赫的这种思想后来被人解释为是一种“精神客体化”的理论，它与黑格尔的客观精神有着某种共同的地方。

鲍赫在讨论价值的一般效用以后，就集中关注价值的道德意义。在他看来，如果人们真正重视价值的效用本质，就应当承认这样一个事实，即“价值在关涉现实的时候会给自己提出这样一个任务：价值必须有一种超越主观性的内涵——这是一个本真意义上的任务，由于价值一般是客观生效的，所以，伦理价值只是在具有这种内涵的时候才可能包括价值整体(das Wertganze)。”[①]前面已经提到，鲍赫业已把价值观与真理密切联系在一起，现在他又认为伦理价值包括价值的所有内容，这样看来，鲍赫实际上就把价值的道德伦理意义与价值的真理意义等量齐观起来，从而把价值的道德意义推上了一个新高峰。鲍赫对此解释说，他所说的价值整体只有一个，他是从不同的层面突出价值的道德意义和真理意义的，在强调伦理价值时，主要是突出人们必须履行的道德职责；而在强调真理观时，则主要考虑认识的可能性和现实性。

但是，无论是文德尔班还是鲍赫，他们的道德价值观都显得有一些空泛。内尔松(L. Nelson，1882～1927)对此表达了他自己的不同看法。他主张，价值评判理应关注康德所说的实践领域，关注在实际生活中的人与人的关系，尤其是要关注人们的现实利益。由于我们的利益是与其他人的利益相矛盾的，有时甚至是针锋相对的，所以，我们

① B. Bauch：*Wahrheit*，*Wert und Wirklichkeit*，S. 472，Leipzig，1923.

进行道德判断的基础就是注意人们行为的动机是否具有纯粹的道德动机，而道德法则首先是一种“限制我们实定目的的规则”。[①] 这样，在内尔松那里，不仅作为观念的道德伦理是重要的，而且这种道德伦理还必须诉诸具体的、经验的要求，它们涉及国民经济学、法学、历史、教育学、政治等。内尔松看中的是我们内心的道德观与外在的道德法的一致性。由此来看，内尔松对道德哲学的理解表面上是回到康德的观念伦理学那里，但确切地说，倒是更接近黑格尔的责任伦理学思想。

新康德主义的另一个代表人物特勒尔奇（E. Troeltsch，1865～1923）则是从历史主义的角度对价值判断进行分析和批评的，但他的批评不同于李凯尔特。他认为，如果人们注意历史问题，就可以发现价值的无序状态（Wertanarchie）。这里存在的一个基本问题是：每一个人的价值观都是不同的，而一个绝对有效的价值体系则必须是统一的，在不同的个人价值观与绝对的价值要求之间存在着一种张力，同时在绝对价值与其具体的历史现象之间也存在着一种张力。特勒尔奇在这里也不同意柯亨把历史视为一个接近理性理想的无限过程，他认为，在柯亨那里最终依然是一种绝对的理性道德论。

特勒尔奇相信古希腊巴门尼德的“存在是绝对的太一，而不是有限的杂多”的原理，并由此坚持这样一个基本思想，即绝对的理性道德论在具体的历史实践中是不可能产生结果的。在他看来，存在与价值、行为与意义、事实与理想是严格分开的两类东西，它们都在历史进程中呈现出来。历史不可能如我们所期望的那样，朝着普遍有效的价值方向去发展，而是表现为一个实实在在的过程，它有其内在的运

---

① L. Nelson：*Gesammelte Schriften*，Bd. 9，S. 48，Hamburg，1972.

动。但是，历史也是一种现实（Wirklichkeit），每一个人都会直觉地加入既是现实、又是历史的运动之中。因此，历史的基本元素就是个人和由个人组成的整体，如部落、阶级、民族、国家等。这些基本元素通过每一次有意义的活动，既表现自己的本质特性，也显示自身的价值。① 特勒尔奇由此就把价值实现的意义赋予无限绵延的历史，对他来说，对在历史过程中展开的因果系列和在这其中产生的历史产物进行评价，依据的都是建立在理性规范基础之上的价值体系，借助于这样的价值体系，人们认识的就不只是历史的发展，还有深刻的道德规范。至于如何认识道德的绝对意义，特勒尔奇主张，人们不要从简单的因果性去看待和解释它，而应当努力理解它。在这里生效的原理，不是斯宾诺莎式的思维与存在、自然与精神的统一性，而是有限精神与无限精神的统一性。特勒尔奇在这里不仅相信，“伦理学正如在施莱尔马赫那里一样，它是历史的规定和戒律的典籍”；② 而且还回到莱布尼茨的单子论那里，他显然想借助单子来说明，有限的个体可以“超越思维实体或创立规范意识的僵死概念”，“在保持个体有限性的同时，实现有限精神与无限精神的同一”，③ 从而把“历史的现实”与道德理想结合在一起。

尽管在特勒尔奇历史哲学那里还有一些存疑，比如，如何对没有受到理性规定的道德理想加以解释，依靠单子论是否就可以澄清历史的无限性与个人的有限性是如何结合起来的。但他毕竟提出了价值理念与历史实在如何统一起来的这个重大问题，而不是像李凯尔特那样

---

① E. Troeltsch：*Der Historismus und seine Probleme*，S. 665，Tübingen，1922.

② ebd，S. 156.

③ ebd，S. 675.

把价值简单地归于历史和文化现象。

我们在这里必须指出的是，任何理论的产生和发展都是与当时的社会现实有一定关联的，新康德主义提出价值、效用、真理等问题是有其深刻历史背景的。19 世纪末和 20 世纪初的西方社会恰恰处在大变革的时代，传统文化、规范和信仰都遭到怀疑，社会发展失去了方向，个人不能对自己进行规定。恰逢其时的新康德主义在这种历史条件下重新讨论这些问题，尽管他们的观点不尽一致，但他们的讨论在一定意义上澄清了道德、价值、真理等概念的内涵，突出了道德观念的绝对价值，满足了当时社会对某种需要的渴望。新康德主义给人一个重要启迪就是，必须努力消除“作为原初物化概念的经济价值与作为道德法则的价值概念的联系，努力使价值概念神圣化”，① 确立道德价值的绝对崇高的地位。从这个意义上说，新康德主义的努力对我们在这个领域的讨论是有一定启发意义的。

第三节　柯亨与马堡学派

在新康德主义中，马堡学派的影响很大，曾被称为是 20 世纪最有影响的哲学学派之一。这个学派不仅对促进现代人重视康德思想、研究康德哲学发挥了重大作用，而且在知识论、伦理学、教育学、政治哲学等领域都做出自己的贡献，从而在哲学史上写下了浓墨重彩的一笔。

一

马堡学派的创始人是赫尔曼·柯亨。柯亨于 1842 年出生在德国

① T. W. Adorno: *Aufsätze zur Gesellschaftstheorie und Soziologie*, S. 239, Frankfurt, 1970.

安哈尔特的科斯维希(Coswig im Herzogtum Anhalt)，其父母都是虔诚的犹太教信徒，父亲还是当地犹太教教堂的牧师和歌咏班的指挥。柯亨最初在德骚上中学，以后又转到布雷斯劳的犹太教中学读书。1861年起就读于布雷斯劳大学，1864年获学士学位。同年，柯亨前往柏林大学继续深造，翌年向哈雷大学呈交了用拉丁文撰写的博士论文，内容是关于亚里士多德的偶性论，获哲学博士学位。此后的相当长一段时间，柯亨在两个犹太学者拉扎鲁斯(M. Lazarus)和斯泰因塔尔(H. Steinthal)主编的《民族心理学》杂志社工作，同时继续学习数学和自然科学，并开始研究康德哲学。1873年，在朗格的帮助下，柯亨在马堡大学获得大学授课资格。1875年，朗格去世以后，柯亨成为朗格的继任者，先后任马堡大学副教授和教授。柯亨继承和光大了朗格的思想，在继续利用和改造康德的认识论的同时，把先验论理解为康德哲学的核心，把认识论和方法论的问题都归结为先验逻辑的问题。柯亨的这个思想得到像那托尔普这样一些哲学家的赞同，对其弟子如卡西尔等也有影响，在柯亨周围很快聚集了一批哲学家，形成了马堡学派。柯亨晚年的兴趣转向了宗教哲学，尤其是犹太教思想，而此时在马堡校园却弥漫着反犹气氛，一些同事和朋友因此离开了柯亨。1912年，柯亨迁居柏林，在一所犹太学院讲授犹太哲学，1818年去世。

柯亨是一个自觉地建构思想体系的哲学家。对柯亨来说，体系具有非同寻常的意义，他有意识地系统论证康德哲学，也有意识地建构自己的思想体系。1871～1889年，柯亨主要致力于康德哲学的评述，1871年、1877年和1889年先后出版了《康德的经验理论》、《康德的伦理学论证》和《康德的美学论证》，这三部著作既是他对康德的三大批判思想体系进行系统诠释，也构成了他构想自己思想体系的基础。

还是在1883年，柯亨就写出《无限小方法的原理》，这是其建构自己思想体系的开始，1902年出版的《纯粹认识的逻辑》和1904年的《纯粹意志的伦理学》则是这个思想体系的继续和完成。按照他自己的说法，其思想主要包括三个部分：逻辑、数学与自然科学和伦理学。在出版《纯粹意志的伦理学》以后，柯亨又不满足原来的体系，他在接受实证科学的同时，也承认和注重文化因素对哲学所起的作用。这样，柯亨就开始关注主体理论，尤其是文化主体的意义，关注法哲学的研究。在美学(纯粹感觉的美学)方面，他不再坚持通过某一个确定的科学事实(艺术科学)对美的现象范围进行思考，而是直接从艺术作品本身出发。在1912年出版《纯粹感觉的美学》以后，柯亨放弃了原来想研究心理学、并把心理学研究当作其体系的第四部分的计划，而是把主要精力转向宗教哲学，他此后所撰写的论著都是以“犹太人的理性宗教”为主题，他相信，不仅科学思维是与唯心主义传统结合在一起的，而且犹太人的宗教传统也是与德意志的唯心主义传统结合在一起的。他力图做到的，就是努力说清楚这两种结合的思想。1915年出版的《哲学体系中的宗教概念》和1919年出版的《渊源于犹太教的理性宗教》的主旨都是这个思想。

表面上看，柯亨力图“超越”于唯物主义和唯心主义之上。他认为，这个问题集中体现在如何理解“经验”这个概念上，过去的哲学家对“经验”概念的理解和解释是不明确的。在他看来，“经验”不只是对外部世界的感觉，还应当包括反思，在“经验”中既有感觉也有反映，既有感性也有思维。所以，“经验”是一个大概念，“它不仅使认识的两大基本概念成为子概念，而且同时还消除了它们之间的歧义”。①

① [德]柯亨：《康德的经验理论》，载《二十世纪哲学经典文本》(序卷)，576页，上海，复旦大学出版社，1999。

在这样的“经验”概念中，完全没有精神与物质之间、主观与客观之间的对立，只有“存在”才是它的特征，这种“存在”把一切认识包罗于自身。所以，“经验”是第一性的东西，是万事万物的基础。

但是，我们仔细观察和分析就很容易发现，柯亨是站在唯心主义立场上来反对唯物主义的认识论的。柯亨并不否认感觉在认识论中的作用，他承认，理性主义者必须认识感觉在认识自然和追求真理中的正当地位，不然，理性主义者就会失去其有效运用“理性”的机会。柯亨继承了柏拉图的思想，认为感觉是促成思维的诱因，“感觉本身有一个组成部分同思维保持着内在联系。光有理性，既不能促成，也不能证明对自然物体的认识。感觉有着与理性相似的要素”。“没有与感性的种种联系，思维绝不可能发挥起作用。”①然而，柯亨并不把感觉看作是认识的前提，否认认识是从感性开始的，而只是承认“感觉与理性之间存在着亲缘关系”，把感觉视为意识形成和发展中的一个要素，是进行理性分析的一个有益和必要的环节。柯亨因此坚决反对过分强调感性的意义，他提出的基本思想是：“反思应该是一个独立的认识来源，也就是说，并非所有的意识来源都来自感性。”②由于柯亨强调思维的独立性，他在这里就必须解答感性与理性、感觉与思维的关系问题。对他来说，解答这个问题的关键，就是要对这两者进行区分，这方面的意义不在于去开创一个新的领域，而只是在于区分感性与理性对认识内容和价值所起的不同作用，判断两者对科学和真理所做的不同贡献。

---

① ［德］柯亨：《康德的经验理论》，载《二十世纪哲学经典文本》（序卷），575，550页，上海，复旦大学出版社，1999。

② 同上书，576页。译文有改动。

基于这样的思路，柯亨在讨论认识论的发展历程，特别是对康德有影响的哲学家的时候，常常批评这些哲学家思想中的唯物论或经验论的倾向。在他看来，无论是古代的赫拉克利特，还是近代的洛克和休谟，都没有看到认识的真正来源，而笛卡尔、莱布尼茨等人在解决感性和理性孰是第一性的问题上，虽然有一些天才的思想，但也常常有一些不相自洽的说法。

关于赫拉克利特，他认为，赫拉克利特出于自己的兴趣，注意观察事物，注意思维对事物的反映，但他本人思想中逻辑色彩却又比较浓厚，因此，事物在他那里就变成思想的反思对象，感觉和感知就不足以敷用。一旦赫拉克利特把思维当作自己哲学的主题，他就必须从中引申出一种不同于宇宙存在的新的存在可能性，这样，赫拉克利特的努力就使自己陷入矛盾之中。

关于洛克和休谟，柯亨把他们视为感觉论者。在柯亨看来，洛克在确定感觉与哲学的关系方面是错误的，洛克把感觉当作认识的要素，甚至认为全部思维的内容都来自于感觉，但他讨论的是认识的心理方式，而不是针对一般科学认识的事实，因此，“洛克及其感觉论的基本弱点恰恰在于它从其认识的心理学概念出发，注重那些与特定科学的事实相关的认识概念”。[①] 洛克既没有对感觉和反思进行区分，也没有对事实本身与事实命题(die Behauptung der Tatsache)进行区分，所以，洛克关于认识的论述是肤浅的和含混不清的。柯亨进一步认为，感觉虽然与理性思维有一种联系，但对纯粹思维的确认仅仅依靠感觉是绝对不够用的，感觉根本不可能是科学认识的“最终的、有

① ［德］柯亨：《康德的经验理论》，载《二十世纪哲学经典文本》(序卷)，573页，上海，复旦大学出版社，1999。

根据的、简单的要素”，一旦去寻求理性与感觉的关系，就必定会把理念看作是事物的摹本。哲学承认在思维与感觉之间存在着关系，但也必须对意识的形成和发展加以区分，必须对事实本身与意识事实加以区分，必须对思维与感觉的区别追根寻源，而不能只是去解释意识是如何开始于感觉的。关于休谟，柯亨认为他接受了洛克感觉论的影响，把事实视为真理的不容置疑的标志。休谟不是从纯粹思维中追寻真理的根据，而是力图从因果性上寻找事实推理的依据，从经验中寻找事实推理的依据。因此，休谟虽然揭露和批判了那种缺乏根据的逻辑真理，但他不可能承认，思维规律对事实的因果关系提供了保证，更不可能从事实本身推导出以因果力量来表达的思维的联系和思想的力量。休谟的意义在于，“他最终揭示了理念与事实的关系之间存在的鸿沟，但他却又相信通过把理念还原为印象就可以缩小和填平这个鸿沟”。① 柯亨因此认为，休谟促使康德对莱布尼茨学派的哲学产生怀疑，但休谟在重视纯粹理性批判方面并没有对康德发挥重要影响。“康德表面上明确表示引证洛克和休谟的思想是值得的，但同时他又因为力求避免他们的不彻底性及错误而终止了这种引证。”②

在柯亨看来，康德哲学的形成与笛卡尔和莱布尼茨有一种内在联系。他们继承了柏拉图的哲学思想，坚持观念论的传统，哲学在他们这里强调意识和思维的第一性，即：“自然必定发现于意识中，物质必定构建于思维中。”③笛卡尔从一开始就把数学与哲学联系在一起，他不仅使数学论证成为哲学研究的基本问题，更重要的是，他由此提

① [德]柯亨：《康德的经验理论》，载《二十世纪哲学经典文本》(序卷)，581页，上海，复旦大学出版社，1999。译文有改动。

② 同上书，560页。

③ 同上书，571页。

出这个基本思想：哲学家不能以自然界存在的事物为基点，理念不能以事物为摹本，而是事物必定建立于和被发现于精神本身及其规律之中。笛卡尔正是用“我思故我在”来证明，自我精神是概念和认识的全部。但是，在笛卡尔把自我意识客观化的时候，即他试图讨论自我只能借助于感性知识来确认自身的存在时候，他没有把精神概念与精神活动区分开来，这就使他自己原本严密、清晰的原理变得含糊多义，从而最后把理念说成是事物的反映。莱布尼茨与笛卡尔一样，也是从数学开始其哲学生涯的。莱布尼茨通过论证，揭露了笛卡尔把几何学原理应用于力学的错误，强调几何学的图形不能概括大自然的物体，物质应当建构于一般的哲学思维之中。莱布尼茨还把单子当作思维的要素，并以此勾画了他的宇宙观，他的单子论鲜明地体现了这样一种哲学思想：以单子的统一性反映多样性，从其反射中反映宇宙，反映事物的状态及其变化。莱布尼茨比笛卡尔的进步在于，他不仅使感性认识归结于数学，而且把数学本身归结于逻辑学，从而在哲学史上明确写下这个重要思想：“事物的现实性存在于规则和规律的观念性中；要想取得科学上的合法性，物体必须从规律中推导。”①但是，由于莱布尼茨过高地估计了思维的主体性，却又不能从哲学上予以足够的证明，所以，他一方面抹杀了感性的正当地位和作用，另一方面却又使思维陷入一种不确定性之中。

通过这一番比较，柯亨明确提出，近代哲学的肇始就在于，像笛卡尔、莱布尼茨这样一些哲学家，既没有站在感性经验的立场去回答自然世界的问题，也没有用心理的方法去诠释人的认识过程，而是用

① ［德］柯亨：《康德的经验理论》，载《二十世纪哲学经典文本》(序卷)，571页，上海，复旦大学出版社，1999。

纯粹数学的方法，即纯粹理性思维的方法，从概念和规律中去揭示自然，说明人的知识的来源及其有效性。尽管他们的理论并不完善，但对康德的启示确实是巨大的，并由此开启了现代哲学的源头。

与其他康德研究者不同的是，柯亨非常注意康德在前批判时期所取得的数学和自然科学的成果。他认为，康德如同其前辈一样，也是从自然科学入手，然后再去探寻哲学问题的。他们既是那个时代的哲学界的代表人物，也是数学和自然科学界的代表人物。他还认为，康德不同于笛卡尔和莱布尼茨的地方，在于他是从牛顿的科学成果开始其哲学事业的。牛顿不是哲学家，“可牛顿假设的概念却是哲学概念”。① 牛顿的物理学构成了思辨的基础，确定了“自然哲学的数学原理”，正是在牛顿这里，才真正把理性理解为科学理性，进而确立了认识概念的本质。康德从牛顿这里获得的一个重要启示就是：哲学必须像数学那样去寻求一种统一的方法，哲学才能成为可靠的和普遍有效的科学。与此同时，康德也注意到哲学与数学的差别，强调道德伦理问题与物理一逻辑的区分，康德的这种独立自主的精神使其探讨的问题不是局限在数学方法上，而是扩大到全部认识领域。康德因此在理论上超越了牛顿，不仅成为近代哲学的终结者，而且还成为现代哲学的真正奠基者。

由于柯亨力图消除康德哲学中的唯物主义内容，所以，柯亨一是异乎寻常地赞赏康德的“先验”方法，二是坚决反对康德的“物自体”概念。关于前者，柯亨以为，先验方法是在对自然哲学的数学原理进行思考中形成的，牛顿、莱布尼茨都是自觉或不自觉地应用这种方法。

---

① [德]柯亨：《康德的经验理论》，载《二十世纪哲学经典文本》(序卷)，589页，上海，复旦大学出版社，1999。

康德在讨论自然科学成果的时候，依据的也是这个理路，对他来说，无论是数学、物理学，还是化学或其他学科，科学发现的真正依据都蕴含在精神和理性的深处，而不是其研究的对象；科学家对有关精神意识的假设，以及在此基础上形成的科学价值的信念，是科学的真正来源。“坚信科学的有效价值同有关意识基础的假设是分不开的，科学就是发端于这种假设之上，并在假设的不断完善中谱写自己的历史。”①康德与其前辈不同的是，他不把这种方法囿于自然哲学，在把科学的真正依据看作是理性假设的同时，还从中建构和证明这种方法，以便在研究各种问题时都使用先验方法，这使他的哲学有别于其前人的哲学。为此，康德在先验方法前面加上“形而上学的”术语，它表明，批判哲学的“形而上学的先验方法”既要突破心理分析在范围方面的限定，也要对认识中的意识事实进行研究，从而去重构意识的确定性。形而上学在这里是先验方法的必要前提，“没有形而上学，先验证明是无法进行的，也是无从着手的”。② 康德的这个思想所具有的重要意义在于，他不仅确认了科学研究中先验假设存在的重要性，而且还从与之相关的意义上关注人类意识的基本要素，确认了意识作为科学基础的要素必定是有效的，而科学的前提也必定是人类意识的基本特征。柯亨因此把形而上学的先验方法视为康德思想的核心。

关于“物自体”概念，这是柯亨批评康德最为激烈的地方。柯亨认为，物自体只是一个观念，或者是一条用于把经验材料联结起来的调节原则。我们可以把物自体看作一个问号、一个永远不能解决的课

① ［德］柯亨：《康德的经验理论》，载《二十世纪哲学经典文本》(序卷)，595 页，上海，复旦大学出版社，1999。译文有改动。

② 同上书，594 页。

题、一个限制我们认识的边界概念，但决不能把物自体看作是客观实在。柯亨说："物自体成为观念之后，便不再是非科学的实在论的空洞想法，不再是不合逻辑的迷信的幻影，不再是那个实质上不能实现的愿望的空洞表现。"①应当说，柯亨在这里还是看到了康德的物自体概念的积极意义之所在：人的理性认识是有限度的，超出理性认识的范围，人的认识就是不可及的，我们的思想应当以我们的理性认识为界限，而决不能把非理性的当作理性的，把非科学的当作科学的。但是，柯亨不能接受的是，康德的物自体概念具有感觉论的偏见，使人常常以为物自体是客观实在。如果这样，人们只能得出这样的看法，在康德那里，思维形式是先验的，而思维质料仍然来源于外部世界，来自于感性。柯亨是绝对不同意这种二元论看法的，对他来说，不只是思维的形式，而且思维的质料，都是先验的，它们不依赖于任何感性材料。柯亨在《纯粹认识的逻辑》中明确地说："我们不承认关于感性的学说先于逻辑。我们是从思维开始的。思维除了它自身以外，不可能有任何原因。"②柯亨认为，从先验感性论到先验逻辑是一种直接的飞跃，由于思维能够把纯直观的因素包含在自身之中，所以，这里不存在那种由于直观的形式因素和思维的形式因素之间的同义性而产生的同质性为媒介。一言以蔽之，柯亨彻底否定和排除了任何外在于思维的、感性因素，只有纯粹思维才是真实的存在。

即使柯亨否认物自体是真实的存在，否认感觉是认识的真实原因，他仍然必须解答这个问题：认识是从何处开始的？如前所述，柯亨并不否认感觉存在这个事实本身，可是他不同意认识开始于感性的

① H. Cohen：*Kants Theorie der Erfahrung*，S. 786，Berlin，1918.

② H. Cohen：*Logik der reinen Erkenntnis*，S. 12，Hildesheim，1977.

观点，并在这个意义上否认认识中的“材料”的存在。在他看来，认识的对象不是由外部世界给予的，而是由思维提出的，认识不仅从形式方面（像康德那样），而且从内容方面，都是自己给自己提出对象。

为解决这个问题，柯亨提出，哲学史不只是哲学与历史的关系，而且首先是哲学与自然科学，尤其是与数学的关系，所以，要解答认识的起源，应当对科学理性追根溯源，看看最初的科学认识是如何开始的。柯亨认为，认识过程由之开始的基础，就是所谓存在判断或者起源判断(das Urteil des Ursprungs)。米利都学派曾经把水或空气当作世界的起因，毕达哥拉斯则认为数学是世界的本质和基础。柯亨追随笛卡尔和莱布尼茨，不仅对毕达哥拉斯学派观点感兴趣，而且吸收近代数学的最重要概念——“无限小”，把“起源判断”的本质归结为无限小这个函数，“材料通过无限小的实在性而逐渐消失”。① 他坚定地认为，整个世界是由无限小值、由数学微分建立起来的。无限是一切纯粹思维的原因，也是一切有限之物的原因。有限之物的存在和实在性是无限小值的创造性活动的结果，而无限小值则从时间、空间及其他类似特征方面对其加以规定。柯亨在这里赋予“起源判断”以特殊意义，他不仅把起源判断看作是思维的必然开端，而且还把起源判断的进一步发展视为推动世界建构的一个原则。现在，思维不只是从自身这里开始的，而且思维还把规律加诸自然界，或者更确切地说，思维借助范畴、判断等逻辑概念创造自然，构造世界。这就是柯亨思想的一个主要特征，以后它又成为马堡学派的思想主旨。

通过上面所述，我们可以发现柯亨在理论哲学方面的旨趣所在：

其一，柯亨反对认识论中的心理主义。当时欧洲有相当一部分哲

---

① H. Cohen：*Kants Theorie der Erfahrung*，S. 792，Berlin，1918.

学家以为，人作为认识主体，其心理意识结构形式是相同的，人的知识依赖于这种相同的心理意识结构。柯亨不同意这种观点，他认为，这里有一个重大障碍是心理学无法逾越的，即心理学的方法——是知觉，但知觉并不一定是意识的组成部分，“刺激神经并不一定产生意识”。[①] 没有思维，任何知觉都是模糊不清的，只能是一个问题符号。即使可以证明知觉是对具体对象的感知，也不能说这种感知就是可靠的知识。以此推论下去就不难发现，心理学方法不可能说清意识的起源和意识与其对象的关系，这种所谓的意识及其变化都是不可把握的，更何况哲学家不能、也不应该把科学基础的形成与人类个别意识的内容形成联系起来。柯亨反复强调，哲学的根本任务不是要像心理学那样去澄清意识现象、意识结构和意识事实的关联，不是要考察认识的心理基础，而是首先阐明数学和自然科学的可能性，然后进一步考察人类对自然世界和人类世界本身的认识，揭示这些认识的逻辑前提和一般的逻辑结构，确认它们的有效依据，并评价它们的价值。

其二，柯亨非常重视自然科学，尤其是数学与哲学的关系。在柯亨看来，以数学为核心的科学和以理性为本质特征的哲学都奠基在科学理性之中，在科学的理性与理性的科学之间有一种内在的本质联系，“科学史是基础和土壤，从中——即从理性史中——孕育出哲学史。借助这种扎根于科学的能力，哲学作为理性，作为科学的理性便得到了确立”。[②] 所以，科学与哲学的历史是同时发生的，它们都包含在理性之中。柯亨还特别重视数学的发展对哲学所产生的不可或缺

① ［德］柯亨：《康德的经验理论》，载《二十世纪哲学经典文本》（序卷），591页，上海，复旦大学出版社，1999。

② 同上书，574页。

的作用，他认为，数学家的发明不是作为感性的东西，而是只存在于思维之中的知识，数学的符号就是“思维中的存在”。柏拉图继承了德谟克利特的思想，探讨了数学涉及的存在方式和知识类型，并由此认识数学思维所产生的原动力和数学对认识及其价值的关系，确定了数学思维是理念思维的一部分或一种类型。及至18世纪，数学成为哲学的一个广泛而普遍的讨论对象，尤其是近代数学的基本概念“无穷小”向人们表明，数学促成了人们对有效论证的认识，即人们只能依据自己设定的前提和基础获取明确的知识、证明和科学。柯亨自己也说：“在无限小的实在性中，实现了新数学和与之相对应的逻辑学之间的联系，正如实现了新数学和物理学之间的联系一样。以数学为依据的新逻辑学，使得整个旧的形而上学以及它的一切浪漫主义的新发明失去价值。”①正是数学与哲学之间的这种特殊关联才促使笛卡尔、莱布尼茨、康德等近代思想家把数学和自然科学与哲学联系在一起，以数学和形而上学的结合来建构自然科学，从而导引出现代哲学。

其三，与其说柯亨是诠释康德哲学，还不如说，他是通过诠释和批判康德哲学来表达自己的哲学思想。他不同于康德的地方主要在于，他主张，知性不仅从形式方面，而且从内容方面创造自然，据他所说，“认识及其原则是自然规律的基础，思维应当揭示这些基本原理。因此，自然规律的问题导向逻辑学”。② 很显然，柯亨把一切哲学问题都归结为认识论和逻辑学。在柯亨构造的逻辑体系中，不仅有前面所说的“起源判断”，而且还有他非常重视的数学判断、数理自然科学判断和方法判断。这说明，柯亨不仅吸收了当时的数学和自然科

① H. Cohen：*Kants Theorie der Erfahrung*，S. 793，Berlin，1918.

② H. Cohen：*Logik der reinen Erkenntnis*，S. 39，Hildesheim，1977.

学的最新成果，而且还在一定程度上参照和吸收了黑格尔的辩证法思想。由此来看，有些哲学史家把柯亨及其马堡学派的哲学思想评定为泛理论体系，也是有一定道理的。①

在实践哲学方面，柯亨的伦理学、伦理社会主义思想和宗教哲学也是有一定影响的。柯亨明确提出，理论理性和实践理性并不是各自独立的，应当从方法上把这两种理性联系起来，这种联系不是抹平理论与实践、应然与存在之间的差异，而是说立足于“应然”的立场，把“应当”包含的合理意义赋予“存在”，确立理论理性对实践理性的指导地位，建立一种特殊的“应当存在”(Sollensein)。很显然，柯亨不同意康德实践理性优先于理论理性的思想。对他来说，实践理性的一些根本性问题，如伦理问题、公正问题、正义问题，都不可能离开理论理性而得到解决，实践理性只有通过理论理性才可能得到保证，实践理性只有在思维、精神中才能得到显现和展开，所以，实践问题的最终基础是观念，只有在形而上的世界观和认识论指导下，而不是停留在感性的层面上，我们在实践领域才可能做出重大贡献。正是基于这种看法，柯亨对实践领域的社会科学的学科本质作出了这样的规定：首先，伦理学、政治学、社会学等学科不涉及自然对象，而是与人的创造物、人为的东西打交道；其次，这些学科“在方法上按照道德范畴把自然科学先前构造的材料组织起来”；② 再次，方法论是这些学科的规范，因而也构成这些学科的基础，而它们的深层伦理结构则是在哲学中进行系统阐明和论证的。显而易见，柯亨力图按照理论哲学

① [苏联]谢·伊·波波夫：《康德和康德主义》，涂纪亮译，193页，北京，人民出版社，1986。

② H. Cohen：*Kants Begründung der sthetik*，S. 98，Berlin，1910.

的先验方法和道德价值去规定和重建实践哲学，是用抽象的伦理原则去规范社会科学。

柯亨对伦理学问题的讨论是对这一思想的继续和发挥。柯亨虽然承认人的行为不可避免地会受到社会现实的影响，但他强调人的道德动机不能被物质和感性的东西所左右。他以为，物自体概念已经划定一个明确的界限，人们如果受物质利益所困惑，伦理学就不可能有真正的意义，他明确无误地说："毋庸置疑，伦理学从来不会与所谓超验的羊群发生联系，因为羊群的实在性只是感性自然界的实在性。"①柯亨在伦理学领域特别重视观念的力量，强调决定人的行为举止的最重要因素是思想。

正是根据这种"重心轻物"的思想，柯亨着重发挥了康德道德哲学中的"人以自身为目的"和"自律"这两个概念。与康德相同的是，柯亨首先认为，"人以自身为目的"是伦理学的基本思想。任何人都不是物品，人只能被视为目的，而不能被看作手段，所以，即使为了增加国家财富的目的，也不能把劳动者当作简单的工具，而是要把他们视为与其他人一样享有平等权利的人。把人视为目的，并不意味着要使康德的绝对命令变得空洞无物，而是要增加绝对命令所包含的目的论的意义，突出绝对命令发布者的善良意志。"人以自身为目的"还意味着人在本质上都是理性存在者，人的行为准则应当以是否能够成为普遍立法的根据为准绳。人为自身立法的意志由此得到充分表现，作为自我规定的理性存在者的"人"因此形成"目的王国"。与康德不同的是，柯亨认为，康德在这里没有注意这个"目的王国"中的各个成员之间的交往，"自律"也是一种独白式的自我规定，而且这个王国还缺少机制

① H. Cohen：*Ethik des reinen Willens*，S. 26，Berlin，1904.

方面的确定性。为弥补康德伦理学的不足，柯亨提出“道德存在者的共同体”(die Gemeinschaft moralischer Wesen)的概念。他认为，道德法则最终是在这个概念中得到设定的，没有道德存在者共同组成的集体，道德自律得不到监督，任何道德规定都是空洞的，只有自愿实行道德自律的存在者组成一个自律团体，道德自律才会有一种可以调节的实在性，所以，“法则的共同体将会变成立法共同体，并由此变成立法者的共同体”。① 当然，柯亨并不认为道德法则的自我规定确实是在交往中发生的，而是想借此指出，道德存在者的共同体被设想为终极目的，它使道德法则具体而现实化，作为目的的人也因此成为被设想的“实体”(Noumenon)，实践理性通过这种方法而在“人类的观念”中得到实现。

可是，当柯亨在对这种“道德存在者的共同体”继续追问下去，尤其是把视野对准那些在社会现实中受到不公正对待的人群时，他就不得不承认在实践哲学方面确实存在着公正、正义这样的社会问题，不能把实践理性的实现仅仅寄托于“人类的观念”，而是应当使抽象的道德原则具体化，必须赋予道德存在者的共同体一种实在性内容。这样，柯亨就由此引申出他的“伦理社会主义”思想。柯亨很清楚地知道，尽管他一再强调观念在伦理学中的重要性，但人类的幸福祈求不只是在形而上学的观念中展开的，不只是单纯的乐观主义历史观，而是应当作为实际存在的社会问题加以讨论。但是，柯亨的“伦理社会主义”又不同于马克思的以阶级斗争和无产阶级革命理论为核心的科学社会主义学说，他看重的是人类历史在未来的发展，即每一个人通过自己的道德行为而不断接近于这个“目的王国”，人类正是在自我理

① H. Cohen, *Kants Begründung der Ethik*, S. 227, Berlin, 1910.

解的过程中实现这个伟大的目标。很显然，柯亨的这种“伦理社会主义”关注的不只是现实世界迫切需要解决的问题，而是更加注意每个个人与他人之间建立一种真正的“德性”关系，通过这种锲而不舍的努力，最终在全世界构建公正、合理的社会主义社会。柯亨所说的这种社会主义实际上是奠定在每个人道德自律的基础之上，它并不期望人们能够很快改变世界面貌，而是把“目的王国”当作一种未来的宏伟蓝图。柯亨交给人们的是一项在现实世界并非容易完成的道德自律，带给人们的是对未来的企盼。

然而，这样的“伦理社会主义”过于空泛，它一方面在实际上排除了现实世界存在的问题；另一方面它设定的伦理目标也是形式化的东西，缺少具体的社会内容。为了进一步说明自己在这方面的主张，柯亨开始借助宗教的力量。在他看来，我们在当下所作的努力，我们的一切道德行为，都来自于我们力图建立一个自由、正义的世界秩序、努力实现人类永久和平的观念，这是我们的心灵力量，是我们隐秘的驱动力。这样的观念不仅与我们的理论理性相一致，而且与基督教的“弥赛亚主义”完全相同。“弥赛亚主义”的最重要因素就是强调，通过人类永恒不断的道德业绩去实现永久和平，它勾画的是人类永远追求的完美图像，但并不要求确实有一个与这种图像相匹配的现实。“弥赛亚”在这里既代表着人类大家庭在永久和平中实现团结一致的信仰，也是这种信仰的保证人，但他并不是在地球上最终实现神性要求的保证人，而只是这种希望的源泉。说到底，柯亨是用彼岸世界的神来维护此岸世界的世俗目标，他本人对此也毫不隐瞒，他说：“弥赛亚主义的道德价值就在于它的政治意义，或者如同有人说的那样，在于它的历史哲学的意义。”①柯亨的这种社会政治思想以道德共同体为目的，在内容上以和平和正义为核心，再用宗教内容加以解释，给予的仍然是一种对未来的期待。从学理上看，这样的思想似乎说得通，但在实践中，这个思想却没有实际意义，因为它在本质上与道德宗教没有根本的区别，是从社会实践领域退回到道德说教那里。我们在这里不仅看到柯亨的实践哲学的不足，而且还可以理解晚年的柯亨为何不再重视第一哲学，而是把主要精力投入到宗教哲学的原因。

柯亨的哲学思想对其弟子们，如哈特曼、罗森茨威格、那托尔普、卡西尔等人产生了重要影响。他们在一定程度上继承和发展了柯亨思想，并加上他们自己对康德的理解和认识，予以重新诠释和发展，从而使马堡学派的哲学思想在当时德国乃至在全欧洲的学术界都有很高的声誉。在柯亨诸多弟子中，以那托尔普和卡西尔最为有名。那托尔普的主要贡献是力图应用心理学去解释意识、意志等概念，重视哲学的普及和教育。但是，那托尔普的思想受实证科学的影响比较大，他在阐释心理学的哲学意义方面又不如狄尔泰和布伦塔诺那样深刻和广博，尤其是他的后期著作不仅在文风方面失去了早年的通达和流畅，而且其哲学思想动摇于本体论和目的论之间，他的影响因此很快被淹没。倒是卡西尔以其独具特色的符号哲学、文化哲学的研究扩大了哲学研究领域，他不仅成为新康德主义年轻一代的最重要的代表，而且在现代哲学中也占有相当重要的地位，被称为20世纪最重要的思想家之一。卡西尔的哲学思想一直到今天仍然是学术界关注的重点之一。

---

① H. Cohen：*Ethik des reinen Willens*，S. 184，Berlin，1904.

二

恩斯特·卡西尔1874年出生在德国布雷斯劳(这个城市在二战后划归波兰)的一个富裕的犹太家庭。年轻的卡西尔学习兴趣非常广泛，他先后在柏林、莱比锡、海德堡、慕尼黑等大学学习法学、哲学、文学、数学等多门学科，他还选修了历史和艺术史等课程。1896年他来到马堡大学，在柯亨的指导下，于1899年写出博士论文《笛卡尔对数学和自然科学知识的批判》，并通过答辩。1906年，他在柏林大学提交大学执教资格论文时，遭到里尔和斯图姆普夫(K. Stumpf)的反对，只是在耄耋老人狄尔泰的大力干预下，这个论文才获得通过。一次大战后，卡西尔在新成立的汉堡大学任教，1930年担任汉堡大学的校长。希特勒在德国掌权后，作为犹太人的卡西尔不得不流亡他国，他先后来到英国和瑞典，在牛津大学和哥德堡大学执教八年，1941年应耶鲁大学之邀来到美国，任该校客座教授，1944年任哥伦比亚大学教授。1945年死于美国，享年71岁。

卡西尔一生著述颇丰，可谓著作等身。卡西尔的早期著作主要有：《莱布尼茨体系的科学基础》(1902)、四卷本的《新时代哲学和科学的认识问题》(1906～1920年出版前三卷，第四卷出版于他死后的1950年)、《实体概念与功能概念》(1910)、《自由与形式——对德国精神文化史的研究》(1916)、《康德的生平与学说》(1918)。从1917年开始，卡西尔开始建构自己的哲学体系——符号哲学体系，1921年出版的《观念与形态》已经显现他的这一哲学倾向，1923～1929年出版的三卷本《符号形式的哲学》则是他在这方面努力的主要成果。此后，卡西尔对作为人类经验之总体的人类学和文化问题感兴趣，把纯粹的认识批判扩大到人类的文化批判，并主动沟通欧洲大陆哲学思想和美国的“实用主义”和“功能主义”，在人类文化哲学方面做出了突出贡献。他在这方面的主要著作有：《启蒙的哲学》(1932)、《英国的柏拉图主义的复兴和剑桥学派》(1932)、《歌德与历史世界》(1932)、《论文化科学的逻辑》(1942)、《人论》(1944)。去世不久，他生前撰写的政治哲学著作《国家的神话》就出版了；此外，除了前面提到的《认识问题》第四卷、《符号概念的本质和作用》(1956)、《论现代物理学》(1957)等著作也是在他去世后出版的，人们由此能够比较全面地理解卡西尔一生的思想。

卡西尔的著作涉猎广泛，是现代哲学界百科全书式的思想家。因此，学界对他的评价也是各种各样。有些学者认为，卡西尔晚年思想发生了重大转向，主张把卡西尔思想划分为早期的新康德主义和晚期的符号—文化哲学两个阶段；有些学者则认为，卡西尔的哲学思想从一开始就超越了马堡学派以数学和自然科学作为哲学主要研究对象的倾向，他所建立的符号哲学是以人和人的文化现象为研究的核心，所以，卡西尔的思想理应被称为“人学”或“人类文化哲学”。对此，我们不能苟同。在我们看来，卡西尔是从新康德主义出发，并在此基础上予以发挥和创新，建立了他自己的独具特色的哲学体系。他的早期著作《莱布尼茨体系的科学基础》和《新时代哲学和科学的认识问题》显然受到其师柯亨的影响，而他后来的思考和著作的确与马堡学派的其他代表人物不同。从马堡学派的发展来看，卡西尔彻底摆脱了那托尔普著作中的形而上学神秘化的倾向；与柯亨相比，卡西尔对认识论问题的讨论远远超出数学和自然科学中的哲学问题和逻辑认识问题的范围，而是把哲学和科学史的研究与人类文化领域中的其它因素结合起来，注重理论认识与现象研究的结合。因此，卡西尔的研究确实超出了老一代马堡学派的范围。但是，“卡西尔的符号哲学体系，以经验的人文主义现象学为基础，对人类的经验、文化从‘符号形式’方面进行了批判和解释，似乎离开康德哲学已经很远了，但这种人文主义同样是德国文化精神的体现”。① 更何况诚如我们在本章一开始所说，新康德主义不是整齐划一的学派，新康德主义者都是站在各自不同的立场和角度去诠释和发挥康德哲学，并试图在超越康德思想的基础上建立各自的理论体系。如果我们仔细分析和研究新康德主义，就很容易发现，不论是马堡学派，还是西南学派，他们中没有一个哲学家的观点是相同的，他们的研究重点也不一样。据此，我们仍然认为，卡西尔是新康德主义晚期的杰出代表人物，他以人类文化符号为研究基点，把自然科学、历史学和心理学的方法统一起来用于分析人类文化现象，又与传统哲学以主体为中心的前提相结合，找到了一种人文主义的新的表现形式，从而实现了从绝对到相对、从实体转向功能的新旧哲学的转型。

下面，我们着重讨论卡西尔的符号哲学和文化人类学，以及它们相互间的关系。

(一)符号哲学

与其老师柯亨一样，卡西尔最初感兴趣的也是认识论问题。但与其他新康德主义者显然不同的是，他不满足于通过对科学概念的澄清去为康德的知识论奠定基础。受当时科学的进步和洛采、狄尔泰等人的影响，卡西尔坚决摈弃了传统的形而上学，反对把哲学的认识对象划分为本体和现象，也不赞同黑格尔的那种通过现象去把握本质的辩证法，而是要直接回到康德的现象知识论那里。另一方面，他也不同

① 叶秀山：《卡西尔》，载《西方著名哲学家评传》(续编，上卷)，442 页，济南，山东人民出版社，1987。

意康德的二元论。对他来说，康德的知识论过于狭小，康德留下的“物自体”这个长长的尾巴虽然给经验和知识做出了界定，但在实际上还是与传统的形而上学一样，把物自体设定为人类不可认识的对象。而在实践哲学领域，康德又把意志自由、灵魂不朽和上帝存在当作理性的公设，从而使道德律令始终只是一种理想，永远不可能在现实中得到实现。

卡西尔很清楚地知道，哲学家之所以把认识对象划分为本体与现象、主体与客体，就在于对“存在”这一概念的不同解答。“哲学思辨始于存在这一概念。一旦这个概念出现，即当人们意识到存在的统一性是与现存事物的多样性和差异性相对立的时候，立刻就产生了特定的哲学世界观。”①在历史上，不少哲学家力图确定一切存在的开端和最终的基础，力图把某种被他们称之为世界本质的物质实体当作一切现象的终极基础。以后，这样的解释越来越观念化，实体被某些理性的“原理”所代替。在卡西尔看来，不论是把某种物质实体还是把某种观念当作存在的起源或基础，如果不对存在本身加以严格的界定，所有这些解答都不可能发现存在的真实本质，也就是说，它们不可能找到人类精神的真正归宿。只有存在问题有一个严格界定的意义的时候，对这个问题的思考才有意义和价值。只有在这个意义上，“思想不再与存在并列，不再是‘关于’存在的反映；思想凭借其自身的内在形式决定了存在的内在形式”。②

与此密切相关的是，卡西尔对近代哲学家总是把哲学对象分为主

---

① ［德］E. 卡西尔《语言与神话》，于晓等译，203 页，北京，三联书店，1988。

② 同上书，204～205 页。

体和客体的思想方法提出批评。在他看来，主体和客体同样仅仅产生于认识之中，它们之间不可能有什么先后。人们进行科学研究的基本倾向，不是简单地把感性材料拿过来，像它们被感知时那样，而是要从其价值角度对它们加以分类。在意识之流中，有一些表象是不巩固的，浮现一下就消失了，这是“主观的”，另一些表象则是比较巩固的，这是“客观的”。不过，这种主客区分是相对的，某些客观的表象联系在其它情形下可能成为“主观的”，反之亦然。所以，“同样的检验内容既可能称为主观的，也可能称为客观的，这要看对它采取怎样的逻辑出发点而定”。[①] 只有把存在的概念投入历史和普遍的运动之中，存在的统一性被设定为这一运动的目标，这种主客之分才能有意义。

卡西尔从康德发动的哥白尼革命获得的重要启发是，哲学家在考察人类理性限度的同时，必须对仍被普遍接受的认知及其对象之间的关系加以彻底的修改。他坚持认为，“我们不应像本体论的形而上学那样去界定存在的一般性质，而必须借助理性的分析去探索判断的基本形式，并在其无数的分支中界定它；唯有如此，客观性才可思议”。[②] 正是基于这样的看法，卡西尔主张，人类的一切创造活动及其产品，其中包括像神话、艺术、宗教等文化产品，都是人类实际生活的一部分，是人类生活的积累，因而也是哲学的研究对象。这里没有作为纯粹“理想”的世界，理想来自于人类的思想，而且必定会与现实相结合而成为人类生活的“现象”，所以，我们不能把人类存在截然

---

① E. Cassirer：*Substanzbegriff und Funktionsbegriff*，S. 355，Berlin，1910.

② ［德］E. 卡西尔《语言与神话》，于晓等译，210 页，北京，三联书店，1988。

划分为现象和本质两大部分。一切本质都是现象的，而一切现象也都是本质的，一切都是人类经验和知识可以认识的对象，而绝不存在所谓的不可企及的“本体”或“物自体”。

在消除了本体与现象的对立以后，卡西尔提出了另一个主张：在认识并进而把握世界过程中，我们不必像传统哲学那样只是注意理性的“构造性”与“调节性”的区别，而是要重视世界本身的“功能”意义。卡西尔说：“像科学认识一样，这些世界并非是我们能嵌入现成世界的简单结构，我们必须把它们理解为功能，通过它们的作用某种具体形式给予了现实世界，并在它们之中产生出特定的区别。”①这就是说，我们在认识世界的过程中没有必要去纠缠是通过结构去理解功能、还是通过功能去理解结构这个问题，而是要注重事物本身的功能意义。无论是在物质世界，还是在精神世界，任何事物都有其特定的功能，每一种功能都有不同的标准和准则，都要求采取不同的形式，并会产生不同的结果。因此，哲学家的任务首先是要揭示这些功能的意义，并从中认识这个世界已经确定的结构，从而达到一个可以把握的客观统一性。

既然一切现象都是本质的，一切本质都是可以认识的，而且事物的功能意义能够为我们提供一个可以把握的、客观的结构，那么，卡西尔就把人类使用最普遍的“符号”(das Symbol) 当作理性的统一原则与感觉材料相结合的切入点，当作获取客观认识的媒介和工具。

“Symbol”是一个多义词，既有“符号”的意思，也有“象征”的意

① [德]E. 卡西尔：《语言与神话》，于晓等译，225 页，北京，三联书店，1988。

义。[1] 但它不同于“记号”(Zeichen)，因为“Zeichen”除了有记号意思以外，还有表示纯粹物质世界的“迹象”、“征候”、“症状”等意义。卡西尔使用“Symbol”这个概念，一方面表明他所讨论的符号是人类创造的各种符号形式，而不把自然界的“迹象”、“征候”等意义包括在内；另一方面，这也是对康德哲学的继续和发展。康德在《判断力批判》中曾说：“美是德性的象征。”[2]康德这里所说的“象征”就是“Symbol”。对康德来说，“象征”和“图式”是一切感性化表现的双重形式，但“象征”不同于“图式”。“图式”是知性可以把握的概念，与之相应的先验直观是直接赋予给它的，它因此可以把感性和理性结合起来，表现真实的世界图景及其规律；而“象征”则只是理性设想的一个概念，任何感性直观既不能与之相对应，也不能作为其基础，所以，“象征”只具有类比的意义，它只是在形式上、而不是在内容上与反思相一致。这样，在康德这里，“象征”仅仅具有虚拟的意义，审美与德性的统一只是表明美感与道德判断所引起的心情有类似之处，而并没有实践意义。

卡西尔超越了康德的这个思想，他不承认“图式”与“符号”(即“象征”)的区别。在他看来，图式因其具有抽象化和形式化的感性形式而适用于表达自然科学现象，而人类的一切精神活动和文化产品，如语言、宗教、知识(包括科学)，则不是图式可以表达的，它们无一不是符号的不同形式，在功能上象征着人类精神活动的特定意义。从人类

① 为避免与文艺和艺术理论中的“象征主义”相混淆，我国哲学界通常把卡西尔使用的“Symbol”翻译为“符号”，但此“符号”不等于现代符号学的“符号”，它既有汉语中的“符号”意思，更有“象征”的意义。

② *Kant Werke*：*Sonderausgabe*，Bd. 8，S. 458，hrsg. Von W. Weischdedel，Darmstadt，1983.

的生存状态来看，人不仅像其他动物一样生活在物理世界之中，而且也生活在人类自己创造的新的维度之中。这种所谓“新的维度”，是指外界刺激在人的思维过程中被符号化的过程，思维在这里一方面主动接受和摄取外界刺激，另一方面，思维同时给予外界刺激以不同的指称形式，各个指称形式之间有相互联系，并形成一个特有的整体结构。符号就是处在这种结构之中、并受这种结构制约的指称形式。符号的根本特点是以各种方式把感性的材料提高、抽象出某种普遍形式，以表现出一定的意义，它们既是物质的可感性的显现，是可以知觉的形式，也是人类精神活动的表现，表达出人类创造的文化和知识产品。所以，符号不只是理性设想的概念，符号既是感性的，又是理性的，既有感性直观的形式，也有象征人类精神文化产品的意义，图式和符号可以由符号统一起来。

对于这种人类思维符号化的过程，卡西尔认为，这是人类存在的历史现象。这就是说，从人类历史的发展来看，符号是在人类历史中形成的特有的现象。语言、神话、艺术品都是人类创造的符号，无论是一件艺术作品，还是一个神话故事，无论是一首诗歌，还是一部科学著作，都是以可以知觉的形式去表达人类的精神活动，这些符号表现的世界都是真实的世界。符号的作用恰恰是在知觉符号与意义之间建立联系，使“人类的意义世界”既可以得到显现，又可以被理解。卡西尔由此强调，“符号化的思维和符号化的行为是人类生活中最富于代表性的特征，并且人类的全部发展都依赖于这些条件”，“人是符号的动物”。[①] 这里可以看出，卡西尔仍然坚持了德国哲学的传统，把

① ［德］E. 卡西尔：《人论》，甘阳译，34页，上海，上海译文出版社，1985。

人的问题当作哲学研究的根本问题和最高目标。他关注的不是自然界直接呈现的感觉材料，而是人类曾经思考和正在思考的经验事实，他主张，在研究这些经验事实的客观性的同时，应当注意它们所包含的主体活动和复杂的判断过程，尤其是研究这些经验事实赖以被理解的各种知识形态。但是，卡西尔又与其他新康德主义者有所不同，他不赞同只是关注理念性或观念性的东西，而是要把经验事实与主体精神活动结合在一起。

具体地讲，卡西尔重视的是符号所象征的意义，即他所说的符号的“功能”。符号不是单纯地去反映事物，不是事物的标志或记号(Zeichen)。符号是人类为达到目的而创造出来的具有象征意义的系统，这种意义不是私人的，而是普遍的、社会的，能够为他人所理解，可以进行交流，“由于每物都有一个名称，普遍适用就是人类符号系统的最大特点之一”。[①] 这种普遍性就是符号的第一个特点。同时，符号不是孤立的，个别的，而是有特定的规则和逻辑结构，各种各样的符号根据这些特定的规则和逻辑结构形成一个完整的符号系统。这种规则性、系统性是符号的第二个特点。符号所具有的第三个特点，是符号的多义性和变化性，比如，人类可以用多种语言去表达同一个意思，而在同一个语言中，某些词汇可以表达不同的意义，而且由于历史的演变，某些词语在现代所表达的意义也不同于古代。符号的第四个特点是抽象性，这里不仅是指符号有特殊到一般的普遍形式，而且是说人不直接面对感性事物，可以借助符号在抽象的意义上思考和处理问题，从感性现象中分离出有规定的东西，从而研究和创

---

① ［德］E. 卡西尔：《人论》，甘阳译，46页，上海，上海译文出版社，1985。

造新事物。卡西尔高度肯定符号的“功能”及其特点，他说：“如果没有符号系统，人的生活道路就会被限定在他的生物需要和实际利益的范围内，就会找不到通向理想世界的道路。”①

这样，在卡西尔的视野中，符号不只是人类把握世界的一种基本方式，人通过符号创造出各种文化形式，如语言、神话、宗教、科学等，有了文化，人才有了赖以存在的条件，人的生存的环境才是人的环境，人类赖以存在的社会才是人类社会。同时，符号还是人类存在的本质特征。人之所以为人，而不是其它动物，就在于人类创造了以符号为核心的这些人类特有的精神文化产物。既然这样，我们一方面就要承认符号是历史的存在和现象的存在，而不是臆造的本体；符号是历史的、相对的东西，具有一定的时间性和空间性，是人类精神文化活动的一部分，而不是超越时空的、绝对的观念性东西。另一方面，我们也必须看到，人通过自己的思维使感性世界符号化，并使感性世界呈现一定的规律性和统一性，从而让人自身与世界相互适应、相互调节。研究符号的生成、变化、发展和意义，在本质上就是研究人类自身的存在，研究人类的发展历程，研究人类的知识和科学的本质。只有在这个意义上，我们才能理解卡西尔为何把自己的“符号哲学”称为“人论”。

（二）文化人类学

卡西尔的符号哲学与文化研究有着密切联系，甚至可以说，他的符号哲学就是奠基在他对人类文化批判的基础上的，而他的文化批判，既他所说的文化人类学，则是以符号哲学为核心的。他曾经明确

① ［德］E. 卡西尔：《人论》，甘阳译，53页，上海，上海译文出版社，1985。

说："所有的文化形式都是符号形式，只有这样去看待文化，我们才能指明人的独特之处。也才能理解对人开放的新路——通向文化之路。"①

卡西尔把自己的"符号哲学"与文化研究结合在一起，这是对德国哲学、甚至整个大陆哲学的一个重要发展。这里首先就关涉如何理解德国古典哲学的问题。卡西尔认为，我们在继承康德的批判哲学的时候，不应当把康德的"批判理论体系"理解得过于狭隘。卡西尔分析说，从康德本人发动哥白尼革命的愿望而言，康德并不想从一开始就用一个简单的、原初的公式去表示人类精神的全部内容，然而，这个革命的起始与终结是相互分离的，其原因就是在概念的"潜在性"与其充分发展和效果之间存在着一种张力和冲突。按照卡西尔自己的理解，从表面上看，康德思想只是研究了纯粹哲学的领域，主要涉及自然科学、认识论、伦理学和美学，但是，"假如我们不是从康德唯心主义的具体历史条件，而是从它的普遍系统的任务去看待康德唯心主义的话，我们或者还会添加更多的东西"。② 因此，康德的哥白尼革命应当获得一种全新的、扩大了的意义。"它不再单单涉及逻辑判断的功能，而是以同样正当的理由和权利扩展到人类精神得以赋予实在以形式的每一种趋向和每一种原则了。"③这样，我们就不应当在意康德哲学中没有文化哲学这一名称的事实，而是要注意康德哲学为我们

---

① ［德］E. 卡西尔：《人论》，甘阳译，34页，上海，上海译文出版社，1985。

② ［德］E. 卡西尔：《符号·神话·文化》，李小兵译，22页，北京，东方出版社，1988。

③ ［德］E. 卡西尔：《语言与神话》，于晓等译，210页，北京，三联书店，1988。

提供了什么思维方式，在不改变康德哲学的本质的前提下，可以而且应当把它用于人类的所有思维性质上，用于人类心灵认识整个宇宙的情感上。

对于黑格尔的思辨哲学把人类历史(其中包括人类的文化活动)都看作是精神的外化、把现实领域看作是一种外在的空间的观点，卡西尔提出了不同的看法。他认为，我们即使不能像历史学家那样“总是把真理看作时间的女儿”，但也不能把时间和历史视为是“绝对理念自我扬弃的一个阶段和自我实现的活动”。① 黑格尔所说的这种“本质性的存在”是一种超越时空的、既无过去又无未来的存在，虽然看起来是一种无所不在的存在，但它实际上是一种概念化的精神现象，是从他的形而上学原则中推演出来的，并不能反映人类真正的历史和文化现实。因此，我们在进行人类文化批判时就不能采纳黑格尔的思想观点，而应当在批判哲学开辟的道路上继续前进下去。

卡西尔认为，对康德和黑格尔的思想提出不同的解释甚至批判，并不意味着要使自己的“符号哲学”变成历史学那样，把自己限制在纯粹事实的范围内，不是要寻找历史现象本身，而是要力图探索蕴含在语言、神话、艺术、宗教和科学之中的那些基本感受、表现和表达方式，考察它们前后相继及其因果联系，认识它们相互联系、却又相互区别的方式。这样，哲学进行的批判就不只是理性的批判，而应当变成文化的批判。

这种文化批判不是把文化当作孤立的内容，而是把文化视为植根于一种普遍的形式原则，以人类精神的本原活动为前提的人类存在方

---

① [德]E. 卡西尔：《符号·神话·文化》，李小兵译，32页，北京，东方出版社，1988。

式。文化的各种产物，如语言、神话、宗教、艺术、科学知识等，虽然在其内部有各种差异，但它们都被看作一个统一的、重大问题的各个部分，它们以各种形式去共同表达人类的精神世界。哲学对这些不同文化形式进行批判，不仅要使自己以某种特定方式与对象联系起来，而且还要在一个统一的观念下考察它们，从而使这种批判具有一种统一的客观有效性。于是，这里所理解的文化不仅仅在历史起源上得到认识，而且更重要的是从它们的结构及其开启的意义上予以分析和阐释。这样的文化就是一个具有普遍性特征的概念，它显现和表达人类活动的基本形式和方向，“存在”由此可以在“人类文化行动”中得到理解。在卡西尔看来，这样的哲学思维不仅突破了纯粹认识论的局限，而且也打破了哲学史上大部分独断论体系把某个业已确定的逻辑、审美或宗教原则提升为形而上学的假设；这样的哲学思维使自身与文化的具体方面及其形式的整体性获得联系，它可以一览无遗地统观所有这些形式，洞察所有这些形式的内在关系。这样的文化批判理论就是一种系统的人类文化哲学，我们借此可以深入到一个崭新的思维维度。

根据这个基本思想，卡西尔关注的就不只是文化的表现形式——符号，更重要的是要探讨和研究这些展现在神话、语言、艺术、宗教、科学之中的符号的意义和价值究竟是什么。卡西尔着重讨论了神话、语言和科学这三大符号体系。在他的符号哲学体系或者说文化人类学之中，神话这种符号体系最具感性色彩，语言则既有感性、具体的特征，也有抽象、系统的规定，而科学就是理性的、抽象的符号系统。按照这样的理路，神话是“前语言”的符号，语言是“前科学”的符号系统，除此之外，还有宗教、艺术等符号系统，它们都是人类积极创造的产物，表现了人类文化发展的历史进程。

神话通常被看作是荒诞无稽的原始迷信和非理性的妄想，但是，卡西尔受谢林的影响，不仅把神话看作是“人类童年的精神”，而且还进一步把神话视为人类智慧的起点和一切文化形式的原始形态。卡西尔分析说，按照现在日常经验所提供的标准来看，神话世界是“不真实的、虚假的”世界，神话的创造对我们是没有意义的虚构。但是，我们不能用今天的标准来衡量人类早期的精神活动。神话的存在自有其自身的法则和合理性，它是人类在初始阶段认识世界的必然方式，反映的是早期人类自身及其与周围环境的真实关系。诚然，在神话中，真实世界与表象世界不分，部分与整体不分，原因与结果不分，神话中的时间、空间和数的概念表达的是生命的永恒性、人的原始情感和巫术的神奇魔力，这样的概念在现代的物理学、几何学、地理学和逻辑学中不可能得到解释，用卡西尔的话说，在神话思维中，“任何特征，尽管是外在的，也与另一特征同样有效：‘内在’与‘外在’、‘本质’与‘非本质’之间无法作出截然的划分，之所以如此，就是因为对于神话思维来说，每一项领悟的相似性都是本质之同一性的直接表现。这种相似性决非纯粹的关系概念和反思概念，而是一种现实力量——它是绝对现实的，因为它有效”。① 这样来看，虽然神话形式是非理性的，但它是人类早期的直觉形式和思维形式，它把感觉、直觉和情感结合为一个统一体，因此，神话同样是一种通向精神解释的中介，折射的是人类内在的感受和思想。

卡西尔是以历史主义的眼光来看待神话的，他承认，神话形式在人类历史的长河中只是人类符号体系中的一种早期形式，后来出现的

① ［德］E. 卡西尔：《神话思维》，黄龙保、周振选译，76 页，北京，中国社会科学出版社，1992。

宗教、语言、艺术、科学是比较高级的符号形式，但是，后来的符号形式并不能取代前面的符号形式，它们都是人类发展的各个阶段的产物，每一种重要的符号形式都是人类进步的里程碑。此外，卡西尔还从神话形式中挖掘出自由在人类发展中的重要作用，他说："神话幻想虽然深深植根于感性，却也远远超出了感觉的纯粹受动性。"①这就是说，神话虽然产生于人的感受、知觉，但人如果单纯地依赖这种受动性，就不可能产生出神话。"神话的创造当然是'不真实的'，可是恰恰在这种不真实中存在着神话功能是能动性和内在自由。"②人正是通过自己的主观能动性才挣脱感性的束缚，创造出一个个填山移海、超越时空的奇迹，人类也正是通过这种能动性才从自然蒙昧的状态走向文明自由的社会。

卡西尔在晚年把纳粹德国的所作所为看作是"国家的神话"，不仅认为人类后来创造的理性符号，如语言、艺术、科学不能代替感性的神话，而且还认为，神话并不是历史的残存物，它在人类文化的高级阶段仍然有其地位。这是因为，"人并不完全是理性的动物，他现在是而且将来仍会是一种神话的动物。神话是人类本性的组成部分"。③所以，即使人类发展出逻辑和科学的建构性力量，即使人类有伦理和艺术的创造力和想象力，这些新的力量也只是对神话加以制约和控制，而神话总会以新的形态出现，一旦文明社会的维系因素失去影响，神话就可能卷土重来。卡西尔提醒人们警惕现代政治神话，指出

---

① ［德］E. 卡西尔：《语言与神话》，于晓等译，221页，北京，三联书店，1988。

② 同上。

③ ［德］E. 卡西尔：《符号·神话·文化》，李小兵译，193页，北京，东方出版社，1988。

不论这种神话的技巧有多么精致和复杂，其本质不过是“人格化的集体愿望”。与现代神话作斗争的最好武器，就是永远不要放弃理性的分析和道德的自觉。

在卡西尔的人类文化批判中，语言作为建造人类文化的一种基本符号具有极其重要的意义。按照卡西尔的说法，我们所进行的文化批判应当遵循在历史中表现出来的渐进发展的思路，注意考察这个进程中的各种文化形式，而语言是在这条道路上带领我们前进的第一块路标。① 卡西尔在这方面完全接受了德国语言学家洪堡(W. von Humboldt)的观点，他承认，语言受民族、甚至个体的条件限制而表现出多样性，而且语言首先是一种在感觉中获得的结果，但是，语言研究不能限制在对物质层面的机械而枯燥的分析上，不能限制在语音和言谈的分析上，还应当切入人的精神世界的分析。这里的最根本原因就在于，语言不只是由声音、词汇、词语构成的，每一种语言都有自身的语法和相应的用法及规则，语言的这个显著特点既是人类心智的活动，而且也超出了个别性和感性活动的疆域。人们按照语言的规则一方面指称和模仿某些特定的内容，在主观上去进行表达；另一方面，这些内容又是被听到的，是人们周围可感世界的一部分。语言在这个意义上既是“沟通主观与客观的桥梁”，又可以被理解为区分“‘内在’与‘外在’的一种内在能量”。② 人类正是应用语言形式来为直接印象的混沌状态“命名”，印象世界因此对我们才由混沌不清变得清晰有序；而且由于人类用语词对一定内容加以确定和区分，实际上赋予了

① [德]E. 卡西尔：《符号·神话·文化》，李小兵译，25页，北京，东方出版社，1988。

② [德]E. 卡西尔：《语言与神话》，于晓等译，225页，北京，三联书店，1988。

这些内容一种恒定的性质，语言表达的内容因此超出了感觉性质的纯粹直接性。“这样一来，语言就成为人类精神的基本工具之一，通过它，我们从纯粹感觉的世界前进到直觉和观念的世界。它包含着后来在各种科学概念的形成中以及它们的形式的逻辑统一性中显示出来的理智作用的萌芽。”①因此，语言不仅是人类文化中的一种独立的符号形式，而且还是从神话思维方式前进到科学思维方式的必不可少的环节。卡西尔相信，这样的语言分析注重的是语言的一般符号功能及其意义，它们恰恰能够表现精神活动的深刻内容，并且可以说明人类的主观能动性和人类意识的积极创造性。

科学被卡西尔视为其符号理论中最高层次的符号系统。在卡西尔看来，如果说神话受感性的束缚，而语言因为既有感性成分也有理性的成分而没有达到真正的意识统一性，那么，只有作为纯粹理智形式的科学才是清晰明确、毫不含混的符号系统，这个系统包含区别、分析、联结、综合等一系列理智行动，形式上的逻辑统一性在科学这个系统中得到最自觉的表达。通过这样的符号系统，人可以描述思想的客观关系和事物的联系，不仅能使我们的知识达到逻辑上的统一，而且还可以使“存在”与“意义”、“存在”与“真理”统一起来。

卡西尔认为，科学之所以有如此功能，不只是在于科学从一开始就是纯粹理智的应用，而且更在于科学所显现的在方法论上的统一性。与科学实证主义者不同的是，卡西尔虽然也研究了数学、物理学、生物学中的哲学问题，但他强调，哲学家不仅要注意各门科学的具体研究对象，而且更要进一步研究各门科学共同的描述手段——符

① [德]E. 卡西尔：《语言与神话》，于晓等译，221页，北京，三联书店，1988。

号系统。虽然每一门科学都有自己的研究对象，都是从各自的观点出发提出自己的问题，并且使自己服从于特定的解释和形式构造的知识，但是，科学给我们带来一个重要的启发是："其价值不在于反映某一给定现存物，而在于它作为知识的工具所成就的东西，在于现象的统一，这种统一必须从自身中产生出来。"①因此，知识的统一性不是把所有形式的知识都归于一个共同的对象，而是把科学的各部门及其各自的方法论纳入一个体系之中，而这个体系的各个部门的多样性则是相互补充相互促进的。这样，科学不仅在描述手段上具有共同性，即服从"清晰性、无矛盾性、指称无两可性"这种逻辑要求，而且科学还不是对给定对象的简单摹写，而是理智自身创造的符号。卡西尔从科学的这些形式特征看到了科学与他主张的文化批判的相同性。他认为，科学表现出的这种产生于自身的手段的统一、现象的统一和意义的统一，恰恰取代了形而上学关于实体统一和起源统一的假设，它使我们在进行知识批判和文化批判时放弃了追求概念的绝对统一性，而是寻求一种支配具体多样的认识功能的规律，寻求一种把它们集合到一起的统一性，我们的文化批判因此能够把文化的具体活动和形式与人类精神活动的整体性结合起来，并且从这种整体性来说明每一种形式的文化活动的内容和意义。从这个意义上说，我们的文化批判就是系统的文化人类学。

我们在这里可以清楚地看到柯亨对卡西尔的影响。柯亨曾经提出"对象是由思维提出的"这一哲学命题，并据此假设"自然必定发现于意识之中"。卡西尔虽然承认符号的感性因素，但他在讨论科学这个

① ［德］E. 卡西尔：《语言与神话》，于晓等译，206页，北京，三联书店，1988。

他所认为的最高的符号系统时，却把科学仅仅归结为人类理智的自身创造，而不承认科学研究在起源、对象等方面的客观因素。新康德主义片面强调观念论的特点在此还是表现出来。

晚年的卡西尔也把自己的文化人类学称作“文化哲学”，他之所以做这样的变化，就在于他从更深的层面上反思他所进行的文化批判。这时，他不仅是从历史现象学的角度思考和分析文化活动的形式，即对语言、神话、宗教、艺术、科学的符号加以描述，而且还把这种开始于符号分析的文化批判扩展为一种“综合的研究”。他并不认为，采用“文化哲学”这个名称就意味着要把文化看作精神的绝对本质的表现。在他看来，文化不只是思辨的东西，不可能依赖纯粹思辨的根基，文化“既包含一系列理论的构想，还要求一系列行为”。[①] 归根结底，“文化的进程即是自由意识的进程”，[②] 它是人作为创造性主体的自由实现。因此，文化哲学既要思考形式和功能的因素，也要思考理论和实践的因素，既要注意理性的自由和自律，也要注意道德的规范和要求。他希望，这样的文化哲学通过描述、分析人类文化活动的不同形式和功能，能够获得人类精神的基本规则，洞见人类精神得以统摄的那些普遍法则。虽然这样的文化哲学并不一定能够预见和规定人类文化的未来，但我们每一个参与其中的人或许会因此更好地理解我们人类自身的精神世界。

由此可见，卡西尔的以符号哲学为核心的文化人类学并不是以研究文化形式为目的，而是以形式研究为切入口，通过形式研究去观察

---

① [德]E. 卡西尔：《符号·神话·文化》，李小兵译，17页，北京，东方出版社，1988。

② 同上书，41页。

人类精神状况，从而达到理解人类社会和重构世界的目的。这就是卡西尔的符号哲学和文化人类学的根本所在。

谢地坤主要代表著作

专著：

1.《费希特的宗教哲学》，北京：中国社会科学出版社，1993.

2.《走向精神科学之路》，南京：江苏人民出版社，2003.（获第六届中国社会科学院科研成果三等奖）

3.《西方哲学史·学术版》，第六卷和第七卷（主要作者），南京：江苏人民出版社，2005.（获第六届中国社会科学院科研成果一等奖，首届全国优秀出版物奖）

编著：

1.《中西哲学经典著作导读》，北京：学习出版社，2012.

2.《马克思主义哲学研究（2011）》，北京：中国社会科学出版社，2012.

3.《马克思主义哲学研究（2012）》，北京：中国社会科学出版社，2013.

4.《中国社会科学院哲学研究所青年学术论坛：第1辑》，北京：中国社会科学出版社，2011.

译著：

1.《雅斯贝尔斯》（合译），北京：中国社会科学出版社，1992.

2.《理性的毁灭》(合译)，济南：山东人民出版社，1988修订版，南京：江苏教育出版社，2005.

3.《费希特著作选集》第二卷(合译)，北京：商务印书馆，1994.

4.《费希特著作选集》第三卷(合译)，北京：商务印书馆，1997.

5.《论道德的谱系》，桂林：漓江出版社，2000.(获中国社会科学院哲学研究所2001年优秀科研成果奖).

6.《道德哲学的问题》(合译)，北京：人民出版社，2007.

7.《自然法权基础》，北京：商务印书馆，2004.

8.《哈贝马斯讲演集》(合译)，北京：人民出版社，2002.